FRANÇOIS SEYDOUX

Beiderseits des Rheins

Erinnerungen eines französischen Diplomaten

Societäts-Verlag

Mit 4 Bildtafeln
Aus dem Französischen übersetzt von Modeste zur Nedden-Pferdekamp
Titel des Originals: »Memoires d'Outre-Rhin«
(Editions Bernard Grasset, Paris, 1975)

Ausstattung August Wolf
Satz und Druck Frankfurter Societäts-Druckerei GmbH
Bindearbeiten Fritz Wochner, Horb
Printed in Germany 1975
ISBN 3 7973 0276 2

FÜR MEINE DEUTSCHEN LESER

Dieses Buch habe ich geschrieben, um die Versöhnung zwischen Frankreich und Deutschland zu würdigen.

Die Menschen vergessen rasch. Daher besteht die Tendenz, Komplexität, Bedeutung und Bedeutsamkeit einer Annäherung zu unterschätzen, die beiderseits des Rheins vollzogen wurde.

Sie ist vielmehr eines der denkwürdigsten Ereignisse unserer Epoche. Franzosen und Deutsche, nunmehr Freunde geworden und in allen Bereichen auf Verstärkung ihrer Kooperation bedacht, geben der Welt – nachdem Rivalität sie so lange zu Gegnern machte – ein Beispiel gegenseitigen Verständnisses und guten Willens.

Wenn ich zur Feder greife, geschieht es nicht, um ein Liebeslied anzustimmen oder mich auf die Würdigung der Erfindungsgabe und Kühnheit derer zu beschränken, die einen Wandel im Lauf der Geschichte herbeizuführen suchten. Ich möchte vielmehr noch einmal vor Augen führen, unter welchen Schwierigkeiten dieser Wandel zustande kam, und welcher Natur die Hindernisse waren, die überwunden werden mußten. Ich möchte auf die Zerbrechlichkeit aller politischen Schöpfungen hinweisen – eine Fragilität, von der auch die französisch-deutsche Versöhnung nicht frei ist.

Mehr als anderen, glaube ich, steht es mir zu, eine Zeit der furchtbaren Prüfungen nachzuzeichnen, die nur durch vereinzelte Lichtblicke erhellt wurde. Denn ich habe die Luft mehr als eines Deutschlands geatmet: zuerst die des Hohenzollernreiches, da ich Anfang des Jahrhunderts in Berlin zur Welt kam. Mehr als andere wurde ich aufgrund meines ständigen Kontakts mit dem großen Nachbarvolk von vielfältigen, oft widersprüchlichen, ja bisweilen gegensätzlichen Gefühlen zu ihm bewegt, wie sie auch meine Landsleute in diesem oder jenem Augenblick ihres Lebens hegten.

Ich habe mich gehütet, meine Antipathie für ein gewisses Deutschland, die Angst, die es mir einflößte, mit Schweigen zu übergehen. Auch habe ich nicht verschwiegen, welche Anstrengungen es mich später gekostet hat, meiner Befürchtungen und meines Unbehagens Herr zu werden und einzusehen, daß der Weg, den wir ab 1950 unter Robert Schuman, später, entschiedener und demonstrativer noch, unter Charles de Gaulle beschritten – der in Konrad Adenauer einen Partner von gleichem Format vorfand –, von Weisheit, vom eigenen Interesse, von Großmut diktiert war. Mein Zeugnis würde nicht das gleiche Gewicht haben, meine ich, hätte ich nicht selbst einen schwierigen Weg zurücklegen müssen, den ich hier mit all seinen Unebenheiten und seinen Skrupeln beschreibe.

Diesen Nöten entsprach denn auch die Freude, die ich über die Wende in den Beziehungen zwischen Deutschland und Frankreich empfand. Sie war sehr groß. Vielleicht hätte sie mich nicht so stark bewegt, wenn mir nicht innerhalb von neun Jahren zweimal das Privileg zuteil geworden wäre, mein Land in dem Ihren zu vertreten. Die freundliche Aufnahme, die mir überall zuteil wurde, das Vertrauen, das Sie mir in reichem Maße entgegenbrachten, die Wärme unserer Gespräche und Diskussionen, sie haben sich für immer meiner Erinnerung eingeprägt.

Wenn auch die französisch-deutsche Versöhnung zu den lebendigsten und nützlichsten Gewächsen im internationalen Garten zählt, wird sie doch auf dieser von Stürmen und Gewalt erschütterten Erde stets eine zarte Pflanze bleiben. Wir müssen sie hegen und pflegen. Wenn »Beiderseits des Rheins« dazu beiträgt, werde ich mich glücklich schätzen.

Paris, im Sommer 1975

FRANÇOIS SEYDOUX
Botschafter von Frankreich

Deutschland hat schon von meiner Geburt an seinen Platz in meinem Leben eingenommen. Am 15. Februar 1905 kam ich in einer eisigen Nacht – und viel zu früh – in Berlin auf die Welt. Dort war mein Vater als Erster Legationsrat an der französischen Botschaft tätig. Als der deutsche Arzt mich ansah, rief er verdutzt aus:

»Na, das ist aber ein mickriger kleiner Franzose!« Das brachte meine Mutter sofort wieder zu sich. Wütend entgegnete sie:

»Den werden wir Ihnen noch als Botschafter schikken.«

Diese Voraussage hat sich erfüllt, denn Botschafter in Deutschland bin ich sogar zweimal gewesen. Um mich abzusichern und meine Zartheit wohl durch den Prunk unserer Waffen zu kompensieren, wählten meine Eltern den Militärattaché und den Marineattaché zu meinen Taufpaten; beide standen am Hof Kaiser Wilhelms II. in hohem Ansehen.

Seitdem hat Deutschland mich nicht mehr losgelassen. Es hätte auch anders kommen können. Die Umstände meiner Geburt waren kein hinreichender Grund für eine Berufung in meiner Laufbahn. Was die für unsere Diplomatie Verantwortlichen betrifft, kümmerten sie sich offensichtlich nicht darum, da sie lediglich die Ranglisten zu Rate zogen, um mir meinen Posten zuzuweisen. Dennoch war ich nicht umsonst an den Ufern der Spree geboren. Die Deutschen, die davon wußten, bezeugten mir später eine Dankbarkeit, die ich nicht verdiente, mir indes hoch erfreut zunutze machte. Mit weit größerem Recht als John F. Kennedy – mit dem ich mich nicht vergleichen will – könnte ich ausrufen:

»Ich bin ein Berliner.«

In meinen jungen wie in meinen reiferen Jahren hätte ich leicht nach London, nach Washington und nach Moskau berufen werden können, um nur die angesehensten Hauptstädte zu nennen, und es fehlte tatsächlich nur wenig daran, daß ich in den verschiedenen Etappen meines Lebens nach England, in die Vereinigten Staaten oder nach Rußland versetzt worden wäre. Im letzten Augenblick entschied dann das Schicksal anders darüber. Deutschland schnappte nach mir, während ich im Begriff war, ihm zu entrinnen, ihm untreu zu werden. War es übrigens nicht stets gegenwärtig, wo immer man sich befand? Wie hätte man in Budapest, wohin ich während des Krieges eine Zeitlang entsandt worden war, oder in Brüssel, wo ich mich in den Monaten vor der Einstellung der Feindseligkeiten aufhielt, jenes eroberungssüchtige, bedrohliche Deutschland vergessen können? Sogar später in Österreich, bei meiner ersten Mission als Botschafter, verfolgte mich noch die Erinnerung an das Drama, das am Tag des 11. März 1938, als Hitlers Truppen in Wien einmarschierten, der Sache des Friedens einen so entscheidenden Schlag versetzte – obwohl sich die Lage seitdem doch erfreulich geändert hatte.

Ich habe Deutschland also in verschiedenen Stadien kennengelernt – in den einen nur flüchtig, in den letzten gründlicher: das Deutschland der Hohenzollern, das Deutschland der Weimarer Republik, das Deutschland des Nationalsozialismus und das Deutschland von heute. Als der Alpdruck des Hitlerismus vorüber war, wurde mir die Möglichkeit zuteil, an einem neuralgischen Punkt des Erdballs an der Versöhnung zwischen dem französischen und dem deutschen Volk mitzuwirken, wenn auch nur als Ausführender. Zur nationalen Freude, die ich darüber empfand, gesellte sich die persönliche Befriedigung, den Sieg über Gefühle davongetragen zu haben, die mich unglücklich gemacht und mir Unbehagen bereitet hatten.

Meine Begegnung mit dem Deutschland Adenauers und dem seiner Nachfolger hat mich nicht nur leidenschaftlich beschäftigt, es hat mir auch unmittelbaren Kontakt zu Tausenden von deutschen Männern und Frauen verschafft, die mir zuhörten, mir Vertrauen schenkten und die mich, wie ich hoffe, auch gut leiden mochten. Ihnen Frankreich begreiflich zu machen und de Gaulles Worte zu kommentieren, wurde ich nie müde. Es erfüllte mich mit Stolz, jenseits des Rheins mein Heimatland rühmen zu dürfen, das nach allen Prüfungen nunmehr als ein Symbol der Wiedererhebung und Unabhängigkeit erschien.

Damit man die Wärme meiner Reaktion versteht, mehr noch, damit man beurteilen kann, in welchem Maß sich die deutsch-französischen Beziehungen gewandelt haben, will ich nicht zögern, einen Rückblick auf die Vergangenheit zu tun. Nicht, weil ich Gefallen daran fände, sondern weil es zweckdienlich ist. Was Deutschland betrifft, handelt es sich nicht nur um meine eigene Vergangenheit, sondern um die meiner Eltern.

Da ich Berlin im Alter von sechs Monaten verließ, kann ich nicht behaupten, mir ein genaues Bild vom Deutschland zu Beginn des Jahrhunderts bewahrt zu haben. Meine Mutter jedoch erzählte mir viel davon. Ehe sie später im Alter von einundneunzig Jahren entschlief, sprach sie noch einige Worte, denen man das Wort *l'empereur* zu entnehmen vermochte. Ich hätte mich darüber gewundert, da ich nie eine besondere Vorliebe für das Kaiserreich und für Napoleon bei ihr festgestellt hatte, wenn mir nicht aufgegangen wäre, daß vor ihren Augen in ihren letzten Augenblikken das glänzende Berlin von ehedem noch einmal aufschimmerte. »L'empereur«, das war der Kaiser, Wilhelm II. Wie ihre ganze Generation war auch sie seiner Anziehungskraft nicht erlegen. Doch seine Person symbolisierte für sie das offizielle Berlin, das sie geliebt und gefürchtet hatte, das Berlin, wo sie als junge Frau glücklich gewesen war.

In die diplomatische Laufbahn hineingestellt, lernte sie etwas kennen, das nicht nur sie, sondern auch ihre Angehörigen interessierte, eine Familie von bester Herkunft, die von Nîmes nach Paris verpflanzt worden war. Der *Conseil d'Etat,* die *Ecole polytechnique,* die Armee waren uns nicht unbekannt, auch die Politik nicht ganz, da mein Urgroßvater Silhol, Vater meiner Großmutter Clausonne, Abgeordneter, Senator und Präsident des *Conseil Général* vom Département Gard gewesen war. Der Protestantismus forderte Disziplin. Es gab eine Menge Dinge, die man nicht tun durfte und auch nicht tat. Mitten im Krieg rief man einen Familienrat ein – oder fast einen solchen –, um sich darüber klarzuwerden, ob man einer meiner Tanten, die bereits mehr als fünfundzwanzig Jahre zählte, erlauben sollte, *Le Feu* von Henri Barbusse zu lesen.

Ich komme nun auf die Ehe meiner Mutter zurück. Ihr Eintritt in die große Gemeinschaft der diplomatischen Welt und mehr noch ihre Abreise nach Berlin waren keine Kleinigkeit. Die Vorbereitungen gingen in einer fröhlichen und zugleich melancholischen Stimmung vor sich. Die Toiletten, die Schleppe, die Decolletés, die Fächer, die Hofknickse, nichts durfte übersehen, für alles mußte gesorgt werden. Hing der Erfolg eines jungen Beamten nicht auch von dem seiner Gattin ab? Am Hof der Hohenzollern – er war zwar nicht der älteste, doch zumindest einer der mächtigsten, auf jeden Fall der respektierteste in Europa, und allein Europa zählte damals – mußte Frankreich eine gute Figur machen. Das Gesellschaftsleben spielte eine hervorragende Rolle. Man durfte sich nicht in dem Zeremoniell irren, das die Aristokratie gemeinsam mit dem Großbürgertum pflegte; in den diplomatischen Salons mit ihren Riten und Übertriebenheiten wäre jede Nichtbeachtung unnachsichtig verurteilt worden. Eine Visitenkarte abzugeben, deren Ecke unkorrekt umgeknickt war, hätte bestimmte Folgen nach sich gezogen.

Schön, stolz, oft voller Temperament, kam meiner Mutter die Einstellung der Deutschen um so stärker zum Bewußtsein, als sie infolge der Zusammensetzung des Botschaftsstabes – die Junggesellen waren hier in der Überzahl – die erste Dame war, zumindest dem Protokoll nach. Denn mit der Marquise de Laguiche, der Gattin des Militärattachés, bei der Wilhelm II. sich an ihrem Geburtstag melden ließ, um ihr selbst seine Huldigungen und Glückwünsche zu übermitteln, wagte sich niemand zu vergleichen. Als erste Dame vergaß meine Mutter auch nicht, ihr Mißvergnügen mit ihren flammenden schwarzen Augen zu erkennen zu geben, als man sie bei einem Souper im Schloß, absichtlich oder aus Gedankenlosigkeit, unter ein Bild der Schlacht von Sedan gesetzt hatte.

Unsere Botschaft hatte Weisung, jegliche Geste zu vermeiden, die eine gefährliche europäische Situation komplizieren konnte. Zu Beginn des Jahrhunderts war es aufgrund des Abkommens vom 8. April 1904 zu einer Verständigung zwischen Frankreich und England gekommen, die sich zur *entente cordiale* vertiefte und Frankreich gestattete, sich in Marokko festzusetzen, womit es Eifersucht und Nervosität in Deutschland hervorrief. Der Dreibund und die Tripelentente standen sich gegenüber. Unser Land war im Wiederaufstieg begriffen. So sehr es sich dieses Aufstiegs bewußt war, ging es dennoch 1905 so weit, Théophile Delcassé auf dem Altar des Friedens zu opfern. Fraglos mit Bedacht waren wir in jenen prekären Jahren in Berlin durch einen Botschafter, Georges Bilhourd, vertreten, der sich seiner Aufgabe mit Würde und Sachverstand entledigte, jedoch nicht zu dem Ansehen gelangte, das sich Paul Cambon in London und in Rom Camille Barrère bereits erworben hatten. Der Reichskanzler von Bülow und das Auswärtige Amt in der Wilhelmstraße wußten ihm Dank für seinen natürlichen Takt: Weit davon entfernt, sie einzuschüchtern, beschwichtigte er sie noch.

Während der ersten Zeit seines Aufenthalts in Berlin war mein Vater unter dem Botschafter Marquis de Noailles tätig. Dieser Grandseigneur, der sich eine gewisse Zwanglosigkeit in der Kleidung erlaubte, beeindruckte zum einen die Hohenzollern, indem er ihnen ganz nebenbei zu verstehen gab, daß er von weit älterem Adel war als sie, zum anderen auch seine Mitarbeiter durch das begrenzte Interesse, das er ihren Depeschen entgegenbrachte. Von dem Tag an, da der junge Seydoux bei einem Essen im kleinen Kreis Namen und Jahrgang eines hervorragenden Bordeaux zu erkennen und zu schätzen verstand, wußte der Botschafter ihn seinerseits zu schätzen. Zum Nachfolger von Bilhourd wurde 1907 Jules Cambon höchstselbst berufen. Meine Eltern aber waren damals schon über ein Jahr nicht mehr in Berlin.

Von ihren deutschen Erfahrungen hatten sie enorm profitiert. Deutschland stand im Mittelpunkt, sowohl des Kontinents als auch unsrer Besorgnisse. Frankreich konnte die Niederlage von 1870 und die Umstände, unter denen es unterlegen war, nicht überwinden. Man mußte die Vergangenheit schon weit zurück verfolgen, wollte man auf einen Konflikt stoßen, bei dem es von einer einzigen Nation besiegt worden war. Und diese Nation war Preußen, das erst seit kurzem zur ersten Klasse der europäischen Nationen gehörte. Mehr noch: Frankreich fühlte sich von den Siegern von gestern überwacht; es konnte sich nicht völlig frei bewegen; der geringste Fauxpas unsrerseits konnte eine Reaktion auslösen, von der man nicht wußte, wo sie enden würde. Nachdem Bismarck uns dazu angeregt hatte, unsere Blicke auf Afrika zu richten, um sie von unserer Ostgrenze abzulenken, sah Wilhelm II. voll Neid auf das Kolonialreich, das wir uns zu errichten im Begriff waren. Selten war Frankreich so kühn und so vorsichtig, so strahlend und doch so verängstigt gewesen. Würde Deutschland uns nicht angreifen? Uns nicht demütigen? Sein Heer, seine Regierung waren von ungeheurem Stolz geschwellt. In wenigen Jahren hatte es gewaltige Fortschritte gemacht. Paris strahlte in all seinem Glanz, doch Berlin war in bezug auf die Macht nur mit London und St. Petersburg zu vergleichen. Die Angehörigen der französischen Botschaft mußten schon sehr viel Takt aufbringen, um sich nicht abwechselnd übermäßiger Liebenswürdigkeit oder peinlicher Arroganz ausgesetzt zu sehen. Der kaiserliche Hof zeichnete sich durch Steifheit und nicht durch Wohlwollen aus.

So sehr mein Vater seinen Beruf liebte, mehr noch war er dem Leben zugetan. Von unermüdlichem Tätigkeitsdrang erfüllt, konnte er sich nichts versagen, das seinen Geist zu bereichern oder seine Kenntnisse zu mehren versprach. Bergsteigen, Reisen, Theater und Musik boten ihm immer neue Freuden.

Als tief und reich veranlagter Mensch suchte er in Berlin mit den verschiedensten Kreisen Kontakt, insbesondere bei seinen vielen Gesprächen, was ihn, zieht man die angesichts seines Berufes notwendige Zurückhaltung in Betracht, zu einem ungewöhnlichen Diplomaten machte. Ein unerschöpflicher Causeur, stets amüsant, bisweilen sogar ironisch, wurde er einhellig umworben und gefeiert. Meine Mutter, deren Hauptsorge Haus und Heim galt, dachte nicht daran, ihn zu bremsen und ließ sich gern von ihm auf Gebiete führen, in die ihr Denken und Fühlen noch nicht vorgedrungen waren.

Meine Eltern waren in Berlin zu glücklich gewesen, als daß es Deutschland nicht zugute gekommen wäre. Wenn sie es nicht liebten, oder das zumindest nicht zugaben, was auch zu jener

Zeit gegen den guten Ton verstoßen hätte, so untersagten sie sich doch jede abfällige Bemerkung. Wir lernten Deutsch, das ich trotz der Anstrengungen unserer sukzessiven »Fräuleins«, Fräulein Goethe und Fräulein Schmitt, niemals so gut konnte, wie manche es später aus Freundlichkeit behauptet haben. Zu Hause verehrte man den deutschen Geist in allen seinen liebenswerten Erscheinungsformen. Zu einer Zeit, da das Kaiserreich Wilhelms II. der Sieger von gestern war und unser Feind blieb, war das allerhand. Durch den Verlust Elsaß-Lothringens hatten die Franzosen eine Wunde davongetragen, von der sie sich nicht erholen konnten. Wenn wir als Kinder Soldaten spielten, war ich stets ein deutscher, oder vielmehr ein »Boche«, nicht nur, weil ich in Berlin geboren, sondern auch nicht gerade der Stärkste war, so daß alle Chancen dagegen sprachen, daß ich als Sieger aus unseren kindlichen Kampfspielen hervorgehen würde. Sah ich mich dadurch veranlaßt, Raymond Poincaré zu verübeln, daß er für seine Abneigung gegenüber den Deutschen bekannt war? Am Tag nach seiner Wahl zum Präsidenten der Republik im Januar 1913 schrieb ich ihm einen Brief, um mich bei ihm zu entschuldigen, daß ich einen seiner Konkurrenten, Jules Pams, unterstützt hatte. Mein Vater, dem ich es erst nachher mitteilte, ließ den Brief, der noch andere riskante Naivitäten enthielt, vom Chef des Protokolls anhalten, ehe er in die Hände des illustren Adressaten gelangen konnte. Ich erwarb mir damit einige Popularität in den Büros des Außenministeriums, zu deren Erheiterung ich in der Folge nicht mehr durch ähnliche Unternehmen beigetragen habe.

Der Krieg war kaum ausgebrochen, als man schon »Sieg!« rief, weil unsre Truppen ins Elsaß eingerückt waren. Mehr als vier Jahre sollten vergehen, ehe wir den Sieg davontrugen, und um welchen Preis! Keine Familie war verschont geblieben. Man sonnte sich mit Recht im Ruhm des Heldentums der Kämpfer; man schämte sich, wenn man nicht zu ihren Angehörigen zählte. Nur wenige fragten sich, welche Rückwirkungen ein solches Gemetzel auf die Zukunft des Landes haben würde. Wir hatten keine Wahl gehabt. Wir mußten das überfallene Territorium halten, befreien, mußten siegreich sein. »Ich bin froh, für mein Vaterland zu sterben«, das waren die letzten Worte eines meiner Vettern, Jacques Silhol, eines brillanten Anwalts, der als Leutnant am 14. Februar 1915 fiel; man druckte sie auf seiner Fotografie ab. Wäre sein Tod anders gewesen, hätte man es kaum verstanden. Die Jugend opferte sich voller Ungestüm, voll Eifer, dem Vaterland zu dienen. Das war der Krieg, das war der Haß. Für simple Gemüter war Wilhelm II., unter seinem Helm mit teuflischem Lächeln die brennende Kathedrale von Reims betrachtend, das Abbild des Feindes. Joseph Caillaux, voller Dünkel und voller Talent, galt als die Inkarnation des Verrats. In der entscheidenden Stunde mußte Poincaré Georges Clemenceau berufen, den er verabscheute. Mit Hilfe von Foch und Pétain, unseren tapferen Truppen, durch eine letzte Anstrengung des Volkes, von unseren Verbündeten unterstützt, hatte der großartige alte Mann die Schlachtenwende herbeigeführt.

Mein Vater konnte nicht eingezogen werden. Unversehens, nicht ganz drei Jahre nach seiner Rückkehr aus Berlin, war er von einer Arthritis befallen worden, die ihn alsbald zum Invaliden machte. Ohne die Intervention mehrerer Kollegen, die sich nachdrücklich bei der Regierung für ihn einsetzten, um trotz der düsteren Aussichten seine Zukunft zu retten, hätte man ihn pensioniert. Während im Gymnasium die Söhne der Drückeberger verspottet wurden, sahen wir vier Kinder das Oberhaupt der Familie auf zwei Stöcke gestützt zu den Mahlzeiten heimkehren – gegen ein Leiden ankämpfend, das zwanzig Jahre brauchen sollte, um ihn zu Boden zu werfen. Von seinen Ärzten minutiös betreut, die liebevoll zu ihm sagten, sein Fall sei eine Blamage für die Medizin, beklagte und bedauerte er sich nicht. Das war um so mehr zu bewundern, als meine Mutter, die ihn hingebend pflegte, oft der Verzweiflung verfiel. Sie litt in ihrer Liebe und in ihrem Stolz. All das machte mich unglücklich und noch sensibler, als ich es ohnehin war.

Während meiner ersten Jahre im Gymnasium lernte ich einen kleinen Jungen kennen, den ich öfters auf dem Boulevard Malesherbes in Begleitung seines älteren Bruders traf. Er war zwei Jahre jünger als ich und besuchte die Klasse unter mir. Ein Jahr zu früh, hoffe ich, sonst wäre ich ja ein Jahr zu spät gewesen. Wir waren beide Protestanten. Doch hat die Religion niemals auf die Wahl meiner Freunde Einfluß gehabt, und meine Familie war in dieser Hinsicht völlig liberal. In Wirklichkeit gab es kein besonderes Motiv für unsre gegenseitige Anziehung, und bekanntlich ist sie selten bei Kindern, die nicht den gleichen Unterricht im gleichen Raum besuchen. Seine Wahl trifft man für gewöhnlich unter den Kameraden, mit denen man täglich Seite an Seite sitzt. Wer aber Maurice Couve de Murville und darüber hinaus auch mich kennt, wird nicht überrascht sein zu erfahren, daß ich die ersten Schritte tat und fraglos auch die folgenden. Er unterschied sich vom Gros der Gymnasiasten durch die stille Weise seiner besonnenen Intelligenz, die mit einer betonten Zurückhaltung einherging, was ihn einigen unter uns, die sich die Mühe machten, auf ihn zuzugehen, sympathisch machte.

Die tiefe Freundschaft, die uns von Anfang an verband, wurde von keinem Schatten getrübt. Daß wir uns nie gestritten haben, hat der Entwicklung dieser Freundschaft keinen Abbruch getan. Mit Maurice konnte ich mich leichter verständigen als mit allen anderen. Jede Auseinandersetzung mit ihm wäre mir vergeblich erschienen, und die Ausbrüche, denen ich mich zu oft überließ, hätten kein Echo hervorgerufen. Wenn er Zeuge meiner lebhaften Reaktion, meiner Erregung wurde, sagte er oft zu mir: »Wie ist das alles überflüssig!« Von sehr ernstem Wesen, vernünftig und maßvoll im Ausdruck seiner Gefühle, und vielleicht auch, weil er in einem Elternhaus lebte, das mir strenger erschien als das meine, war er nie aus der Ruhe zu bringen. Dies besänftigte meine Überschwenglichkeit und war ein guter Ausgleich zu der Turbulenz des Milieus, in dem ich mich tummelte. Soviel ich weiß, hat er nie einer Gruppe angehört. Gemeinsam gingen wir ins Theater, spielten wir Tennis, machten gemeinsam unsre Aufsätze, obwohl es nicht die gleichen waren. Während ich ihn mit meinem Geschwätz halb taub machte, konnte er sich in Schweigen hüllen. Nicht ahnend, was später für ein Mann aus ihm werden würde, übernahm ich alsbald die Führung, wenn wir auf der Suche nach einer sonntäglichen Ablenkung waren, wobei mir zu Hilfe kam, daß ich älter war. Die Leidenschaft, die ich allem entgegenbrachte, färbte nicht auf ihn ab. Welche Gaben ich ihm auch zuerkennen mochte – ohne daß er mir seinerseits die gleichen zugestand –, hätte man mich damals gefragt, welcher von uns beiden in die Geschichte eingehen würde, hätte ich ohne zu zögern mich selbst genannt. Indessen erzwang er sich einige Aufmerksamkeit, indem er sich beim Auswahlwettbewerb, den man wieder eingeführt hatte, den ersten Preis in Geographie holte – eine um so bemerkenswertere Auszeichnung, als das Gymnasium Carnot in diesem Jahr nicht besonders verwöhnt worden war.

Wir verließen uns auch nicht während der ersten sechs Monate unserer Militärdienstzeit, die wir in Saint Cyr absolvierten. Couve de Murville hatte für die Art Leben, das man dort führte, nicht viel übrig, und die Befriedigung, eine Uniform zu tragen, konnte die Langeweile nicht wettmachen, die ihm die tägliche Routine verursachte; trotz seiner Vielfalt konnte unser Lehrplan einem Mann nicht genügen, dessen Begabung, so jung er auch noch war, bereits eine große Zukunft verhieß. Ich reagierte ganz anders, trotz meiner physischen Untauglichkeit: Die Morgenfanfare, die soldatische Atmosphäre, das angehende Kader, die Kameraderie, das alles mißfiel mir keineswegs. In dieser Neigung wurde ich jedoch von meinem älteren Bruder übertroffen. Er war, neben anderem, für das Waffenhandwerk wie geschaffen, und seine lärmende Beliebtheit begeisterte mich. Wäre ich der einzige meines Namens gewesen, hätte mich keiner bemerkt. Unser Jahrgang unterscheidet sich übrigens von den anderen. Dank seinem Jahrgangsbesten, Mgr. Le Cordier, der sich alsbald auszeichnete und der Erste unter uns war, fanden wir uns alle Jahre wieder zu einem Essen zusammen; die Liste der Toten, die jedes Jahr länger wird, läßt die Lebenden enger zusammenrücken.

Es war der Winter 1925/26. Es fror, und in dem berühmten Hof, wo mit Härte so viel Heldentum herangebildet worden war, handhabte ich ungeschickt den Karabiner. Die Ära des Kampfes schien endgültig abgeschlossen. Deutschland, unser einziger Gegner, schien für immer besiegt zu sein. Einer Disziplin unterworfen, deren Nützlichkeit niemand zu bestreiten gewagt hätte, wiederholten wir ungefährdet auf dem Exerzierplatz jene Übungen, mit denen sich unsre Vorgänger dem Kugelhagel ausgeliefert hatten. Man kopierte, ohne Neues zu erfinden. Die Franzosen bereiteten sich noch einmal auf den vergangenen Krieg vor. So groß mein Bürgersinn und mein militärischer Eifer sein mochten, so beklagte ich doch, dem Familientisch ferngehalten zu sein. Denn ich hatte meinem Vater immer an den Lippen gehangen.

Wie durch ein Wunder, das seiner Energie zu verdanken war, hatte Jacques Seydoux den Sieg über ein Leiden davongetragen, das jeden andern entmutigt hätte. Mit dem Kampf gegen seine Körperbehinderung hatte er nicht bis zum Ausbruch der Feindseligkeiten gewartet, doch der Krieg elektrisierte ihn. Da er nicht in der Lage war, Frontdienst zu leisten, setzte er sich mit all seinen Kräften für die ihm anvertraute Aufgabe ein. Durfte er sich der Anspannung entziehen in einer Zeit, da ein Menschenleben nichts zählte? Nach und nach begriffen die Alliierten, daß man Deutschland, um es zu besiegen, wirtschaftlich abriegeln mußte – eine in der Geschichte ganz neue Operation. Sie war um so schwieriger durchzuführen, als die neutralen Länder den Gegenschlag nicht zu unterstützen verstanden. Mein Vater ist einer der Baumeister der Blockade gewesen; auf dem Gebiet des Handels, in ökonomischer und finanzieller Hinsicht hat er sich dabei für die damalige Zeit ungewöhnliche Kenntnisse angeeignet. Im Außenministerium, wo die große Politik gemacht wurde, vernachlässigte man diese Fragen nur zu leicht. Man hielt sie für unvereinbar mit der edlen Kunst der Diplomatie.

Es war eines der Verdienste von Philippe Berthelot, der sich als dritter nach Jules Cambon und Maurice Paléologue als Generalsekretär des Quai d'Orsay etabliert hatte, erkannt zu haben, daß man in eine Epoche eintrat, in der Wirtschaft und Politik nicht voneinander zu trennen waren. Im Jahre 1919 wurde beschlossen, eine Abteilung für Handelsbeziehungen zu schaffen – damals war der Beamtenapparat noch nicht dermaßen aufgebläht –, und die Leitung wurde natürlich meinem Vater übertragen. Wäre Seydoux nicht dagewesen, hätte Berthelot diese Initiative nicht ergriffen.

Aufgrund der Bedeutung der in ihre Zuständigkeit fallenden Probleme wie auch dank der Persönlichkeit ihres Chefs, spielte die neue Abteilung von Anfang an innerhalb der obersten Verwaltung eine Rolle, die die optimistischsten Erwartungen übertraf. Ihr Aufgabenbereich umfaßte vor allem die Reparationen, die Schulden zwischen den Alliierten und die Wiederherstellung der Handelsströme, die infolge des Weltkrieges unterbrochen oder umgeleitet worden waren. Man befand sich in einer Welt, die es zu retten und wiederaufzubauen galt. Deutschland soll zahlen, so lautete die Parole. Dazu mußte es, wenn nicht zustimmend, so doch zumindest in der Lage sein. Von seltenen Ausnahmen abgesehen waren alle Franzosen sich einig, daß dem Feind von gestern, der in unser Land eingefallen war und es verwüstet hatte, Reparationen abgefordert werden sollten. Raymond Poincaré war die Verkörperung dieses nationalen Anspruchs in Person. Mit nüchterner Stimme und unerbittlicher Präzision legte dieser große Patriot bei seinen sonntäglichen Ansprachen Deutschlands Schulden dar und rechnete mit ihm ab.

Zur Erinnerung an die Tätigkeit meines Vaters stellten Étienne de Felcourt, einer seiner Mitarbeiter, und Jacques Arnavon, einer seiner Bewunderer, nach seinem Tod eine Reihe seiner Artikel und Notizen zu einem Buch zusammen: *De Versailles au plan Young*. In ihm zieht vor unserem Auge noch einmal eine Seite einer unerfreulichen Vergangenheit vorüber, die uns die Arbeit und den Ideenreichtum eines großen Staatsdieners zu würdigen erlaubt. Seine Sorge hatte weniger der Frage gegolten, wie man Deutschland zum Zahlen brachte, als vielmehr, daß dies unter Bedingungen geschah, die für die Wiederherstellung ganz Europas eine gesunde Basis schafften. Ende des Jahres 1920 konnte er in einer Sachverständigenkonferenz, die, im Anschluß an die Konferenz von Spa, in Brüssel stattfand, seine ebenso gerechten wie großzügigen Vorstellungen bei unseren Verbündeten durchsetzen, während er gleichzeitig Beziehungen zur deutschen Delegation anknüpfte, die sich dafür aufgeschlossen zeigte. Aber in Paris hörte man nicht auf ihn. Er war in seinem Denken zu weit voraus. Später hat man bereut, ihm nicht gefolgt zu sein. Aus dieser Zeit datiert das Ansehen, das er in internationalen Kreisen genoß, wo man sich auf ihn als Sachverständigen par excellence berief. In Brüssel sah er sich dem bejahrten belgischen Premierminister M. Delacroix und dem allmächtigen englischen Botschafter in Berlin, Lord d'Abernon, gegenüber. Bei einem Diner, das meine Eltern den beiden zu Ehren in unserer Wohnung am Boulevard de Courcelles gaben, wurde ich ihnen vorgestellt. Meine Schüchternheit übertraf indessen meine Neugier, was mir nachfolgend eine unzufriedene Bemerkung meines Vaters eintrug. Der Kontrast zwischen ihm, der in seinem Sessel fast verschwand, und dem formidablen britischen Diplomaten war verblüffend. Dieser hätte, so schien es mir, nur den Mund aufzureißen brauchen, und sein französischer Partner wäre darin verschwunden. Die Gefühle der Erkenntlichkeit, die man in führenden deutschen Kreisen England entgegenbrachte, waren zum großen Teil seinem Wirken zu verdanken.

Lord d'Abernon gehörte zu jenen Engländern, für die das Gleichgewicht auf dem Kontinent oberstes Gesetz war. Frankreich war zu stark, Deutschland zu schwach. Wurde die Last der Reparationen für Deutschland zu schwer, konnte es auf wirtschaftlichem Gebiet nicht wieder ein nützlicher Partner Englands werden. Das besiegte Land gelangte damit in die günstige Position, daß eine der Siegermächte sich zum Fürsprecher von Grundsätzen machte, denen Frankreich sich nicht anschließen konnte. Die Feindseligkeiten waren noch kaum beendet, als die *Entente cordiale* eine harte Probe durchstehen mußte.

Mein Vater bedauerte dies. Nach einer Etappe in Den Haag hatte er sich in London unter Baron de Courcel die ersten Sporen verdient. Courcel war 1862 in St. Petersburg ein Kollege meines Großvaters gewesen, der ebenfalls bis 1870 Diplomat war. Nach dessen Tod wurde Courcel der Beschützer von Jacques Seydoux, den übrigens die Macht Englands, die großartige britische

Kultur und der Charme des Londoner Lebens stets fasziniert haben. Man stand damals am Vorabend des ernsten Zwischenfalls von Faschoda, bedroht von einer Krise, die sich jedoch plötzlich löste und nun im Gegensatz dazu auf beiden Seiten des Ärmelkanals jener Einsicht Platz machte, die dann sechs Jahre später zum Abschluß der *Entente cordiale* am 8. April 1904 führen sollte.

Über die Bedingungen, unter denen der wirtschaftliche Wiederaufbau Europas vor sich gehen konnte, waren wir uns mit unseren britischen Freunden ebensowenig einig, wie über die Haltung, die man Deutschland gegenüber einnehmen sollte. Diese Probleme waren naturgemäß miteinander verknüpft. Am Quai d'Orsay gehörten sie in den Zuständigkeitsbereich meines Vaters. Auf die Konferenz von Cannes, die für Aristide Briand nach einer – wegen seiner Unkenntnis auf diesem Terrain – mißglückten Golfpartie mit Lloyd George so unheilvoll ausging, sowie auf ein Sachverständigentreffen in London folgte im Frühjahr 1922 die Konferenz von Genua. Hier hat sich mein Vater an der Seite des Chefs der französischen Delegation, Louis Barthou, der sich vollkommen auf ihn verließ, durch seine produktiven Ideen und die Vielfalt angeknüpfter Verbindungen ausgezeichnet. Die Konferenz, zu der sich alle früheren europäischen Kriegführenden zusammengefunden hatten, um die Möglichkeiten zu prüfen, wie der Wiederaufbau der internationalen Wirtschaftsbeziehungen gefördert werden könne, begann jedoch unter schlechten Vorzeichen. Ministerpräsident Poincaré war nicht erschienen. Er wünschte der Konferenz nicht den geringsten Erfolg, da Lloyd George, der sie angeregt hatte, sich diesen unverzüglich selbst zugeschrieben hätte. Die Russen und die Deutschen ließen es sich angelegen sein, auf die Nichtigkeit und Kleinlichkeit dieser interalliierten Streitigkeiten hinzuweisen. Genua hat man vergessen, nicht aber Rapallo, den Nachbarhafen, wo die beiden großen Unzufriedenen des Kontinents zur allgemeinen Bestürzung und auf Kosten aller übrigen Teilnehmer am 16. April 1922 einen Vertrag abschlossen, der seinerzeit alle Gegebenheiten umkehrte. Damit wurde der Konferenz in Genua die Totenglocke geläutet. Rapallo aber ist seitdem zum Symbol eines möglichen deutsch-sowjetischen Einverständnisses geworden, das man mit Furcht betrachten sollte.

Einige Monate später kamen die französisch-britischen Unstimmigkeiten in der Frage der Reparationen offen zum Ausbruch. Um Deutschland, das seinen Leistungen nicht nachgekommen war, zum Nachgeben zu zwingen, rückten am 10. Januar 1923 unsere Techniker und Truppen ins Ruhrgebiet ein, das Zentrum seiner Wirtschaftsmacht. Die Engländer setzten sich von uns ab. In dieser grundlegenden Frage war die Uneinigkeit komplett.

Mein Vater übernahm die Leitung der Operation. In den Komitees, bei denen er ganze Tage lang den Vorsitz führte, waren die Repräsentanten aller Bereiche des nationalen Lebens vertreten. Sie mußten ein Territorium unter ihre Aufsicht nehmen, wo sich vor den Augen der französischen Militärs und der Zivilverwaltung, unterstützt von Belgiern und Italienern, der deutsche Widerstand entwickelte. In dieser Stellung genoß mein Vater eine unvergleichliche Autorität. Vom Präsidenten der Republik, Alexandre Millerand, wurde er regelmäßig empfangen.

Indes war für Jacques Seydoux die so diffizile, gewagte Besetzung des reichsten Gebietes Deutschlands lediglich ein Mittel, um der Regierung in Berlin aus der Sackgasse zu helfen, in der sie sich auf Grund ihrer wiederholten Versäumnisse festgefahren hatte. Ebenso wollte er mit ihr zu einer globalen Regelung gelangen, die den Wiederaufbau Europas auf einer gesunden Grundlage zum Ziel hatte. Es galt, nicht zu strafen, sondern wiederaufzubauen. Dieses Ziel hielt man im Monat September 1923 für erreicht, doch nur einen flüchtigen Augenblick lang. Die Deutschen, endlich von der französischen Entschlossenheit überzeugt, gaben plötzlich ihren Widerstand auf. Mein Vater, der sich zur Erholung auf unserem Familienbesitz aufhielt, kehrte daraufhin nach Paris zurück in der Hoffnung, daß sich die Ereignisse in dem von ihm vorgeschlagenen Sinn entwickeln würden; er wollte auf die Entwicklung Einfluß nehmen. Aus Gründen, die bis heute ungeklärt sind, nutzte Poincaré den »Sieg« an der Ruhr nicht aus. Er schlug nicht vor, in Verhandlungen einzutreten, wie man es in den meisten Hauptstädten erwartete. Er hatte keinen Blick für die Zukunft. Trotz seiner Gaben war er für diese Angelegenheit nicht der prädestinierte Mann. Die Gelegenheit blieb ungenutzt.

Das war nicht das einzige. Frankreich vermochte sich nicht zu entschließen. Es schwankte gegenüber Deutschland zwischen Härte und Versöhnung. Aber die Härte hätte ohne Einverständnis der Engländer und Amerikaner nicht wirksam werden können; diese hatten jedoch andere Vorstellungen. Was die Aussöhnung betraf, so hielt man sie auf beiden Seiten des Rheins für eine glanzlose Politik. Das Herz des Volkes stand nicht dahinter. Raymond Poincaré und Aristide Briand galten, obwohl ein so summarisches Urteil nicht vollkommen zutreffen kann, als Repräsentanten der beiden unterschiedlichen Tendenzen.

Aufgrund der Wahlen des Frühjahrs 1924 sah sich Präsident Alexandre Millerand zum Rücktritt gezwungen, und die Radikalsozialistische Partei etablierte sich in den Zentren der Macht. Die Geschmeidigkeit siegte über die Härte. Auf der in London während des Sommers stattfindenden Konferenz hatte Édouard Herriot nur den einen Wunsch, die Ruhraffäre zu liquidieren und damit der französisch-britischen Uneinigkeit ein Ende zu machen. Daß ein Ramsay MacDonald an der Spitze einer Labour-Regierung stand, konnte ihn nur in seinen Dispositionen bestärken. Bei Abfahrt des Zuges, der die französische Delegation nach London bringen sollte, betrat der neue Ministerpräsident Herriot das Abteil, in dem mein Vater, den ich begleitete, um ihm in Dingen des täglichen Lebens während seines Londoner Aufenthalts behilflich zu sein, mit mir Platz genommen hatte. Sein Anblick war für mich ein Schock. Herriot war zwar sympathisch, doch konnte ich mir einen Mann seiner Statur als Regierungschef nicht vorstellen. Zwischen ihm und dem verführerischen MacDonald, einem Aristokraten der Linken mit einer welligen weißen Mähne, der schöne Worte mit Schläue auf eine Weise zu verbinden wußte, daß stets die britischen Konzeptionen obsiegten, entwickelte sich ein herzliches Verhältnis. Sie trafen sich als gute Nachbarn auf den Höhen, auf denen der Franzose sich mit größerem Idealismus erging als der Engländer.

Während die Minister und Sachverständigen an zahlreichen grünen Tischen unermüdlich über Deutschland diskutierten, steckte ich meine Nase ein bißchen hinter die Kulissen des politischen Theaters. An Ort und Stelle sah ich mit an, wie es war, wenn ein Missionschef in Ungnade fiel. Es lag auf der Hand, daß unser Botschafter, Graf de Saint-Aulaire, den Regimewechsel nicht überleben würde. Die Leute um den Ministerpräsidenten legten ihm gegenüber eine so eisige Indifferenz an den Tag, daß ihm auch nicht die geringste Illusion verblieb. Die Stimmung des Botschafters war deswegen merklich gedrückt. So endete schon lange vor dem Pensionsalter die Karriere eines Mannes, der nach einem doppelten Erfolg in Rumänien und Marokko zum Nachfolger Paul Cambons ausgewählt worden war.

Tröstlicher war es, am frühen Morgen dem Schneiden des Bartes von Louis Barthou beizuwohnen. Der Präsident der Reparationskommission war für seine Kultur, seinen Scharfsinn, seine unverblümte, Frauen gelinde erschreckende Ausdrucksweise so berühmt wie für den Charme seiner klangvollen Stimme, die im Parlament nur in der von Briand ihresgleichen hatte. Zweifellos wäre er in den höchsten Rang zu den Größten der Dritten Republik aufgestiegen, hätte nicht die Tragödie von Marseille seiner Laufbahn zehn Jahre später ein vorzeitiges Ende bereitet.

Einmal, als ich ein Schreiben meines Vaters zu überbringen hatte, konnte ich in den engeren Kreis von Herriot Einblick nehmen. Nur mit dem Nötigsten bekleidet, umgeben von seinen engsten Mitarbeitern, darunter Gaston Bergery, inmitten von leeren Flaschen und vollen Aschenbechern diskutierte er mit schwungvollen Gesten unermüdlich mit einer Leidenschaft, die sich allen anderen mitteilte. »Ah, das ist von Seydoux«, rief er wohlwollend aus, »das kann nur interessant sein!« Und sofort begann er das wichtige Papier, sich mit zustimmenden Ausrufen unterbrechend, laut vorzulesen ...

Mein Vater war mein ganzer Stolz. Das Prestige, das er genoß, machte mir eine Freude, die ihn überraschte. Wo immer er erschien, erregte er Staunen, in das sich Bewunderung und Mitgefühl mischten. Mit seinen Stöcken bewaffnet, ohne die er das

Gleichgewicht verlor, so gebeugt, daß er beim Gehen nur den Fußboden betrachten konnte, körperlich dermaßen reduziert, daß seine Bekleidung zum Problem wurde, konnte er seinen Wagen nur mit Hilfe einer kleinen, eigens für diesen Zweck angefertigten Treppe besteigen. Von Rheumatismus gelähmt, unfähig, sich ohne Hilfe niederzusetzen, erschien er in all seinem leiblichen Elend als der Triumph des Willens und nicht zuletzt des Geistes über das Leiden. Ein verwundeter Vogel, der nicht mehr mit den Flügeln zu schlagen vermochte, sollte er sich nur gegenüber dem Tod als besiegt erklären. Wie unentbehrlich muß er sein, tuschelten Leute, die ihn nicht kannten, sich zu, daß man gerade auf ihn zurückgreift! Man erzählte sich, daß Clemenceau bei einer der vorbereitenden Sitzungen für den Vertrag von Versailles in seinem Zorn plötzlich die Sachverständigen vor die Tür verwiesen habe. Reumütig und sich seiner Unkenntnis des zur Diskussion stehenden Gegenstandes bewußt habe er sie wenig später wieder herein bitten lassen. Da hätte man den alten »Tiger« sehen sollen, wie er mit den eigenen, grau behandschuhten Händen den Rollstuhl von Jacques Seydoux vor sich herschob.

Endlich, vor Schmerz das Gesicht verziehend, hat Seydoux am Tisch Platz genommen. Das Wunder vollzieht sich, wenn das blaue Auge verzehrend im mageren blassen Gesicht aufleuchtet. Seine Stimme ist klar, der Vortrag fließend, das Wort stets treffend, seine Autorität unbestritten. Die Ausländer lieben ihn, respektieren ihn, sie beneiden uns um ihn. Zu kurze Jahre nur kann er den Dingen seinen Stempel aufprägen. In den Wochen, die auf die Londoner Konferenz folgen, will er sich der Vorbereitung eines französisch-deutschen Handelsvertrags widmen, dem man in Paris wie in Berlin besonderen Wert beimißt. Man ist bemüht, die Wunden zu verbinden, die der Ruhrkampf geschlagen hat.

Ich suchte nun selbst Bekanntschaft mit Deutschland, von dem ich mir, da ich es im Alter von sechs Monaten verlassen hatte, nur durch die Erinnerung meiner Eltern eine ungefähre Vorstellung machen konnte . . . Aber was war das für ein Deutschland! Ich verbrachte die Ferien des Sommers 1925 im französischen Hochkommissariat für das Rheinland mit Sitz in Koblenz, und sein Chef, der als solcher der interalliierten Hohen Kommission präsidierte, war Paul Tirard. Nirgends hätte man sich ein zugleich glanzvolleres wie unzutreffenderes Bild von der Situation Frankreichs machen können, das siegreich an den Ufern des Rheins und der Mosel eine große Tradition wiederbelebte. Nirgends fühlten wir uns von den Deutschen weiter entfernt als in diesen uns geographisch und auch aufgrund eines gemeinsamen Erbes so nahe gelegenen Gebieten. Franzosen und Deutsche lebten nebeneinander, ohne sich anzublicken, die einen bestrebt, sich an eine Situation zu gewöhnen, die man sich zwangloser gewünscht hätte, die anderen düster verschlossen in ihrer Demütigung. Die brave Frau, bei der ich logierte, hatte nur wenige Minuten für ein paar Worte mit mir übrig; wir hatten nicht die gleiche Wellenlänge; das Besatzungsregime war böse für sie, und ich armer Junge gehörte zu den Besatzern. Ein separatistisches Rheinland, das in den vergangenen Jahren einmal eine Chance gehabt hatte, kam nicht mehr in Frage. Von Wiederversöhnung sprach kein Mensch. Würde der Locarnopakt, der bald darauf unterzeichnet wurde, das gegenseitige Verhalten regulieren, einen Hoffnungsschimmer aufleuchten lassen?

Zwei Jahre darauf war ich erneut während meiner Ferien in Deutschland, diesmal in Berlin, wo ich in einer der mit der Durchführung des Dawesplans betrauten Organisationen arbeitete, in dessen Rahmen 1924, mit der vorgesehenen Aufhebung der Ruhrbesetzung, die Jahresleistungen festgesetzt wurden, die Deutschland in Erfüllung des Friedensvertrages aufzubringen hatte. Das System erwies sich als wirksam, konnte aber nur provisorisch dienlich sein, da die Anzahl der Jahresleistungen nicht festgelegt worden war. Die Deutschen zögerten übrigens nicht, deren Aufhebung zu fordern. Auf den Dawesplan sollte später der Youngplan folgen, der für sie naturgemäß günstiger war. Ich atmete nun die erfrischende Luft meiner Geburtsstadt, die mir, ohne daß ich es hätte beweisen können, eine Metamorphose durchgemacht zu haben schien. Die politisch und militärisch in der Kaiserzeit so ruhmreiche Stadt hatte sich nun, zweiundzwanzig Jahre nach meiner Geburt, in Freiheit zu einer der Hauptstädte des Geistes entwikkelt, die unsre Schriftsteller, allen voran André Gide und Roger Martin du Gard, faszinierte. Sie übertraf Paris nicht nur in bezug auf ihr geistiges Leben, sondern sogar auf dem Gebiet der Vergnügungen. Die Weimarer Republik bot sich in ihrer Hauptstadt von ihrer liebenswertesten Seite.

Ich lebte dort im Schatten der Botschaft, der Pierre de Margerie vorstand. Trotz der Wechselfälle in den französisch-deutschen Beziehungen hatte er, dank seiner beispielhaften Kaltblütigkeit und seiner reichen Erfahrung, seit 1922 überdauert; seine Mission und damit seine Laufbahn sollten erst nach einer weiteren Amtszeit von neun Jahren beendet sein. Ihm stand ein Botschaftsrat von nobler Haltung, André de Laboulaye, zur Seite wie auch ein Stab, dessen brillante jüngere Mitglieder der französischen Diplomatie alle Ehre machten. Vor allem Roland, der Sohn des Botschafters, der einhellig als unsre größte Hoffnung galt, und Boni de Castellane, der mit der deutschen Aristokratie versippt war, beeindruckten mich, einer wie der andere, durch ihre Ungezwungenheit im Umgang mit Problemen und Menschen. Sie gingen in den berühmtesten literarischen und künstlerischen Salons von Berlin ein und aus, zum Beispiel bei Frau von Nostitz, einer Nichte Hindenburgs, von der Rodin eine Büste geschaffen hatte. Beruflich und gesellschaftlich sehr aktiv, schien sich die Botschaft – die auch enge Verbindung zu den tonangebenden israelitischen Bankiers Schwabach und Friedländer hielt – in diesem Sommer 1927 der von Aristide Briand vorgezeichneten Richtung gemäß zu entwikkeln. Was nicht bedeutete, daß sie nicht auf der Hut war.

Ich erinnere mich eines Gesprächs mit meinem damaligen Chef, einem sehr feinen, aufmerksamen, in jeder Hinsicht menschlich wohlwollenden Finanzmann, der keinen Hehl aus der Furcht machte, die ihm auch das Deutschland von Weimar noch einflößte, dessen Ambitionen, dessen Expansionsdrang er mir in düsteren Farben schilderte. Er war überzeugt, daß der Tag nicht mehr fern sei, an dem es sich Österreich einverleiben werde. Ich mochte ihm in diesen Voraussagen nicht folgen. Gewährte unser Vorgehen uns nicht eine doppelte Garantie? So ungenügend der Vertrag von Versailles auch erfüllt wurde, er sicherte uns mit den durch ihn auferlegten Beschränkungen und Leistungen gegen ein gewaltsames Erwachen der Besiegten. Ihnen selbst streckten wir deshalb nicht weniger die Hand entgegen. Die Zusammenkunft in Thoiry von 1926, wo Briand und Stresemann der Versöhnung im Geschwindschritt entgegeneilten, kündigte neue Zeiten an. Doch war das nicht, als wolle man Feuer und Wasser miteinander vermählen?

Zwischen der Wahrung unserer Vertragsrechte und einer Annäherung zwischen Berlin und Paris existierten unauflösliche Widersprüche. Wir selbst wären mehr zur Milde geneigt gewesen, wenn wir hätten sicherer sein können, nicht eines Tages die Rolle des Geprellten zu spielen. Sollte Deutschland versagen, würde unser Vertrauen den Schaden zu tragen haben.

Was bedeutete es schon, was ich dachte, da ich nur eine oberflächliche Sicht der Dinge hatte. Es ist deshalb vorzuziehen, daß ich in diesem Zusammenhang auf Jacques Seydoux zurückkomme, nicht weil er mein Vater ist, sondern weil er einer der Akteure war. Wievielmal hat man mich gefragt, wie er über Deutschland denke und welche Haltung er ihm gegenüber empfehle. Neige er mehr zur Sicht von Poincaré und Millerand oder mehr zu der von Briand und Herriot? Was seine Person anging, hat Poincaré diese Frage beantwortet, als er im *Figaro* zu meines Vaters Buch *De Versailles au plan Young* schrieb: »Es wäre zu begrüßen, wenn dieses Werk in alle Sprachen übersetzt und von allen Völkern gelesen würde. Jacques Seydoux war mit allen großen Fragen befaßt, die sich seit Kriegsende stellten. Seine Verdienste sind außerordentlich. Ihm verdanken seine Vorgesetzten die detailliertesten und unparteiischsten Lösungsvorschläge. Alle früheren Außenminister würden sicherlich das gleiche über ihn aussagen wie ich.«

Als hoher Beamter leistete er seinen Dienst. Doch das Leiden, das ihn heimsuchte, untersagte es ihm, an die Spitze einer unsrer Botschaften zu treten. Sonst hätte man ihm gewiß Berlin vorgeschlagen. Es untersagte ihm auch, die Leitung der politischen Abteilung zu übernehmen, die man, seitdem Jules Laroche nach Warschau gegangen war, unbesetzt gelassen hatte. »Ich könnte nicht einmal zum Minister gehen«, murmelte er, »und es ist mir unangenehm, darum zu bitten, daß die Sitzungen unter seinem Vorsitz in meinem Büro stattfinden.« Zwischen ihm und dem Generalsekretär Philippe Berthelot war kein Platz für irgend jemand, wer es auch sei. Man hat diese beiden so verschiedenen Männer oft miteinander verglichen. Jacques Seydoux hatte sich auf internationalem Plan eine für einen Ministerialdirigenten einzigartige Position erworben. Die hochgestelltesten europäischen und amerikanischen Persönlichkeiten aus Politik und Finanz reisten niemals über Paris, ohne ihn aufzusuchen. Seine intellektuelle und moralische Ausstrahlung vermehrte das Prestige der französischen Diplomatie. Im Dezember 1926 demissionierte er, ohne daß man ernsthafte Anstrengungen gemacht hätte, ihn zur Revision seines Beschlusses zu bewegen. Ich war untröstlich, mehr als er, der sich nie etwas anmerken ließ. Daß er zum Administrator einer unserer bedeutendsten Banken ernannt wurde und dabei eine hervorragende Rolle spielen würde, konnte mich nicht trösten. Er diente nicht mehr dem Staat. Das große Gebäude am Quai d'Orsay, das mir nie wieder so vertraut gewesen ist wie in jenen vergangenen Tagen und in dessen Hierarchie und Räderwerk ich mich von oben bis unten auskannte, gehörte mit einem Mal nicht mehr zu meinem Leben.

Dennoch sollte ich achtzehn Monate später dort eintreten. War darin die Ursache für die Aufregung zu suchen, die mein Vater während meiner Prüfungen im Auswahlwettbewerb, dem *Concours général,* durchgemacht hatte? Stets sagte mir meine Mutter beim Wecken, daß er die Nacht vor der Bekanntgabe der Ergebnisse am folgenden Tag schlechter verbracht habe als sonst. Sein Martyrium sollte sich dann in verschlimmerter Form noch bis zum 26. Mai 1929 hinziehen. Jacques Seydoux konnte das Zimmer nicht mehr verlassen und kaum noch das Bett, die Lähmung hatte vollkommen von ihm Besitz ergriffen. Abgemagert und von erschreckender Blässe vermochte er nur noch mit Blick und Stimme zu bekunden, daß er noch am Leben war. Henri Malherbe, der ihn in seinen letzten Tagen besuchte, schilderte später in der Zeitung *Le Temps*, deren Musikberichterstatter er war, seine Erschütterung: der Sterbende habe Isoldes Liebestod vor sich hin gesummt. Wenige Stunden vor seinem Ende diktierte er einen letzten Artikel – über die Schweizerische Armee. Die *Revue des vivants* veröffentlichte ihn, als er nicht mehr unter den Lebenden weilte.

Schon zu der Zeit, als er im Außenministerium tätig gewesen war, hatte Jacques Seydoux es für nötig gehalten, die Öffentlichkeit zu unterrichten – was für einen Beamten nicht alltäglich war –. So war er Mitarbeiter der Zeitschrift *L'Europe nouvelle* geworden, die sich unter der Leitung von Madame Louise Weiss einen anspruchsvollen Leserkreis gewonnen hatte. Im Ruhestand, während der begrenzten Spanne, die ihm noch auf dieser Erde verblieb, hatte er seine journalistische Tätigkeit noch verstärkt, indem er für die renommiertesten ausländischen Zeitschriften schrieb, jede Woche für den weit verbreiteten und anerkannten *Petit Parisien* einen Leitartikel über die Außenpolitik verfaßte – der erste war den französisch-deutschen Beziehungen gewidmet – und das Wochenblatt *Pax* gründete, das mit ihm stand und fiel und dessen Titel allein schon ein Programm war. Graf Coudenhove-Kalergi, oft als der Vater Europas bezeichnet, sagte am 7. Mai 1970 im Rathaus von Aachen vor einem zahlreichen Publikum: »Ich werde nie vergessen, daß es Jacques Seydoux war, der uns zu Beginn der paneuropäischen Bewegung die Türen zum Quai d'Orsay großzügig geöffnet hat in einem Augenblick, da seine Kollegen die Idee eines geeinten Europa für eine naive Utopie hielten ...«

Der Frieden, Europa, die Versöhnung zwischen Deutschland und Frankreich, diese großen Themen beschäftigten Seydoux unablässig. Folgt man seinen Gedanken auf ihrem Weg, kann man nicht umhin, in ihm einen Vorläufer zu sehen. Auch Rußland verlor er nicht aus den Augen, dessen unvorstellbares Schicksal er mit durchdringender Klarsicht voraussah, und auch die Vereinigten Staaten nicht, deren gewaltigen Aufstieg er ebenso bewunderte wie ihre jugendliche Dynamik. Sie wurden für ihn vor allem in der Gestalt von Parker Gilbert verkörpert, dem mit der Durchführung des Dawesplans betrauten Generalbevollmächtigten für die Reparationen – einem verführerischen Typus, nach Art eines Lindbergh und eines Kennedy, der auch meinen Vater sehr hoch schätzte. Aber immer wieder kam dieser auf Deutschland zurück. Es hörte nicht auf, ihn gleicherweise anzuziehen wie zu beunruhigen.

Es war für mich von hohem Wert, diese Epoche in den *Dialoges franco-allemandes* von Fernand Huillier, Leiter des *Centre universitaire des hautes études européennes* in Straßburg nachgezeichnet zu finden. Zwei Männer erweisen sich in diesen Aufzeichnungen als Pioniere, deren Schriften tonangebend waren, deren Rat und Urteil, deren Berichte in Berlin mit Ungeduld erwartet und sorgfältig studiert wurden: Jacques Seydoux und Wladimir d'Ormesson. Sie unterschieden sich dem Alter nach – was um so schmerzlicher war, als der eine bereits im Schatten des Todes lebte – wie auch in der Art ihrer Schriften, von denen die einen mehr technisch, die anderen literarischer gehalten sind, sowie durch die Ausrichtung ihres Daseins. Dennoch gab es hier mehr Ähnlichkeit, als man danach vermuten könnte, daß der Beamte sich bewußt von seinem Kader getrennt hatte, während der Publizist mit seiner Feder und seinem Herzen der Karriere verbunden war, die ihn schon geprägt hatte, ehe er in sie eintrat, und in der Menschen seiner Art sich instinktiv in ihrem Element fühlen. Was beide miteinander verband, war vor allem das leidenschaftliche Interesse an Deutschland.

Gemeinsam mit Pierre Vienot, einem jungen, hoch gebildeten, sensiblen Mann mit einem feurigen Temperament, der 1944 mitten aus seiner Tätigkeit als Botschafter in London hinweggerafft wurde, waren sie Mit-Initiatoren des Französisch-Deutschen Studienkomitees, das im Anschluß an die Konferenz von Locarno und in ihrem Geist ins Leben gerufen wurde. Ihm gehörten repräsentative Persönlichkeiten aus dem Finanz- und Wirtschaftsleben, aus Wissenschaft und Literatur von beiden Seiten des Rheins an. Den Vorsitz übernahm der luxemburgische Großindustrielle Emile Mayrisch. Ich sehe ihn noch vor mir in der Wohnung am Boulevard de Courcelles, wie er, gleichsam thronend auf der Macht von Eisen und Stahl, in unerschütterlich würdevoller Ruhe seine Gesprächspartner von den Vorzügen des Landes überzeugte, dessen hervorragendster Bürger er war. Nie trennte er sich von einem schweren Apparat, den er dicht bei sich auf den Tisch stellte: er war fast vollkommen taub.

Damit hatte man eine beträchtliche Anstrengung unternommen, in den verschiedensten und einflußreichsten Gruppen beider Länder eine Verbesserung des Klimas herbeizuführen und Kooperation und gegenseitige Achtung an die Stelle von Feindseligkeit und Rivalität treten zu lassen. Selten gab es einen so ausgedehnten Briefwechsel und Besuchsaustausch, erfüllt von dem Bestreben, auf dem gemeinsamen Grundstein aufzubauen. Pierre Vienot, der damals in Berlin war, ließ es weder an Mühe noch an apostolischem Eifer fehlen. Charles Laurent, Jean Schlumberger, Arthur Fontaine, Henri de Peyerimhoff, der Herzog von Broglie, Pierre Lyautey, der Marschall Lyautey selbst, sie alle steuerten zu dem Unternehmen ihren Namen und ihren Sachverstand bei und schenkten ihm ihr Vertrauen. Von dunklen Vorahnungen erfüllt, führten diese Männer des Wissens und Gewissens einen Kampf gegen die Zeit. War es nicht zu spät, und war es nicht tatsächlich schon seit dem 11. November 1918 zu spät? Deutschland haderte mit sich in Unzufriedenheit, einem Teil des Volkes stand der Sinn nach Widerstand. Es litt in seinem Fleisch und in seinem Stolz, es rüttelte an den Ketten des Versailler Vertrags und lehnte sich auf gegen das ungerechte Schicksal, das man ihm auferlegt hatte. Schon bereitete es sich auf eine plötzliche Erhebung vor, von der niemand wußte, in welcher Form und mit welcher Gewalt sie vor sich gehen würde. Bis in den tiefsten Grund ihres Wesens gedemütigt, konnte die gefesselte Germania sich aufbäumen, wenn man sie nicht beschwichtigte oder sie nicht beherrschte.

In einem für die Regierung bestimmten Dokument schrieb Jacques Seydoux im Juni 1926: »Die deutsche Großindustrie hat ihre Ansichten nicht geändert; sie organisiert sich weiterhin, um sich wirtschaftlich zum Herrn Europas aufzuschwingen.

Gleicherweise will sie die europäische Industrie organisieren, um sie zu einer Hilfsmacht in einem künftigen Kampf gegen die Vereinigten Staaten zu machen, mit dem man in diesen Kreisen rechnet . . .« »Deutschland«, fügte er in den folgenden Monaten hinzu, »wird sich nicht mit einem seiner Eigenliebe unerträglichen Status zufriedengeben. Es wird nicht dulden, daß zwischen seiner politischen Erstarkung, seinem wirtschaftlichen Wiederaufleben und seinem Prestigeverlust unter der Gesamtheit der Völker ein solcher Abgrund besteht. Nachdem es sich in der Welt in gewisser Hinsicht eine hypertrophe Stellung erobern wollte und erobert hatte, nimmt Deutschland nunmehr einen zu geringen Platz ein . . .«

Man wird sich nicht wundern, daß die Reflexionen eines der besten Kenner der Schwächen wie auch der Dynamik unseres Nachbarn die *Dialogues franco-allemands* zu dem Schluß kommen lassen: »Hier verrät sich der Zweifel, die Sorge, aber auch der gute Wille eines aufrechten, großen Mannes, der seinem Leiden zum Trotz einen Feldzug für eine internationale Verständigung führt.«

In Wirklichkeit trug die Sorge über den guten Willen den Sieg davon. Am Tag nach der Begegnung von Thoiry machte Jacques Seydoux keinen Hehl daraus, daß Aristide Briand zu weit gegangen, zu offen gewesen sei gegenüber einem Partner von der Schlauheit eines Gustav Stresemann. Der Außenminister hat ihm dies niemals ganz verziehen, und die Presse zögerte nicht, in dem Augenblick, als mein Vater den Quai d'Orsay verließ, darauf hinzuweisen, daß der Abgang des hohen Beamten mit Unstimmigkeiten zwischen ihm und dem Minister zu tun haben könnte.

Der tiefen Befriedigung, die eine Annäherung zwischen Paris und Berlin ihm gewährt haben würde, konnte Jacques Seydoux sich nicht mehr ungetrübt überlassen. Während er weiterhin für sie eintrat und zu ihren Gunsten einen Kampf führte, der bereits ein Nachhutgefecht war, beobachtete er mit wachem Blick das subtile Spiel eines Hjalmar Schacht, der bereits die verlorenen Kolonien und den polnischen Korridor anvisierte, die Auslassungen deutscher Journalisten über das Minderheitenproblem sowie die immer lauter werdenden Forderungen der Rechten. Er lehnte es ab, zu diesen Alarmzeichen zu schweigen. Am 26. Februar 1929 zog er sich aus dem Französisch-Deutschen Studienkomitee zurück. Sein Entschluß schmerzte und bedrückte ihn. Drei Monate vor seinem Tod stürzte damit ein Ziel seiner Bemühungen ein. Der Riß in dem Idealbild, das er sich geschaffen hatte, war irreparabel.

Während ich mich einmal mehr dareinschicke, mich von ihm trennen zu müssen, gleiten weitere Bilder vor meinem inneren Auge vorüber. Ich erinnere mich, wie Alexandre Millerand persönlich die notwendigen Vorkehrungen traf, damit Jacques Seydoux die Präsidentenloge erreichen konnte, ohne die Aufmerksamkeit der Neugierigen zu erregen, um nach zwanzig Jahren des Verzichts eine Wagner-Oper, den Parsifal, zu hören; wie sich als Unterbrechung der langen Kette derer, die dienstliche Anliegen vorzutragen hatten, die literarischen Berühmtheiten des Diplomatenberufes in seinem Büro einfanden und ihm erfrischende Abwechslung brachten: Jean Giraudoux (am Vorabend seines Ruhmes) und Paul Morand, die ihn bewunderten, wie er sie bewunderte; wie er Léon Blum, der sich mit ihm über Deutschland und den Frieden unterhalten wollte, zu einem Frühstück im Familienkreis eingeladen hatte und meine Mutter mir nachher ins Ohr flüsterte: »Daß du ja nichts davon deinen Großeltern erzählst«; wie auf der Konferenz von Genua der Präsident des Verwaltungsrats Arthur Fontaine und der Direktor des Internationalen Arbeitsamtes Albert Thomas die Blumen vom Tisch nehmen ließen, damit sie Jacques Seydoux in die Augen sehen konnten.

Meine ersten diplomatischen Sporen verdiente ich mir ein Jahr vor dem Auswahlwettbewerb bei der internationalen Wirtschaftskonferenz, die im Mai 1927 in Genf stattfand, zu der Frankreich eine imposante Delegation entsandt hatte: den Minister Louis Loucheur, dann Léon Jouhaux – der beredt und überzeugend die Welt der Arbeit vertrat –, Daniel Serruys, der seine Funktionen als Leiter des Handelsministeriums mit einer Kompetenz erfüllte, mit deren Bandbreite sich nur die meines Vaters messen konnte, den stolzen Industriellen Henri de Peyerimhoff, den weißbärtigen Jules Gautier, der würdevoll und argwöhnisch die Interessen der Landwirtschaft vertrat, sowie zahlreiche Sachverständige, unter ihnen so renommierte wie Cahen-Salvador und Lambert-Ribot. Loucheur, der sämtlichen Regierungen dieser Epoche angehört und ihnen durch seine Anwesenheit eine gewisse Technizität verliehen hatte, tummelte sich zwischen Fragen und Leuten mit einer Aufgeregtheit umher, die an seiner Effektivität – wiewohl zu Unrecht – zweifeln lassen konnte. An seiner Seite fiel der junge Didier Gregh, der bei dieser Gelegenheit sein Sekretär war, durch seine stolze Haltung, die Lebhaftigkeit seines Blicks und seiner Rede und durch seine elegante Sicherheit auf, die ihm die schmeichelhaftesten Bemerkungen eintrug. Für mich war das der Anfang einer Laufbahn, die sich fünf Jahre lang abwechselnd an den Ufern des Genfer Sees und in Paris abspielte, wo die Dienststelle des Außenministeriums ihren Sitz hatte, die mit der Unterhaltung der Verbindung zum Völkerbund betraut und der ich zugeteilt worden war, nachdem man von einer Verwendung bei unserer Botschaft in London abgesehen hatte. Auf Genf konzentrierten sich jetzt Frankreichs Hoffnungen. Leiter unserer Dienststelle wurde René Massigli. Er war Absolvent der *École normale*, eine Zeitlang Chef der Eingaben-Abteilung im Staatsrat gewesen und stand schon seit langem im Dienst des Quai d'Orsay, wo er sich eine unter seinen Generationsgenossen nahezu unvergleichliche Stellung geschaffen hatte.

Unter seiner liebevollen Führung lernte ich mit Vergnügen mich unter einer Unmenge von bekannten Männern, bedeutenden Problemen, Versammlungen, Beratungen, Kommissionen und Konferenzen zurechtzufinden, dazu mit einem Eifer, der mir noch vor meiner Prüfung durch den Auswahlwettbewerb einmal beinah zum Verhängnis geworden wäre: Auf einem Fest, das die französische Delegation, der ich wiederum angehörte, im Hotel des Bergues gab, wo sie während der Völkerbundversammlung im September 1927 ihr Quartier aufgeschlagen hatte, mußte ich den tschechoslowakischen Gesandten in Paris, Stefan Osusky, darauf aufmerksam machen, daß er auf einem falschen Platz saß. Um sich mit Sir Eric Drummond, dem Generalsekretär des Völkerbunds, unterhalten zu können, hatte er sich auf einem für den Maharadscha reservierten Sessel niedergelassen. Als ich diesen in Turban, Schmuck und Federbusch in vollem Glanz mit seiner Eskorte herannahen sah, wiederholte ich noch eindringlicher meine Bitte. Nur zu schnell meinem Drängen nachgebend, verließ Osusky nicht nur den Sessel, sondern auch den Saal. Meine Chefs, die ich in großer Verlegenheit sofort verständigte, holten ihn noch an der Garderobe ein und konnten ihn nur besänftigen, indem sie ihn darauf aufmerksam machten, daß Aristide Briand – mit dem er befreundet war – mich nicht mehr über die Schwelle des Außenministeriums lassen würde, wenn er sich zu bleiben weigerte. Dieses Argument überzeugte den Diplomaten. Von nun an schloß er mich stets in die Arme. Ebensowenig wie ich konnte er damals ahnen, welchen Kummer wir zehn Jahre später beim Zusammenbruch seines Landes gemeinsam tragen würden.

In Genf und in Den Haag, wo man sich im August 1929 und dann im Januar 1930 mit der Durchführung des Youngplans und der Räumung des Rheinlands befaßte, in London, wo man drei Monate hindurch bis Ende April des gleichen Jahres über die Abrüstung zur See debattierte, und wieder in London, wo man mehrere Tage im Juli 1931 der wirtschaftlichen und finanziellen Lage Deutschlands widmete, auf der Getreidekonferenz in Rom, die mit einer kurzen Ansprache eines ebenso herablassenden wie theatralischen Mussolini eröffnet wurde, stets stand ich auf der Liste der Delegierten. Ich war glücklich, dabei zu sein, so bescheiden mein Rang auch sein mochte.

Eine turbulente Periode war das, in der das – freilich umdüsterte – Bild Aristide Briands sich mit überraschend ausgeprägten Zügen hervorhebt. Geschickt bis in die Fingerspitzen, hatte er klug vorausgeahnt, welchen Ruhm ihm sein Engagement für den Frieden einbringen würde. Fraglos war ihm diese Neigung angeboren, die er auch 1917 unbedenklich in einer der schlimmsten Phasen des Krieges bewiesen hatte. Doch zu der Einsicht, welche Rolle er spielen könnte, indem er sich über sich selbst und alle anderen hinwegsetzte, ist er vermutlich erst im Alter gekommen. Die Impulse, die ihn dazu bewegten, eine bessere Zukunft für Europa und die Welt herbeizuwünschen, ließen sich auch am Menschen selbst erkennen; seine heitere Güte nahm gegen Ende seiner Laufbahn noch zu. Als ich Briand einmal eine Nachricht auf sein Zimmer im Hotel des Bergues überbracht hatte, wo er sich gerade ausruhte, äußerte einer seiner intimen Freunde, der es besser hätte wissen sollen, er wundere sich darüber, daß er mich dennoch so freundlich empfangen habe. Ich entgegnete ihm, Briand sei geradezu ein Meister in der bei ihm zur Tugend gewordenen Kunst, sein Gegenüber stets glauben zu machen, er habe gerade seine Gegenwart herbeigewünscht.

Es ist nicht leicht, der Neigung zum Pathos zu widerstehen. Der Völkerbund schwelgte bisweilen darin. Wenn Briand sich im Saal der Reformation der Tribüne näherte, um die Jahresrede zu halten – zu sorgsam gewählter Stunde für einen glanzvollen Höhepunkt –, feierte man ihn als den Missionar, den Visionär, und auf den heftigen Beifall folgte eine fast mystische Stille. Jedes Jahr hörte ich voller Verehrung zu, stolz, ihm bisweilen als Altersstütze dienen zu dürfen, wenn er seinen Platz wiederaufsuchte. Unglücklicherweise kam nun der Augenblick, in dem die Rede durchgesehen werden mußte. Diese Sorgfaltspflicht oblag mir ebenso wie meinen älteren Kollegen Jacques Fouques-Duparc, Jean Paul-Boncour und Pierre Doulcet. Da Feder und Papier heftig gegen den Stil des Redners rebellierten, korrigierte ich so gründlich, daß mein Chef seufzend dazu sagte: »Aber das ist nicht mehr von Briand!«

Jede Medaille hat ihre Kehrseite. Das Prestige, das Aristide Briand wie ein Heiligenschein umgab – übrigens an den Ufern des Genfer Sees mehr als in Paris, wo die Salons, die ihn zur »Linken« rechneten, ihm die kalte Schulter zeigten –, gereichte Frankreich in Genf zur Zierde, trug aber auch dazu bei, das Ausland über unsere wahre Lage zu täuschen. In Abwesenheit Rußlands und der Vereinigten Staaten war England zwar die glänzendste Macht, die sein Vertreter, Sir Austen Chamberlain, Staatssekretär im Foreign Office, würdig verkörperte. Doch trat er, ohne seiner Position das mindeste zu vergeben, galant hinter seinem französischen Kollegen zurück. Während er das komplizierte britische Spiel unter Kontrolle hielt, bot sich unser Land mit seinem großen Verzauberer, seinem jungen Heldentum, seinem Sieg, seinen über den Kontinent verstreuten Anhängern in seinem einnehmendsten, strahlendsten Aspekt dar. So erregte es mehr noch als Bewunderung einen Neid, der weder durch unsere mäßige Wirtschaftslage noch durch unsere Bevölkerungszahl gerechtfertigt war.

Trotz der Warnungen meines Vaters, dessen Enthusiasmus Erfahrung und Vorahnungen gedämpft hatten, konnte ich als junger Diplomat doch nicht umhin, von dem Ideal ergriffen zu sein, das sich der Staatsmann Briand errichtet hatte, das seine ganze Politik bestimmte und dem er ungeachtet der Enttäuschungen treu bleiben sollte. Deutschland und Frankreich zu versöhnen und Europa auf einer soliden Grundlage wiederaufzubauen, das war das Ziel. Das hieß den Blick hoch und weit zu richten! Unzählige Verächter Briands wandten sich gegen diese Politik; sie zeigten ebensowenig Verständnis für seine Persönlichkeit – sie nannten ihn starrsinnig und vulgär – wie für seine Konzeptionen, die sie für antinational und trügerisch hielten. Von einer Minderheit abgesehen, bedeutete Europa meinen Landsleuten nichts. Was Deutschland betraf, so grollte und mißtraute man ihm. Meine jugendliche Begeisterung rief lediglich ein ironisches Lächeln hervor.

Briand konnte sich nicht schmeicheln, ein Kenner Deutschlands zu sein. Das kümmerte ihn wenig, wenn nur Rivalität und Haß ein Ende nahmen. Es galt daher seinem Kollegen in der Wilhelmstraße, Gustav Stresemann, zu vertrauen, der – wiewohl er nicht frei von Hintergedanken war – ihm mit freundschaftlicher Zuvorkommenheit entgegenkam. Im Monat September 1929, am Ende eines strahlenden Genfer Tages, reichte mir auf dem Bahnhof der deutsche Außenminister, der Mann, der Berlin regierte, die Hand. Er sah fahl aus in seinem schwarzen Anzug, als ob er für sich selber Trauer trage. Wenige Tage später starb er. »Bestellen Sie einen Sarg für zwei«, soll Briand zu Alexis Léger, seinem Kabinettsvorsteher, gesagt haben, als er ihm die Nachricht überbrachte. »Wir haben zwei Tote zu beklagen.«

Für Briand, der gerade dabei war, den Plan eines geeinten Europas zu lancieren, war das ein schwerer Schlag. Er sollte sich nicht mehr davon erholen. Einige Monate später, wiederum in Genf, assistierte ich bei der Sitzung, zu der sich die Außenminister unter seinem Vorsitz zusammengefunden hatten. Er wollte sie selbst von dem grundlegenden Memorandum in Kenntnis setzen. Léger hatte es redigiert, jedoch, um niemanden vor den Kopf zu stoßen, nun den Fehler begangen, zu bescheiden zu sein. Ich spüre noch heute die Kälte, die mir den Rücken hinunterkroch, als Briand seine Erläuterungen beendet hatte. Europa ging unter, noch ehe es geboren war, in Indifferenz und Langeweile.

Ein neuer, noch härterer persönlicher Schlag für Briand: das Scheitern seiner Präsidentschaft am 21. Mai 1931. So groß war die Ergebenheit der Männer in seiner Umgebung, daß sie, die Lage verkennend, ihn bereits im Élysée-Palast gesehen hatten. Die Ämter waren schon verteilt. Briand sah sich im höchsten Amt bereits in der Rolle eines Kreuzfahrers für den Frieden. Zwei Tage danach reiste er nach Genf ab, ein Geschlagener, der über die Fehlgriffe informieren mußte, die das von Curtius, Stresemanns Nachfolger, und dem österreichischen Kanzler Schober unterzeichnete Wiener Protokoll über eine geplante Zollunion zwischen Deutschland und Österreich enthielt. Der alte Kämpe erledigte das mit Geschick und nicht ohne Nachdruck. Da die Kritik von ihm kam, erhielt sie eine Bedeutung, die kein anderer ihr hätte geben können. Am Ratstisch des Völkerbunds hörten die ausländischen Partner ihm tief beeindruckt zu. Daß der alte Mann ein solches Echo hervorzurufen vermochte, erklärte seinen Einfluß. Es war ein letztes Aufleuchten; Briand war fortan nur noch ein Schatten seiner selbst.

Er wußte, was er von dem symbolischen Charakter zu halten hatte, den man in den letzten zwei bis drei Jahren seiner Anwesenheit am Quai d'Orsay beimaß. Eine Regierung ohne ihn als Außenminister wäre nicht vorstellbar gewesen. Man hätte sofort daraus geschlossen, daß Frankreich dem Frieden, den Briands Person verkörperte, dem Versuch einer Verständigung zwischen Frankreich und Deutschland entsagen wollte. Seine zunehmende Ermüdung ermutigte diejenigen in ihrer Taktik, die nur die eine Sorge kannten, einen anderen an seiner Stelle zu sehen. Während der zweiten Konferenz von Den Haag (1930) mußte er sich weit über die ihm von seiner Nonchalance gesetzten Grenzen hinaus anstrengen, um sich nicht vom Ministerpräsidenten André Tardieu, einem hochintelligenten Mann und ständigen Laureaten des *Concours général,* ausschalten zu lassen. Wenn Tardieu in der Frühe aus seinem Zimmer im Hotel des Indes trat, das neben dem Raum lag, in dem unsere Delegation sich jeden Morgen versammelte und wo ich darüber zu wachen hatte, daß alles in Ordnung war, machte er auf mich den Eindruck des robusten, verschwenderisch Begabten, dem ein außergewöhnliches Geschick bestimmt sein mußte. Die Bank- und Finanzleute seiner Umgebung wie Moreau, Moret, Parmentier, Farnier und Jean Jacques Bizot, mischten sich kräftig in die Diplomatie ein. Der Finanzminister Henri Chéron, weniger gutmütig als seine Körperrundungen vermuten ließen, hatte nicht immer den gleichen Erfolg wie die Fachleute. In Den Haag ereignete es sich auch, daß der englische Schatzkanzler Snowden gewisse Vorschläge seines französischen Kollegen als »grotesk und lächerlich« bezeichnete. Schon ereiferte sich Louis Loucheur: »Haben Sie das gehört?« Doch man beeilte sich, uns zu versichern, daß die englischen Worte ins Französische übersetzt fast auf ein Kompliment hinausliefen. So hatte der Zwischenfall keine Konsequenzen.

In der Delegation, so brillant ihre einzelnen Mitglieder auch sein mochten, war André Tardieu unbestritten der führende

Mann. Einige Wochen später, auf der Reise nach London, verfaßte er aus dem Handgelenk an Hand verschiedener Vorschläge, die man ihm unterbreitete, eine Rede, die der Marineminister halten sollte, um die Zahl der von uns benötigten U-Boote zu begründen. Die anderen Mitgliedstaaten der Konferenz wünschten sie reduziert zu sehen. In weniger als zwei Stunden hatte er ein Meisterwerk vollbracht. Bei jedem anderen Gegenstand wäre das Resultat ebenso ausgefallen: vorzüglich. Dennoch konnte es Tardieu passieren, daß er bei anderen Verstimmung erregte. Auf ein der unlösbaren Frage der Abrüstung gewidmetes Exposé hin zeigten sich – in der labilen Atmosphäre von Genf – zwei ausländische Vertreter verstimmt, so daß Tardieu sich selbst kommentieren und das Unheil ausgleichen mußte. Briand wäre dank seinem Einfühlungsvermögen solch ein Malheur nicht passiert.

In Den Haag nahm ich auch Verbindung mit Philippe Berthelot auf, den ich gut kannte; mein Vater hatte sich immer höchst anerkennend über ihn geäußert. Von Klienten und Freunden umgeben, ausgestattet mit einer außergewöhnlichen Arbeitskraft, über eine Autorität verfügend, die ihm gestattete, mit Regierungsmitgliedern auf gleicher Ebene umzugehen, genoß er sein Renommee in vollen Zügen. In der Hauptstadt hatte »Philippe«, der 1920 zum Generalsekretär im Außenministerium ernannt worden war, mit seinen Fähigkeiten, seinem Namen, seinen literarischen und künstlerischen Interessen, seinen witzigen, zuweilen etwas bissigen Bemerkungen und mehr noch durch das Gewicht seiner Ratschläge und Entscheidungen das Ansehen unserer Diplomatie auch mit dem seiner physischen Erscheinung erhöht. »Hier Berthelot«, meldete er sich am Telefon mit seiner einzigartigen metallischen Stimme. Und dem verschreckten Gesprächspartner am anderen Ende des Drahtes mochte es so scheinen, als bliebe ihm nur noch übrig, »Ich bin ganz Ihrer Meinung« zu sagen. Wie konnte dieser hohe Staatsbeamte zwei Jahre später beruflich den Fehler begehen, daß er in Telegrammen Öffentliches mit Privatem mischte in der Hoffnung, die Industriebank von China unterstützen zu können, an deren Spitze einer seiner Brüder stand? Aus familiärer Zuneigung? Oder der Ehre der Berthelots zuliebe? Poincaré, der ihn nicht mochte, nutzte diese Unklugheit, um ihn loszuwerden. Berthelot stürzte. Viele lange Monate hindurch blieb das Außenministerium ohne Generalsekretär.

Poincaré ging, und Briand kehrte 1925 zurück. Schleunigst holte er auch Philippe Berthelot wieder. Die beiden Männer ergänzten sich. Dem Minister, innerlich ganz von einen Plänen für eine französisch-deutsche Versöhnung und den Wiederaufbau Europas erfüllt, war es ein Trost, den Generalsekretär zur Erledigung schwieriger Fragen an seiner Seite zu wissen, während er selbst die Wege in die Zukunft sondierte. Die einzigartigen Kenntnisse, die nationale Unnachgiebigkeit Berthelots bestärkten ihn in seiner Politik und beruhigten auch viele andere, was die Festigkeit der Verteidigung unserer traditionellen Positionen anging. Indessen, war der Berthelot, dessen man sich brüsk entledigt hatte, nun noch der gleiche wie früher? Hatte er nicht trotz seines Stolzes, seiner Kraft einen Knacks bekommen? Wer konnte das wissen?

Ich muß gestehen, daß er mich auf den Konferenzen von Den Haag durch eine gewisse Müdigkeit überraschte. Daran hatten, glaube ich, Alter und Enttäuschung die Schuld, ebenso wie die mangelnde Neigung, die er für diese Art von Zusammenkünften empfand. Er fühlte sich dabei niemals ganz wohl. Eine neue Diplomatie war im Entstehen; das verwirrte ihn. Um in seiner Fülle zu herrschen, bedurfte er seines Büros in Paris, wo er das Kommando führte, sowie der französischen Atmosphäre. Oder läßt sich meine Reaktion mit einem persönlichen Beweggrund erklären? Nahm ich es ihm – zu Unrecht? – übel, daß er sich nicht entschlossener für ein Verbleiben meines Vaters am Quai d'Orsay bis an sein Lebensende eingesetzt hatte? In meinen ersten Trauertagen habe ich ihm gegenüber meine Enttäuschung diskret zum Ausdruck gebracht.

Ich traf Briand im Juli 1931 in London wieder, wohin wir geeilt waren, um gemeinsam mit den Engländern, Amerikanern, Italienern, Belgiern und Japanern nach Mitteln und Wegen zu suchen, den Deutschen zu helfen, die sich in einer außergewöhnlich schweren Finanzkrise befanden.

Uns, den Franzosen, ging es nicht schlecht, doch als Gegenleistung für unsere finanzielle Hilfe wollten wir – und sei es auch nur zur Beschwichtigung einer ablehnenden öffentlichen Meinung – etwas erreichen, das die Deutschen keineswegs zu gewähren bereit waren: den definitiven Verzicht auf die versuchte Zollunion mit Österreich oder den Verzicht auf den Bau eines zweiten Panzerkreuzers oder aber ein »Moratorium«, dem zufolge Deutschland sich für eine Reihe noch festzulegender Jahre jeglicher Aktion enthielt, die auf eine Modifizierung seines politischen Status in Europa abzielte. In den französischen Köpfen brodelte es. Ebensoviel Wind gab es auch! Wenigstens verstanden sich Pierre Laval, der damalige Ministerpräsident, und Reichskanzler Brüning – heute als das letzte Bollwerk der Republik angesehen – gegenseitig sehr gut, was die Engländer und die Amerikaner verdroß.

Auf der Rückreise lag Briand, erschöpft und dem Einschlafen nah, mehr ausgestreckt als sitzend, in eine Reisedecke gehüllt, in einem Sessel an Deck des Schiffes, womit er sein Gefolge in Ungelegenheiten brachte, da man nicht wußte, wie man ihn beschäftigen sollte. So wurde ich zu ihm hinbeordert. Wir blieben länger als erwartet beieinander: die Politik war nicht das einzige Thema unserer Unterhaltung, die mir unvergeßlich geblieben ist. Ich freute mich auch über das Interesse, das Briand mir entgegenbrachte.

An der Seite von Laval begab er sich zwei Monate darauf nach Berlin, um zu versuchen, die Verbindungen zwischen Deutschland und Frankreich auf wirtschaftlicher Ebene wiederanzuknüpfen. Das war die Aufgabe, mit der man den neuen Botschafter, André François-Poncet, betraut hatte. In der Reichshauptstadt richtete sich der Beifall noch vorwiegend an die Adresse des Außenministers, der dabei den Ministerpräsidenten in den Schatten stellte. Bald danach kam das Ende. Mit Briands Tod fand eine Epoche ihren Abschluß. Der Völkerbund hatte sein Idol verloren. Seine Landsleute empfanden weniger Bedauern.

An einem schönen Sonntag im Sommer darauf lieh einer meiner Freunde mir seinen Wagen, damit wir, meine junge Frau und ich, einen Ausflug aufs Land machen konnten. Wir beschlossen, im Andenken an Briand sein Grab aufzusuchen, zu dem uns sein alter Kammerdiener Émile hinführte. Ein schmuckloses Grab, dessen Lage am Hang eines Hügels im Angesicht eines weiten Horizonts den Eindruck von Größe erweckte. Am Abend berichtete ich meinem Freund, welchem Ziel unser Ausflug gegolten hatte. »Ihr seid aber gut!« rief er halb sarkastisch, halb vorwurfsvoll aus. »Das war das letzte Mal, daß ihr mein Auto bekommen habt.« Der Verlauf der jüngsten Geschichte aber gibt Aristide Briand recht: er war ihr Wegbereiter.

Während in Genf die deutsche Regierung die Beratungen über die Abrüstung nutzte, um Gleichheit der Rechte zu fordern, richteten sich die Blicke auf Deutschland selbst: Adolf Hitler trat am 30. Januar 1933 die Macht an. Wirtschaftsnot und politische Fehler hatten dieses Ergebnis bewirkt. Die Mehrheit der Deutschen hatte weder die Niederlage noch deren oft demütigende Konsequenzen verwunden. Und der schrecklichste Ausdruck ihrer Not und ihrer Revolte war Hitler.

Im Juni desselben Jahres wurde ich unserer Berliner Botschaft zugeteilt. Ich lernte damals ein Deutschland kennen, das der Nationalsozialismus ganz und gar in Besitz zu nehmen sich anschickte, das Hitler verwandelt und sich unterworfen hatte. Ich kam gerade zurecht, um mit anzusehen, wie er über den Widerstand triumphierte – der sich anfangs überall, vor allem in der protestantischen und katholischen Kirche regte – und teuflisch »Verschwörungen« aufdeckte. Am 30. Juni 1934 schlug er zu und erledigte unter vielen anderen auch seinen Vorgänger im Reichskanzleramt, den General von Schleicher, vor allem aber Röhm, den Stabschef der SA, der braunen Miliz, einen seiner intimsten Freunde, den man für den Treuesten der Treuen gehalten hatte. Dieser Schlag wirkte wie ein Signal. Er kündete an – oder nach mancher Leute Meinung bewies er bereits –, daß der Herr über Deutschland nicht davor zurückschrecken würde, zur Erhaltung seiner Macht und zur Durchsetzung seiner Ziele alle Hindernisse gewaltsam aus seinem Weg zu räumen. Die blutrünstige Gewalttätigkeit, die Hitler an den Tag legte, zeigte die volle Härte seines Regimes und ließ ihn – mochte er auch schon so manches auf dem Kerbholz haben, die Einäscherung des Reichstags zum Beispiel – noch entschlossener, beunruhigender, noch hassenswerter erscheinen. François-Poncet, der gerade in Paris war, begab sich sofort wieder zurück auf seinen Posten. Da ich selbst gerade Urlaub hatte, ging ich zum Gare du Nord, um ihm meine Aufwartung zu machen und seine Instruktionen entgegenzunehmen. Sein Ernst gab seiner Sorge Ausdruck.

Im Leben eines jeden Menschen gibt es entscheidende Daten. Der 30. Juni 1934 war ein solches für mich. Denn nur wenige Wochen zuvor war ich einmal der Einladung eines jungen Adjudanten des Stabschefs Röhm gefolgt, der mich zu einem Männerabend in ein einfaches Lokal mitnahm. Es herrschte eine sympathische Atmosphäre: die jungen Leute, alle in Braun, begrüßten mich fröhlich wie auch einige meiner Kollegen vom diplomatischen Korps. Gastgeber war ein gewisser Ernst, der wichtige Funktionen in der Partei ausübte und aller Wahrscheinlichkeit nach damit rechnen durfte, in die höchsten Ränge aufzusteigen. Auch er zählte zu den Opfern des 30. Juni.

Die Kontakte, die wir mit den Deutschen herzustellen suchten, wurden bald für diese selbst riskant. Der Kreis der Bankiers, Industriellen, Schriftsteller, Künstler und Journalisten, in dem die Botschaften, auf Informationen bedacht, Verbindungen aufnehmen konnten, zog sich ganz auf sich selbst zurück. Die Diplomaten lebten unbehelligt, ohne viel davon zu merken, inmitten einer eingeschüchterten Bevölkerung, die übrigens in ihrer Mehrheit nicht begeistert war oder zumindest keine Begeisterung zeigte. Eine Dame aus höchsten Gesellschaftskreisen, eine gebürtige Französin, die für gewöhnlich auf ihren schlesischen Gütern lebte und die uns auf der Durchreise durch Berlin in dem Hotel empfing, in dem sie logierte, deckte schleunigst ihren Telefonapparat mit Kissen ab aus Furcht, ein Mikrophon könnte unsere Gespräche abhören. Tatsächlich lag ihr daran, ausnahmsweise einmal ihr Herz auszuschütten und uns zu versichern, welche Abneigung die Nazis ihr einflößten. Der Verwalter des Hauses, in dem wir wohnten, ein überzeugter Bewunderer Hitlers oder aber ein Furchtsamer, forderte uns auf, an allen möglichen Feiertagen die Hitler-Fahne auf dem Balkon auszuhängen. Durch mein abwehrendes Achselzukken verärgert, brachte er dann in der Etage über uns ein riesiges Banner an, das bis auf unsere Fenster hinabhing. Als meine Frau jemandem aus unserer Bekanntschaft, von dem wir wußten, daß er Not litt, ein paar Lebensmittel brachte, streckte sich ihr aus nur halb geöffneter Tür ein Arm entgegen, der das Paket hineinzog; dann schloß sich die Tür sofort wieder. Derartiges gehört jedoch in einem Land, aus dem die Freiheit verbannt ist, zu den Alltäglichkeiten.

Während Resignierte wie Furchtsame ihre wahren Gefühle verbargen, tobten die anderen vor Begeisterung. Man hätte meinen können, Hitler stütze sich auf ein einiges Volk; denn nach außen hin traten lediglich die unzähligen Landsleute in Erscheinung, die ihn bejubelten. Deutschland marschierte, es brüstete sich mit seinen braunen und schwarzen Uniformen. In der Hauptstadt des Reiches hallte die Luft von Liedern und Hymnen wieder. Wo der Führer auf Kundgebungen erschien oder redete, grüßten ihn Tausende mit ausgestrecktem Arm, wie hypnotisiert. In der riesigen Menschenmenge verloren, die die enorme Weite des Tempelhofer Feldes am 1. Mai füllte, fragte ich mich nach den Gründen für diesen Triumph eines Mannes, der in den Augen eines unparteiischen Beobachters so gar nichts Besonderes aufzuweisen hatte, dem die Natur offensichtlich alles Anziehende vorenthalten hatte. Von untersetztem Wuchs und mit seinen gewöhnlichen Gesichtszügen hätte er ebensogut unbeachtet in der Masse untergehen können. Seine heisere Stimme hätte unerträglich wirken müssen. Statt dessen war gerade sie es, die zum Erfolg dieses Redners beitrug, der in heftigen, gewaltsamen, wütenden Ausbrüchen dem Verlangen einer Zuhörerschaft Ausdruck verlieh, die sich ihrerseits in fieberhafter kollektiver Erregung bis ins Delirium steigerte. Er hätte enttäuscht, wenn er sich nicht unermüdlich wiederholt und mit Phrasen aufgewartet hätte, von denen er wußte, daß sie ihm Beifall eintragen mußten. So gelang es ihm, zwischen sich und seinem Publikum ein Fluidum gemeinsamer Erregung zu erzeugen, das beide berauschte. Man kehrte der Vernunft den Rücken, um sich der Emotionalität hinzugeben. Je mehr Deutschland dem Nationalsozialismus anheimfiel, desto mehr wurde es zum Sklaven seines Herrn.

Hitler hatte seine Umsturzbewegung gänzlich dem Dienst am Germanentum gewidmet. Er verherrlichte die Reinheit der arischen Rasse und strebte die Einheit des Reiches an, das niemals, weder vor noch nach ihm, in diesem Maße zentralisiert war. Zu jener Zeit brauchte man Berlin nicht zu verlassen, wenn man Deutschland kennenlernen wollte. Hier konzentrierte sich das Leben der Nation. Unter Hitlers Gefolgschaft taten sich besonders

Hermann Göring und Josef Goebbels hervor. Der eine lenkte die Öffentlichkeit mit seinem Gepränge und einer gewissen Bonhomie ab, die ihn aber mitnichten daran hinderten, sich Gewalttätigkeiten hinzugeben. Man begegnete ihm häufig in den Botschaften, wo er eitel sein Rad schlug. Der andere war ein Propagandagenie, das einen universalen Stil der Beeinflussung schuf. Hitler hatte indessen keinerlei Nebenbuhler. Allein er regierte.

Wurde die Gefahr, die Hitler für Frankreich wie für die Welt darstellte, damals erkannt? Deutschland verfügte nur über das zumindest zahlenmäßig sehr begrenzte Heer, das wir ihm zugestanden hatten. Sein Staatsgebiet westlich des Rheins war, wenn auch nicht mehr von den europäischen Siegern besetzt, so doch entmilitarisiert. Deutschland konnte sich mit einem Land wie dem unseren, mit seinem Prestige, seinem Kolonialreich, seinen Verbündeten, nicht vergleichen. Hitler selbst, so lautstark er sich auch gebärden mochte, hatte schon längst einen Vorgänger seiner Wesensart in Mussolini. Für viele Menschen war Hitler nur die Kopie des italienischen Modells. Nicht ohne Vorbedacht hatte er den Baron von Neurath als Außenminister gewonnen, der dank seines Traditionsbewußtseins und seiner guten Umgangsformen auf die ausländischen Diplomaten beschwichtigend wirkte. Indessen folgte von Anfang an eine Maßnahme der anderen, die allesamt keineswegs zuversichtlich stimmten. Das nationalsozialistische Deutschland warf sehr schnell die Tür des Völkerbunds hinter sich ins Schloß. Am 25. Juli 1934 übernahm es die Verantwortung für den Mord an dem österreichischen Kanzler Dollfuß. Am 16. März 1935, nach dem Scheitern der Verhandlungen mit Frankreich, faßte es, seine internationalen Verpflichtungen mißachtend, den Beschluß, wieder aufzurüsten.

Der grausame Wille dieses furchterweckenden Mannes zwang Deutschland und später den anderen Nationen sein Gesetz auf. Hitler war die Inkarnation des Revanchegedankens. Unstreitig ist das die Erklärung für sein unversöhnliches Vorgehen. Er fühlte sich vom Schicksal dazu auserwählt, den Demütigungen, die Deutschland erlitten hatte, ein Ende zu setzen und es in den ersten Rang der Nationen zu erheben. Den Umwälzungen, die er seinem

Vaterland in allen Bereichen auferlegte, lag dieser Durst nach Rache und nach Überlegenheit zugrunde.

Ein privilegierter Ausländer wie ich spürte in seinem Privatleben nichts von der Grausamkeit des Regimes. Wenn mir auch angesichts all der militärischen und paramilitärischen Aufmärsche, die nichts Gutes verhießen, beklommen wurde, so profitierte ich doch von den Annehmlichkeiten einer Stadt, deren Musikleben, deren reizvolle Umgebung mit ihren Seen von allen Wechselfällen unberührt zu sein schienen. In der Oper, in den Konzertsälen, an den Stränden vergaßen die Deutschen ihre dunklen Vorahnungen beziehungsweise ihren Fanatismus. Es war leicht, sich mit ihnen zu unterhalten, vorausgesetzt, daß man die Politik nicht berührte – wovor man sich beiderseits hütete. Gern hätte ich nähere Beziehungen zu meinen deutschen Kollegen angeknüpft, die ich in dienstlichen Angelegenheiten in der Wilhelmstraße besuchte. Sie mißtrauten einander mehr als mir. Bei den offiziellen Empfängen traf man immer wieder auf dieselben paar Leute aus der Aristokratie, deren spezielle Aufgabe es war, mit dem diplomatischen Korps in gebührendem Takt umzugehen.

Das diplomatische Korps zog seinen Nutzen aus der Reserve der Deutschen oder aus der Zurückhaltung, die man ihnen gegenüber wahrte. Gesellschaftlich stand es nach wie vor im Vordergrund. In ihm waren Botschafter von besonderem Format vertreten. Mehrere von ihnen, der Engländer Sir Eric Phipps, der Italiener Vittorio Cerruti wie auch der belgische Gesandte, Graf de Kerchove, setzten später ihre Karriere in Paris fort oder beendeten sie dort. Unter ihnen hob sich der Gesandte der Niederlande, Graf Limburg-Stirum, durch seine Festigkeit gegenüber Hitler und seinen Leuten hervor. Da es zu meinem Aufgabenbereich gehörte, die Entwicklung des Widerstandes der evangelischen Kirche gegen den Nationalsozialismus zu verfolgen, ein Gegenstand, der den Grafen interessierte, sah ich ihn regelmäßig.

André François-Poncet hatte am Pariser Platz und, während der warmen Jahreszeit, in seiner Mietvilla am Ufer des

Wannsees oft Deutsche zu Gast, die beruflich über Rang und Namen verfügten. Mehrere Monate lang betraute er mich mit dem Protokoll; bei dieser Tätigkeit stellte ich fest, daß es immer schwieriger wurde, die Einladungslisten für seine Mahlzeiten zusammenzustellen. Leute verschwanden, ohne daß man jemals etwas über ihr Schicksal erfahren hätte. Meine derzeitigen Funktionen langweilten mich keineswegs. Doch mußte ich dabei auf der Hut sein. Als ich einmal bei einem Diner einen ehemaligen deutschen Botschafter in Washington ziemlich weit von der Tischmitte entfernt placiert hatte, begrüßte mich mein Chef, von dem ich ein Lob erwartet hatte, am nächsten Morgen voll Ironie: »Sie Unglücklicher! Sie haben mich vor ganz Berlin lächerlich gemacht!« Als ich mich zu rechtfertigen suchte, sagte er in scherzendem Ton: »Aha, nun weiß ich, womit ich mich begnügen muß, wenn ich einmal im Ruhestand bin und ins Elysée eingeladen werde.« Meine zusichernde Antwort, was seine künftige Anwesenheit speziell im Elysée betraf, entlockte ihm ein Lächeln. Deutsche konnten sich in der Botschaft sehen lassen, ohne daß es ihnen vom Regime angekreidet worden wäre. Während der Jahre, die ich in Berlin verbrachte, kam es nicht selten vor, daß Hitler Frankreich den Hof machte. Er bemühte sich periodisch um uns, wobei er sich gefragt haben mag, mit welchem Mittel, Verständigung oder Konflikt, er sein Ziel besser erreichen würde. Stets war es das gleiche: uns zu übertrumpfen.

Es war die Arbeit, die uns in der Botschaft täglich selbst mit den Realitäten eines Deutschland in Berührung brachte, das sich unter den unablässigen Schlägen eines Besessenen immer mehr veränderte. Die Arbeit interessierte mich leidenschaftlich. Unter André François-Poncet wäre dies überall der Fall gewesen, an welchem Ort auch immer. In Berlin war sie gesegnetes Brot – wenn ich es wagen darf, mich im Rückblick auf die unheilvollen Erfahrungen, über die wir zu berichten hatten, so auszudrücken. Der Nationalsozialismus zerstörte alles, was vor ihm existiert hatte, um aus dem Nichts wiederaufzubauen. Kein Sektor des nationalen Lebens entging seinem Zugriff. Uns am Pariser Platz hielt die Umwandlung eines demokratischen Landes in einen totalitären Staat unablässig in Atem. Auf Initiative des Botschafters hin entwickelte sich unter dem Druck der gewaltigen Ereignisse eine enorme Korrespondenz mit Paris, eine fortlaufende Berichterstattung. Da François-Poncet verschiedenen Regierungen angehört hatte, fühlte er sich in seiner Position ermächtigt – mochte seine Sorge um die Einhaltung der Regeln seines Metiers auch groß sein – dem Präsidenten der Republik und dem Ministerpräsidenten an den Außenminister gerichtete Berichte zu übermitteln, wenn er sie dessen für würdig befand. Mit gleichgültiger Miene suchte ich einen Blick auf seine Auswahl zu werfen, um festzustellen, ob meine Prosa gefallen hatte.

In einer Zeit, da infolge eines noch primitiven Chiffriersystems der größte Teil der Post im Diplomatenkoffer nach Paris ging, behielt sich der Botschafter, nicht ohne genießerische Genugtuung, die angesichts der Wichtigkeit der Ereignisse und der Qualität seiner Feder berechtigt war, die Redaktion der Telegramme im allgemeinen selbst vor. Ich hatte für gewöhnlich die Depesche zu redigieren, die alle acht Tage der Außenpolitik gewidmet wurde und sich im diplomatischen Stil von den Telegrammen unterschied. Am letzten Tag vor Abreise des Kuriers pflegte François-Poncet in seinem Büro auf und ab wandernd, Gedanken zu entwikkeln, die ich nachher geordnet zu Papier zu bringen hatte, oft in Stichworten, bei denen ich mich fragen mußte, ob ich sie als solche wiedergeben sollte. Im Zweifel und etwas nervös, beschränkte ich mich im letzten Augenblick bisweilen darauf, ihm meinen Entwurf vorzulesen, indem ich die schönen Stellen betonte und über die anderen, deren ich mir weniger sicher war, hinwegglitt. Wenn er diese dann nachher im Text genauer ansah, gefielen sie ihm meist nicht so, wie er es gewünscht hätte.

Der Botschafter, der an sich selbst hohe Ansprüche stellte, forderte von seinen Mitarbeitern nichts Geringeres und wunderte sich, wenn er bei ihnen nicht die gleichen Qualitäten antraf, mit denen er begabt war. Jeden Morgen versammelten wir uns um ihn, profitierten von seinen Talenten, seiner Kultur, von den geistreichen Berichten über seinen Tagesablauf. Wie oft in großen

Familien, bestimmte seine Laune die unsere. Sie verschlechterte sich, wenn unsere Leistungen nicht seinen Erwartungen entsprachen, und mehr noch, wenn er unter dem Eindruck stand, daß die Regierung von seinen Empfehlungen nicht genügend Gebrauch machte. Am Telefon pflegte er mit Alexis Léger Bemerkungen auszutauschen, die viel Sorge um die sprachliche Perfektion erkennen ließen, jedoch mit Varianten durchsetzt waren, die uns am Gleichmaß unserer Sprache zweifeln ließen.

Man brauchte nicht erst den Ablauf der Zeit abzuwarten, um zu begreifen, daß in der Reihe der Daten in der schwindelerregenden Laufbahn des Nationalsozialismus der 7. März 1936 ein besonderes Gewicht hatte. An diesem Tag, an dem Hitler seine Truppen in das entmilitarisierte Gebiet am linken Rheinufer einrücken ließ, verstieß er klar gegen den Vertrag von Versailles und, schlimmer noch, gegen den Locarno-Pakt, unter den eine deutsche Regierung elf Jahre zuvor freiwillig ihre Unterschrift gesetzt hatte. Er konnte darauf vertrauen, daß seine Operation die Alliierten ratlos machen, sie in ihrem Zusammenhalt jedenfalls nicht stärken würde. Der Weimarer Republik gegenüber waren sie wenig einmütig vorgegangen; sie hätten sich jedoch angesichts eines Hitler-Deutschland solidarischer und auch patriotischer verhalten müssen, sollte die Flut eingedämmt werden. In Wirklichkeit aber mochten sie sich nicht eingestehen, daß der Krieg unvermeidlich war. Jedesmal, wenn eine dahin gehende Reaktion notwendig gewesen wäre, sagte man entweder »es ist zu früh« oder »es ist zu spät«. Warum heute intervenieren, wenn wir es gestern nicht taten? Morgen werden wir über Flugzeuge und Panzer verfügen, die uns heute fehlen. Hitler auf dem Weg in den Konflikt zu folgen war eben alles andere als verlockend.

Auf der Konferenz von Stresa zu Beginn des Jahres 1935 waren Frankreich, England und Italien näher zusammengerückt. Eigene Sorgen und entgegengesetzte Aspirationen taten das Ihre, sie wieder voneinander zu entfernen. Seit dem Juni war der Staatssekretär im Foreign Office, Sir John Simon, in Berlin, um dort ein Flottenabkommen auszuhandeln. Mussolini machte sich zur Eroberung Abessiniens auf den Weg und setzte sich von London und Paris ab, nachdem ihm der Völkerbund Sanktionen auferlegt hatte. Das Lager wechselnd, wurde er zum Komplizen des Mannes, der noch vor kurzem wie sein Schüler wirkte und bald sein Lehrer sein sollte. Von nun an kehrte er der Vernunft den Rücken. Hitler spielte mit den Westmächten wie die Katze mit der Maus. Die Waffen, deren er und deren sie sich bedienten, waren in jeder Hinsicht ungleich. Kaum hatte er einen üblen Coup durchgeführt, erklärte er sich zum Friedenskämpfer und setzte damit die Hauptstädte in Verwirrung, ließ sie Rätsel raten und zaudern. Nur allzusehr war man versucht, ihm Glauben zu schenken.

Am 7. März 1936 bestand für Hitler kein geringes Risiko. Er wußte, was die Sicherheit uns bedeutete, daß wir es für unerläßlich hielten, das linke Rheinufer, dessen Besetzung Clemenceau und Foch für vorrangig wichtig erachtet hatten und das wir dennoch zur vorgesehenen Stunde geräumt hatten, zumindest weiterhin entmilitarisiert zu sehen. Wäre er wirklich, wie man behauptet hat, mit einiger Vorsicht vorgegangen und im Gedanken daran, seine Truppen notfalls wieder zurückzuziehen, hätte er dann nicht nur Vorkommandos geschickt, um festzustellen, ob wir reagierten? Ich glaube vielmehr, daß er entschlossen war, aufs Ganze zu gehen, alles zu wagen, auf niemanden zu hören, nur seinem eigenen Stern zu vertrauen. Bei der Ministerkonferenz, die er kurz vor der entscheidenden Stunde einberief, sollen einige, und nicht die Geringsten, nämlich Göring, Blomberg und Neurath, Bedenken geäußert oder von dem Unternehmen abgeraten haben, da sie einen Gegenschlag von unserer Seite fürchteten. Hitler aber wünschte gar keine Beratung, er wollte nur seinen Entschluß verkünden. François-Poncet hatte diesen Schritt vorausgesehen und mir die Nachricht, die seine Warnung enthielt, noch zu lesen gegeben, ehe er sie nach Paris abschickte. Das war keine Quantité négligeable. Es war Sache der Regierung, den Rat eines Botschafters abzuwägen, ihn in ihre Entscheidungen mit einzubeziehen. In Paris verzichtete man darauf. Die Parole lautete nicht: An die Gewehre, sondern: Auf, in die Diplomatie.

Hatte ich mich von der Großsprecherei unserer Regierung täuschen lassen? Ich hatte mit einer sofortigen Reaktion Frankreichs gerechnet. Es wäre zu einfach, heute hinzuzufügen, daß ich sie wünschte, denn an unserer Überlegenheit bestand für mich kein Zweifel. Unsere Post war wohl im Vorzimmer liegengeblieben. Ich konnte nur feststellen, daß man vom Handeln weit entfernt war. Seitdem haben wir oft den Engländern die Schuld gegeben, uns im Stich gelassen zu haben. Ihr Fehlurteil entschuldigt aber nicht vollauf unser Versagen. Die Zukunft Frankreichs stand auf dem Spiel. Die Deutschen halten es uns gern vor – sie haben es mir oft gesagt –, daß wir Gewehr bei Fuß stehengeblieben sind. Nach ihrer Meinung haben wir einen schweren Fehler begangen. Hätten wir uns unsererseits militärisch gerührt, wäre der Tyrann zusammengebrochen. Man kann die Geschichte nicht umschreiben. Aber der 7. März 1936 erscheint als der entscheidende Tag, an dem das Nichtwiedergutzumachende geschah, ein Zeitpunkt, an dem es noch möglich gewesen wäre, Adolf Hitler zu stoppen, ohne daß sich ein allgemeiner Krieg daraus entwickelt hätte. Gehen wir nicht gar so weit, die Rollen umzukehren und ihm die Verantwortung für eine Schlacht zuzusprechen, die er gewann, ohne kämpfen zu müssen? Sein Instinkt hatte ihn wieder einmal richtig geleitet. Er konnte auf zwei Trümpfe setzen: einerseits auf die Unterstützung der Mehrzahl seiner Landsleute, zum anderen auf die Uneinigkeit und übertriebene Nachgiebigkeit der Westmächte. Es fand sich niemand, der ihm gegenüber so vorgegangen wäre, wie ein de Gaulle es getan hätte.

Von diesem Tag an nahm die allgemeine Ratlosigkeit zu. War Hitler ein Genie? Ein Übermensch? Oder ein Ungeheuer? Seine Kühnheit und sein Erfolg wurden nicht nur in Deutschland bewundert. Was würde er mit seiner Stärke anfangen, da er bereits im Zustand der Schwäche zu triumphieren gewußt hatte? Es würde nicht ratsam sein, sein restloses Mißfallen zu erregen. Schon von 1934 an hatte eine allgemeine Rückwärtsbewegung eingesetzt: Das Polen des Obersten Beck, wurde in Berlin durch den sympathischen, aber wenig charakterfesten Botschafter Josef Lipski vertreten, bemühte sich um die Gunst der Nationalsozialisten. Eines Tages, im Verlauf unserer üblichen Morgenbesprechungen, fragte François-Poncet obenhin, ob es eine interessante Neuigkeit in der deutschen Presse gäbe. Als ich bemerkte, in einer der Tageszeitungen stehe an weniger auffallender Stelle, der polnische Kollege Lipski habe für die »Winterhilfe« gespendet, warf mir der Botschafter, sein Monokel zurechtrückend, einen anerkennenden Blick zu.

Jeder begann sich zu fragen, ob und wie er am besten sein Gesicht wahren könne. Nach dem 7. März war das Vertrauen zu Frankreich erschüttert, untergraben. Bei den Belgiern, bei unseren östlichen Verbündeten, in der ganzen Welt hatten wir Zweifel an unserer Festigkeit und Entschlossenheit hervorgerufen. Im Verlauf von drei Jahren war es Hitler gelungen, aus Deutschland wieder eine Macht zu machen, die man mit Neugier wie auch mit Beunruhigung betrachtete. Hatten wir es nicht von ihm, dem Autor von »Mein Kampf« selbst erfahren, worauf seine Ansprüche abzielten? Um sich selber zu beruhigen, taten viele das enthüllende Werk allzu nachlässig als eine »Jugendsünde« ab.

Allein der italienische Botschafter (Cerruti), der aus den Banden, die Faschisten und Nazis verknüpften, Nutzen zog, konnte sich schmeicheln, Hitler in seinen vier Wänden begrüßt zu haben. Doch man spürte diesen Mann überall, ohne daß man ihn dazu hätte sehen müssen. Die Stadt war von seiner Persönlichkeit erfüllt. François-Poncet bemühte sich unablässig, ein Bild von ihm zu gewinnen, ihn zu beobachten, zu durchschauen, zu entlarven, indem er sich bei jeder Gelegenheit, die sich bot, mit ihm unterhielt. Sich der Bevorzugung bewußt, Hitler ansprechen zu dürfen, wollte er herausbekommen, wohin diesen seine Herrschaftsgelüste noch führen könnten, ihn aber auch vor Exzessen warnen, ihm ein Europa schildern, das sich eines Tages nicht mehr vor ihm beugen, sondern sich aufbäumen würde.

Keiner war besser geeignet als François-Poncet, Hitler ins Bild zu setzen. Im Rahmen des diplomatischen Korps nahm er eine einzigartige Stellung ein. Es gab einen Hitler, Göring, Goebbels, Rudolf Heß, Baldur von Schirach und dann eben einen François-Poncet. Die Leute grüßten ihn, wenn er im Tiergarten seinen

Spaziergang machte, man erzählte sich seine Bonmots. Man betrachtete ihn als Kenner des ewig Deutschen. Daß er die Sprache Goethes beherrschte und in der deutschen Kultur Bescheid wußte, machte ihn bei den Deutschen gefürchtet. Er übertraf sie auf ihrem eigenen Gebiet. Machte er damit nicht selbst auf Hitler Eindruck? Wenn er zu einer Unterredung gebeten wurde, begab er sich mit der Gewißheit in die Audienz, daß er die Unterhaltung führen würde, und mit der Hoffnung, beim Weggehen durch die Enthüllungen des *Führers* weniger beunruhigt zu sein als der *Führer* durch seine Warnungen.

Ende 1938 trat Robert Coulondre, der drei Jahre lang französischer Botschafter in Moskau gewesen war, François-Poncets Nachfolge an, zaghaft und von Sorge erfüllt. Der Aufgabe, die man ihm zugedacht hatte, widmete er sich mit beträchtlicher Intelligenz und Feinfühligkeit. Einige furchtbare Monate hindurch suchte er die Stimmung der Deutschen und Hitlers finstere Absichten zu ergründen in dem Bemühen, das Schlimmste abzuwenden. Der beschleunigte Verlauf der Ereignisse überrumpelte ihn. Auf der Höhe seines Erfolgs, seiner Boshaftigkeit, seiner Tollkühnheit entglitt Hitler ihm zwischen den Händen.

Wäre François-Poncet in Berlin geblieben, so hätte das nichts am Lauf der Dinge geändert. Hitler steuerte auf den Konflikt zu. Ob er ihn wollte oder nicht, seine Ansprüche, seine Forderungen machten Krieg unvermeidlich. François-Poncet war davon überzeugt. Wenn es noch einen Hoffnungsschimmer gab, so mußte man ihn, seiner Meinung nach, in Rom suchen. Er hatte mir schon lange vor dem 29. September 1938 in München gesagt, daß Mussolini einen gewissen Einfluß auf Hitler auszuüben schiene. Könnte es nicht auch ihm gelingen, über den Duce auf den Führer einzuwirken? Könnte er nicht – er hat nie davon gesprochen – der wahre Repräsentant Frankreichs bei der Achse werden? In Wirklichkeit wurde die Partie in Berlin gespielt und nicht in Rom, und niemand hätte einen Hitler zurückhalten können, der sich unaufhaltsam dem Abgrund näherte, in den er uns alle mitreißen sollte. Indessen, für die Respektierung der Normen wäre es günstiger gewesen, wenn François-Poncet bis zum Ende dageblieben wäre.

Wenige Monate vor meinem Weggang erschien Hitler in seinem vollen Glanz zur Eröffnung der Olympischen Spiele, bei strahlender Sonne, umrahmt von Weiß und Grün, inmitten einer begeisterten Menge, in Anwesenheit von Tausenden von Athleten, die in ihrer Frische und Schönheit herrlich anzusehen waren. Unter ihnen konnte man, besonders bei den deutschen jungen Männern und Mädchen, Musterexemplare der arischen Rasse bewundern. Wir, meine Frau und ich, wohnten der Ankunft der olympischen Flamme und dem Vorbeimarsch der internationalen Sportkämpfer bei. Als sie an den Tribünen vorbeikamen, rief die französische Mannschaft, die durch eine gewisse Unordnung in ihren Reihen, aber auch durch lebhafte Blicke und Gesten auffiel, besonderen Beifall hervor, worin ich eine Sympathiekundgebung für Frankreich zu erkennen glaubte. Nicht minder eindrucksvoll war der Augenblick, als der Führer vor Eröffnung der Spiele hoch oben auf der großen Treppe des Stadions erschien, an seiner Seite den Prinzen von Piemont. Ich fragte mich, ob ihn nicht der Anblick all dieser schönen, eifrigen, aus allen Ecken der Welt zu friedlichen Wettkämpfen herbeigeeilten jungen Menschen, ihre Beifallsbekundungen, die huldigend zu ihm aufstiegen, dazu bewegen könnte, sich auf humanere Ziele auszurichten. Diese in einem Augenblick der Euphorie angestellten Betrachtungen dauerten nicht an; nur zu bald wurde ich von neuem von der Furcht vor dem Morgen gepackt.

Bei meiner Rückkehr nach Frankreich im Dezember 1936 ließ ich Deutschland dennoch nicht hinter mir. Am Quai d'Orsay wurde es mir, dank einer Hierarchie, in der ich schon etliche Sprossen erklommen hatte, wiederum anvertraut. So konnte ich die Verbindung mit der Botschaft, die ich gerade verlassen hatte, aufrechterhalten. Die Aufmerksamkeit konzentrierte sich jetzt auf Spanien; dort wütete der Bürgerkrieg, zur Befriedigung der totalitären Staaten, die sich die Gelegenheit zunutze machten, ihre Waffen zu erproben und ihren Einfluß auf dem Gebiet eines uns benachbarten Landes auszuüben.

Im Jahre 1938 war es von neuem Berlin, auf das sich die Blicke der Welt unmittelbar richteten. Am 4. Februar nahm Hitler

Umbesetzungen in der Regierungsspitze und im Oberkommando der Wehrmacht vor, die den harten Kurs noch verschärften. Neurath ersetzte er als Außenminister durch Joachim von Ribbentrop, obwohl dieser sich als Botschafter in England nicht sonderlich hervorgetan hatte. Man hätte sich diesen Mann weniger elegant, weniger geschmeidig gewünscht, denn seine Eleganz und seine Geschmeidigkeit hatten einen falschen Beigeschmack und wirkten sich nicht zu seinem Vorteil aus, wenn er die großen Themen der Politik anschnitt. Als allzu gefügiger Höfling, war er nicht der Mann, um Hitler von der Ausführung seiner Vorhaben abzuhalten. Ohne zu reflektieren, redete er ihm eher noch nach dem Munde. Ehe er sich in die Unternehmungen stürzte, die ihn zum Eroberer machten, hatte Hitler alle seine Schachfiguren auf dem passenden Platz.

Am 11. März, nachdem er den österreichischen Bundeskanzler Schuschnigg, den Nachfolger von Dollfuß, schändlich behandelt hatte, riß Hitler in Österreich die Macht an sich. Im französischen Außenministerium beklagten manche die Indifferenz und Passivität Frankreichs. Ich erinnere mich noch, mit welcher Bewegung Gabriel Puaux, der uns früher in Wien vertreten hatte, nach dem »Anschluß« mir gegenüber das Schicksal der von ihm so geliebten Nation beklagte und von seinen dunklen Vorgefühlen in bezug auf das Schicksal Europas sprach.

Danach kam die Tschechoslowakei an die Reihe, deren Geschick ich um so intensiver miterlebte, als ich die enge Freundschaft nicht vergessen hatte, die zwischen Briand und Berthelot einerseits und Eduard Benesch und Stefan Osusky andererseits bestanden hatte. Ohne sich anmelden zu lassen, hatten die beiden in Genf das Zimmer des Ministers, in Paris das Büro des Generalsekretärs betreten dürfen. Darin zeigte sich die Sympathie, die die verschiedenen französischen Regierungen einem Land entgegenbrachten, das zwanzig Jahre hindurch als unser sicherster und zuverlässigster osteuropäischer Verbündeter galt. Hitler entfesselte einen wütenden Propagandafeldzug: Es sei nicht länger zu ertragen, daß vier Millionen Sudetendeutsche sich weiterhin dem fremden Joch beugten. Der britische Premierminister Neville

Chamberlain begab sich nach Berchtesgaden, dann nach Bad Godesberg, um Hitlers Zorn zu besänftigen. So viel Entgegenkommen Chamberlain auch gezeigt hatte, der Gang nach Canossa wurde ihm abverlangt. Der Krieg stand vor der Tür. Am 29. September 1938 trafen Hitler, Mussolini, Chamberlain und Daladier in München ein Abkommen, das für das Reich einem Sieg gleichkam. Aber darum handelte es sich jetzt weniger. Der Krieg war vermieden worden. Die Erleichterung war ungeheuer.

In Paris grollte man denen, die sich fragten, ob die Nationalsozialisten sich jemals zufriedengeben würden. Wie weit würde Hitler, von seinen Erfolgen berauscht, noch gehen? Zu den Unzufriedenen, die bereits als München-Gegner hervorgetreten waren, gehörte René Massigli, der Leiter der politischen Abteilung des französischen Außenministeriums. Er hatte schon bei den Diskussionen in Genf, als die Deutschen, Leute von Rang wie Graf Bernstorff und der Botschafter Nadolny, die Wiederaufrüstung ihres Landes gefordert hatten, Festigkeit bewiesen und beobachtete seitdem die wachsenden nationalsozialistischen Ansprüche mit besonderer Wachsamkeit. Jules Cambon hatte ihn einst zu den Verhandlungen über den Friedensvertrag an seine Seite geholt, und Philippe Berthelot ihn 1928 dazu bewegt, in die Diplomatenlaufbahn einzutreten. Ich glaube, er hätte ihn gern als seinen Nachfolger im Generalsekretariat des Außenministeriums gesehen.

Indes, er war nicht der einzige in diesem Rennen. Briand hatte Alexis Léger – Saint-John Perse – entdeckt, den er zu seinem Vertrauten machte; dieser setzte sich, in großen Schritten avancierend, 1933 auf Berthelots Stuhl. Léger hatte etwas Verführerisches. Sein Charme beruhte auf einem samtweichen Blick, einer modulationsfähigen Stimme, einer gewählten Ausdrucksweise, einer von Duft und Frische gewürzten Sprache, in der fast katzenhaften Geschmeidigkeit seines Vorgehens. Man durfte sich beglückwünschen, daß der Dichter ein Diplomat geworden war. In Genf, wo ich mich oft in seiner Nähe befand, war er Briand, den er mit der Fürsorge eines Sohnes umgab, nicht von der Seite gewichen; selten mischte er sich in die Diskussion ein, als könne er nichts als das Echo des Ministers sein. Er, der Verführer, war der Verführung

Briands verfallen, der den internationalen Beziehungen etwas von seinem Fluidum, seinem Geist mitteilen wollte. Ihre gegenseitige Zuneigung läßt sich vielleicht aus den Umwegen erklären, die sie gemeinsam in einer ihrem Ideal entsprechenden politischen Welt zurücklegten.

Nachdem Aristide Briand verschwunden war, wurde Alexis Léger gesprächiger. Das war der Eindruck, den ich aus unseren Unterhaltungen gewann. Léger war bemüht, seinen Gesprächspartner zu interessieren wie auch ihm zu gefallen. Sein Bild ist mir erstaunlich deutlich geblieben. Er hatte eine großartige Handschrift. Wenn er sich der Feder bediente, wußte man sogleich, wer sie geführt hatte, und bewunderte den Duktus.

Am Vorabend des Münchner Abkommens hatten Léger und Massigli die Schlüsselpositionen im Außenministerium inne. Ihre Gaben ergänzten sich, und das Gefühl für den Ernst der Stunde einte sie mehr als die Freundschaft, die sie füreinander empfanden. Nach dem Abkommen blieb Léger an seinem Platz. Mochten seine Vorbehalte Hitler-Deutschland gegenüber auch groß sein, im parlamentarischen Milieu erschien er als der Erbe des Briandschen Denkens, das heißt, der Verständigung. Dies um so mehr, als er in Vertretung des Außenministers Georges Bonnet den Ministerpräsidenten Eduard Daladier in die bayrische Hauptstadt begleitet hatte. Dagegen entschied sich die Regierung, Massigli aus Paris zu entfernen, der bereits eine Art Widerstand verkörperte. Dies war ein deutliches Zeichen, daß wir nach oberster Weisung unsere Politik nur noch auf den Versuch einer Annäherung an Deutschland auszurichten hatten. Zum Botschafter in der Türkei ernannt, setzte Massigli mich nicht ohne Bewegung von der unter so unangenehmen Bedingungen erfolgten Veränderung in Kenntnis. Doch war er zu erfahren, um sich nicht darüber klar zu sein, welche Rolle er auf diesem strategisch wichtigen Posten spielen könnte. Franz von Papen, dem ehemaligen Reichskanzler, einem der Altgedienten der deutschen Diplomatie, ein Schnippchen schlagend, brachte er eine französisch-englisch-türkische Entente zustande, die von entscheidender Bedeutung hätte werden können, wäre Frankreich nicht im Juni 1940 zusammengebrochen.

Am 6. Dezember 1938 kam Ribbentrop nach Paris, um mit Außenminister Bonnet eine Erklärung zu unterzeichnen, die alsbald von beiden Seiten verschieden ausgelegt wurde. Den Deutschen zufolge wurde ihnen freie Hand gewährt, in Osteuropa nach ihrem Gutdünken zu verfahren. Die Interpretation der Franzosen war eine andere: niemals hätten wir so weitgehende Konzessionen gemacht. Ihrer jeweiligen Tendenz entsprechend opponierten unsere Vertreter mehr oder auch weniger kategorisch gegen die von Berlin vertretene These. Ich nahm an einigen dieser Gespräche teil und ebenso an dem Empfang, den der deutsche Botschafter Graf Welczeck abends in der Rue de Lille zu Ehren seines Außenministers gab. Ganz Paris drängte sich dort. Mich überraschte vor allem, wie stark auf unserer Seite die Hoffnung war, die Dinge könnten sich gewendet haben und es bestände noch eine Möglichkeit, mit Hitler in Frieden zu leben. Diese Illusionen wurden bald zunichte. Nur zu rasch konnte man feststellen, daß die Reichsregierung das Münchner Abkommen in rigorosester Form anwandte, da sie der Tschechoslowakei ins lebende Fleisch schnitt und es darüber hinaus auch noch ablehnte, die neuen Grenzen zu garantieren. In Wirklichkeit bedauerte Hitler nachträglich noch seine Mäßigung. Warum hatte er die Operation vor einigen Monaten nicht zu Ende geführt? Dieser Gedanke verfolgte ihn. Er war kein Mann der langen Überlegungen. Am 15. März 1939 marschierten seine Truppen in Prag ein. Die Tschechoslowakei war von der Landkarte gestrichen. Mein Schmerz erhielt zusätzliche Nahrung durch den von Robert Coulondre, der gebeten worden war, seine Botschaft für einige Tage zu verlassen, um durch seine Abwesenheit der Unzufriedenheit Frankreichs Ausdruck zu geben. Zu seinem nationalen und beruflichen Kummer kamen noch die Sorgen um das Befinden eines seiner Söhne, den er krank in Berlin hatte zurücklassen müssen.

Es lag auf der Hand, daß das Reich, nachdem es Erfolg um Erfolg eingeheimst hatte, nun von einer Aufrechterhaltung der Klauseln des Vertrages von Versailles nichts mehr wissen wollte, durch die Danzig abgetrennt und ein Korridor geschaffen worden war, der Polen den Zugang zum Meer quer durch Deutschland ermöglichte. England, endlich hellhörig geworden, und Frankreich boten Warschau ihre Garantie an. Sie begannen mit den Russen zu verhandeln, um Berlin durch eine drohende zweite Front zur Vernunft zu bringen. Hitler überholte sie schnell. Am 23. August 1939 verbündete er sich mit Stalin; damit wurde an diesem Tag das Todesurteil für Polen unterzeichnet, und alle unsere Anstrengungen zur Rettung des Friedens waren gescheitert. Hitler hatte seinen Haß gegen Sowjetrußland und gegen den Kommunismus, auf dem er sein Regime weitgehend aufgebaut hatte, eine Weile auf Eis gelegt. Um sein Großdeutschland zu sichern, war ihm jedes Mittel recht.

Die Regierungen der Westmächte suchten noch ein weiteres Mal, das Schlimmste zu bannen. In Paris verbreiteten sich Gerüchte, möglicherweise solle Hitler gestürzt werden. »Die Nachrichten aus Deutschland sind nicht gerade ermutigend . . . für es selbst«, vertraute mir der Leiter der politischen Abteilung an. »Um die Moral der Bevölkerung ist es schlecht bestellt. Man verteilt bereits Karten . . .« Solche Äußerungen beunruhigten mich eher, als daß sie meine Sorgen beschwichtigt hätten. Ich fragte mich, ob wir nicht, um unser Selbstvertrauen zu stützen, zu dem uns ein Vergleich zwischen unserer Rüstung und der unseres Gegners nicht berechtigte, unserer Hoffnungen nur noch auf Chimären gründeten. Erinnerte ich mich all der Aufmärsche, die ich mehr als drei Jahre lang mitangesehen hatte, konnte ich kaum glauben, daß mit einer Revolte oder einem Komplott zu rechnen wäre, dem der Diktator zum Opfer fallen würde.

Am 1. September 1939 wurde Polen überfallen. Am Morgen darauf schrieb ich an meine Frau: »Es wird nun Krieg geben. Dieser Gedanke ist mir zuwider. Alles in mir empört sich dagegen. Und dennoch heißt es, die Nerven zu bewahren, sich mit dem Blutbad und allem damit zusammenhängenden Leid und Elend abzufinden. Es bleibt uns nichts übrig, als uns zu beugen. Soeben wurde ich durch einen Telefonanruf von Botschaftsrat Brauer von der deutschen Vertretung unterbrochen. Ich mußte mir Gewalt antun, um ihn nicht zu beleidigen.«

Am 3. September setzten wir, Engländer und Franzosen, in nur wenigen Stunden Abstand, die deutsche Regierung davon in Kenntnis, daß wir in Einhaltung unserer Bündnisverpflichtung gegenüber Polen in den Krieg eintraten. In meinen Alpträumen sah ich ein neugeordnetes, gepanzertes Deutschland über Frankreich herstürzen, ein Deutschland in Braun, in Schwarz, in Grün, wie ich es kannte, und ich erblickte nur einige wenige Freunde, die sich, als Schützen über das Schlachtfeld verstreut, ihm widersetzten. Bis zum letzten Augenblick hielt ich den Kontakt mit der Deutschen Botschaft aufrecht, um beinahe auf die Minute die Rückkehr der beiden diplomatischen Missionen unter Coulondre beziehungsweise Graf Welczeck in ihre Heimat zu regeln. Uns waren noch die Schwierigkeiten in Erinnerung, die die Rückführung von Jules Cambon Anfang August 1914 mit sich gebracht hatte, weil wir nicht so vorsichtig gewesen waren, sie mit der des Barons von Schön zeitlich abzustimmen.

Am Quai d'Orsay richteten wir uns auf Krieg ein – einen Krieg, der in den ersten acht Monaten als Farce empfunden wurde. Man rechnete mit sofortigem Bombardement, doch nichts regte sich am Pariser Himmel. Nach der Auslöschung Polens fragte man sich, welche Absichten Hitler gegenüber Frankreich und England hegte. Hatte der Krieg im Westen nun wirklich begonnen oder nicht? Würde er tatsächlich jemals beginnen? Nichtsdestoweniger leerte sich das Ministerium, denn viele gingen an die Front. Fast als der einzige meiner Generation blieb ich da, erbittert, daß ich ihnen nicht folgen konnte. Deutschland war hier meine Domäne. Es wurde mir versichert, ich müsse meine beruflichen Aufgaben weiterhin erfüllen. Die Unbeweglichkeit der Front beraubte mich allerdings eines gewichtigen Arguments. Um mir meine Nützlichkeit zu beweisen, beschloß ich, das Büro nicht mehr zu verlassen, meine Tage und Nächte dort zu verbringen. Es war vereinbart, daß die Chiffrierabteilung mich sofort alarmieren sollte, wenn ein Telegramm eine Nachricht von einigem Gewicht enthielt, die eine sofortige Antwort erforderte. Die Monate vergingen, ohne daß man gewußt hätte, ob man sich die Verlängerung einer immer anomaler werdenden Situation wünschen oder ob man sich schlagen sollte. Die Hauptstadt war wie gelähmt. Zweifellos entsprach es dem Wunsch des Feindes, sie einzuschläfern. Militär- und Zivilfachleute, mit denen ich in dauerndem Kontakt stand, versicherten, daß die Produktion unserer Flugzeuge und Panzer auf vollen Touren liefe. Als Pessimist bezweifelte ich nicht, daß sie jenseits des Rheins ebenso gesteigert wurde.

Unmittelbar nach der Kriegserklärung waren alle deutschen und österreichischen Flüchtlinge vorsichtshalber interniert worden. Viele von ihnen, darunter namhafte und hochverdiente Persönlichkeiten, sollten so bald wie möglich wieder freigelassen werden. Neben Vertretern des Innen- und des Kriegsministeriums wurde ich mit der Aufgabe betraut, die Auswahl zu treffen. Die Kommission, der ich angehörte, erhielt zahlreiche Gesuche und Proteste, oft von seiten unserer bekanntesten Landsleute. Unter Schriftstellern, Künstlern, Gelehrten, Liberalen, Sozialisten und Juden, deren Ruf über jeden Verdacht erhaben war, befanden sich auch zahlreiche Fälle, die sorgfältigste Untersuchung erforderten. Die Freilassungen konnte nicht in so großer Zahl und so schnell abgewickelt werden, wie ich es diesen Menschen, die sich gegen den Nationalsozialismus offen aufgelehnt hatten, gewünscht hätte.

Anfang April 1940 bestätigte der Einmarsch in Dänemark und Norwegen Hitlers Unverfrorenheit und die Maßlosigkeit seiner Bestrebungen. Am 30. April fand man sich dazu bereit, mich unserem Gesandten in Luxemburg, Jean Tripier, anzuvertrauen, der im Wagen auf seinen Posten zurückkehrte. Auf diese Weise entkam ich für achtundvierzig Stunden dem Büro. Einige Tage später wäre ich den Deutschen kaum entkommen, und Tripier verdankte es der Vorsehung, daß er ihnen nicht in die Hände fiel. Hätte man in Paris mit einem unmittelbar bevorstehenden Angriff gerechnet, so hätte man mich gewiß nicht fortgelassen. In Luxemburg sagte mir der Außenminister Joseph Bech auf einem Spaziergang, er sei sicher, daß seine Hauptstadt bald eingenommen würde; in seinem Kummer sah er sie bereits zerstört. Wir brauchten kein Fernglas, um die militärischen Vorbereitungen des Gegners beobachten zu können, der sich wenig Mühe machte, sie zu verbergen. Frankreich würde nicht mehr lange zu warten haben.

Am 10. Mai setzten sich die motorisierten Armeen Hitlers, ihrer Überlegenheit gewiß, nach Westen in Bewegung. Wir waren nur noch ein paar Leute, die Henri Hoppenot, den Leiter der Europa-Abteilung, umringten und den Tagesbefehl von General Gamelin kommentierten. Hatte dieser nicht recht gehabt, seine Streitkräfte zurückzuhalten, da er die deutsche Offensive ja gewiß vorausgesehen und seine Strategie von vornherein darauf eingestellt habe? Mit solchen Betrachtungen suchte man sich zu trösten. Drei Tage genügten, um das Unglück über unser Vaterland hereinbrechen zu lassen.

Am 15. Mai, um zehn Uhr abends, übernahm ich die Weisungen des Leiters der politischen Abteilung, Emile Charvériat. Er hatte soeben mit einem unserer Kollegen telefoniert, der ans Generaloberkommando abkommandiert worden war. »Die Situation ist nicht mehr so besorgniserregend wie noch vor einigen Stunden«, sagte er mir. »Wenn Sie im Lauf der Nacht befragt werden, dürfen Sie sich im beruhigenden Sinne äußern.« Die Nacht hatte kaum begonnen, als mich ein Telefonanruf weckte. Es war der Bürgermeister von Saint-Quentin: »Also wissen Sie was? Hier hört man schon die Kanonen, und die Bevölkerung zeigt sich stark beunruhigt.« Ich benachrichtigte die Zuständigen. Nichts Neues. Bald darauf klopfte es an meiner Tür: zwei englische Botschaftssekretäre im Smoking – sie überraschten mich im Pyjama – kamen um Informationen einzuholen. Waren sie nicht am Ende besser unterrichtet und besorgter, als sie zu erkennen geben wollten? Wie hätte ich schon die Zeiger der Uhr anhalten können! Der Tag war noch nicht angebrochen, als das Telefon von neuem läutete. Charvériat erbat den Dienstwagen, um sich sofort ins Ministerium zu begeben. Dem Ton meines Chefs konnte ich entnehmen: Frankreich war in eine tragische Periode seiner Geschichte eingetreten. Es handelte sich gewiß nicht um den Kriegseintritt Italiens, eine Möglichkeit, die man befürchtete, sondern um ein unendlich viel ernsteres Ereignis. In der Stimme Charvériats konnte ich mich nicht täuschen. Der Chauffeur in seinem Zimmer meldete sich nicht. Auf dem Hof erfuhr ich vom Portier, daß der Wagen bereits unterwegs war, um Paul Reynaud ins Innenministerium zu bringen. Nachdem ich Charvériat dies mitgeteilt hatte, ließ er mich wissen, daß er auf andere Weise zum Quai d'Orsay gelangen würde. Bald traf einer nach dem anderen ein: der Generalsekretär Alexis Léger, der stellvertretende Leiter der politischen Abteilung Charles Rochat und Henri Hoppenot, die wir alarmiert hatten.

Da stehen sie nun alle vier, Seite an Seite in Charvériats Büro, von unsagbarer Trauer erfüllt. Nur zu bald sind alle auf dem laufenden. In kurzen Worten teilt Charvériat uns mit, nach einer Meldung aus dem Oberkommando habe der deutsche Vormarsch gewaltige Fortschritte gemacht, motorisierte Einheiten der Deutschen seien bereits bei Laon aufgetaucht und könnten um vier Uhr nachmittags vielleicht schon vor Paris stehen. Tiefes Schweigen folgt seinen Worten. Während für die ahnungslose Stadt ein heiterer Frühlingsmorgen anbricht, erscheint mir unser großes Haus plötzlich verarmt und verdüstert. Endlose Minuten lang scheint alles Leben aus meinen Vorgesetzten gewichen. Wenige Wochen später wird der entfesselte Sturm sie trennen. Jedem von ihnen ist ein anderes Schicksal bestimmt. In dieser Stunde sind sie alle gleichermaßen niedergeschlagen. Mein Blick bleibt an Alexis Léger hängen: Seine wächserne Blässe, das starre Auge, das Leiden, das in seiner ganzen Person zum Ausdruck kommt, lassen das Ausmaß der Katastrophe erkennen. Beim Verlassen des Raums packe ich Rochat am Arm: »Was meinen Sie?« – »Es ist alles verloren«, antwortet er mit einem Aufschluchzen.

Nur wenig später waren der Generalsekretär und die Abteilungsleiter wieder an der Arbeit. Einem Fräulein aus alter Familie, die uns seit Jahren als Stenotypistin im Quai d'Orsay vertraut war und die auch diese Nacht hier verbracht hatte, diktierte ich Anweisungen für zwei Kollegen, die rasch nach Langeais geschickt wurden, um dort eine Ausweichstelle einzurichten. Unausgeschlafen, unzureichend zurechtgemacht, plötzlich gealtert, in ihrem seit Generationen kultivierten Nationalstolz verletzt, erschien die feine alte Mitarbeiterin mir wie ein Bild Frankreichs: gestern noch groß und hochgemut, heute vollkommen niedergeschmettert.

Währenddessen trafen meine telefonisch herbeigerufenen Kollegen ein – man konnte sie an den Fingern abzählen. Ich setzte sie ins Bild. Es hieß, daß wir Paris in wenigen Stunden verlassen sollten. Wir hatten Anweisung erhalten, den neuesten Teil unseres Archivs zu vernichten. Die grünen Kartons, die kostbare Dokumente, vor allem die Korrespondenz mit unseren Botschaftern enthielt, wanderten von Hand zu Hand, um in den Hof geworfen und in Schutt und Asche verwandelt zu werden. Später konnte man ihren Inhalt an Hand der Kopien, die in unseren wichtigsten Auslandsmissionen noch vorlagen, wieder rekonstruieren. Ich hatte damals das Gefühl, buchstäblich am Zusammenbruch meines Landes teilzunehmen. Die Zeit, da die französische Diplomatie einen außergewöhnlichen Einfluß ausgeübt hatte, schien endgültig vorbei. Mit der Vernichtung der grünen Kartons begruben wir die Vergangenheit. Keiner zwanzig Jahre hatte es bedurft, um einen Sieg in ein Desaster zu verwandeln. Graf de La Baume, einer der Abteilungsleiter unseres Hauses – wenig später als Nachfolger Marschall Pétains unser Botschafter in Spanien – den ich aufsuchte, um ihm mein Herz auszuschütten, gab allen ein Beispiel stoischer Selbstbeherrschung: er hatte soeben vom Heldentod seines ältesten Sohnes, eines jungen Geistlichen, in Norwegen erfahren.

Am Nachmittag des 16. Mai brachte mich ein Auto nach Langeais; die Gerüchte hatten sich bestätigt. Abends sollte sich das Außenministerium dort wieder zusammenfinden. Mich überfielen die düstersten Gedanken. Wenn Adolf Hitler den Sieg davontrüge, würde er uns in unserer Geschichte noch nicht dagewesene Bedingungen auferlegen. Er würde sich nicht mit einem Teil unseres Landes zufrieden geben, vielmehr Frankreich seine Gesetze und sein System aufzwingen. Aufgrund meiner jahrelangen Kenntnis des nationalsozialistischen Deutschland machte ich mir keinerlei Illusionen. Ein Zurückstecken nach dem anderen, und nun hatte man uns doch in den Krieg gezwungen. So beklagenswert unsere Lage auch war, hätten wir ihm noch ein weiteres Mal ausweichen können? Damit wäre jedoch ein derartiges Ungleichgewicht entstanden, daß Hitler ohne weiteres bei uns hätte eindringen können, auch ohne uns militärisch anzugreifen. Wir hätten es bereut und als Demütigung empfunden, nicht am Rand des Abgrunds mit der Waffe in der Hand das Äußerste an Widerstand geleistet zu haben. Mittlerweile konnten wir nur noch auf ein Wunder hoffen. Das Auto hielt, wir waren in Langeais. Einige Tage später kehrte ich nach Paris zurück. Der Feind hatte sich von der Hauptstadt abgewandt, um seinen Vormarsch in nördlicher Richtung fortzusetzen.

Wie es vielen Franzosen erging, die erschüttert von der Not des Vaterlandes einen gewissen Trost in der Familie suchten, lagen auch mir die Meinen nun besonders am Herzen. In der Sorge, sie in Sicherheit zu wissen, bat ich meine Frau, die Kinder ins Departement Allier, dann in die Gegend von Montauban zu bringen, wo wir Verwandte hatten. Oft bedauerte man übrigens am Tage darauf den am Vortag gegebenen Rat. Täglich schrieben wir uns, die Post funktionierte erstaunlich gut; das war ein Trost.

Am selben Tag, dem 19. Mai, wurde Gamelin durch Weygand und Léger durch François Charles-Roux ersetzt. Für Léger wurde das Ausscheiden durch dieses zeitliche Zusammentreffen noch peinlicher. In seiner Person verurteilte die Regierung eine Diplomatie, die man für mitverantwortlich an der Niederlage hielt. Sicherlich hätte man ihn gerade wegen seiner Verdienste gewürdigt, wenn die Front gehalten hätte. In den Augen einiger meiner Kollegen war diese Entscheidung ebenso ärgerlich wie ungerecht: Frankreich trennte sich in der Stunde der Not vom erfahrensten, vornehmsten unserer Diplomaten.

Infolge der militärischen Niederlage sah sich Charles-Roux, dessen Karriere durch Joseph Caillaux aus Gründen behindert worden war, die ihm zur Ehre gereichen, nun mit einem Posten betraut, den er sich immer gewünscht hatte, den er aber normalerweise niemals angetreten hätte. Ohne Bitterkeit und in der Ruhe, die er stets bewahrte, sagte er zu mir: »Meine schlimmsten Befürchtungen in bezug auf den Ablauf der militärischen Operationen sind von der Wirklichkeit weit übertroffen worden. Alles, was ich höre, macht mich bestürzt!« In seltenen Augenblicken keimte erneut unsere Hoffnung auf – leider. Denn nachher mußte man sich wieder an die Angst gewöhnen, die jedesmal schlimmer wurde.

Am 10. Juni beschloß die Regierung, Paris zu verlassen und nach Langeais überzusiedeln. Einige Autos, im ersten Generalsekretär Charles-Roux mit seiner Frau, genügten, um ein Rumpf-Außenministerium zu transportieren; unterwegs wurden wir immer wieder wegen Fliegeralarm zum Anhalten gezwungen. Rochat und Hoppenot, mit denen ich diese Reise zurücklegte, brachen ihr Schweigen nur, um sich zu fragen, wie sich Italien verhalten würde. Um sieben Uhr abends erfuhren wir in einem Bistro, wo wir Pause machten, aus dem Radio, daß es uns den Krieg erklärt hatte. Für Charles-Roux, der in Rom ein Mitarbeiter von Camille Barrère, dem Initiator der französisch-italienischen Annäherung zu Beginn des Jahrhunderts, gewesen war, war das ein harter Schlag.

Langeais, Bordeaux, La Bourboule, Vichy, in wenigen Tagen durchquerten wir einen Teil Frankreichs ohne zu wissen, ob es in Richtung Lyon oder Paris weitergehen würde. Über alles war man sich vollkommen im Unklaren. Am 13. Juni schrieb ich an meine Frau: »Werden wir bis zur Ankunft der Amerikaner durchhalten können? Oder wird unser Land militärisch besetzt werden und die Regierung Frankreich verlassen? Oder werden wir im Gegenteil binnen kurzem um Waffenstillstand und Frieden ersuchen?« Eines Abends in Bordeaux, als man bis zum letzten Augenblick nicht wußte, wer sich durchsetzen würde, die Gruppe um Pétain oder die um Reynaud, rief der Entschlossenste, Henry Hoppenot, mich zu sich: »Halten Sie sich bereit. Morgen früh im Morgengrauen wird sich das Ministerium, vertreten durch zehn Beamte, zur Küste und von dort nach Nordafrika begeben.«

Über Nacht aber hatte sich der Wind gedreht. Unmittelbar darauf wurde mit Deutschland und Italien ein Waffenstillstand abgeschlossen.

Anfangs machte die Mehrzahl der Ministerialbeamten keinen Hehl daraus, daß sie all ihre Hoffnungen auf den britischen Widerstand setzten. Für mich war er zur fixen Idee geworden. Ich vergaß alle Irrtümer, die England begangen hatte und die für uns so folgenschwer gewesen waren. Ich verbannte aus meiner Erinnerung eine peinliche Szene: In Bordeaux, in einem Reisebüro, hatten zwei englische Offiziere, ungeduldig, daß ich mit meinen Erkundigungen noch nicht fertig war, mit ihren Stöckchen fuchtelnd in meiner Gegenwart häßliche Reden über Frankreichs Debakel geführt. Klopfenden Herzens begann ich die Tage zu zählen, bis Hitler unterliegen und nicht mehr die Frechheit haben würde, Angriffsbefehle zu geben. Doch bald glaubten nur noch wenige von uns an England, an die Tüchtigkeit seiner Piloten, an die Unerschrockenheit seiner Bevölkerung. Die Indifferenz oder sogar Antipathie, die viele meiner Landsleute in Vichy in bezug auf England an den Tag legten, entrüstete mich. Als einer meiner Freunde aus dem Innenministerium mich ironisch fragte: »Glauben Sie noch immer an diesen englischen Sieg? Ist doch wieder mal ein Reinfall des Quai d'Orsay«, erwiderte ich wütend: »Mehr denn je!«

Man mußte in London sein, um der Schwäche nicht nachzugeben. Im Kreis um Marschall Pétain gab es nur sehr wenige, die nicht ungeachtet ihrer Würde, ihrer Tapferkeit, ihres Scharfblicks einen Augenblick der Schwäche erlebt oder sich sogar gröblich geirrt hätten. Einer von ihnen mokierte sich über einen der Unseren, der sich General de Gaulle angeschlossen hatte: »Sicherlich wird er keine Chance verpaßt haben! . . .« Ein anderer formulierte den Wunsch – und da ich wußte, wer er war, verhehlte ich ihm mein Erstaunen nicht –, auf Admiral Darlan einen guten Eindruck zu machen. Wieder ein anderer, ein hervorragender Literat, machte sich Sorgen um eine Beförderung, die seinem Ruhm nichts hinzufügen konnte. Die Atmosphäre von Vichy – ich kann mich ihrer nicht ohne Schaudern erinnern. Doch muß ich auch die andere Seite erwähnen, Dienste, die einige von uns gegen die Vorschrift, den vom Feind oder auch dem Regime in ihrem Leben, in ihrer Ehre Bedrohten leisteten, in dem wir ihnen für die Flucht Pässe und Bescheinigungen besorgten, die ihnen eigentlich nicht zustanden.

Ich vermochte nicht zu verstehen, wie man zugunsten unserer Vernichtung Partei ergreifen konnte, daß man die Errichtung eines Europa unter der Fuchtel Adolf Hitlers zulassen und sich auf entscheidenden Gebieten des Denkens und Fühlens einem hassenswerten System anpassen wollte. Ich hätte gewünscht, daß sich der Marschall mit dem gleichen Patriotismus geäußert hätte, wie Pastor Boegner in einer Predigt, die er bald nach Unterzeichnung des Waffenstillstands hielt. »Was für ein begabter Mann!« murmelte ich, als ich am Ausgang der Kirche Robert de Traz in die Arme lief. »Was für ein Glaube!« korrigierte er mich.

Während wir vermieden, es gegenüber dem Sieger von Verdun, dem alten Mann, der den Verzicht Frankreichs personifizierte, an Respekt fehlen zu lassen, diente Laval uns als Zielscheibe für Anzüglichkeiten und bittere Bemerkungen. Bei ihm waren wir sicher, daß wir uns nicht irrten: Offensichtlich zweifelte er nicht am Sieg der Deutschen, er wünschte ihn sogar. Charles-Roux überwachte ihn so genau wie möglich. Seine Intervention hatte verhindert, daß sich Laval im Augenblick des Waffenstillstands des Außenministerpostens bemächtigte. In London hätte man uns dies nicht verziehen – der Bruch wäre vollkommen gewesen. Doch Laval umging das Hindernis und belegte zur Bestürzung des Außenministers Paul Baudouin die Beziehungen zu den Okkupanten für sich mit Beschlag; sie sollten seine Sache sein. Er wollte es sein, der Franzosen und Deutsche versöhnte. Unter seinen Auspizien kam am 24. Oktober 1940 in Montoire die Begegnung zwischen Pétain und Hitler zustande. Damit erhielt die Kollaboration ihren Segen.

Sich selbst treu bleibend, trat Charles-Roux von seinem Amt zurück. Für die Leitung unseres Hauses während der »fünf tragischen Monate« – einer seiner Buchtitel – hätte man keinen Besseren finden können als ihn – einen Chef, der seine Opposition durch die Tat bekräftigte. Während die Nation litt und die Menschen von Unruhe ergriffen waren, gab er der Regierung unbeirrt seine Meinung bekannt, sobald sie die Tendenz zeigte, sich den Forderungen des Reiches allzu weitgehend zu unterwerfen oder unsere Alliierten von gestern unnötig zu verstimmen. Mit seiner Demission gab der Generalsekretär ein Beispiel; zugleich richtete er aber an uns alle ein Rundschreiben, in dem er uns bat, ihm nicht nachzueifern. Er rettete unsere Ehre. Uns anderen käme es zu, die Stellung zu halten. Wenig später ging auch Jules Basdevant, der Rechtsberater des Ministeriums, in dem wir den höchsten Garanten unserer Rechte gesehen hatten, ein Mann, dessen Charakter seinem Wissen entsprach und der durch das persönliche Leid, mit dem ihn der Krieg überhäufte, noch an Größe gewann. Obwohl die Amtshierarchie uns trennte, war ich viel mit ihm zusammen gewesen. Die Lücke, die er hinterließ, war nicht so bald zu schließen.

Glücklicherweise war ich von Freunden umgeben wie Edmond de Beauverger, von den Jungen im Amt wie Jean de Lagarde, Gilbert de Chambrun, Jean-Marc Boegner, Étienne Burin des Roziers und Jean Le Roy. Abends tauschten wir in den Büroräumen des Ministeriums, die uns zugleich als Schlafzimmer dienten, Meinungen aus, die die Regierung vermutlich für verderblich gehalten hätte. Ich ließ mich nur zu leicht dabei hinreißen, zur Freude meiner Kollegen. Einer von ihnen schrieb mir Jahre später: »Ihr heiliger Zorn hat mich insgeheim erheitert.« Wir jedenfalls glaubten immer weniger und weniger an Hitlers Triumph.

Dem neuen Generalsekretär Charles Rochat, der an die Stelle von Charles-Roux trat, war ich sehr verbunden. Gemeinsam hatten wir die dramatischen Wochen durchlebt, und ich hatte mir seine Zuneigung errungen, denn ihm lag es nicht, sich zu geben. Ein typischer Sohn Frankreichs, liebte er die Erde wie ein Bauer, liebte er auch das Leben. Er war rasch, geradezu, mitfühlend und zielstrebig. Seine Augen strahlten von Wohlwollen. Dieser Savoyarde, der zwar kein Diplomat, aber nie etwas anderes als ein Franzose hätte sein können, hatte vor dem Krieg dem Stab aller Außenminister angehört. Manche wunderten sich bisweilen darüber, da sie nicht wußten, daß die sukzessiven Titelträger des Quai d'Orsay, gleich welcher Partei sie angehörten, den unmittelbaren Beistand eines Mannes nicht entbehren konnten, der sich in allem auskannte, ihnen die Arbeit erleichterte und dessen Loyalität ihm am Gesicht abzulesen war. »Wenn Sie nicht bleiben, lehne ich das Angebot ab«, soll einmal einer von ihnen, als man ihn bat, das Amt des Außenministers zu übernehmen, zu Rochat gesagt haben. Wie sollte er da nicht bleiben? So bereitete er sich nun vor, den Leidensweg jener Beamten zu gehen, die aufgrund ihrer Fähigkeiten auf die wichtigsten Posten gelangen, die aber, einmal an ihrem Platz und treu wie sie sind, sich aus dem Räderwerk nicht mehr lösen können, das sie schließlich zerreiben wird. Ich muß gestehen, daß wir in Vichy von Anfang an in unserer Meinung über die Situation nicht mehr übereinstimmten, daß Rochat meine verbale Insubordination bedauerte und daß seine Bemühungen, mich zu größerer Toleranz in bezug auf die von uns praktizierte Politik zu bewegen, mir bald schwer zu schaffen machten. Er erlegte mir auf, in das Ministerium des Admirals Darlan einzutreten, des mutmaßlichen Nachfolgers von Marschall Pétain und derzeitigen Außenministers, der mich an seine Seite beordert hatte. »Welches Büro möchten Sie gern haben?« fragte mich Rochat. »Das abgelegenste«, antwortete ich verzweifelt. Darlan war sich über unsere mangelnde Übereinstimmung im klaren. Würde er mich an seiner Seite gewünscht haben, wenn er gewußt hätte, daß sie so hundertprozentig war?

De facto bin ich denn auch während der vier Monate, die diese Episode meiner Karriere dauerte, nur zweimal bei Darlan gewesen; das war bei einem so nahen Mitarbeitsverhältnis wenig. Bestimmt hat man nicht von mir erwartet, daß ich mich durch Arbeit nützlich machte! Als er mich eines Tages auf einem Balkon des Park Hotels entdeckte, winkte er mich zu sich. Angesichts meines damaligen Gemütszustandes wurde es ein bewegendes Gespräch. Ich kannte Darlan schon seit 1930 von der Flottenkonferenz in London, wo er mir gegenüber ein herzliches Wohlwollen bekundet hatte. Ich schätzte seine derbe Gutmütigkeit und seine schlichten Umgangsformen, und ich verehrte den fähigen, hartnäckigen Mann, der für uns eine Flotte geschaffen hatte, die bei anderen Bewunderung, aber – leider – auch Neid erregte. Im Vergleich zu Pierre Laval, in den allein die Deutschen Hoffnung setzten, war er bei den Vichy-Gegnern weniger schlecht angesehen. Die Aversion gegen die Engländer war bei ihm, einem Seemann, verständlicher als bei anderen. Dennoch blieb uns nichts übrig, als festzustellen, daß auch er den unseren diametral entgegengesetzte Ansichten vertrat. Ich sagte zu ihm, Deutschland werde den Krieg niemals gewinnen. Seine Gegenargumente vermochten mich nicht zu erschüttern. »Sie sind unbestechlich wie Robespierre«, hatte einmal im Philosophieunterricht der Professor der Geschichte Weulersse zu mir gesagt – das größte Kompliment, das mir in meiner ganzen Gymnasialzeit zuteil wurde. Unbestechlich zu sein, hatte ich zu jener Zeit nicht die geringsten Schwierigkeiten.

Die Hilfe, die die Vichy-Regierung den Deutschen in Nahost zuteil werden ließ, indem sie ihnen, als erstes, die Landung von Flugzeugen in Syrien gestattete, vermehrte noch die Unruhe der diplomatischen Mannschaft, der ich angehörte. In der Wohnung, in der ich nach langer Suche mit Frau und Kindern untergekommen war, fanden sich einige Kollegen zusammen, um sich mit mir über das Verhalten klarzuwerden, mit dem wir unsere Mißbilligung sichtbar zu verstehen geben konnten. Ich ließ den Admiral auf brieflichem Wege wissen, daß es mir nicht möglich war, in seinem Ministerium zu bleiben, daß ich nicht das Recht hätte, sein Vertrauen noch länger zu täuschen. Er war damit sehr einverstanden. Später erfuhr ich, daß Pierre Pucheu sich bei einer Mahlzeit äußerst negativ über meine Angelegenheit geäußert hatte: zu wiederholten Malen verlangte er von Darlan, daß ich offiziell getadelt werden solle, wobei er sich zu dem Vorschlag verstieg, die Sache vor den Ministerrat zu bringen. Man beschloß, mich in Halb-Ungnade nach Budapest zu versetzen. Warum versuchte ich nicht, nach London zu gehen? Zuwenig informiert und von dem Gedanken bedrückt, einige der Männer, deren privilegierter Mitarbeiter ich im Verlauf gemeinsam geteilter Leidensjahre gewesen war, getäuscht zu haben, dachte ich nicht im Traum daran. Betrübt bereitete ich meine Abreise vor, um mit gemischten Gefühlen eine Stadt zu verlassen, wo ich alles entbehrt hatte, nur die Freundschaft nicht.

Infolge der Vielzahl der Angelegenheiten, die es zu regeln gab, gelangten wir nicht vor Anfang Oktober 1941 nach Ungarn. In den Wochen davor verbrachten wir einige Tage in Paris, wo ich seit der Besetzung nicht mehr gewesen war. Überall stolperte man über die Deutschen, die sich für lange Zeit eingerichtet zu haben schienen – wenn nicht für immer. Mein Eindruck wäre noch trostloser gewesen, hätte nicht der Optimismus von André Siegfried, Léon Noël und meines Bruders Roger mich aufgeheitert. Über den endgültigen Ausgang war ich mir übrigens stets gewiß. Hatte sich das Reich nicht am 21. Juni mit seinem Angriff auf das riesige russische Reich für seinen Untergang entschieden? Ich erspare mir die Beschreibung der Reise nach Budapest. Zu welch humoristischen oder traurigen Kommentaren würde sie heute Anlaß geben! Aber damals war Krieg, überall war er zugegen, und Deutschland nicht minder. Der Zug war voll von älteren Offizieren und blutjungen Soldaten. Weder die einen noch die anderen blickten heiter drein, noch weniger die Mütter und Ehefrauen, die ihnen auf dem Bahnsteig Lebewohl sagten. Der Strom ergoß sich nach Osten. Die Fahrkarten wurden von Frauen in Uniform kontrolliert. Sie hatten die Funktionen der Eingezogenen übernommen und trugen, was mich damals überraschte, Hosen.

Das Leben, das wir nun führen mußten, um nicht innerlich einzugehen, unterschied sich sehr von dem der vergangenen Monate. Es war eine radikale Veränderung. Zum Glück waren wir von Zuneigung umgeben, was uns half, meine Entfernung aus Frankreich zu ertragen, die ich als ein Exil betrachtete. In der Gesandtschaft gab es in bezug auf die Einstellung nicht die geringsten Zweifel. Kein Wunder, wußte ich doch, daß Graf Robert de Dampierre sehr viel von Charles-Roux hielt. Was meinen neuen Chef in hohem Maß auszeichnete, war seine Herkunft. Sie hätte ihn allzu stark von anderen absondern können, wenn sie nicht in dem Wohlwollen des wahren Edelmannes seinen Ausdruck gefunden hätte. Sein gepflegter Stil, seine sprachliche Begabung, seine Erfahrenheit fielen um so mehr ins Gewicht, als er sich ihrer, wenn es nötig war, durchaus couragiert bediente. Seine begabte, lebhafte, großzügige Frau sollte bis in den Tod eine Seelenstärke, eine Tapferkeit beweisen, die man zu würdigen vergessen hat. Besorgt und leidenschaftlich verfolgten die Dampierres und wir die Entwicklung der kriegerischen Ereignisse. Die Russen hielten den Deutschen stand, während die Japaner Sieg um Sieg errangen.

Die Ungarn waren todunglücklich, im Krieg zu sein. Diejenigen unter ihnen, die wir zu unseren Freunden zählen durften, schienen nicht an einen Sieg des Reichs zu glauben und wünschten ihn auch nicht. Aber was dachten die anderen, die Mehrheit im Lande? Ihr Herz schwankte zwischen Deutschen und Russen. Wahre Unterstützung in unserer Niedergeschlagenheit wurde uns durch unsere wenigen Landsleute zuteil, aus Deutschland geflohene Militärs, die meine liebsten Gefährten wurden. Die Magyaren als echte Grandseigneurs behandelten sie, wie es sich geziemt.

Am 8. November 1942 hörten wir strahlend, daß die Amerikaner in Nordafrika gelandet waren. Auf diese Nachricht folgte bald eine andere: von der Besetzung ganz Frankreichs. Dampierre reichte einer Regierung seine Demission ein, die sich nicht mehr rühmen konnte, auch nur die geringste Freiheit zu genießen. Wie ein Kartenhaus fiel die Gesandtschaft zusammen. Alle, oder beinahe alle von uns folgten dem Beispiel unseres Chefs. Was tun? Sollte ich nach Algerien gehen, oder nach England? Auf Grund welcher Mittel? Ich steckte in Schwierigkeiten: Meine Frau erwartete unser fünftes Kind. Bald darauf bereitete uns die Gesundheit von zwei unserer anderen Kinder ernste Sorgen. Sollte ich gar eine Zuflucht auf dem gastfreundlichen ungarischen Boden suchen? Während die Tage vergingen, begann ich unruhig zu werden; ich erfuhr, daß man in Frankreich wie im Ausland das sinkende Schiff von Vichy verließ. Wie war es möglich, daß dieser ging? Und jener auch? Naiverweise hatte ich angenommen – mich gewisser Ansichten erinnernd, die von den meinen oft weit abgewichen waren –, daß diejenigen, die solches geäußert hatten, im Unglück nur um so größere Treue beweisen würden.

Schreckliche, qualvolle Tage, in denen ich zu keiner Entscheidung gelangen konnte. Zum Glück wurden mein Zögern und meine Skrupel vom Lauf der Ereignisse überrollt. Die Ankunft von Dampierres Nachfolger in Budapest bestimmte mich zu gehen, koste es was es wolle. Aus Paris, vor allem von meinem Bruder Roger, kamen Nachrichten, die mir sehr vernünftig erschienen. Man kannte meine familiäre Situation. Man wußte, daß ich unmöglich nach Algier gehen konnte. Ich mußte nach Frankreich zurück. Man erwartete mich: Eine Gruppe von Kollegen, der auch Jean Chauvel, Jacques-Fouques Duparc und Francis Lacoste angehörten, hatte sich zusammengefunden, um mit der Résistance zusammenzuarbeiten. Ihnen zufolge war dort natürlich für mich mein Platz reserviert.

Auf der Rückreise, quer durch Deutschland, mußten wir uns beim Umsteigen dermaßen beeilen, daß wir einen Teil der Fahrt von einigen unserer Nachkömmlinge getrennt zurücklegen mußten; sie waren noch Rekonvaleszenten und viel zu zart für die Ungewitter, den Lärm der Luftbombardements, von deren Häufigkeit und Heftigkeit wir uns keine Vorstellung gemacht hatten. Einige Tage später wurde unser Gepäck auf dem Bahnhof in Wien zu Asche.

Endlich waren wir in Paris! Trotz der Umstände freute ich mich darüber. Meine erste Berührung mit dem heimatlichen Boden verhieß indessen nichts Gutes. Als ich aus dem Zug stieg, trat ich versehentlich einem deutschen Offizier auf den Fuß. Wütend begann er zu schimpfen; ich machte, daß ich davonkam.

Ein Abstecher nach Vichy brachte mir ein Wiedersehen mit Rochat. Seine ruhige Heiterkeit verdankte er der Überzeugung, seiner Auffassung von seiner Pflicht entsprechend gehandelt zu haben. Marschall Pétain verlassen, oder Pierre Laval? Er dachte gar nicht daran. Durch die gemeinsam durchlebten Jahre und Prüfungen fühlte er sich mit ihnen verbunden. Die Vichy-Regierung hat ihn mißbraucht. Doch hat er es verstanden, all denen das Ausscheiden zu erleichtern, die – einer nach dem anderen – nur noch den einen Gedanken hatten, dem Vaterland in den Reihen der Befreier zu dienen.

In der Hauptstadt lebten wir uns unter schwierigen Umständen ein. Doch alle Welt zerbrach sich den Kopf, wie man uns mit einem Minimum an Kleidung und Lebensmitteln versehen konnte. Die Anwesenheit der Deutschen wurde von den Franzosen mit Gleichmut ertragen. Man begegnete ihnen, lebte neben ihnen, ohne sie zu sehen. Zwischen der Résistance und den Kollaborateuren gab es die große Masse derer, die ihren Geschäften nachgingen und sich um das Herbeischaffen des täglichen Brotes kümmerten. Darin entwickelten meine Landsleute eine Erfindungsgabe, die mich erstaunen ließ.

In der *École des sciences politiques* gab es für mich dank des Direktors – er war mein jüngerer Bruder Roger – einen Schlupfwinkel. Ich konnte hier in einen der Orte vordringen, wo sich ein glücklicheres Morgen vorbereitete – in ein erregendes Zentrum, in dem Roger die Rolle eines Magneten spielte. Er hatte nicht erst auf unser Unglück gewartet, um diese Tätigkeit zu entfalten, doch unser Unglück vermehrte sie. In seinem Büro war ein ständiges Kommen und Gehen; es handelte sich keineswegs nur um besorgte Väter; ein Blick auf die Besucher genügte mir, um dies festzustellen. An der Rue Saint-Guillaume wurde nicht nur unterrichtet, sie verbarg auch ein Geheimnis.

Täglich ging ich dorthin, um zu erfahren, was es Neues gab. Hier war mir Roger nahe. In ihm, dem Mann, erblickte ich wieder das zarte Kind am Familientisch, mit seiner anfangs mäßigen Neigung für die Schule, das meinen Vater mit seinen Späßen aufheiterte und seine Schulkameraden durch die Herstellung einer Zeitschrift erfreute, der er den Titel *La Pie borgne* (Die einäugige Elster) gegeben hatte. Dann war plötzlich seine Eigenliebe erwacht, so daß er entschlossen zu arbeiten begann. Ohne in der Eroberung der Salons nachzulassen, eroberte er auch seine sukzessiven Chefs, Jacques Rueff, unseren Finanzattaché in London, und Henri Ponsot, unseren Generalresidenten in Marokko. Im Kampf zeichnete er sich 1939, dann von neuem 1945 aus.

Mit anderen Mitteln als mein älterer Bruder René, der sein Vorgänger an der *École* und wegen seiner liberalen Haltung und seines dynamischen Wesens sehr beliebt gewesen war, übte auch Roger auf die Studenten Einfluß aus. Diplomat bis in die Fingerspitzen, ein subtiler Unterhändler, von starkem politischem Willen beseelt, kam er mir oft wie ein Mazarin vor. Sein Weg führte ihn über schwierige Etappen bis in hohe Positionen, von Erfolg zu Erfolg: in Tunesien, als Leiter der Kulturabteilung, in Marokko, bei den Vereinten Nationen, im Atlantikrat, in Rußland. Doch noch war es nicht soweit. Es war Krieg. Niemand wußte, wie sein Schicksal in Zukunft aussehen würde.

Die Gruppe unter Leitung von Jean Chauvel, der ich seit meiner Rückkehr angehörte, untersuchte die verschiedenen Aspekte der französischen Außenpolitik auf ihre mögliche Entwicklung nach Beendigung der Feindseligkeiten hin. Soweit wir es vermochten, expedierten wir zahlreiche Studien nach Algier in der Hoffnung, daß sie dem unter der Leitung von Massigli neu erstehenden Außenministerium von einigem Nutzen sein könnten. Um mich zu informieren, suchte ich Persönlichkeiten auf, die es noch zu entdecken gelang. Charles-Roux gab mir ein Empfehlungsschreiben an Sérat, den Delegierten General de Gaulles' in der Hauptstadt, der kein anderer als Alexandre Parodi war. Zu spät – es gelang mir nicht mehr, mich ihm anzuschließen.

Am 10. Mai 1944, am gleichen Datum, an dem vor vier Jahren der deutsche Angriff auf die Westfront begonnen hatte, verbrachte ich eine Stunde bei meinem Kollegen Jean de Hautecloc- que, Vetter des zukünftigen Marschalls Leclerc, der in der Kaserne der Tourelles als Geisel festgehalten wurde. Der Saal, in dem er mich begrüßte, glich ganz den alten Stichen aus der Zeit der Schrekkensherrschaft; nur die phrygische Mütze auf dem Kopf der Wache fehlte. Es lag etwas von alter Aristokratie in der Luft, man praktizierte noch eifrig den Handkuß. Ihrer widrigen Lage begegneten die Gefangenen – sie alle hatten sich in jüngster Zeit einen Namen gemacht – mit gelassener Miene, obwohl ihnen bewußt war, welchem Risiko sie durch ihre familiären Beziehungen ausgesetzt waren. Ich lernte einen Vienot kennen, den älteren Bruder des Botschafters von General de Gaulle in London, dann einen Courcel, Sohn des ehemaligen Botschafters in England und Vater jenes Courcel, von dem hier später die Rede sein wird, sowie Catroux, den Bruder des Generals, einen Kunstsachverständigen. Ich unterhielt mich vor allem mit Hauteclocque, den ich bewunderte und liebte. Ich hätte meinen Besuch gern verlängert.

Ende dieses Frühjahrs schwirrte die Luft nur so von Gerüchten. Beispielsweise erzählte man sich, der Feind habe auf dem Boulevard Jules-Sandeau, wo vor unseren Fenstern die tiefgelegte Ringbahn vorbeiführte, Munition eingelagert, die die britische Armee sicher in die Luft sprengen werde. Nichtsdestoweniger waren wir entschlossen, in Paris zu bleiben, bis eines Tages einer meiner Freunde, der sich für sehr gut informiert hielt und dem unsere Hartnäckigkeit Sorgen machte, ein Argument vorbrachte, dem ich nicht zu widerstehen vermochte: Die Versorgung mit Nahrungsmitteln werde immer schwieriger; man brauche in der Hauptstadt keine unnötigen Esser. Meine Lieben reisten nach Gambais auf das Gut meiner Schwiegereltern, das von den Deutschen besetzt war und das nur zu oft von englischen und amerikanischen Bombenfliegern aufs Korn genommen werden sollte. In der Überzeugung, daß die Gestapo mich im Auge hatte, verließ ich mein Domizil, um mich bei Édouard Thurneyssen, einem meiner Schwäger, zu installieren.

Bei der Landung der Alliierten in der Normandie am 6. Juni 1944 löste sich die diplomatische Gruppe auf. Die einen gingen nach Algerien, die anderen stießen zum Maquis, so daß ich zu guter Letzt der Chef einer Gruppe war, die aus kaum mehr als mir selbst bestand.

In der zweiten Hälfte des Monats August trat endlich die befreiende Wendung ein. Am 19., nach einer von Gewehrfeuer und Detonationen erfüllten Nacht, empfing ich in meiner Wohnung auf dem Boulevard Jules-Sandeau, wo ich keine Belästigungen mehr zu befürchten hatte, auf seine Bitte hin Paul Bastid, den Schwiegersohn von Jules Basdevant, dem früheren Abgeordneten und ehemaligen Minister, den ich in Genf in der Suite von Aristide Briand kennengelernt hatte. Bastid hatte zwei seiner Freunde mitgebracht. Sie waren damit befaßt, mit den Franzosen, auf deren Ankunft wir warteten, Verbindungen herzustellen und, um diesen ihre Aufgabe zu erleichtern, die Wiederaufnahme mehr oder weniger normaler Beziehungen mit den diplomatischen Missionen und ausländischen Konsulaten vorzubereiten. Dann rief Hauteclocque mich an: er war frei; man bot ihm die Polizeipräfektur oder aber einen verantwortlichen Posten im Außenministerium an; er bat mich um Rat. »Verachten Sie das Ministerium nicht, Sie werden dort gebraucht«, sagte ich und übertrug ihm meine Befugnisse.

Danach begab ich mich aufs linke Seineufer, von dem ich mich kaum noch wegrührte; man hatte dort das Gefühl, besser am Zuge zu sein. Deutsche Wagen zirkulierten durch die Stadt und beschossen die Straßen. In der Nacht dämpfte ein Gewitter die Kampflust, aber am Morgen des 20. begann die Schießerei von neuem. Die Mitglieder der Kommission unter Leitung von Bastid und verschiedene meiner Kollegen kamen, mich am Boulevard Jules-Sandeau zu sprechen. Lautsprecher lockten uns auf den Balkon, wo wir einem seltsamen Schauspiel beiwohnten: Aus einem französischen Lautsprecherwagen wurde die Unterzeichnung eines Waffenstillstands zwischen der provisorischen Regierung und den deutschen Streitkräften in Paris bekanntgegeben. Ihm folgte ein anderer Wagen, voll mit Deutschen und Polizeibeamten. Stand die Befreiung unmittelbar bevor?

Indessen sollte das Warten noch andauern. In den folgenden Tagen nahmen die Detonationen, mit Maschinengewehrsalven vermischt, noch zu. Der angekündigte Waffenstillstand war entweder nicht definitiv vereinbart worden, oder man befolgte ihn nicht. Man machte sich allgemein Sorgen um das Schicksal von Paris. Ich wußte, daß der neue Generalsekretär des Finanzministeriums, Emmanuel Monick, in bezug auf die Intentionen der SS starke Befürchtungen hegte. Als man ihm zu seiner Ernennung gratulierte, erwiderte er: »Beglückwünschen Sie mich erst in vierzehn Tagen ...«

Am 23. und 24. August trafen die »Verschworenen« des Boulevard Jules-Sandeau – unter ihnen Paul Bastid, Georges Oudard, Jean de Hauteclocque – mehrmals bei mir zusammen, um sich zu versichern, daß wir die Ankömmlinge nicht verfehlten, damit wir sie, sobald sie in die Hauptstadt vorgedrungen wären, über die für sie getroffenen Dispositionen informieren könnten. Es kam die Nachricht, daß Rumänien sich gegen Deutschland gewandt und ihm den Krieg erklärt habe. Eine Welle des Optimismus breitete sich unter der Bevölkerung aus. Die künftigen Sieger standen vor den Toren von Paris. Aber nein, sie waren schon drinnen. »Sie«, das war Leclerc, der Held. In Paris herrschte Jubel. Ich erfuhr, daß in der Gegend von Montfort-l'Amaury die Deutschen den Amerikanern ohne große Kampfhandlungen gewichen waren. Jetzt konnte ich mich voll und ganz freuen.

Am 25. hob man den ganzen Tag noch die letzten Widerstandsnester der Deutschen aus –, in der Abgeordnetenkammer, im Senat, am Quai d'Orsay, im Hotel Majestic. Französische Panzer rollten die Seine-Quais, den Boulevard Saint-Germain, die angrenzenden Verkehrsadern entlang. Die Esplanade des Invalides wurde zum Kampfplatz. Beim Außenministerium, wo sich seit dem 19. August, dem Tag, an dem der Nationalrat der Résistance beschloß, zum Angriff überzugehen, die deutsche Besatzung beträchtlich vermehrt hatte, traten zehn unserer Panzer in Aktion und schlugen in einen Teil der Häuserblocks zwischen der Rue de Constantine und der Rue de l'Université erhebliche Breschen. Die Deutschen leisteten Widerstand. Der Angreifer gewann die Oberhand. Plötzlich züngelten Flammen aus dem Hauptgebäude hervor, gefolgt von dicken Rauchschwaden. Die Granaten hatten ganze Arbeit geleistet. Während die Militärs triumphierten, ängstigten sich die Diplomaten: Der Archivsaal und die Bibliothek waren in Gefahr. Beamte des Ministeriums alarmierten die Feuerwehr. Das Feuer durfte sich nicht ausbreiten, wenn nicht ein Teil unserer Geschichte darin untergehen sollte. Der Angriff ging mit doppelter Heftigkeit weiter. Ein Theatercoup setzte dem Kampf plötzlich ein Ende: eine Abteilung der F.F.I. (der Widerstandstruppen) sprang über die Mauer, die den Garten der Deputiertenkammer von dem des Außenministeriums trennt, und zwang die Deutschen zu kapitulieren. Ein General, zahlreiche Offiziere und Hunderte von Soldaten wurden gefangengenommen. Kaum erschienen unsere Soldaten auf dem Hof, als auch schon auf dem Dach des Gebäudes die Trikolore wehte, gegrüßt von Charles-Roux, dem Generalsekretär der tragischen Monate.

Zu glücklich, um ans Nachhausegehen zu denken, verbrachte ich die Nacht mit einigen Angestellten in der Pförtnerloge, die in eine Wache umgewandelt worden war. Je mehr die Dunkelheit niedersank, desto mehr ergriffen uns gewisse Befürchtungen. Hielten sich nicht hier oder dort noch Deutsche verborgen? Wir forderten militärische Verstärkung an, die in die Keller hinunterstieg. Niemand hielt sich dort versteckt. Doch ach – ein Dummkopf, der sich in Gefahr glaubte, schoß auf den Sohn unseres Elektrikers, einen jungen Burschen, der bei der Suche hatte dabeisein wollen. Man trug ihn nach oben und legte ihn vor seinem fassungslosen Vater auf ein Bett. Es war gottlob nicht ernst. Als der Morgen anbrach, lag Glück in der Luft.

Am 26., um neun Uhr morgens, trafen Gaston Palewski und Geffroy de Courcel, die von Anfang an zu den Treuesten der Treuen um General de Gaulle gehört hatten, im Ministerium ein, wo ich sie begrüßte, da ich mir naiverweise einbildete, ich hätte ein Recht dazu. Ich begleitete Courcel bei seiner Visite im Hôtel du ministre, das der General vielleicht als Residenz wählen würde. Wir tasteten die schweren Vorhänge ab; sie verbargen nichts Verdächtiges.

Hier herrschte ein ständiges Kommen und Gehen von Beamten aller Ränge, die sich wegen ihres Schicksals erkundigen wollten. Es war nicht leicht, ihnen Auskunft zu geben, da wir selbst noch nicht wußten, was aus uns werden würde. Wenig später, beim glorreichen Einzug über die Champs-Elysées, erblickte ich General de Gaulle zum ersten Mal. In der Nacht darauf zwang ein deutscher Luftangriff die Mehrzahl der Pariser Bevölkerung aus dem Bett. Die Aufräumungsarbeiten am Quai d'Orsay gingen nur langsam voran; es gelang nicht so schnell, eine qualifizierte Einheit zu finden, die eventuell vorhandene Zeitbomben entdecken und unschädlich machen konnte.

Am 29. August, als ich am frühen Abend das Ministerium verließ, stieß ich vor der Freitreppe auf René Massigli, Kommissar (der provisorischen Regierung) für das Auswärtige, der gerade von London kam und von meinen Kollegen Hervé Alphand und Armand Bérard begleitet wurde. Bewegt umarmten wir uns. Bei einem Frühstück unter vier Augen erklärte er mir, daß er mich nicht als Kabinettschef in seinem Ministerium haben wolle; Darlan warf noch immer seinen Schatten. Doch bekundete Massigli mir sichtliches Wohlwollen, und so lebte ich kurze Zeit unter seinen Fittichen bis zu dem sehr nahen Tag, da General de Gaulle seine Regierung mit bewährten Résistance-Mitgliedern aus dem Mutterland erweiterte und die Leitung des Äußeren Georges Bidault anvertraute. Unser Botschafter in England, Pierre Vienot, war soeben, viel zu früh, gestorben; René Massigli übernahm sein Amt. Die Anwesenheit eines so erfahrenen Diplomaten in London war, wie die *Times* vom 20. September vermerkte, »für den Wiederaufbau Europas von hervorragender Bedeutung.«

In einem Klima, das von Nervosität nicht frei war, begann sich das Außenministerium neu zu bilden. Einige Wochen lang verfaßte ich täglich Radiotexte, mit dem Auftrag, die Öffentlichkeit über die Tagesereignisse zu informieren, die Alliierten, Churchill, Roosevelt, und nicht minder Stalin, zu rühmen, die Teilnahme der französischen Armee an dem sich abzeichnenden Sieg zu schildern und die Schreckenstaten anzuprangern, die den Nazis zur Schande gereichten. Nach fünf Jahren der Demütigung fühlte ich mich wie auf Flügeln. Der neue Generalsekretär für das Äußere, Raymond Brugère, war nicht der Mann, sie zu stutzen. Von der ersten Stunde an im Widerstand, war er der Meinung, daß alle, die nicht wie er sofort den Dienst unter Marschall Pétain abgelehnt hatten, in einen Sack gehörten. »Eine üble Sache«, murmelte er, auf ein Telegramm anspielend, das er seinerzeit als Gesandter in Jugoslawien am 17. Juni 1940 aus Protest gegen die Unterzeichnung des Waffenstillstands aus Belgrad geschickt hatte, um die Vichy-Regierung wissen zu lassen, daß er auf seine Funktionen verzichtete. Verstimmt und anscheinend unerbittlich, fackelte er nicht lange und trat seinen Platz an Jean Chauvel ab, der sich an der Spitze unserer Untergrundmannschaft ausgezeichnet und darüber hinaus schon in Algier einige Wochen lang die Funktionen des Generalsekretärs ausgeübt hatte. Brugère wurde zum Botschafter in Belgien ernannt. Er bat mich, als Botschaftsrat mit ihm zu gehen. Ohne zu zögern nahm ich an. Rings um mich herrschte großes Erstaunen. Warum solche Eile? Es würden sich mir doch noch andere Möglichkeiten eröffnen. Ich blieb bei meinem Wort und sollte es nicht bereuen.

An einem düsteren Tag Ende Oktober machten wir uns, das Ehepaar Brugère, meine Frau und ich im selben Wagen, auf den Weg nach Brüssel. Er war mühselig und erschütternd. Ringsum alles in Schutt und Asche. Würden wir jemals ankommen? Fortgesetzt mußten wir die Route ändern; die Mehrzahl der Brücken war zerstört. Der Krieg hatte hier furchtbar gewütet, und noch war er nicht zu Ende. Immerhin konnte ich, da die gemeinsame Fahrt uns einander näher brachte, das Wesen meines neuen Chefs ein wenig kennenlernen. Der erzwungenermaßen überstürzte Abschied vom Quai d'Orsay schien ihm kaum etwas auszumachen. Die Hindernisse auf unserer Fahrt regten ihn nicht auf, sie amüsierten ihn eher. Seine Stimmung hob sich, wenn es Komplikationen gab; das wollte ich künftig im Auge behalten. Und war denn nicht auch der Posten, auf den man ihn versetzt hatte, einer der wichtigsten? Paul Claudel persönlich hatte ihn innegehabt, nachdem er während der delikaten Periode der französisch-amerikanischen Beziehungen, als das interessenschwere und emotionell belastete Problem der interalliierten Schulden erörtert wurde, Botschafter in Washington gewesen war. Kein ähnlicher Wechsel hatte in jener Epoche so überrascht. Raymond Brugère war um so mehr berechtigt, sich auf sein Amt zu freuen, als man sich auf beiden Seiten der Grenze beeilte, die alten Bande zu erneuern und sich zu bestätigen, daß die gemeinsamen Prüfungen die brüderliche Freundschaft, die beiden Ländern zur Ehre gereichte, noch gefestigt hatten. Munter bereitete er sich auf seine Weise auf seine Mission vor, bar jeder Neigung zu Kompromissen.

Das »Quartier Léopold«, die Brüsseler Gesellschaft, nahm Brugère, den früheren Botschaftsrat unter Claudel, gern in ihren Reihen wieder auf. Unter ihren Mitgliedern gab es indessen manche, die seine Haltung während der Besatzungszeit bedauerten. General de Gaulle betrachteten sie mit einigem Vorbehalt. Die

Aussicht auf einen Sieg, bei dem die Sowjetunion in großem Maßstab profitieren würde, beunruhigte sie. Bei gelegentlichen Äußerungen machten sie oft keinen Hehl aus den bitteren Gefühlen, die Roosevelts und Churchills Festhalten an einem Verbündeten in ihnen hervorrief, der nicht zögern würde, ganz Europa zu verschlingen. Aber nicht nur in Belgien betrachteten manche den weiteren Verlauf des Krieges unter diesem Gesichtspunkt.

Der Botschafter wurde bald von mehreren Freunden gewarnt: er solle sich im Zaum halten, wenn er nicht in einflußreichen Kreisen Ärger und Mißtrauen auslösen wolle. Brugère mußte sich empfindlich getroffen fühlen. Er war sehr angetan vom Prinzregenten Charles, dessen Führungsanspruch auf nationaler Ebene unbestritten war; seinen älteren Bruder, Leopold III, hielt man entschlossen vom Thron fern. Um zu demonstrieren, daß er von seiner Überzeugung keinen Fußbreit abrücken würde, veranstaltete Brugère, nicht ohne komische materielle Konsequenzen, eine Woche der Résistance, in deren Verlauf nacheinander General Koenig, Monseigneur Chevrot und Maurice Schumann die Starrolle übernahmen. Für Beredsamkeit sehr empfänglich, lauschte ich ergriffen der schwungvollen Rede, die General Koenig, dessen Stimme bereits die Franzosen elektrisiert hatte, vor einem begeisterten Auditorium hielt. Ich wußte damals noch nicht, wieviel Freundschaft er mir später entgegenbringen würde, und ebensowenig wußte ich, während ich ihm lebhaft Beifall klatschte, daß ich fast drei Jahre lang in Deutschland unter dem Befehl des Siegers von Bir Hakeim dienen sollte.

So nah, so wahrscheinlich der Sieg auch schien, befiel doch oft Zweifel die Seele. Man sehnte sich nach Gewißheit. War Hitler nicht zu allem fähig? Würde er nicht im letzten Augenblick noch eine infernalische Waffe erfinden? Die V 1 und V 2, die über Brüssel und noch dichter über Lüttich und Antwerpen niedergingen, erfüllten, riesigen, unheilkündenden Vögeln gleich, die Luft mit ihrem unheimlichen Geräusch. Im Dezember startete General Rundstedt seine Ardennenoffensive. Begann nun die Prüfung aufs neue? Man fühlte sich kaum noch imstande, sie zu ertragen. Brugère befand sich in Hochstimmung: wir gingen wieder einer heroischen Periode entgegen. Unserem Generalkonsul in Lüttich, Daniel-Lamazière, der telefonisch bei ihm anfragte, was er tun solle, wenn die Deutschen kämen, gab er zur Antwort, er solle sich lieber umbringen lassen, als sich vom Fleck zu rühren. Was mich betraf, so brauchte ich meinen Plan, die bevorstehenden Weihnachtsfeiertage in Paris bei meiner Familie zu verbringen, die mir noch nicht nach Brüssel gefolgt war, nicht zu ändern. Sich den Ereignissen zu stellen, war in Brüssel Sache des Botschafters; und das genügte. Als ich achtundvierzig Stunden später wieder auf meinen Posten zurückkehrte, steckte der Zugschaffner im Morgengrauen den Kopf zur Tür herein: »Sie weichen zurück«, sagte er. Diesmal war es der Anfang vom Ende.

Der 8. Mai 1945 brachte schließlich den Sieg! Raymond Brugère war zur Erholung im Süden. So war ich es, der die Franzosen zu einer Feier versammelte.

Im Oktober 1945 kam General de Gaulle nach Belgien; es war sein erster offizieller Auslandsbesuch. Er wurde von Außenminister Georges Bidault begleitet. Beide kannte ich nur vom Sehen, als sie im Augenblick des Triumphes die Champs-Élysées entlanggeschritten waren. Von dem legendären Mann trennte mich eine Distanz, die ich nicht zu überbrücken wagte. Ich lebte im Schatten meines Chefs, teilte sein Glück und war es zufrieden, dem Besucher vorgestellt zu werden. Die Ankunft des Generals hatte in einem Teil des Landes schon eine solche Begeisterung erregt, daß man es vermied, die Stadt Lüttich noch ins Programm einzubeziehen. Zu große Sympathiekundgebungen hätten die französisch-belgischen Beziehungen komplizieren können. Warum sollte man dieses Risiko laufen? In Paris hatte die Vernunft die Oberhand.

Mit dem glanzvollen Besuch de Gaulles' hatte die Botschaft ihre Apotheose erlebt. Für den Diplomaten ist das der Nachteil solcher geschichtlicher Augenblicke. Unausweichlich mußten wir uns nun wieder auf den Weg der Monotonie begeben. Eine Enttäuschung trug noch zu meiner Ernüchterung bei: Meine Freunde im Quai d'Orsay, voran Jacques Fouques-Duparc, baten mich, als Mitglied unserer Delegation mit zur Konferenz nach San Francisco zu gehen, die sich mit den Vorbereitungen zur Gründung der UNO befassen wollte. Ich schien ihnen dafür um so mehr qualifiziert, als ich einer der wenigen Adepten des Völkerbunds aus meiner Generation war. Raymond Brugère indes wollte nichts davon wissen. Ich hätte mich nicht in der Welt herumzutreiben, und sei es auch nur für begrenzte Zeit. War ich nicht ohnehin vom Glück begünstigt, nicht minder als er zu der Zeit, als er unter Paul Claudel seinen Dienst versah? Für mich war es eine bittere Enttäuschung, daß ich mir diese Gelegenheit entgehen lassen mußte. So konnte ich nicht am Entstehen einer Institution teilnehmen, die, mochte sie auch in der Folge oft versagen, doch ein Mittelpunkt internationaler Aktivitäten geworden ist.

Zu Ehren seines früheren Vorgesetzten veranstaltete der Botschafter zwei Theaterabende im festlich geschmückten Palais des Beaux Arts; auf dem Programm stand »Der seidene Schuh«. Die blendende Aufführung wurde bestritten von der Comédie Française, die selbst geblendet war von dem prächtigen Bild, das sich ihr schon so bald nach Beendigung der Feindseligkeiten bot: der Saal schimmerte von Brillanten, viel Eleganz, großer Applaus. Ich konnte den Autor Claudel in der benachbarten Loge beobachten und wunderte mich, welches Vergnügen ihm der Abend bereitete. Er zumindest versteht alles, sagte ich mir; ich kannte das Meisterwerk noch zu wenig, um es voll und ganz würdigen zu können. Denen, die ihn begrüßten, zeigte er eine etwas rauhe Liebenswürdigkeit; doch alles Abweisende verschwand, wenn der Schauspieler Jean-Louis Barrault erschien. Gegenseitiges Sichverstehen auf solchem Intelligenzniveau ist etwas, das mich beeindruckt. Ich fühlte mich klein neben diesen Männern von Geist.

Ehe ich abreiste, um meinen Posten in Berlin anzutreten, wurde ich zum Generalsekretär der französischen Delegation auf der in Paris stattfindenden Konferenz ernannt, wo über die Friedensverträge mit den ehemaligen »Satelliten« Deutschlands, Italien, Rumänien, Ungarn, Bulgarien und Finnland, verhandelt werden sollte. Mein Bedauern, Belgien verlassen zu müssen, konzentrierte sich beruflich auf den belgischen Außenminister Paul-Henri Spaak, dessen Persönlichkeit weit über die Grenzen seines Landes hinaus ausstrahlte. Entgegenkommend, als Redner ein

Könner, in der Darlegung seiner Thesen von einer Klarheit, die fast übertrieben war, von allen angehört, wenn er sich äußerte, war er darauf vorbereitet, auf der Bühne der Welt eine der Rollen zu übernehmen, die man den von den Großmächten Abhängigen nur widerstrebend anvertraut. Es sah so aus, als brauchte Spaak nur die günstige Entwicklung der Umstände abzuwarten, um seine Bestimmung erfüllen zu können. So hoch er auch in der Folge noch stieg, ist diese Entwicklung doch nicht eingetreten. Wie so viele konnte auch er dem Vergleich mit de Gaulle nicht standhalten.

Als Übergangsstadium zwischen Brüssel und Berlin ist mir die Konferenz, die sich vom 29. Juli bis zum 15. Oktober 1946 hinzog, in bester Erinnerung geblieben. Ich freute mich über alles: über Paris, die Auserwählte unter den Großstädten, die sich zu Recht schmeicheln durfte, keine zwei Jahre nach dem Ende der Besetzung wieder renommierte Ausländer in ihren Mauern zu sehen; über die Unterhandlungen, die sich mit großen Problemen befaßten und die, mochten sie noch so diffizil sein, einen günstigen Ausgang nahmen; über das Gewimmel von Diplomaten, zu denen auch unsere Botschafter in London, Washington und Moskau gehörten; über die jungen Kollegen, denen ich zum ersten Mal begegnete; über die mir anvertraute Aufgabe, die mir trotz ihrer Bescheidenheit den Umgang mit Menschen und wichtigen Papieren ermöglichte. Den ganzen Tag über im Palais du Luxembourg tätig, hätte ich meinen Platz nicht gegen ein Königreich eingetauscht. Der Alpdruck, den mir der Krieg verursacht hatte, meine Furcht vor einem definitiven Zusammenbruch Frankreichs, waren einer hoffnungsfrohen Stimmung gewichen; obwohl ich mich voller Angst fragen mußte, welche Konsequenzen das überstandene Desaster noch nach sich ziehen könnte. Auf jeden Fall würde die Präsenz der Sowjets unterstreichen, wie sehr sich Europa verändert hatte. Daran war Adolf Hitlers Besessenheit Schuld.

Bei uns lenkte Georges Bidault das Spiel, wobei ihm der Leiter der politischen Abteilung des Quai d'Orsay, Maurice Couve de Murville, sekundierte. Zwischen dem Minister und seinem Mitarbeiter herrschte vollständige Übereinstimmung. Ich konnte nicht umhin, die ruhige Selbstverständlichkeit, die physische wie intellektuelle Autorität des Mannes anzustaunen, der nicht nur mein Freund, sondern auch mein Chef war. Ein Leiter der politischen Abteilung von noch nicht vierzig Jahren, der darüber hinaus noch ein Outsider war, was die Laufbahn betraf! Der Krieg hatte wahrhaftig manche Umwälzung zur Folge gehabt. Zudem war Couve de Murville Inspekteur der Finanzen und, versteht sich, Gewinner des Auswahlwettbewerbs.

Alle Übertreibungen vermeidend, die gegen den guten Geschmack verstoßen hätten, empfingen wir unsere Gäste dennoch mit einiger Feierlichkeit. Ich erinnere mich noch jenes Abends in der Oper, als Bidault, seit kurzem Präsident der provisorischen Regierung, und seine Frau, kurz ehe der Vorhang sich hob, bei den Klängen der Nationalhymne ihren Einzug hielten. »Nun hat Suzy auch ihre Marseillaise bekommen«, brummelte einer meiner Nachbarn, nicht eben freundlich, während ich mich der Ehrung eines Paares erfreute, das es mir gegenüber an Liebenswürdigkeiten nicht fehlen ließ. Und ebenso erinnere ich mich des Diners bei General Catroux, an dem auch chinesische Diplomaten mit ihren Frauen teilnahmen, letztere in ihren traditionellen Gewändern. Als jemand deren Eleganz rühmte, bemerkte die Herrin des Hauses, sie fände sie sehr verführerisch. Was nicht hindere – fügte sie scherzhaft ihre Reize herabsetzend und die darauffolgenden Proteste übergehend hinzu –, daß sie sich keine Illusionen darüber mache, welche Wirkung sie selbst in intimen Stunden in einem solchen Gewand hervorrufen würde.

Mir eilte es, nach Berlin abzureisen. Ein anderer, nicht weniger interessanter Posten war mir angeboten worden. Aber von Deutschland war ich besessen. Würde ich es endlich wirklich kennenlernen? Oder würde es mir entweichen? Sympathie war leider nicht der Grund, weshalb ich Berlin vorzog. Mein Land hatte in den letzten Jahren so viel gelitten, daß ich mich großzügigen Gefühlen und dem Verständnis für den Nachbarn verschloß. Wenigstens vermeinte ich, daß ich das tat. Empfand ich nicht in Wirklichkeit in meinem tiefsten Grunde den Wunsch, mich von dieser Aversion zu befreien, den Faden wieder dort anzuspinnen, wo er zerrissen war?

Vor allen anderen Ländern übte gerade Deutschland durch seine spezielle Geistigkeit, seine unaufhörliche Aktivität, sein Übermaß an Gefühl, das es zu den schlimmsten Gewalttaten verleitet hatte, auf einen Franzosen meiner Generation eine besondere Anziehungskraft aus. Das große Volk, das so bedeutende Beiträge zur Philosophie, Wissenschaft, Kunst und Literatur der Welt leistete – das Unglück hat es gewollt, daß es sich in Scham über seine Niederlage und aus Verzweiflung über die Wirtschaftskatastrophe dem Abenteurer Adolf Hitler auslieferte. Welchen Preis mußte es jetzt für die Vergehen dieses Mannes und seiner Komplizen zahlen! Wie gern hätte man zwischen den Schuldigen, die sich maßlos und ungezügelt im Kielwasser einer die totale Macht beanspruchenden Bande von kollektiver Leidenschaft hinreißen ließen, und jenen anderen zu unterscheiden vermocht: jenen würdigeren, die sich von Anfang an gegen eine Ideologie auflehnten, die sie mit Schaudern erfüllte, sowie auch jenen, denen die Augen zu spät aufgingen und die sich nun vor dem Morgen entsetzten, zu dem sich Deutschland verurteilt hatte! Doch wie sollte man diese Unterscheidung treffen? Die ganze Nation mußte nun die Strafe auf sich nehmen. Deutschland, verstümmelt, geteilt, von fremden Mächten besetzt, es mußte noch fortleben, auf daß ich es kennenlernte.

In der riesigen, finsteren Stadt, in der ich im Herbst 1946 mit meiner Frau eintraf, gab es nichts anderes als Schutt und riesige Steinhaufen. Das Haus, in dem ich geboren wurde, war wegrasiert, dem Erdboden gleich war auch das Haus, in dem ich vor zehn Jahren gewohnt hatte. Man wandelte zwischen Schrekkensbildern. Von der Französischen Botschaft stand nur noch eine durchlöcherte Fassade, die man bald abreißen würde. Monumente, Straßen, Menschen – alles zeugte von Hitlers Wahnwitz. Dem von ihm hervorgerufenen ungesunden und infernalischen Leben war Elend und Tod gefolgt. Niemals hatte ich mir vorgestellt, daß die Vernichtung so verheerend, die Strafe so hart sein würde. Das enorme Ausmaß der Katastrophe war deutlich zu sehen.

Als ein verlorenes Inselchen in der kommunistischen Welt, war Berlin materiell vernichtet, geistig ohne Leben. Ohne Bindungen zu dem Land, dessen Hauptstadt es in neuerer Zeit gewesen war, wirkte es kaum noch wie eine deutsche Stadt. Dennoch, Ehre, wem Ehre gebühret. Die Deklarationen vom 5. Juni 1945 hatten Berlin innerhalb eines in vier Zonen geteilten Deutschlands einen speziellen Status zuerkannt. Es hatte eine eigene Viermächte-Besatzung und -Verwaltung bekommen. An der Spitze des Apparats wurden die vier zuständigen Mächte, die UdSSR, die Vereinigten Staaten, England und Frankreich durch je einen General vertreten, der seinerseits wieder einem Oberbefehlshaber unterstellt war, der die höchste Befehlsgewalt in der gewaltigen Besatzungszone in Deutschland und in Berlin innehatte. Französischer Oberbefehlshaber in Deutschland war General Koenig, Oberkommandierender in Berlin General Ganeval. Dieser hat sich bei den Berlinern durch die Sicherheit seines Urteils und die Gewandtheit seiner Reaktion in entscheidenden Situationen einen guten Namen gemacht. Mit den Diplomaten Ghislain Clauzel, später Jean de Noblet an seiner Seite, unterhielt er enge Verbindung zu den städtischen Behörden, mit denen er tägliche Besprechungen abhielt, um für das schiere Überleben der Bevölkerung Sorge zu tragen. Jede der vier Mächte hatte in Berlin ihren eigenen geographischen Sektor, dessen Lage und Größe von politischer Bedeutung war. Die Franzosen waren hierbei am schlechtesten bedacht; ihnen war ein Teil von Groß-Berlin zugewiesen worden, den ich noch nicht kannte. In Frohnau, das früher ein bevorzugter Wohnort pensionierter Beamter war, sollten wir nun beinahe drei Jahre lang in einem reizenden ländlichen Haus wohnen. Die schönen Viertel hatten Amerikaner und Engländer zwischen sich aufgeteilt. Den Sowjets gehörte die Hälfte der Stadt, inbegriffen das offizielle Berlin der Vergangenheit.

Was machte es schon aus. Es hätte auch sein können, daß wir nicht zu den Vieren gehörten. Dem Ansehen, der Zähigkeit und der Aktivität von General de Gaulle, der Teilnahme unserer

Armeen an den entscheidenden Kämpfen war es zu verdanken, daß wir nicht abseits standen. Es wäre für Frankreich wie für Deutschland wie auch für Europa und die Welt schlimm gewesen, hätten die Dinge sich anders entwickelt.

Es hatte nicht viel gefehlt und wir hätten tatsächlich beiseite gestanden. Vor der Befreiung hatte man nicht an uns gedacht. Russen, Amerikaner und Engländer teilten Deutschland – und auch Berlin – unter sich in drei Teile auf. Zur Konferenz von Jalta im Februar 1945 hatte man uns noch nicht hinzu gebeten. Doch in Jalta war es Winston Churchill gelungen – nachdem er Roosevelt nicht ohne Mühe dafür gewonnen hatte – Stalin dazu zu bewegen, daß prinzipiell auch Frankreich eine Besatzungszone zugebilligt wurde. Von der Britischen Zone und in noch bescheidenerem Umfang von der Amerikanischen Zone abgeteilt, umfaßte sie nunmehr die Saar, die Pfalz, einen wichtigen Abschnitt des Mittelrheins und einen Teil von Baden und Württemberg. Auch in Berlin, wo wir nun ebenfalls unseren Sektor hatten, zeigten die Engländer sich uns gegenüber bei weitem am großzügigsten.

Im Zentrum des Apparats, im Kreise der Oberkommandierenden der vier Zonen, würde unsere Stimme sich nun Gehör verschaffen können. Ein Franzose hatte dies zustande gebracht; er hatte uns alle gerettet. Wie die Zukunft zeigte, entwickelten sich zwischen den Deutschen und uns allmählich Strömungen, die die gegenseitigen Gefühle wieder erwärmten und deren Entstehen nicht denkbar gewesen wäre, wenn wir uns nicht an Ort und Stelle Freundschaft und Respekt erworben hätten. Wären wir ausgeschlossen gewesen, wäre uns nichts andres übrig geblieben, als in Bitterkeit unseren eigenen Garten zu bestellen. Winston Churchill hatte begriffen, daß man Frankreich nicht auf unbestimmte Zeit aus dem Spiel lassen konnte. Aber es war notwendig, daß bei uns derjenige die Fahne zu präsentieren bereit war, der sie von Anfang an hochgehalten hatte.

In der in Sektoren der Alliierten geteilten Stadt kamen die Vier ununterbrochen zu Aussprachen zusammen. Recht weite Entfernungen trennten uns von den Engländern, Amerikanern und Russen; so waren wir beständig unterwegs. Hier in Berlin wurde das deutsche Problem in seiner Gesamtheit erörtert, hier wurde über Deutschland beraten, so heterogen es damals noch war. Auf höchster Ebene war damit der Kontrollrat befaßt – ein vielsagender Name –, dessen Sitzungen von einem Koordinationskomitee unter Mitwirkung zahlreicher »Direktoren« aus Politik, Wirtschaft, Finanz und Sozialwesen vorbereitet wurden.

Berlin stand unter Militärregime, überall sah man Soldaten und Polizei. Im französischen Sektor gab es die »Caserne Jeanne d'Arc« und das »Quartier Napoléon«. General Koenig hielt sich für gewöhnlich in Baden-Baden, der Hauptstadt der französischen Zone auf, umgeben von einem beträchtlichen, aus Militärs und Zivilisten bestehenden Stab. Er kam nur zu den Sitzungen des Kontrollrats nach Berlin. Da ich mich selten in die Zone begab, konnte ihm meine Person nicht beschwerlich werden, der er jedoch, wie mir schien, nicht ungern an den Ufern der Spree begegnete. Seine eindrucksvolle Erscheinung, das warme Timbre seiner Stimme, sein gewinnendes Lächeln hatten etwas Verführerisches. In bezug auf seine Verdienste bescheiden, schien er von der Sorge verfolgt, seine schwierige Aufgabe gut zu machen, zu beweisen, daß man Recht getan hatte, sie ihm anzuvertrauen. Er war bestrebt, die Deutschen verstehen zu lernen, denen er durchaus nicht übel gesonnen war; dabei vermochte er sich freilich des stets wiederkehrenden Mißtrauens nicht zu erwehren, der Gegner von gestern könnte in plötzlichem Aufbegehren seinem passiven Gehorsam valet sagen. Von Haus aus Soldat, wollte er sich nun als Diplomat und in der Verwaltung bewähren. Mit vollendeter Höflichkeit verstand er, Menschen persönlich anzusprechen und ihre Sympathie zu gewinnen. So kam es – sein Name lieh sich dafür her –, daß man ihm den Spitznamen *le roi* gab, und die, denen solche Scherze auf der Zunge lagen, waren die ersten, ihm zu huldigen. Gutmütig und schlicht von Natur, wachte er doch eifrig über seinen Privilegien. Wollte man sie ihm streitig machen, konnte er sehr böse werden. Wo immer er erschien, erregte er Aufmerksamkeit und machte er Frankreich Ehre.

General Koenig war nicht auf Rosen gebettet. Fraglos verfügte er in Baden-Baden wie in Berlin über einen erfahrenen

Mitarbeiterstab, dem selbstverständlich auch Finanzfachleute angehörten. Wichtig war jedoch, daß er sich selbst zu den mannigfaltigen und oft undankbaren Themen äußerte, über die diese Könner referierten, die als reine Fachwissenschaftler zuweilen zu Luftgespinsten neigten; sein Wort aber mußte Hand und Fuß und Gewicht haben. Sehr bald erkannte man, aus welchem Holz er geschnitzt war, vor allem am Tisch des Kontrollrats. Seite an Seite oder gegenüber von Partnern, die unvergleichlich viel bessere Trümpfe in der Hand hielten als er, hatte er kein leichtes Spiel. So machtvoll der von General de Gaulle ausgehende Impuls auch spürbar sein mochte, lag Frankreich doch noch zu sehr darnieder, um sich durchsetzen zu können. Der Form nach wurde die Gleichheit der Vier freilich peinlich genau eingehalten. Niemand unter uns hätte zugegeben, daß es in Wirklichkeit anders sein könnte.

Marschall Sokolowski stützte sich auf einen teuer erkauften Sieg, ein Umstand, an den zu erinnern er nicht unterließ. Indem er sich die Unkenntnis zunutze machte, die bei den anderen über die Vorgänge in dem riesigen russischen Reich herrschte, und in dem Gefühl zu Hause zu sein, das ihm die unmittelbare Nähe des unter kommunistische Herrschaft gelangten Teiles von Deutschland verlieh, verhielt er sich bald negativ, bald aggressiv oder hermetisch verschlossen.

General Robertson, ein typischer Brite, hätte im Foreign Office eine ausgezeichnete Figur gemacht. Seine präzisen, kategorischen, im Ton jedoch maßvollen Erklärungen waren im Grunde stets unwiderleglich. Daher war man keineswegs erstaunt, als die Londoner Regierung ihn später zu ihrem ersten Hochkommissar in Bonn machte. In der Zeit, in der er sich auf diesen Wechsel vorbereitete, nahm er mich einmal in seinem Flugzeug von Berlin nach Frankfurt mit. Unterwegs wurden wir von einem Unwetter erwischt. Während die Maschine von heftigen Stößen geschüttelt wurde und ich mit Übelkeit zu kämpfen hatte, breitete mein Reisegefährte in aller Ruhe auf seinen Knien die Musterkarte mit den Stoffen für seine künftige Zivilkleidung aus und erbat ohne jede Ironie, denn dazu war er zu taktvoll, meinen Rat, den ich ihm, übrigens wieder bei Kräften, gern erteilte.

Was General Lucius Clay anbetraf, so beherrschte er den Vordergrund der Szene. Er war die personifizierte amerikanische Allmacht. Seine Unversöhnlichkeit hätte ihren Adressaten, Marschall Sokolowski, zu Eis werden lassen, wenn dieser nicht bereits ein Eisblock gewesen wäre. Im Augenblick konnte Clay aber wie umgewandelt sein: die Gereiztheit ging unvermittelt in liebenswürdigste Milde über. Die Farbe seiner Augen schien sich seinen jeweiligen Gefühlen anzupassen; bald dunkel, bald hell, spiegelten sie das Auf und Ab seiner Leidenschaft wider. Er brauchte nicht lange zu warten, und die Entwicklung der Ereignisse hob ihn in Berlin auf den Gipfel der Berühmtheit. Ich konnte mich nicht darüber beklagen, daß er mir jemals unfreundlich entgegengekommen wäre, eher im Gegenteil. Obwohl er ein glühender Patriot war, konnte er ein aufmerksamer und verständnisvoller Gesprächspartner sein. Ich meine, daß er Frankreich an sich nicht ablehnend gegenüberstand; doch war ihm die französische Politik bisweilen lästig: Er wollte nicht zugeben, daß die Vereinigten Staaten auf dem von ihnen eingeschlagenen Weg auf ein Hindernis stoßen könnten, das von einem ihrer Verbündeten ausging.

Ich war natürlich nicht der Hauptvollstrecker unserer Politik. General Koenigs ständiger Stellvertreter in Berlin war General Noiret, mit dem mich sogleich eine vertrauensvolle Freundschaft verband. Als echter Soldat verbreitete Noiret ein wohltuendes Klima um sich. Mit der notwendigen Achtung, die ich ihm schuldete, arbeitete ich mit ihm Hand in Hand. Auf rein diplomatischer Ebene hatte ich ebenfalls einen Vorgesetzten, Jacques de Saint-Hardouin, der General Koenig als sein persönlicher Ratgeber kaum von der Seite wich. Wenn sie einer mit dem anderen mit dem bei der Ankunft hochgestellter Persönlichkeiten üblichen Getöse zu uns in die ehemalige Reichshauptstadt kamen, überließen General Noiret und ich es ihnen, die Weisungen zu erteilen. Saint-Hardouin war ein lebhafter Mensch, der das Leben kennerisch zu genießen verstand und den ein Rabelais durchaus nicht verachtet hätte. Leider ist er zu früh gestorben. Der schwere Schritt, der ihm den Spitznamen »der Trapper« eingetragen hatte, das schallende Gelächter, das beständige gewaltige Husten, seine prächtige Herzlichkeit trugen dazu bei, ihm eine Popularität zu verschaffen, die er keineswegs verachtete. Aber es hieß, ihn schlecht zu kennen, wollte man seine Talente unterschätzen: Am Tisch des Kontrollrats pflegte er mit halbgeschlossenen Augen, die Zigarette im Mundwinkel, scheinbar nachlässig Telegramme abzufassen, so daß ich mich fragte, was wohl dabei herauskommen könne. Das Produkt war stets ausgezeichnet. Saint-Hardouin besaß eine Gabe, die selbst bei Diplomaten nicht häufig ist: er hatte eine feine Spürnase. Seine Laufbahn gelangte nicht bis zum erfolgreichen Ende, wie man es zur Zeit meiner Zusammenarbeit mit ihm erwarten konnte. Das hat mich sehr bekümmert.

Da man im Quai d'Orsay den Wunsch hatte, junge Beamte von Format mit Deutschland und auch mit Russen, Amerikanern und Engländern in Kontakt zu bringen, hatte man mich mit der Auswahl meiner Mitarbeiter verwöhnt. Meine Equipe zeichnete sich durch Intelligenz und Dynamik aus. Jean Laloy, Jacques de Beaumarchais, François de Laboulaye behaupteten bereits durchaus ihre Persönlichkeit, und so stimmten wir nicht immer überein, weder hinsichtlich unserer Haltung der Polizei gegenüber, noch – was ernster war – hinsichtlich der, die es den deutschen Problemen gegenüber einzunehmen galt. Die daraus resultierende Diskussion verstärkte nur unsere Zuneigung, ohne der Einhaltung der Rangordnung abträglich zu sein. Die Erinnerung an diese Gemeinschaft ist mir eine der teuersten.

Meine Mittlerrolle zwischen den Großen und den Jungen förderte meine Aktivität, und so zögerte man nicht, mir die verschiedensten Aufgaben zu übertragen. Die Verhandlungen zwischen den Alliierten liefen ohne Unterbrechung. Es gab kaum einen Tag, an dem ich nicht mit den Engländern und den Amerikanern zu tun gehabt hätte. Mir ging es in den Viererkomitees vor allem darum, den Russen auf den Zahn zu fühlen. Aus Paris, das sonst damit nicht immer so verschwenderisch ist, erhielten wir ständig neue Instruktionen; man war sehr auf der Hut. Was sollte aus Deutschland werden? Für Frankreich war die Antwort noch wichtiger als für seine drei Partner. Von ihr hing die Zukunft der Nation ab.

Unsere Hauptsorge galt der Sicherheit. Eine Invasion – innerhalb von siebzig Jahren war sie dreimal erfolgt – mußte für immer unmöglich gemacht werden. 1919 hatte man uns betrogen, düpiert, weil man törichterweise unser Übergewicht fürchtete. Eine Wiederholung dieses Irrtums konnte uns zum Verhängnis werden. Wir wollten keinen deutschen Einheitsstaat, der sich an einer schlimmen Vergangenheit orientieren konnte. Daher widersetzten wir uns der Schaffung von »Zentralverwaltungen«, wie man sie schamhaft nannte, die eine Vorstufe dazu gewesen wären. Wir forderten Autonomie für die Gebiete links des Rheins und ein internationales Regime für das Ruhrgebiet. In bezug auf die Saar kamen wir den anderen zuvor, indem wir sie 1946 von der französischen Besatzungszone abtrennten. Die Sowjets hätten uns in unseren Forderungen unterstützen können. Was hatten sie selbst nicht alles getan? Am Tag nach dem Sieg hatte Stalin erklärt, er habe nicht die Absicht, Deutschland zu zerstückeln oder zu vernichten. Nichtsdestoweniger hatte er vierzehn Tage zuvor Polen die Verwaltung der Gebiete östlich der Oder-Neiße-Linie übertragen, Ostpreußen mit Königsberg ausgenommen, das sich die UdSSR selbst aneignete. Dennoch, von Moskau hatten wir nichts zu erhoffen. Die Amerikaner und die Engländer verhehlten ihre Gereiztheit angesichts unserer Absichten, Pläne, Wiedergutmachungsforderungen nicht, oder sie stimmten uns nur teilweise, halbherzig zu, und das war nicht besser. Unsere Nöte interessierten sie nicht, noch weniger unsere Besorgnisse.

Das Elend, das in Berlin herrschte, gereichte unseren Plänen zum Nachteil. Sicherheit für Frankreich – aber bedenkt doch, wie es in Deutschland aussieht! »Hier regieren in Wirklichkeit Hunger und Kälte, Krankheit und Tod«, erklärte im Januar 1947 der erste Nachkriegsbürgermeister Berlins, Ostrowski. Tatsächlich hatte die Situation noch nie so katastrophal ausgesehen wie in diesem zweiten Winter seit der Besetzung. Die Vorräte und die physische Widerstandskraft der Einwohner, die sich inmitten der sowjetischen Zone isoliert sahen, waren erschöpft. Es fehlte an Kohle, zahlreiche Werke stellten die Arbeit ein. Die Schulen schlossen. Gas und Elektrizität wurden knapp. Die Sterblichkeit nahm zu. »Das öffentliche Leben spielt sich vor dem Hintergrund von Korruption, Demoralisierung und tiefer Resignation ab«, schrieb ein Beobachter der Szene. »Die Entwicklung des Deutschland von morgen, des zukünftigen Berlin geht im Rahmen einer kaum vorstellbaren moralischen Zerrüttung vor sich. Die Jugend hat resigniert. Die Studenten nutzen das Angebot an politischen Aufgaben nicht, sondern verschanzen sich hinter Verachtung. Abgesehen von den – übrigens recht zahlreichen – Berlinern, die aus dem Umgang mit der Besatzung Nutzen ziehen, plagt sich die Masse der Bevölkerung mit der Sorge um Essen, Kleidung und Heizmaterial oder um eine Wohnung. Die Gehälter sind im Durchschnitt außerordentlich niedrig. Es fehlt an den einfachsten Dingen, an Seife, Nähgarn und Leder. Stärker als dieses wahrscheinlich vorübergehende Elend wirkt sich die soziale Umschichtung aus: Berlin ist eine proletarische Stadt geworden. Von spezialisierten Facharbeitern, Ingenieuren und einigen Industriellen abgesehen, übt die riesige Mehrzahl der Angestellten, Beamten und Intellektuellen die verschiedensten Fremdberufe aus. Ein großer Teil der Bevölkerung gräbt in den Ruinen herum, deren Abtragung jeder Anstrengung zu trotzen scheint. Sie führen ein hoffnungsloses Dasein.«

Sehr bald begrüßte ich zum ersten Mal einige führende Politiker bei mir zum Essen – ohne den von manchen für unerläßlich gehaltenen Sekt –, unter ihnen den Christ-Demokraten Jakob Kaiser und die Sozialdemokraten Suhr und Neumann. Damit war das Eis gebrochen. In der Folge sah ich sie neben anderen regelmäßig bei mir. Sie zeigten den Repräsentanten Frankreichs in Berlin ein Vertrauen, das ich erwiderte und aus dem sich oft eine herzliche gegenseitige Freundschaft entwickelte. Sie haben mir bei der Überwindung meiner ablehnenden Gefühle sehr geholfen. Anstatt uns über Vergangenes auseinanderzusetzen, machten wir uns gemeinsam Gedanken darüber, welche Mittel zum Aufbau einer Demokratie geeignet wären und wie man die Jugend aus ihrer Apathie reißen könnte, damit sie nicht weiterhin einem Chaos, das sie zu verschlingen drohte, vor Ordnung und Vernunft den Vorzug gab.

Deutschland und Berlin lagen in der Hand der vier Oberbefehlshaber. Die französischen Positionen wurden von Koenig, Noiret und Saint-Hardouin mit höflicher Entschiedenheit verteidigt: es war ein Kampf mit ungleichen Mitteln in Fragen, die wir nur mit äußerster Skepsis zu betrachten vermochten und die neben einem Problem von universaler Tragweite verblaßten. Würden sich Rußland und die Westmächte in der Deutschlandfrage verständigen oder nicht? Wenn nicht, würde die Welt in zwei Teile brechen. Zwei Ideologien, zwei Blöcke würden einander gegenüberstehen. Wie weit waren wir von der Einigkeit entfernt, die uns den Sieg gebracht hatte!

Obwohl ich im voraus wußte, was ich davon zu halten hatte, war ich doch überrascht über die Schärfe und Ergebnislosigkeit der Diskussionen. Wenn wir den Saal betraten, in dem die Sitzungen des Kontrollrats stattfanden, wußten wir nicht, ob eine Verständigung in irgendeinem Punkt überhaupt denkbar war. Die Vier tauschten bittere Reden aus oder flüchteten sich in bleiernes Schweigen. Marschall Sokolowski verlor kein Wort über das, was im Verborgenen in seiner Zone vor sich ging, während er sich andererseits lebhaft für anderer Leute Sache interessierte. General Clays Augen schleuderten Blitze. Ihnen folgte kein Donner, doch seine trockenen, bissigen Bemerkungen waren nicht weniger ausdrucksvoll. Indessen war sich jeder bewußt, was auf dem Spiel stand. Wer hätte die Verantwortung für einen irreparablen Zusammenstoß übernehmen wollen?

Eifersüchtig über ihre Zone wachend, erlaubten die Sowjets ihren Partnern nicht, auch nur einen Blick hinter ihre Zonengrenzen zu werfen. Dagegen hätten sie nichts dabei gefunden, in der amerikanischen, englischen und französischen Zone ein Wort mitzureden, entschädigungslos dort einen Teil ihrer Reparationen zu entnehmen und an der Verwaltung und Kontrolle des Ruhrgebiets teilzunehmen. Damit wäre der Weg frei gewesen für ihre Ambitionen. Einer Einigung Deutschlands standen sie alles andere als ablehnend gegenüber, doch wünschten sie, daß sie unter ihrer Ägide zustande käme. Ganz Deutschland wäre dann nichts anderes als eine Erweiterung ihres Imperiums gewesen. Mit Kriegsbeute reich versehen, hätten sie zufrieden sein müssen; aber sie waren es nicht.

Am 2. Dezember 1946 unterzeichneten der amerikanische Außenminister Byrnes und der britische Außenminister Bevin in New York ein Abkommen über die Verschmelzung der amerikanischen und der britischen Zone. Was bedeutete das? Wollten die beiden angelsächsischen Mächte mit dieser Geste die Wiedervereinigung Deutschlands vorbereiten, wollten sie Frankreich und, versteht sich, auch Rußland auffordern, es ihnen gleichzutun? Das hätte bedeutet, die Zonenregimes aufzuheben und wieder ein geeintes Deutschland entstehen zu lassen. Diese Erklärung war wenig plausibel, denn Moskau dachte nicht einen Augenblick daran, einer solchen Auslegung sein Plazet zu geben. In Wirklichkeit glaubten wohl unsere Verbündeten in Washington und London nicht, daß die Russen ihre Zone aufgeben würden; vielmehr waren sie überzeugt, daß sie sie, in welcher Form auch immer, unter ihrer Fuchtel behalten wollten. Da eine Vereinigung also nicht zu realisieren war, wollten sie wenigstens Westdeutschlands Zukunft sichern; wieder erstarkt, sollte es ein Bollwerk gegen den Einfluß und die Ambitionen des Kreml werden. Dieser konnte mit der sich abzeichnenden Entwicklung alles andere als zufrieden sein. Ihm wurde damit im Westen ein Riegel vorgeschoben; das war für ihn ein harter Schlag.

Einen Fehlschlag hatte die Sowjetunion sogar in Berlin erleiden müssen. Trotz der Trümpfe, die sie dort in der Hand hielt, gelang es ihr nicht, sich durchzusetzen. Wider Erwarten war es ihren Emissären, die von Anfang an sich in das wieder erwachende öffentliche Leben einzuschalten suchten, nicht gelungen, sich Unglück und Passivität zunutze zu machen. Das Glück war ihnen nicht hold; das erwiesen die Wahlen im Oktober 1946. Obwohl die kommunistische SED die volle Unterstützung von Moskau genoß, mußte sie eine Niederlage durch die Sozialdemokraten hinnehmen. Die SPD ging noch weiter und erzwang im April 1947 den Rücktritt des Regierenden Bürgermeisters Ostrowski, den man der zu großen Willfährigkeit gegenüber dem Gegner, das hieß der sowjetischen Verwaltung, bezichtigte – ein Affront, den der Kreml nie verzieh. Beide Seiten, die slawische wie die germanische, nährten einen aus Schlachten und Kämpfen geborenen Haß aufeinander. Quer durch die alte Reichshauptstadt zog sich ein Riß, der sich allmählich immer mehr vertiefte. Von gleichem Ursprung, auf gleichem Boden, von gleichem Gestein waren Ost- und Westberlin dennoch zwei völlig verschiedene Städte!

In dem Bemühen, trotz alledem die sich mehr und mehr verschärfenden Gegensätze zu überwinden, die zu einer definitiven Teilung Deutschlands, Europas, der Welt zu führen drohten, trafen die vier Außenminister am 10. März 1947 in Moskau zusammen. Die Beziehungen waren zu gespannt, als daß man mit einem Erfolg hätte rechnen können. Zwischen der UdSSR und den Westmächten hatte sich ein Graben aufgetan, der zu tief war, als daß man ihn hätte zuschütten können.

Zum Generalsekretär unserer Delegation ernannt, bestieg ich in Berlin den Sonderzug, der mich zusammen mit Georges Bidault und seinem Gefolge nach Rußland bringen sollte. Als ich beim Betreten des Bahnsteigs die zahlreichen, mit den drolligsten Pelzmützen bedeckten Köpfe an den Zugfenstern auftauchen sah, fragte ich mich, wer überhaupt noch im Außenministerium geblieben war. Der Minister hatte es nicht nur für gut befunden, sich mit allen notwendigen Fachleuten zu umgeben. Er war wohl der Meinung, daß nach all den dramatischen Jahren, die die UdSSR mehr denn je zu einem Pol der internationalen Politik gemacht hatten, eine Moskauer Erfahrung der Ertüchtigung der französischen Diplomatie nur dienlich sein konnte. Mochten die Sitzungen auch noch so eintönig grau und die Ergebnisse auch noch so geringfügig sein, er hatte nicht unrecht. Wir wurden in eine neue Welt versetzt, in das Herz eines grenzenlosen Landes, das, anziehend und geheimnisvoll, durch die Persönlichkeit Stalins eine furchterregende Maske erhalten hatte. Die Armut, die Kälte, die Stille erschütterte mich. Behaglich im Hotel Moskwa untergebracht, in luxuriösen Zis-Wagen hin und her fahrend, konnten Engländer, Amerikaner und Franzosen sich nicht rühmen, sich unters Volk gemischt zu haben, das sie nur gerade bei der Ankunft und der Abreise zu sehen bekamen. Fremde im wahrsten Sinn des Wortes, durften sie sich lediglich dem Spiel, zu dem man sie geladen hatte, widmen. Ein wenig zu Hause fühlten sich nur unsere Dolmetscher, ehemalige Weißrussen, die im Morgengrauen die Friedhöfe abliefen, um nach den Gräbern ihrer Lieben zu suchen. Was lag schon daran? Man war in Moskau, wo man sich mit Geschichte vollpackte und sich informierte, mochte man noch so wenig zu sehen bekommen und noch so wenig verstehen.

In Moskau wurden wir von General Catroux vertreten, in Stil und Kleidung ein Grandseigneur, der mit seiner ebenso mutigen wie reizenden Frau an der Seite in der Botschaft die Honneurs machte. In seiner Wohnung konnte er Georges und Susy Bidault begrüßen, die zwar die liebenswürdige Förmlichkeit und die verfeinerte Konversation des Botschafters sehr zu schätzen wußten, sich dann aber gern von protokollarischen Formen befreiten und den Abend in entspannter Atmosphäre bei dem Botschaftsrat Pierre Charpentier beendeten. Die Moskauer Konferenz, die sich über die vorgesehene Zeit hinauszog, war wie gewöhnlich enervierend, was jeder mehr oder weniger zu spüren bekam. Die Tage begannen früh und endeten spät. Es war bis zum späten Vormittag unmöglich, die Russen telefonisch zu erreichen, während sie nichts dabei fanden, die Arbeit nach Mitternacht noch fortzusetzen. Man konnte übrigens nicht umhin, das Organisationstalent unserer Gastgeber zu bewundern.

Von Anfang an war es offensichtlich, daß der Ministerrat weder in bezug auf das deutsche noch das österreichische Problem irgendwelche Fortschritte erzielen würde. Es ging um die Frage einer wirtschaftlichen Vereinigung Deutschlands, um die Art seiner provisorischen Regierung, um die von den Sowjets formulierten Reparationsforderungen. Im Grunde wurden damit in Moskau nur die Debatten des Berliner Kontrollrats wiederaufgenommen, die hier durch die vier Außenminister Gewicht erhielten. Sie waren nicht die Männer, sich mit billigen Kompromissen zufrieden zu geben. Zumindest hätte die Liquidierung Preußens, zu der man unverzüglich schritt, ein historisches Ereignis sein können. Es war keine geringe Sache, einen Staat dieses Kalibers mit einem Federstrich auszulöschen. Aber der Ministerrat konnte diese Angelegenheit nur noch bestätigen; alles war schon zuvor geregelt worden.

Molotow, unbewegt und einsilbig, hatte uns nichts Neues mitzuteilen – was den täglichen telegrafischen Sitzungsbericht sehr vereinfachte –, es sei denn, Frankreich könne bei der Vertretung seiner Sicherheitsforderungen keineswegs mit einer Unterstützung seitens der UdSSR rechnen. Zu unseren Vorschlägen hinsichtlich der Saar legte er eine abweisende Haltung an den Tag. Diese Reaktion sollte Bidault nicht vergessen. Sie vermehrte nur seinen Groll auf Moskau und bestimmte ihn, sich klarer auf die Seite der Amerikaner und Engländer zu stellen. Die Unterredung, die er am 17. März mit Stalin führte, ließ keinen Zweifel über die tiefe Divergenz der französischen und sowjetischen Ansichten von der Form des künftigen Deutschland. Zwischen dem Einheitsstaat, wie ihn der Generalissimus anpries, und der allein schon als Möglichkeit Mißtrauen erweckte, und dem von uns bevorzugten föderalistischen Staat bestand eine Kluft. Moskau erschien uns niemals so fern wie in der Zeit, als wir uns dort aufhielten.

Endlich mußte man sich zur Abreise entschließen und fragte sich, warum sie nicht schon früher stattgefunden hatte. Nach sechs Wochen trat man noch auf der gleichen Stelle wie am ersten Tag. Doch weder General Marshall, noch Bevin, noch Bidault fühlten sich berechtigt, die Zusammenkunft zu beenden, ehe sich die Diskussion nicht erschöpft hatte und man nicht sicher war, daß keine Aussicht mehr bestand, Molotow seiner Unbeweglichkeit zu entreißen. Zumindest rund um den Tisch verlängerte die Anwesenheit der Minister und ihrer Stäbe noch physisch den Anschein des Einvernehmens. Sein Geist jedoch schien endgültig begraben. Worauf sollte er morgen beruhen?

Der Generalissimus konnte die Konferenz nicht ohne eine Geste zu Ende gehen lassen. Am Vorabend des Schlußtages gab er im Kreml ein Diner, zu dem zehn Mitglieder jeder Delegation gebeten wurden. Wer würde dazu ausgewählt werden? Ein brennendes Thema. Natürlich stellte sich diese Frage nur in bezug auf die Letzten der Liste. Um sie aufzustellen, zogen die Minister sich mit ihren Hauptmitarbeitern zurück. Couve de Murville brach, als er die Sitzung verließ, das Schweigen und tuschelte mir ins Ohr: »Du bist der Zehnte«. Meine Befriedigung wurde indessen durch eine peinliche Sache beeinträchtigt. Der Smoking war unerläßlich und ich hatte meinen nicht bei mir. Einer Verärgerung nachgebend, weil man meine Instruktionen in einer Angelegenheit, die in meinen Zuständigkeitsbereich fiel, nicht befolgte, war ich einige Tage zuvor mit Genehmigung meiner Chefs nach Berlin abgereist mit der Absicht, nicht mehr zurückzukehren. Gnädigst rief man mich jedoch sofort wieder nach Moskau. Diesmal hatte ich mein Gepäck auf ein Minimum begrenzt. Pierre de Leusse, einer meiner besten Freunde, der ebenso der Zehnte hätte sein können, half mir aus der Verlegenheit, indem er mir seinen Smoking lieh. »Auf diese Weise«, sagte ich wenig heiter, »wird wenigstens etwas von dir dabei sein.«

Militärisch aufgereiht, begannen die Eingeladenen, voran Bidault, schon Zeichen der Ungeduld erkennen zu lassen, als Stalin schließlich eintrat. Ich war verblüfft. Er sah so banal und so klein aus. Wäre er mir jemals aufgefallen, wenn ich nicht gewußt hätte, daß er es war? Ich muß aber schnell hinzufügen, daß sein Blick ihn über die Alltäglichkeit hinaushob. Welcher Naivität würde man mich sonst verdächtigen. Er drückte uns allen, ohne innezuhalten, im Sturmschritt die Hand. Zumindest wurden die Kleinen den Großen gleichgestellt. Unserem Außenminister schien es nicht sonderlich zu gefallen.

Wie dem auch sei, der Generalissimus beeindruckte seine Gäste, unter denen sich eine eisige Stille verbreitete. Erst im Laufe des Essens mit seinen zahlreichen Gängen und Weinsorten, kehrten die Lebensgeister zurück und die Stimmung steigerte sich während des Austauschs der rituellen Trinksprüche und Reden. Da meine Person von geringerer Wichtigkeit war, saß ich zu weit von der Tischmitte entfernt, um beobachten zu können, wie sich die Hauptpersonen verhielten. Unter solchen Umständen amüsiert man sich jedenfalls nicht, aber man ist es sich schuldig, dabei zu sein: Ich genoß das Privileg, später sagen und schreiben zu können, daß ich im Kreml mit Stalin diniert hatte. Das Bankett ging immer noch weiter. Man konnte über nichts Vernünftiges sprechen. Jede

Anekdote, auch der geringste Witz trugen zur Stimmung bei. Es waren die Stunden danach, die man fürchtete. Was für Gespräche – leichte, ernste, auf jeden Fall nutzlose – konnten Politiker und Diplomaten schon miteinander führen, die sich nach mehreren Wochen veritabler Monologe darauf beschränkt sahen, nur noch bedrückt nach der nächsten Zukunft zu fragen? Und wovon träumte der Hausherr? Man war so geschickt, uns abzulenken, einen jeden seiner Schläfrigkeit oder seinen Reflexionen zu überlassen, ohne daß er sich von seinem Nachbarn mitteilen mußte: Es wurde ein Film vorgeführt – von hoher Qualität: »Die steinerne Blume«.

Zeichen der Zeit: Georges Bidault kehrte nicht nach Paris zurück, ohne General Marshall über die wirtschaftlichen und finanziellen Schwierigkeiten Frankreichs eingehend zu unterrichten. Das vor einem Jahr angestrebte Produktions- und Exportniveau war aus Mangel an Kohle, Krediten und Arbeitskräften bei weitem nicht erreicht worden. Unser Leben hing von den anderen ab. Die Arroganz der UdSSR hatte uns den Amerikanern in die Arme getrieben.

Nicht ohne Kummer entschlossen wir uns zu der sich daraus ergebenden Entwicklung, die ein deutsches Wiederaufleben begünstigen mußte. Die kommenden Monate und Jahre würden entscheidend sein. So sehr Deutschland darnieder lag, es erregte immer noch Furcht. Was hatte man nicht vor fünfundzwanzig Jahren alles über die deutsche Schwäche gesagt! Unsere Regierung dachte vor allem an die Sicherheit der Nation. Sicherheit! Sie war der Grund für alle unseren politischen, wirtschaftlichen, finanziellen und demographischen Forderungen; um unserer Sicherheit willen verlangten wir Grenzänderungen, ein besonderes Regime für das Ruhrgebiet, Demontagen, Reparationen und die Anwendung von Maßnahmen zur Einschränkung des Bevölkerungswachstums, das durch den Zustrom von Flüchtlingen aus dem Osten stark zugenommen hatte. Es sah so aus, als könne uns allein das Fortbestehen des Bündnisses der vier Mächte, die Hitler geschlagen hatten und nun Deutschland besetzt hielten, vor den Ungewißheiten von morgen und vor machiavellistischen Plänen schützen.

Zwischen der Moskauer Konferenz und der Gründung der Bundesrepublik Deutschland im Jahr 1949 vergehen zwei Jahre – eine Zeit, die für die Neugestaltung der Landkarte Europas ins Gewicht fallen wird. Den Vereinigten Staaten geht es darum, sich nicht überholen zu lassen. Von den Engländern kräftig unterstützt, die ihnen künftig nicht von den Fersen weichen, treiben sie eine Entwicklung voran, die zur Bildung des westdeutschen Staates führen wird. Die Teilung Deutschlands mit ihren enormen und unabsehbaren Folgen zeichnet sich ab. Zwischen Ost und West kommt es zum Wettrennen. Auf Beschlüsse der einen Seite folgen sogleich solche der anderen. Wer wird zuerst »seine« deutsche Regierung haben, Amerikaner oder Russen? Kontakte und Treffen der Westmächte vervielfältigen sich.

Frankreich wird dabei auf eine harte Probe gestellt, und nicht immer ist es zufrieden mit der Wendung und dem Tempo der Ereignisse. Wenn wir auch keinen Anlaß hatten, uns zum Verhalten der Sowjets bei der Außenministerkonferenz in Moskau zu beglückwünschen, war doch der Gedanke, sich von ihnen absetzen zu müssen, alles andere als erfreulich. Wir nahmen zwar an der Seite unserer westlichen Verbündeten an den Besprechungen teil, bei denen man sich über den künftigen Status Westdeutschlands einigte. Aber wir waren trotz der Insistenz von Washington und London keineswegs damit einverstanden, die französische Zone mit der amerikanischen und englischen, die mehr und mehr miteinander verschmolzen, zu einer einzigen zusammenzuschließen. Wir befürchteten, auf diese Weise unwiderruflich an der Spaltung Europas beteiligt zu sein, sie zu verewigen. Unsere Blicke hatten sich noch nicht endgültig von der Sowjetunion gelöst.

Frankreichs Regierung, mit Georges Bidault als Ministerpräsident, war beunruhigt wegen der Zukunft des westdeutschen Staates, den man zu schaffen im Begriff war. Schon ehe er bestand, ließ sich erkennen, daß er die Gunst der Vereinigten Staaten genießen würde. Dem Wiederaufleben unseres Nachbarlandes widersetzten wir uns nicht; wir begriffen, daß dies notwendig war. Die Priorität aber stand Frankreich zu. Wir hätten im Juni 1947 den Marshall-Plan mit mehr Wärme begrüßt, wenn wir gewußt hätten, daß wir seine Hauptnutznießer werden sollten.

Das Rad dreht sich schneller und schneller, stets in der gleichen Richtung. Der Bruch kündigte sich an. Am 11. Februar 1948 protestiert Marschall Sokolowski in einer Sitzung des Kontrollrats heftig gegen die Verschmelzung der englischen mit der amerikanischen Zone und gegen geheime Vorbereitungen zur Bildung einer westdeutschen Regierung. Am 20. März nimmt er die von den anderen Mächten in London gefaßten Beschlüsse, über die man ihn nicht informiert habe, zum Vorwand, um den Sitzungssaal brüsk zu verlassen, zur Konsternation der Generale Koenig, Robertson und Clay. Ich werde weder ihre Gesichter noch die peinliche Situation jemals vergessen. In der Geschichte Deutschlands und der Viermächtepolitik beginnt nun eine neue Phase. Es ist ein wichtiges Datum! Bis zu diesem Tag hatte man glauben können – trotz allem, was das westliche vom östlichen Deutschland trennte –, daß man wenigstens den äußeren Rahmen für eine Wiedervereinigung retten könne; bis dahin konnte man noch hoffen, dem bereits an der Oder-Neiße-Linie amputierten Land die Teilung in zwei Territorien, die zu zwei verschiedenen Welten gehören würden, zu ersparen.

Aus dem Bruch, zu dem es am Tisch der Oberbefehlshaber kam, gingen zwei deutsche Staaten hervor: die Bundesrepublik Deutschland und die Deutsche Demokratische Republik. Wer konnte damals das Schicksal der einen wie der anderen voraussagen? Der einen, die eines der wichtigsten Mitglieder des atlantischen Bündnisses werden sollte, und das der anderen, die noch lange als Teil des kommunistischen Blockes dahinvegetierte und erst auf Grund des sowjetischen Beschlusses vom 13. August 1961 in den Rang eines anderen selbständigen Deutschland erhoben wurde: als man die Mauer errichtete, um den Exodus der Bevölkerung zu verhindern.

Um die Pläne der Amerikaner, Engländer und auch der Franzosen, die infolge der Brutalität der Russen ihren beiden Alliierten gegenüber immer nachgiebiger werden, zu vereiteln, eröffnen die Russen den Kampf um Berlin. Wenn es ihnen gelingt, die drei Westsektoren der Stadt zu isolieren, die Bevölkerung auszuhungern und jegliche Aktivität in der Stadt zu lähmen, wird uns in Washington, London und Paris nichts anderes übrig bleiben, als auf die Durchführung unserer Pläne für Westdeutschland zu verzichten und uns den Forderungen Moskaus zu beugen. Sonst würde das Hunderttausenden von Berlinern, für die wir uns verantwortlich fühlen, schwere Leiden wenn nicht gar den Tod bringen. Selbstsicher, von ihrer geographischen Lage und ihrer unmittelbaren Nähe zum Schauplatz profitierend, beschließt die Sowjetunion die Abschnürung der Zugangswege per Straße und Schiene, die Berlin mit dem Westen verbinden.

Aber die Sowjets haben sich in ihrer Rechnung geirrt. Die drei Westmächte weichen dem Kampf nicht aus – einem Kampf, der ihnen nur minimale Verluste bringen und siegreich für sie enden wird. Berlin soll auf dem Luftweg versorgt werden; Flugzeuge, laufend verstärkt, schaffen Kohle und Lebensmittel heran. Dank einer hervorragenden Organisation funktioniert der gigantische Apparat mit nur geringfügigen Ausfällen reibungslos. Regierungen und Piloten setzen ihren Stolz in das Gelingen. Am 13. August 1948 melden die Nachrichtendienste: Mit 718 Flugzeugen am Tag haben die Engländer und Amerikaner gestern einen neuen Rekord aufgestellt. General Lucius Clay sieht sein Prestige von Stunde zu Stunde wachsen. Als ein neuer Carnot hat er ein Recht auf den Sieg.

In Berlin ist die Atmosphäre wie umgewandelt. Wieder einmal ist die Aufmerksamkeit der Welt auf die einstige Hauptstadt von Deutschland gerichtet! Wie hätte sie damit rechnen können, daß man so bald ihren Widerstand gegen eine Fremdherrschaft feiern, zwischen ihren Trümmern die belebende Luft des Freiheitskampfes atmen würde! Die Berliner sind elektrisiert. Ihre Moral ist tadellos. Erleichtert und froh hören sie vom Morgengrauen an den Flugzeuglärm, der unaufhörlich die Luft erfüllt.

Warum sollten die aus der Namenlosigkeit auftauchenden Politiker den Eifer zügeln? Der Christdemokrat Jakob Kaiser äußert mir gegenüber in aller Entschiedenheit: »Die sowjetische Offensive wird sich ausweiten; man muß sie zum Stehen bringen, ihr parieren.« Der Sozialdemokrat Ernst Reuter, den die Russen nicht an Stelle von Ostrowski als Bürgermeister hatten sehen wollen, gibt nun den Ton an. Vor Tausenden von Menschen ruft er aus: »Die Welt weiß heute, was Berlin für sie bedeutet. Sie wird vor nichts zurückschrecken, koste es was es wolle, um dem Koloß, der uns vernichten will, zu zeigen, daß er sich an einem unbeugsamen gegnerischen Willen den Kopf einrennen wird. Das ganze technische Potential des Westens wird in Berlin eingesetzt werden.« Diese Leidenschaftlichkeit teilt sich, wenn auch nicht im gleichen Ausmaß, ganz Deutschland mit. Vorbei sind die Zeiten, da einer meiner Kollegen während der Moskauer Konferenz zu schreiben riskierte: »Bei allen Unstimmigkeiten, die zwischen den Parteien auftauchen, sind sie doch einig in der Meinung, daß die Alliierten, weit davon entfernt, das deutsche Problem zu behandeln, sich untereinander um ihre egoistischen Zoneninteressen raufen.« Er fügte hinzu: »Die Verarmung Deutschlands wird die von ganz Europa nach sich ziehen. Zur Zeit spricht aus solchen Worten nur Kummer und Sorge. Es darf aber nicht geschehen, daß die enttäuschte öffentliche Meinung daraus ein Programm macht, um in einer Art Wagner-Stimmung den ganzen Kontinent mit sich in den Abgrund zu ziehen.« Doch nun sind die Deutschen von Hoffnung erfüllt. Bewunderung und Dankbarkeit binden sie an die Amerikaner.

Als man die »Luftbrücke« in Gang brachte, rief sie im Lager der drei Mächte keine einhelligen Reaktionen hervor. Nicht wenige betrachteten diese Idee mit Skepsis und Mißmut. An Gründen fehlte es nicht. War die Operation der Mühe wert? War sie nicht zum Scheitern verurteilt? Außerdem wußten wir, wie gering unser Beitrag dazu sein würde, und so litt unsere Eigenliebe schon im voraus. Die Amerikaner und Engländer würden sich auszeichnen und damit unsere Insuffizienz nur unterstreichen. Doch das wesentliche Argument, das mehr als einer unserer Diplomaten und Militärs gegen das Unternehmen ins Feld führte, war politischer

Natur: Sollte man nicht, da man Deutschland ohnehin teilen würde, die Gelegenheit nutzen und Berlin seinem Schicksal überlassen, seine Verbindungen zum Westen abtrennen, um damit den Deutschen die Möglichkeit zu nehmen, die frühere Reichshauptstadt zum Symbol der Wiedervereinigung zu machen?

Georges Bidault ist nicht dieser Meinung. Berlin muß gehalten werden. Als Couve de Murville, der Leiter der politischen Abteilung des Quai d'Orsay, Anfang April 1948 von General Clay empfangen wird, äußert er sich kategorisch: Berlin muß gehalten werden, weil der Kampf zwischen Ost und West um seinetwillen entbrannt ist, weil wir nicht das Recht haben, Gebiet aufzugeben, weil der Ernst der Lage es unumgänglich macht, daß wir uns enger mit Amerikanern und Engländern zusammenschließen. Jeden Augenblick kann uns die Lawine überrollen. Wir ziehen die Konsequenzen und sind entschlossen, mehr Entgegenkommen in bezug auf die Konstituierung Westdeutschlands zu zeigen, von der die möglicherweise dort Regierenden bereits ungeniert sprechen. In einem Punkt sind alle sich einig, und wir können ihre Bekundung von Unwillen nicht übergehen: Wenn die Alliierten in Berlin nachgeben, hätten wir ihres Erachtens keine Aussicht mehr, Funktionen in den künftigen Organen zu beanspruchen; wir würden als Verräter an der deutschen Sache erscheinen. Eine Regierung und ein Parlament, an dem wir teilhaben sollen, können nur im Zeichen der Einheit des Landes entstehen und bestehen. Große Worte, von denen man später einmal nichts mehr hören wird!

Da ich die Tatsache bedaure, daß die Russen, anstatt uns die Stange zu halten, die Dinge nur komplizieren, gehöre ich zu den »Harten«. Die in Berlin herrschende Atmosphäre, die Überzeugung, daß der Verlust Berlins nur der Anfang einer ganzen Serie von Rückschlägen sein wird, sowie die Erkenntnis der grundlegenden Verschiedenheit der beiden Ideologien und Imperien untersagen meiner Meinung nach jedes Nachgeben. Wäre es übrigens nicht denkbar, daß die einzige Möglichkeit, Moskau zum Einlenken zu bewegen, gerade darin besteht, ihm gegenüber die gleiche Intransigenz an den Tag zu legen, die es von Anbeginn seinen Verbündeten gezeigt hat?

Ich werde nun Stammgast bei den Luftbrücken-Flugzeugen, bin ständig auf dem Flugplatz oder in der Luft, wobei ich zur Schonung meiner Garderobe Maschinen den Vorzug gebe, die Mehl transportieren und nicht Kohle. Bald an den Ufern der Spree, bald am Rhein, bald in London, wo ich bisweilen unseren dortigen Botschafter Massigli aufsuche – der delikate Verhandlungen mit dem Ständigen Unterstaatssekretär des Foreign Office, William Strang, und dem amerikanischen Botschafter Douglas führt – finde ich, daß mein Beruf seine Vorzüge hat, je mehr die Welt blind ist.

Doch hier etwas zu meiner bescheidenen Person. Anfang August 1948 werde ich aufgefordert, auf dem schnellsten Weg nach Moskau zu kommen, um unserem dortigen Botschafter, Yves Chataigneau, beizustehen, der gleichzeitig mit seinem amerikanischen Kollegen Bedell Smith und dem Kabinettschef von Bevin, Frank Roberts, den Auftrag erhalten hat, mit Molotow Gespräche zu führen in dem Bemühen, die Aufhebung der Berliner Blockade und die Wiederaufnahme der Viermächteregierung in Berlin zu erreichen. Ohne übermäßige Schwierigkeiten erhalte ich einen Platz in einer sowjetischen Maschine, in der man nur Russisch spricht, und die so niedrig fliegt, daß ich meine Ängste, wir könnten allzu schnell den Boden erreichen, glücklicherweise durch eine recht eingehende Betrachtung des grenzenlosen Landes zu kompensieren vermag. Bei der Landung erwartet mich unser Botschaftsrat Guy Dorget, der mir von nun an wertvollen Beistand leistet. Ein Schatten fällt alsbald auf meine blanke Zufriedenheit: Mir wird mitgeteilt, daß die Sowjets mich nicht am Konferenztisch haben wollen. Was dieser Berliner zu sagen hat, ist für sie nicht von Belang!

Chataigneau informiert mich über die Gespräche, die er und seine beiden Partner am Vortag mit dem Generalissimus geführt haben. Er ist nicht allzu pessimistisch. Stalin hat sich von seiner höflichen Seite gezeigt und sich den Anschein guten Willens gegeben. Die größte Schwierigkeit scheint ein Währungsproblem zu sein. Die Russen forderten, daß ihnen eine totale Finanzhoheit über die in Berlin im Umlauf befindliche D-Mark eingeräumt wird. Die Alliierten können ohne offensichtliches Risiko dieser drakonischen Forderung nicht entsprechen; das in den Westsektoren zirkulierende Geld darf ihrer Kontrolle nicht entzogen werden. Aber ist das der wirkliche Grund? Hat Stalin nicht vielmehr die Katze aus dem Sack gelassen, als er mit kalkulierter Beiläufigkeit den Wunsch aussprach, die Vereinigten Staaten, England und Frankreich sollten die für den 1. September vorgesehene Einberufung eines Parlamentarischen Rates in Westdeutschland verschieben? Sein Zusammentreten wäre ein Zeichen dafür, daß das Unwiderrufliche geschehen ist, daß die Westdeutschen ihre Angelegenheiten durch die von ihnen gewählten Repräsentanten von nun an selbst in die Hand nehmen. Der Generalissimus weiß nur zu gut, daß mit dem fortschreitenden Prozeß die deutsche Einheit für lange Zeit begraben sein wird und mit ihr die sowjetischen Ambitionen. Da er sich kaum Illusionen über die Aufnahme seines Ansinnens macht, hütet er sich, zu sehr zu insistieren. Später kann er dann immer behaupten, es habe eine Möglichkeit gegeben, den Schnitt zu vermeiden, und er, Stalin, habe die Anregung dazu gegeben.

Während der folgenden Wochen weiche ich Chataigneau kaum von der Seite. Den ganzen Tag bin ich in seinem Büro, führe mit ihm und den Engländern und Amerikanern Besprechungen, bereite im Kontakt mit ihm die täglichen Begegnungen mit Molotow vor und beteilige mich abends an der Redaktion des Telegramms, mit dem Paris benachrichtigt wird. Ich wohne in der Botschaft und werde vom Missionschef und seiner Frau wie ein Familienmitglied behandelt. Der Krieg hat sie schwer geprüft, sie haben einen Sohn in der Résistance verloren und führen ein zurückgezogenes Leben. Meistens nehme ich meine Mahlzeiten allein mit ihnen im Familienkreis ein. Unter Stalin gibt es keine große Welt zu sehen, auch will der Botschafter während der ihm obliegenden Verhandlungen von Ablenkungen nichts wissen.

Yves Chataigneau hat sich in Algier, an das er noch voller Sehnsucht zurückdenkt – er ist erst vor kurzem dort abberufen worden –, eine Reputation erworben, die ihn für mich anziehend macht. Seine Liberalität und menschliche Großzügigkeit werden allgemein hoch geschätzt. Er ist ein schlichter, sehr kultivierter Mann, von einer Milde, die wohl aus der Bemühung herrührt, seines bitteren Kummers Herr zu werden. Mit lebhaftem

Auge und mit seinem fruchtbaren Geist wendet er die Sätze, die der hermetisch verschlossene Molotow von sich gab, hin und her, um ihnen irgendeinen Aufschluß abzugewinnen, der es erlaubte, einen Weg zur Verständigung anzubahnen. Ihm liegt sehr viel an einer Verständigung, einmal weil die Erinnerung an das nationalsozialistische Deutschland ihm keine Ruhe läßt, zum anderen weil das undurchdringliche Rußland ihn anzieht, und schließlich weil seine Tätigkeit dadurch an Bedeutung gewinnen würde. Die Abfassung seiner Berichte hält uns täglich bis in die spätesten Stunden in Atem. Peinlich genau wiegt er jedes Wort ab und zeigt dabei eine Tendenz zum Perfektionismus, die, sich steigernd, ihm später Kritik eintragen wird, was andere, die ihn nicht mögen, gegen ihn ausnützen werden. Mir selbst bleibt die ungetrübte Erinnerung an einen großen Beamten, der mich seines Vertrauens würdigte.

Einen Augenblick lang besteht Hoffnung, und die vier Oberbefehlshaber werden aufgefordert, gemeinsam zu prüfen, ob sich die Verständigung, die sich im Prinzip anzubahnen scheint, in der Praxis verwirklichen läßt. Man ruft mich telegrafisch nach Berlin. Eine Woche lang wohne ich ihren Besprechungen bei. Am Tisch des Kontrollrats herrscht keineswegs rosige Stimmung, und bald kommen die Diskussionen zum Stillstand. Ich kehre wieder nach Moskau zurück. Molotow isoliert sich mehr und mehr. Am 20. September kann man nur noch den Mißerfolg konstatieren. Besser als im vergangenen Jahr habe ich dank der Gunst der Jahreszeit die Hauptstadt der UdSSR kennengelernt. Ich bin in ihren Parks und Straßen spazierengegangen, Seite an Seite mit ihren freundlichen, lebenslustigen Einwohnern. Nicht weniger auffallend war für mich jedoch die Armut und Enge, in der sie lebten; aus dem Fenster meines Zimmers konnte ich sehen, daß sich nur wenige Meter entfernt auf der anderen Straßenseite das Leben einer ganzen Familie in nur einem Raum abspielte. Auf schnellstem Wege erreichte ich wieder Paris, wo die Außenminister der drei Westmächte mit sorgenumwölkter Stirn zusammentrafen.

Die großen Ereignisse in Berlin wirkten sich auch auf unser Familienleben aus. Infolge der sich hinziehenden Blockade war das französische Gymnasium nicht mehr voll funktionsfähig, und so forderten die Militärbehörden Mütter und Schüler auf, die Stadt zu verlassen. Wir leisteten nur ungern Folge. Ohne Frohnau völlig aufzugeben, zog meine Familie nach Mainz, wo unsere Kinder ihre Ausbildung fortsetzen konnten. Von nun an teilte ich meine Zeit zwischen Berlin und den Ufern des Rheins, wohin sich die diplomatischen Aktivitäten verlagerten. Frankfurt wurde Treffpunkt der Oberbefehlshaber, die nun nur noch zu Dreien tagten.

Die Aufgabe, die es zu vollenden gilt, wird dank der im Juni 1948 in London zwischen Amerika, England und Frankreich erzielten Verständigung erleichtert. Aber ihre Durchführung erweist sich als äußerst schwierig. Aus der einen Hälfte des historischen Deutschland, einem Gebiet, das in ungleiche Zonen geteilt, von den Siegern besetzt und beherrscht und von ihrem guten Willen abhängig ist, soll ein neuer Staat entstehen. Er muß gesund und lebensfähig sein, aber nicht so vital, um bei anderen Argwohn zu erregen. Er muß genügend Bewegungsfreiheit erhalten, um sich der Bevormundung durch Washington, London und Paris zu entziehen, doch soll die künftige Autonomie auch nicht bis zur völligen Unabhängigkeit führen. Er soll sich in seinen Grenzen wohl fühlen und mit ihnen zufrieden geben, jedoch muß der Eindruck vermieden werden, als wäre ihr Verlauf damit endgültig akzeptiert. Kein deutscher Politiker hätte Aussicht auf Erfolg, wenn er der Sache der Einheit schaden würde. Die Westmächte aber wünschen ebensowenig, daß man ihnen die Verantwortung an der Teilung Deutschlands zuschiebt. Vielmehr geht es ihnen darum, die Rechte zu wahren, kraft deren sie gemeinsam mit den Russen über »Berlin und Deutschland als Ganzes« die oberste Gewalt ausüben. Die Verhandlungen in Frankfurt bedeuten noch keine völlige Abkehr von Moskau. Über den beiden deutschen Staaten, die so verschieden ins Leben treten, der westliche in einem Klima wachsender Solidarität, der östliche innerhalb des sowjetischen Lagers, wölbt sich wie eine Kuppel die Viermächteherrschaft als letztes Zeichen der im Krieg entstandenen Kameradschaft.

Die Texte, bei deren Abfassung keineswegs Einmütigkeit herrscht, müssen diesen Nuancen, Vorrechten und Empfindlichkeiten Rechnung tragen. Jedes Wort ist bedeutungsschwer. Ein Ausschuß der Länderregierungen und der Parlamentarische Rat arbeiten eine Verfassung aus, die sorgsam als »Grundgesetz« bezeichnet wird, um zu betonen, daß diese nicht, wie man es wohl gewünscht hätte, in einem geeinten Deutschland zur Anwendung kommen soll. Die Außenminister der drei Westmächte, Robert Schuman, Bevin und Acheson, unterzeichnen ihrerseits am 8. April 1949 in Washington ein Besatzungsstatut. Es steckt die Bereiche ab, in denen die Bundesrepublik selbst über ihr Schicksal entscheiden darf, und definiert die Befugnisse, die den drei Mächten vorbehalten bleiben. An die Stelle der Oberbefehlshaber treten zivile Hohe Kommissare, die nicht mehr in die Verwaltung eingreifen, sondern nur noch Kontrollfunktionen haben. Im Verein mit der »Internationalen Ruhrbehörde« und dem »Amt für militärische Sicherheit« werden sie ein Deutschland überwachen, das trotz seiner Zerstückelung noch am Zügel gehalten werden soll.

Kaum sind die Washingtoner Beschlüsse unterzeichnet, werden Stimmen laut, sie könnten lediglich einen Anfang darstellen, man werde sie bald revidieren müssen. Was uns Franzosen betrifft, so halten wir nichts davon, Entwicklungsstufen zu überspringen. Heute ist eine Wiedervereinigung unmöglich, doch wird sie es morgen noch sein? Dann wird man das Rad nicht wieder zurückdrehen und ein geeintes Deutschland dazu zwingen können, auf Vorteile zu verzichten, die wir einem Land zubilligten, das nur halb so groß war. Im Föderalismus sehen wir eine Sicherung und machen uns zu seinem Verfechter.

Es ist eine faszinierende Perspektive, ein echt bayrisches Bayern, ein echt badisches Baden, wiedererstehen zu lassen mit allen historischen Erinnerungen, die diese Namen in uns wachrufen. Ohne von diesen Aussichten ebenso angetan zu sein, liegt es unseren Verbündeten doch fern, dagegen etwas einzuwenden. Allerdings darf man dabei die Deutschen nicht übergehen, die inzwischen auch ein Wort mitzureden haben. Und sie machen davon Gebrauch. Wie sollte es anders sein? Die Verteilung der Machtbefugnisse zwischen der Bundesregierung und den Länderregierungen betrifft sie an erster Stelle. Über Justiz, Polizei, Unterrichtswesen und vor allem über Finanzen und Steuern sind Christdemokraten und Sozialdemokraten verschiedener Meinung, wobei die einen mehr dem Föderalismus, die anderen mehr dem Zentralismus zuneigen. Die Parteiinteressen tragen über die Länder den Sieg davon, doch lehnen diese sich gelegentlich auf, wenn eines davon glaubt, sich durchsetzen zu können.

Streitigkeiten, Rivalitäten und Intrigen sind an der Tagesordnung. Für manche gehören Bolschewismus und Preußentum in ein und dieselbe Kategorie und sind gleichermaßen verabscheuungswürdig. Die Verfechter einer starken Zentralregierung wiederum sind nicht frei von Nationalismus. »Die Wunschvorstellungen«, schreibt etwas überspitzt ein französischer Beobachter, »kreisen immer noch um zwei Pole: den Kaiser und Frankreich, wobei Frankreich Gegenstand der berühmten Haßliebe ist.« Für die Intelligenteren, für einen Brentano, der mehrere Jahre lang ein von uns geschätzter Außenminister sein wird, und für andere, deren einsichtige Haltung wir begrüßen, hängt die Zukunft Europas von der deutsch-französischen Aussöhnung ab. »Es versteht sich von selbst«, sagt einer von ihnen, »daß Paris die Hauptstadt dieses Europa sein wird.« Was Frankreich betrifft, wird es seine Nöte und Ängste vergessen und Deutschland die gleichen Rechte zuerkennen. Solcher Art sind, stark vereinfacht, die Vorstellungen, die man austauscht.

Während die Deutschen erregt diskutieren, sind die drei Alliierten damit beschäftigt, die Form ihrer Präsenz in der Bundesrepublik zu bestimmen. Jeder bevorzugt eine andere Lösung; auch im französischen Lager ist man sich nicht einig. Die Regierung begünstigt den Vorschlag einer Dreimächtekontrolle. Das würde bedeuten, daß die Hohe Kommission in allen Ländern, gleich welcher Besatzungsmacht sie unterstehen, von französischen, englischen und amerikanischen Repräsentanten mit annähernd gleichem Rang vertreten wird. Auf diese Weise wären wir auch in Hamburg, München, Hannover und Düsseldorf präsent, was nicht der Fall wäre, wenn der Einfluß der drei Mächte sich weiterhin ausschließlich auf die jeweils eigene Zone erstreckte. Da unsere Zone die kleinste ist, scheint eine Dreimächtekontrolle uns nur Vorteile zu bringen.

General Koenig indes ist nicht dieser Ansicht. Er mißtraut jedem Arrangement, das uns zu eng mit unseren Partnern liiert. Bei der Zusammenarbeit mit General Clay hat sich doch manche Unstimmigkeit ergeben. Jeder sollte Herr in seinem eigenen Hause sein. General Koenig hat es an Mühe nicht fehlen lassen. Seinem persönlichen Einsatz sind die weitgehend herzlichen Beziehungen zwischen Deutschen und Franzosen zu verdanken, die man durchaus als beispielhaft bezeichnen darf. Ohne Frankreichs Einfluß über Gebühr auf Gebiete auszudehnen, die sich seiner Autorität entziehen, hat er es gemeinsam mit unseren Militärgouverneuren, Hettier de Boislambert und Widmer, verstanden, eine günstige Atmosphäre zu schaffen und vertrauensvolle Beziehungen zu den Ministerpräsidenten unserer Länder, Altmeyer und Wohleb, anzuknüpfen. In all dem sieht General Koenig Voraussetzungen, die einer von ihm befürworteten Annäherung dienen können. Nichtsdestoweniger bewahrt er einen kühlen Kopf. Seine spontane erste Reaktion ist häufig nicht günstig für den früheren Gegner. Trotz seiner Höflichkeit und seiner wohlmeinenden Bestrebungen gelingt es ihm nie völlig, sich vom Denken des Kriegers und der Haltung des Okkupanten zu befreien. Wiewohl seine Tage gezählt sind, klammert er sich an seine Zone, die ein wenig sein eigener Herrschaftsbereich geworden ist.

Daher ist er mit der Lösung, zu der die drei Mächte schließlich gelangen, nicht unzufrieden: ein Dreimächte-Regime, das mehr Fassade als Wirklichkeit sein wird.

Nicht weniger gibt Berlin zu Sorgen und Auseinandersetzungen Anlaß. Die Verfasser des Grundgesetzes sehen für das Problem eine einfache Lösung: Das der sowjetischen Herrschaft entzogene West-Berlin soll als ein Land wie die anderen Länder in die Bundesrepublik integriert werden. An der ersten Sitzung des Parlamentarischen Rats nehmen auch Vertreter der Stadt Berlin mit freilich nur beratender Stimme teil. Wie zu erwarten, herrscht eine patriotische Stimmung; die grundlegende Einheit der Deutschen wird betont. An diesem Tag wäre jeder auch nur scheinbare Verzicht unangebracht. Die Alliierten sind auf diesem Ohr taub. Die unversöhnlichsten Elemente unter ihnen wünschen, daß Berlin bleibt, was es ist, eine Stadt im Herzen Europas. Mit dem neu entstehenden Westdeutschland sollte es nichts zu tun haben. Sein Einfluß könnte sich nachteilig auswirken und den alten preußisch-slawischen Geist wiedererwecken, den man ganz und gar nicht gebrauchen kann. Solche Gedanken wagt übrigens niemand laut auszusprechen. In einem Augenblick, da die Berliner unter dem Banner der Freiheit Widerstand leisten, wäre das nicht gerade geschickt.

Doch die wirklichen Einwände sind anderer, im wesentlichen politischer Natur. Bezöge man Berlin in die Bundesrepublik ein, wäre es mit der Viermächtekontrolle aus und ebenso mit der Aussicht, eines Tages mit Moskau wieder anknüpfen zu können. In diesem Punkt können die drei Regierungen nicht nachgeben. Durch ihren Mittelsmann geben die Oberbefehlshaber formell ihre Zurückhaltung in der Frage der Aufnahme Berlins in die Liste der Länder des neuen Staates zu verstehen. So eng die Bindungen zu Berlin auch sein mögen, es sollte eine besondere eigene Regierung haben. Diese Entscheidung ist, wie sich in Zukunft erweisen wird, von größter Bedeutung. Zwanzig Jahre später, im Januar 1970, als man Gespräche über eine Verbesserung der Bedingungen für Berlin führt, sitzen die Repräsentanten der vier Mächte und nicht die Deutschen selbst am Verhandlungstisch.

Einige Männer der deutschen Politik heben sich besonders hervor. In den Westsektoren der geteilten Stadt ist Ernst Reuter, den der sowjetische Einspruch nun nicht mehr behindert, am 15. Januar 1949 einstimmig noch einmal zum Regierenden Bürgermeister gewählt worden. Der kräftig gebaute Mann ist eine der energischsten Persönlichkeiten unter den führenden Sozialdemokraten. Da ist ferner der großzügige, verbindliche und beredsame Carlo Schmid, dessen Mutter eine Französin war; das hat den Vorteil, daß er sich in einer Gewandtheit in unserer Sprache auszudrükken vermag, die unsere Bewunderung erregt. Fast könnte man ihn mit Herriot vergleichen, an den er in seiner äußeren Erscheinung ein wenig erinnert; doch ist er soignierter, ausgeglichener, wenn auch weniger dynamisch als jener. Bei ihm hält sich das Diplomatische mit dem Politischen die Waage, und wäre ihm nicht ein anderer Aufstieg bestimmt gewesen, hätte man ihn als Botschafter nach Paris entsenden können, wo er ganz gewiß nicht übersehen worden wäre.

Von ganz anderem Habitus ist Kurt Schumacher, ein hagerer Mann, an dem Krankheit und Leiden zehren, doch trägt und treibt ihn die Hitze eines feurigen Temperaments und eine tiefe glühende Liebe zu seiner Nation. Er hätte die Fähigkeit gehabt, seine Partei möglicherweise viele Jahre früher an die Regierung zu bringen, wenn er nicht vorzeitig gestorben wäre. Ich höre ihn noch in Berlin unter freiem Himmel eine Rede halten. Von einer kleinen Tribüne herab wendet er sich mit nervösen, abgerissenen, elektrisierenden Worten an die Menge. Er attackiert einen Gegner, der niemand anderes ist als Konrad Adenauer.

Die beiden Männer können sich nicht leiden. Welten trennen sie, von den Grundfragen des Lebens angefangen bis zur Politik. Das einzige Verbindende ist ihre Rivalität, die sie dazu verurteilt, sich in einem Kampf zu messen, der auf dem Gipfel der Feindschaft in gegenseitige Achtung umschlägt. Wird Adenauer sich nicht später im Tumult der Wahlkämpfe sagen müssen, daß ihm, um sich an einem Gegner zu entflammen, der gegen ihn entfesselte missionarische Eifer Kurt Schumachers fehlt?

Zwei Monate nach seiner Wahl zum Präsidenten des Parlamentarischen Rats lade ich Konrad Adenauer zum Essen in das sogenannte Gästehaus ein, über das unsere Mission in Bonn verfügt. Außer mir nehmen zwei Mitglieder unseres Stabes teil, Jean Laloy und François de Laboulaye. Sie haben Berlin mit dem Westen vertauscht; Claude Cheysson, der gerade die Verwaltungsakademie *(Ecole nationale d'administration)* hinter sich hat und ein wahres Arbeitsfieber entwickelt, holte sie her, damit sie in Verbindung mit den Alliierten und den Deutschen an der Entstehung des künftigen Deutschland mitwirken. Adenauer erscheint in

Begleitung seines Vertrauten, Herbert Blankenhorn, und des Sekretärs des Parlamentarischen Rates, Köster, Neffe eines früheren deutschen Botschafters in Paris. Wie hätte ich damals ahnen sollen, daß der Mann, der mir gegenüber am Tisch sitzt, ein von allen bewunderter Staatsmann, ein Vorkämpfer der Verständigung und auch ein Freund werden wird, dem ich tiefen Respekt entgegenbringe?

Mit seinen fast dreiundsiebzig Jahren umgibt ihn, ungeachtet einer verdienstvollen Vergangenheit, noch keine Gloriole des Ruhms. Er scheint ihrer freilich auch nicht zu bedürfen, um majestätisch zu wirken. Er ist die Distinktion, die Noblesse, der Stolz in Person. Betritt er, gefolgt von seinen Mitarbeitern, den Sitzungssaal, in dem die Oberbefehlshaber bereits Platz genommen haben, ruft er besonderen Eindruck hervor. Er verblüfft durch die gelbliche Blässe seines ledernen asiatischen Gesichts, durch die Unbewegtheit seiner Züge, durch die Schärfe seines Blicks, den er, wenn er es für opportun hält, lässig zu verschleiern versteht, durch seine schlichte Erscheinung, durch die Festigkeit und Jugendlichkeit seines Schritts. Wenn er spricht, tut er es ohne Umschweife; jedes Wort, das er knapp mit metallischer Stimme hervorbringt, hat Gewicht. Häufig wird es von einer raschen, herrischen Geste begleitet. Das Bewußtsein der Schwierigkeiten, mit denen er es zu tun hat, der anomalen und schrecklichen Situation seines Landes, der Anstrengung, die es kosten wird, sie zu überwinden, spiegelt sich in der Melancholie, die in seiner Persönlichkeit zum Ausdruck kommt. Aber er läßt sich nicht unterkriegen. Er kämpft, und im Lauf der Wochen setzt er sich durch. Geschickt vortäuschend, daß ihm die Lust vergeht, ist er scheinbar bereit, auf eine Forderung zu verzichten. Aber nein, da kommen ihm schon die anderen entgegen, damit er sich nicht selbst aufgibt. Deutschland hat in seiner Not seinen Magier gefunden.

Mich hat er nicht im Sturm erobert. Ich bewahrte eine gewisse Zurückhaltung, die andere sofort ablegten, was ich rückblickend bedauern müßte, hätte ich nicht später Gelegenheit gehabt, ihn näher kennen, hochachten und schätzen zu lernen. Ich höre ihn heute noch sprechen. In allem hat ihn, den Rheinländer, die rheinische Kultur geprägt. Ihr verdankt er den Elan, mit dem er die Einheit seines Vaterlandes betont, eines Deutschland, das westlich und nicht nach Berlin ausgerichtet sein soll. Er liebt Berlin nicht und macht daraus keinen Hehl. Wenn er von Berlin spricht, sieht er Jakob Kaiser vor sich, der es in seinen Augen personifiziert, so wie Schumacher für ihn die Personifizierung des Sozialismus ist. Wenn wenigstens auch Kaiser Sozialist wäre! Aber nein, er ist Christ-Demokrat und ihm dennoch genau so unsympathisch!

Die Neigung für den Föderalismus, die Adenauer bekundet, wird durch seine Liebe zum Rheinland bestimmt. Er will einen mächtigen rheinischen Staat, der den germanischen Pfeiler bildet, auf dem sich die deutsch-französische Verständigung gründet. Diese Verständigung macht er zu seiner Sache. Die Avancen, die uns die Bayern machen, erbittern ihn. Das verbindende Glied kann nur der Rhein sein. Mit der gleichen Passion tritt er ebenso aufrichtig für ein einiges Europa ein; doch ist, seiner Ansicht nach, nicht daran zu denken ohne die Annäherung zwischen unseren beiden Ländern. Indessen täuscht mich mein erster Eindruck nicht: Adenauer ist ein Patriot und Realist zugleich. Kaum ist die Bundesrepublik ins Leben gerufen, setzt er sich dafür ein – warum auch nicht? –, die Diskriminierungen zu beseitigen, deren Opfer sie seiner Meinung nach ist. Am Tag unseres Essens ist ihm die Kontrolle der Angelsachsen über das Ruhrgebiet ein Dorn im Auge, und er verdächtigt die Briten, sie hätten dabei nur den Hintergedanken, sich der deutschen Konkurrenz zu entledigen. Sollte das geographisch so begrenzte Regime, fragt er mit einiger Kühnheit, nicht am besten aufgehoben werden?

Nachdem unsere Gäste gegangen sind, setze ich das abendliche Zusammensein mit meinen Kollegen nicht mehr lange fort. Sie sind nicht zufrieden mit mir, was mich etwas bedrückt. Jünger, weniger desillusioniert und aufgeschlossener für die in der Welt vor sich gehenden Veränderungen, können sie nur konstatieren, daß ich mich über meine Vorbehalte nicht hinwegsetzen konnte. Bei aller Hochachtung für einen mutigen Kämpfer blieb mein Herz ungerührt. Ich sehe ihn noch einmal vor mir, ein wenig gebeugt – er, der sich sonst so aufrecht hält – an der anderen Seite der bescheidenen Tafel, während er mir geduldig, nicht ohne Überraschung zuhört: Er hat einen Franzosen vor sich, der an Deutschland glauben wollte, furchtbar enttäuscht wurde und immer noch skeptisch ist. Ich erlaube mir, ihm das zu sagen.

In den vorangegangenen Monaten hatte die kleine Gemeinde der Franzosen in Deutschland Zuwachs durch eine Gruppe erhalten, deren Ankunft einige Sensation hervorrief. Keine zehn Jahre, nachdem er Berlin nach dem Münchener Abkommen verlassen hatte, kehrte François-Poncet – von Robert Schuman zum diplomatischen Berater ernannt – auf die Szene zurück. So diskret auch alles vor sich ging – der quasi Persönliche Abgesandte des Außenministers gab sich selbst alle Mühe, geräuschlos aufzutreten –, war doch die Bedeutung dieser Ernennung nicht zu verkennen. Während die Oberbefehlshaber noch amtierten, gab die französische Regierung auf diese Weise im voraus bekannt, wen sie zur Ablösung vorgesehen und als ihren ersten Repräsentanten in der Bundesrepublik ausgewählt hatte.

André François-Poncet hat in Deutschland stets ein enormes Vertrauen genossen. Das Wiedererscheinen dieses Diplomaten war keine geringe Genugtuung für das verstümmelt darniederliegende Land. Zur Zeit des Nationalsozialismus war er die Nummer Eins unter den in Berlin akkreditierten Botschaftern und ein bevorzugter Gesprächspartner Hitlers gewesen. Seine Anwesenheit erinnerte ein wenig an die verblichene Größe. Wir hätten von Paris aus nicht besser demonstrieren können, welche Bedeutung wir dem deutschen Problem, dem noch unsicheren, fragilen Staat beimaßen, der ein neues, ihm ungewohntes Leben begann, und auch nicht besser unsere Absicht bekunden können, uns diesen neuen Staat, wenn die Umstände es zuließen, zum Freund zu machen.

Ich war nicht der einzige, der sich fragte, warum Robert Schuman solche Eile gezeigt hatte. André François-Poncet verfügte über eine so ausreichende Kenntnis der deutschen Verhältnisse, daß es keiner Vorbereitungszeit bedurfte. Doch fraglos hielt es der Außenminister für angebracht, neben einem Stab, der in einem Nachkriegsklima einer genau begrenzten Aufgabe gedient hatte, eine Persönlichkeit einzusetzen, die nicht mehr als Besetzer auftrat, sondern den Deutschen gegenüber einen neuen Ton anschlagen und sie persönlich anleiten sollte. Naturgemäß bedurfte es von seiten des Neuankömmlings wie auch der demnächst Abzulösenden zur Gewöhnung an ihre Koexistenz einer guten Portion Takt. François-Poncet ebenso wie General Koenig und Saint-Hardouin – die ihre Hoffnungen, der eigene Nachfolger zu werden, beziehungsweise auf den ersten Posten aufzurücken, dahinschwinden sahen – zogen sich voller Anstand aus der Affäre, ohne daß sich wirklich herzliche Beziehungen entwickelt hätten. Da meine Rangstellung irgendwelche kühnen Ambitionen ausschloß, lavierte ich ohne Bedauern zwischen Gegenwart und Zukunft, die in der Person des künftigen Hohen Kommissars an meine Vergangenheit anknüpfte. Ich sehe mich noch auf dem Bahnsteig in Frankfurt vor dem Zug stehen, mit dem unser ganzer Stab mit seinem Oberbefehlshaber aus Baden-Baden angereist war, um François-Poncet zu begrüßen. Den grauen Filzhut ein wenig schräg aufgesetzt, mit stolz gereckter Nase und schalkhaftem Blick steht er da wie ein General, der seine Truppen inspiziert: »Ich habe gewartet, bis ich an der Reihe war, Monsieur«, sagte er zu mir.

In Berlin, wo ich immer die halbe Woche verbrachte, näherte sich die Blockade ihrem Ende. In ständiger Verbindung mit New York bemühten sich Amerikaner und Russen, vertreten durch Jessup und Malik, eine Situation zu beenden, die den Begeisterten heroisch erschien, die aber nichtsdestoweniger im Lauf der Monate grotesk anmutete. Die Sowjets mußten erkennen, daß sie ihr Ziel nicht erreicht hatten. Man behauptete – man hat immer die gleiche Hypothese, wenn die Einsicht sie zum Rückzug zwingt –, daß wirtschaftliche Schwierigkeiten sie zum Einlenken veranlaßten. Ich glaube vielmehr, sie waren von dem Aufwand an Energie und Kampfkraft, von dem die Westmächte Gebrauch machten, um Berlin zu halten, beeindruckt und hatten die Überzeugung gewonnen, daß ihr Versuch, die von den Westmächten geplante Schaffung eines westlichen deutschen Staates zu vereiteln, gescheitert war. Sie brauchten gleichsam nur noch die Leitern der Belagerung abzuziehen.

Der 12. Mai 1949 war in doppeltem Sinn ein besonderes Datum. Am Vormittag dieses Tages hielt man in Berlin wegen der Aufhebung der Blockade eine Feierstunde ab. Suhr, Adenauer, Reuter und Neumann hielten Ansprachen, General Koenig ließ sich von General Noiret vertreten. General Clay war erschienen. Er war der Held des Tages, ein Ruhm, den er mit dem Regierenden Bürgermeister Reuter teilte; zumindest glaubte Reuter das, wie ich einige Tage zuvor, als ich ihn bei mir sah, feststellen konnte. Er verbarg seine Freude nicht. Der Sieg war »sein Sieg«. »Die Russen haben die Flagge gestrichen.« Wir Franzosen freilich hielten nichts davon, nunmehr Maß und Ziel aus dem Auge zu verlieren. Moskau hatte eine Niederlage erlitten. Sie zu betonen war um so weniger opportun, als man die Vierer-Besprechungen wiederaufnehmen mußte. In Berlin beendete man ein Zwischenspiel.

In Frankfurt schlug man am Abend desselben Tages die erste Seite eines neuen Kapitels auf: das Grundgesetz wurde gebilligt. Zur Hauptstadt des neuen Staates wurde, dem Wunsch Adenauers entsprechend, Bonn gewählt. Nicht ohne Hindernisse und nicht in aller Freiheit erblickte dieser Staat das Licht der Welt. Mit welchen Fesseln war er nicht noch behaftet? Zweifellos würde es ihm in Rekordzeit gelingen, die meisten davon abzuschütteln, wie General Clay bei der letzten Zusammenkunft der Oberbefehlshaber in einer improvisierten Rede voraussagte, die freilich nicht allen Zuhörern gefiel. Indessen konnten wir die umwälzenden Folgen des Krieges nur mit Erschütterung betrachten. Der werdende Staat war ihr ergreifendster Zeuge. Nachdem Hitler Deutschland gezähmt, überwältigt, seine Herrschaft über ungeheure Räume ausgedehnt hatte, mußte es heute, klein geworden, überwacht, entwaffnet, mit seiner jungen Demokratie seinen Ruf politisch und moralisch wiederherstellen.

General Koenig, Jacques de Saint-Hardouin und andere packten ihre Koffer. Ich schwebte noch in Ungewißheit. Man hatte mir angedeutet, daß ich dem neuen Hochkommissar beigeordnet werden sollte, und ich rechnete damit. Ich hatte zwar nicht so viel Überblick wie die Experten in Paris, die in ihren Dispositionen bemüht waren, sowohl der Vernunft wie persönlichen Wünschen Rechnung zu tragen. Immerhin war ich doch so eng mit den Verhandlungen in Berlin, Frankfurt, Bonn und an anderen Orten verflochten gewesen, daß ich mich für unentbehrlich hielt. Das war nicht der Fall; auch für mich schlug die Abschiedsstunde. Heute noch bin ich dem Kommissar für deutsche und österreichische Angelegenheiten, Alain Poher, sowie General Koenig für die herzliche Unterstützung dankbar, die sie mir unter diesen Umständen zuteil werden ließen.

Ich kehrte nach Paris zurück, achtundvierzig Stunden vor General Koenig, hatte aber Eile, es wieder zu verlassen, um zu den Meinen in die Normandie zu fahren, die dort ihre Ferien verbrachten. Doch General Koenig bestand darauf, daß wir noch einmal zusammen frühstückten. Er hatte einen guten Vorwand: er wollte mich mit einem Hammelbraten traktieren. Wir saßen einander gegenüber, allein in dem kleinen Speiseraum eines sehr einfachen Restaurants, als die Wirtin meinem Chef vom Vortag etwas ins Ohr flüsterte. Sein Gesicht zeigte einen Anflug von Lächeln: »Würde es Ihnen etwas ausmachen, wenn wir die Plätze tauschen?« Da ich den Grund für diesen Platzwechsel nicht erriet, warf ich ihm einen fragenden Blick zu. Ich hatte auf dem Platz gesessen, den für gewöhnlich Marschall Leclerc innehatte, und die Dame des Hauses wollte nicht, daß er von einem Zivilisten entweiht wurde.

Bewegt nahm ich von General Koenig Abschied. Ein Abschnitt meines Lebens ging zu Ende, der Deutschland gewidmet gewesen war, über das voller Sorge und Sehnsucht zu sprechen wir beide wieder einmal nicht aufhören konnten. Was würde aus ihm werden? Und was würde er, General Koenig, jetzt werden? In welcher Form würde er Frankreich weiterhin dienen? Auch dies gehörte zu unseren gemeinsamen Themen. Zu gern hätte ich ihn bereits wieder im Sattel gesehen.

Im Ministerium, wo man mir Wohlwollen bezeugt, wie stets, stelle ich fest, daß in bezug auf meine unmittelbare Zukunft noch Ungewißheit besteht. Die Leitung der Europa-Abteilung ist im Begriff, frei zu werden, da Jacques-Camille Paris zum Generalsekretär des Europarats ernannt ist. Werde ich die Nachfolge antreten? Pierre de Leusse vertraut mir an, daß unser beider Namen in diesem Zusammenhang im Gespräch sind. Sobald die Auguren ihren Spruch getan haben, will er mir Nachricht geben. Die Tage vergehen. Schließlich kommt ein Telegramm: »Sie haben es geschafft . . . Nichtsdestoweniger herzliche Grüße.«

Diese Ernennung entspricht meinen Wünschen. Ich werde ins Herz der Abteilung vordringen, das Büro neben dem übernehmen, wo ich vor einigen Jahren so viele Tage und Nächte verbrachte, darunter so manche bittere. Unbefangen betrachte ich das als eine Art von Entschädigung. Meine Kollegen, meine Chefs hatten gut für mich gearbeitet. So viel Dankbarkeit ich ihnen auch schulden mochte, die Auswahl der Person hatte dem Außenminister Robert Schuman obgelegen, den ich kaum kannte. An der Spitze der politischen und wirtschaftlichen Abteilung standen noch immer – anscheinend unverwüstlich, obwohl sie ursprünglich nicht »zu uns« gehörten – Maurice Couve de Murville und Hervé Alphand, während Jean Chauvel als Generalsekretär von Alexandre Parodi abgelöst worden war, dem wiederum Chauvel bei den Vereinten Nationen nachfolgte. Parodi kam vom Staatsrat und gehörte dem Haus erst seit kurzem an, wodurch er sich von all seinen Vorgängern, Maurice Paléologue, Philippe Berthelot, Alexis Léger, François Charles-Roux, Charles Rochat, Raymond Brugère und Jean Chauvel abhob, ausgenommen Jules Cambon, der ebenso wie sein ältester Bruder Paul seine Karriere mit einem glänzenden Start im Stab der Präfektur begonnen hatte.

Parodis Verdienste in der Résistance, der Name, den er sich während der letzten Tage der deutschen Besetzung von Paris erworben hatte, das hohe moralische und intellektuelle Niveau seiner Familie, all das erfüllte mich sogleich mit Hochachtung. Rasch kam es zu einer täglichen Zusammenarbeit, die von der Gemeinsamkeit unserer Anschauungen begünstigt wurde. Parodi war ein Mann von fast übertriebener Gewissenhaftigkeit, der sich erst nach minutiöser Prüfung aller Einzelheiten zu einer Entscheidung durchrang. Nicht wenig überraschte es ihn, sich als Generalsekretär an der Spitze eines Verwaltungsapparats zu finden, dessen Mitglieder ihm insofern ein Problem aufgaben, als sich jeder in seiner Persönlichkeit bestätigt sehen wollte. Wie verschieden sind sie doch alle voneinander, seufzte er nicht ohne Humor. Seiner Meinung nach ließ sich das weitgehend durch das Leben im Ausland mit einem jeweils anderen Klima und dem daraus resultierenden Gefühl der Unabhängigkeit erklären. An dem neuen Amt als Generalsekretär, an den Funktionen, die er an der Seite der verschiedenen Minister ausübte, fand Parodi offensichtlich lebhaftes Gefallen. Die Diplomatie hatte ihn in ihren Bann gezogen. Ich rechnete ihm das hoch an. Obwohl ich meiner Stellung nach keine unmittelbare Berührung mit ihm hatte, verließ ich den Quai d'Orsay nicht, ohne ihn noch einmal spät abends in seinem Büro aufgesucht zu haben, wo er voller Hingabe den Kurs absteckte.

Mir sollte also die Aufgabe zufallen, mich mit Europa zu befassen. Schon allein diese Aussicht hätte genügt, mich zu berauschen, hätte ich nicht von der mir anvertrauten Aufgabe bereits so viel gewußt, daß sowohl übermäßiger Stolz wie übertriebene Beunruhigung unangebracht erschienen. Ich hatte es nicht nur mit Angelegenheiten zu tun, die England, Rußland, Deutschland sondern auch Länder wie Monaco und Andorra betrafen, und es war im voraus nicht zu erkennen, ob die kleinsten Länder mir nicht mehr Sorgen machen würden als die größten. Glücklicherweise verfügte ich während der sechs Jahre meiner Amtszeit über einen vorzüglichen Mitarbeiterstab. Zu den Jüngsten in dieser Pflanzschule der Botschafter und Auslandsvertreter gehörten Serge Boidevaix, Claude Contamine und auch Alain Peyrefitte. Ihm, der als

Konsul nach Krakau ging, gab ich die traditionellen Worte mit auf den Weg: »Wo Sie auch hingehen, man wird nicht versäumen, Sie zurückzurufen.«

Währenddessen war Europa kein leeres Wort mehr. Seine Geburt war im Gang. Nie hatte man mehr von Europa gesprochen, und nie war es so unabweisbar notwendig erschienen. Winston Churchill machte sich zu seinem Verkünder, sorgte aber zugleich dafür, daß die anderen sich mehr dafür engagierten als England. Der Europarat in Straßburg gab, als er in den Anfängen steckte, zu den besten Hoffnungen Anlaß. Hier versammelten sich Minister, Parlamentarier und Beamte, die allesamt einer so vielversprechenden Institution nicht hatten fernbleiben wollen. Sie schien der geeignete Rahmen, in dem eine bestimmte Atmosphäre geschaffen, Initiativen gefördert, Talente, Ehrgeiz und Begeisterung geweckt werden konnten. Aus ganzem Herzen, mit seiner ganzen Kraft widmete sich Jacques-Camille Paris, Schwiegersohn von Claudel und von Haus aus Polytechniker, seiner Aufgabe. Drei Jahre später erlitt er einen Autounfall. Sein Tod war für den Europarat ein schwerer Schlag, der noch zu anderen hinzukam. Einen solchen Glauben, wie Paris ihn hatte, wird es nicht wieder geben. Ich half ihm nach Kräften. Die in Straßburg angewandten Grundsätze gefielen mir, und ich versäumte keine Gelegenheit, um an Ort und Stelle meine Überzeugungen zu bekunden. Doch sehr bald, allerdings anderswo und in einem begrenzten Rahmen, sollten wir weiter gelangen, als man es bei der Gründung des Europarats hatte voraussehen können.

Deutschland stand bereits wieder oder noch immer im Mittelpunkt. Kaum daß die Bundesrepublik existierte, richteten sich in Paris alle Augen auf Bonn oder vielmehr auf Konrad Adenauer. Von unserer Hauptstadt aus gesehen, wurde er identisch mit seinem Land und sollte es auch jahrelang bleiben. Mitten im Unglück, in einer Zeit der Erniedrigung, wurde unserem Nachbarvolk das Privileg zuteil, von einem großen Mann regiert zu werden, dessen Erscheinen allein schon eine Sensation hervorrief und der ebenso sehr durch die Würde seines Auftretens imponierte wie durch die Festigkeit seiner Überzeugungen. Die Franzosen waren nicht die letzten, die sich danach drängten, ihn zur Kenntnis zu nehmen. Deutschland trat hinter seiner Persönlichkeit zurück. Aber es war nicht allein das Alter, die Erscheinung, die moralische Kraft! Adenauer hätte Deutschland nicht wieder aufrichten, nicht eine Barriere nach der anderen beseitigen können, wäre er nicht ein Patriot gewesen, besessen von dem Willen, das gesteckte Ziel zu erreichen. Er ließ es weder an Geschicklichkeit noch an Schläue fehlen. Er verstand es, sich zu versteifen, aber auch nachzugeben. Es war an sich schon ein Anblick, ob er in seinem Büro einen Besucher empfing, ob er einen Raum betrat, in dem eine Versammlung abgehalten wurde oder vor der Menge das Wort ergriff. Auch wenn er nicht so alt gewesen wäre, hätte er allgemein Aufsehen erregt. Adenauer verstand seine Wirkung genau zu berechnen, zu plädieren, sich zu rechtfertigen, zu attackieren. Er war ein Unterhändler, den man fürchten mußte, der über katzenhafte Geschmeidigkeit, kühne Beharrlichkeit und entwaffnende Liebenswürdigkeit verfügte. Nie ließ er von seinen Forderungen, seinen Ansprüchen ab; stets kam er mit einem Katalog von Beschwerden, wobei er, sobald er sich in einem Punkt durchgesetzt hatte, sogleich die Debatte über einen neuen eröffnete. Er war ein aufrichtiger, erfolgreicher Kämpfer für die Aussöhnung mit Frankreich, für den Aufbau Europas, und wegen dieses zweifachen Verdienstes wird die Geschichte – die sich nicht täuscht – ihn rühmen. Aber vor allem – wie hätte es anders sein können – dachte er an Deutschland.

In Rekordzeit wird die Bundesrepublik – von fremden Truppen besetzt, auf ein Gebiet reduziert, das halb so groß ist wie das unsere, ein Staat, dem sich die schwierigsten und komplexesten Probleme stellen – die Ketten abschütteln und sich aus dem Nichts emporreißen, in das sich Deutschland durch die Kapitulation gestürzt sah. Ist das nicht schon ein Resultat, das alle Regierungen beschäftigen muß? In Paris, London, Washington und Moskau steht die deutsche Frage weiterhin an vorderster Front.

Vor allem in Paris befragt man sich über dieses unbekannte Land von bizarrer Form, das zu schwach ist, um Furcht zu erwecken, zu unberechenbar, als daß wir uns sicher fühlen können, von dem man nicht weiß, ob es noch der Gegner von gestern oder

der Freund von morgen ist. Im Lauf der kommenden Jahre wird sich unsere Außenpolitik in erster Linie mit Deutschland beschäftigen.

Konrad Adenauer zögert nicht lange, sich mit den drei Hohen Kommissaren, François-Poncet, Robertson und McCloy, bekannt zu machen. Sie finden in ihm keinen bequemen Gesprächspartner, und ihre Kommentare zu den ersten Zusammentreffen sind nicht restlos günstig. Nichts hat in den Augen des Kanzlers nur zweitrangige Bedeutung, nicht einmal das Protokoll; beachtet man es ihm gegenüber nicht genügend, ruft das ein Stirnrunzeln oder gar die Drohung hervor, sich ins eigene Lager zurückzuziehen. Er hat hochgestellte, mit außerordentlicher Vollmacht ausgestattete Persönlichkeiten vor sich, aber es sind ihrer drei; und mag ihr Verhältnis zueinander auch noch so herzlich sein, mögen sie als Gruppe noch so gut zusammenhalten, können sie doch weder die nationalen Interessen verleugnen, die wahrzunehmen sie beauftragt sind, noch aus ihrem Temperament ein Hehl machen. Adenauer weiß dies sehr wohl, ebenso wie er sich nicht über die Autorität täuscht, die ihm die Außenminister zubilligen, indem sie ihn als Gleichen unter Gleichen behandeln. »Warum auch nicht, ist er doch ein Regierungschef«, obwohl sie sich aufgrund des Sieges und der Abmachungen als für das Geschick des seinen zuständig erachten. Es wird ihm später hoch angerechnet werden, daß es ihm gelang, in einem gespannten internationalen Klima letztlich niemanden gekränkt und diejenigen für sich gewonnen zu haben, denen er zunächst Schwierigkeiten gemacht hatte. Die Freundschaft, die ihn mit François-Poncet verband, hat die Annäherung zwischen Deutschland und Frankreich erleichtert.

Adenauer glaubt, daß allein er imstande ist, seine Mitbürger vor Versuchungen zu schützen, die sie auf neue Abwege führen würden. Wenn er es für nötig hält, schildert er sie in wenig schmeichelhaftem Licht, als desorientiert, hin und her gerissen, von Hochmut erfüllt. Doch zieht er sofort daraus die Konsequenzen: Man soll ihm zubilligen, was er fordert; andernfalls wird er auf nichts mehr eingehen. Er allein kann auch, wie er glaubt, verhindern, daß sich der Wind zugunsten der Sozialdemokraten dreht

– dieser Nationalisten, dieser Pazifisten –, die, einmal an der Macht, seiner Meinung nach unverzüglich ihre Blicke auf den Kreml richten und ihn dazu anregen würden, den Prozeß der Wiedervereinigung in einem Tempo in Gang zu bringen, das für den Westen nur verhängnisvoll sein könnte. Und schließlich hält er sich allein für imstande, der düsteren Szene der unterjochten und sowjetisierten Pankow-Republik das Bild eines geläuterten, demokratischen Deutschland entgegenzustellen. Es wird nur ein Deutschland geben, das Deutschland Konrad Adenauers.

Die Umstände sind ihm günstig! Im Kalten Krieg, der die Welt in zwei Blöcke teilt, wird die Bundesrepublik zwangsläufig dazu aufgefordert, den Block zu verstärken, dem sie angehört. Um so mehr muß man sie zufrieden stellen, um nicht das Risiko einzugehen, daß sie sich uns entzieht, wenn sie sich verletzt fühlt. Das Opfer, das sie auf dem Gebiet der nationalen Einheit bringt, ja zu bringen verpflichtet ist, muß als solches genügen. Zumindest muß dieses Westdeutschland in dem nunmehr begrenzten Rahmen sobald wie möglich souverän und damit ein vollwertiger Verbündeter werden. Das ist die Vorstellung, die sehr bald in Washington wie auch in London vorherrscht. In Paris betrachtet man diese Entwicklung, die sich abzuzeichnen beginnt, mit Zurückhaltung. Wir verzichten nicht so leicht auf Ziele, die wir uns gesteckt haben.

Gewiß, das Einvernehmen zwischen den Vereinigten Staaten, England und Frankreich wird sich vor allem bei den gemeinsamen Konferenzen bekunden, insbesondere denen der Außenminister, und wir werden dabei alles andere als eine armselige Figur machen. Klarheit und Einfallsreichtum der französischen Delegation rufen jedesmal Eindruck hervor, und in mehr als einer Angelegenheit, die vermehrte Vorsicht gegenüber der Sowjetunion oder auch Deutschland erfordert, hört man auf uns. Oft geben wir den Ausschlag. Ich sehe noch diesen oder jenen unserer Experten, unter anderen Jean Sauvagnargues, vor mir, wie er um den Tisch die Runde macht und auf Acheson oder Eden persönlich einredet, um ihnen zu sagen, was wir genau wollen, wie er sie überzeugt und dann nach dieser wichtigen Unterbrechung der Sitzung in aller Ruhe wieder auf seinen Platz geht.

In Wirklichkeit wandte sich die allgemeine Aufmerksamkeit von den Problemen ab, die auch weiterhin zwischen Deutschland und Frankreich bestanden, und richtete sich auf die internationale Lage. Stand man nicht vor einem neuen Weltkonflikt? Ein Blatt hatte sich gewendet. Konnten wir uns nicht, nach allem was wir durchgemacht hatten, glücklich schätzen, an den Beratungen teilzunehmen, in denen es um die Welt in ihrer Gesamtheit ging? Das Bündnis mit den Vereinigten Staaten und England war zum Dogma geworden. Wer dachte auch nur im Traum daran, es in Frage zu stellen? Und war darüber hinaus die amerikanische Hilfe für uns nicht unentbehrlich? Wenn wir auch unsere Alliierten um Unterstützung ersuchten, gebot doch die Vorsicht, uns Grenzen zu setzen und unser Drängen zu zügeln. Bisweilen standen sie uns bei, doch nicht mit der notwendigen Entschiedenheit, die das Gewicht mehr auf unsere Seite verlagert hätte.

Was Adenauer betraf, so eroberte er sich die Gunst des amerikanischen Außenministers John Foster Dulles, der das in der Entwicklung begriffene atlantische Bündnissystem mit seinem starken Widerstandsgeist durchtränkte. Mit dem gleichen Nachdruck wandten sie sich Seite an Seite gegen die kommunistische Gefahr.

Kaum traten im April 1949 die Washingtoner Beschlüsse in Kraft, tat die Bundesrepublik ihre Unzufriedenheit kund. Die Demontage von Fabriken rief eine Erregung hervor, welche die Bonner Regierung sich zunutze machte. Bevin teilte Robert Schuman seine Besorgnisse mit, und am 22. November 1949 unterzeichneten Adenauer und die drei Hohen Kommissare auf dem Petersberg bei Bonn ein Abkommen, demzufolge die Bundesrepublik ein gewisses Mitspracherecht in der Internationalen Ruhrbehörde und andere Erleichterungen erhielt. Außerdem wurde sie als assoziiertes Mitglied in den Europarat aufgenommen.

Anfang des Jahres 1950 verließ Couve de Murville den Quai d'Orsay, um als Botschafter nach Ägypten zu gehen. Kairo fällt nicht jedermann in den Schoß. Zudem wurde ein Arrangement getroffen, das dem neuen Botschafter zusätzliche Vergünstigungen – unter anderem den Titel des Würdenträgers – gewährte und das ihm bei den gemeinsamen Besprechungen über Fragen des Nahen Ostens den Vorrang vor seinen in diesem Gebiet tätigen Kollegen zuerkannte. Keine Rose ohne Dornen, und der Dorn war das Ausscheiden. Für den nunmehr zum Diplomaten avancierten Inspekteur der Finanzen, der auf internationalen Konferenzen geglänzt und den man für unersetzlich gehalten hatte, bedeutete das neue Amt, mochte sein diplomatischer Status auch noch so ansehnlich sein, keine Beförderung. Ohne gerade begeistert zu sein, entschloß er sich, seinen Posten anzutreten. Ich habe niemals herausbekommen, ob Robert Schuman ihn wegschickte, weil er nur schwer neben sich einen Mitarbeiter ertragen konnte, dessen Ansichten, seiner Meinung nach, mit den seinen nicht übereinstimmten, oder weil er ihm nur wenig persönliche Sympathie entgegenbrachte. Still und für sich flog mein Freund eines Abends von Orly ab. Seine Mission sollte sich über vier Jahre erstrecken.

Auf Vorschlag von Parodi, der ihn in New York schätzengelernt hatte, wurde Guy de La Tournelle der Nachfolger von Couve de Murville. In meinem neuen Chef gewann ich einen großzügigen Freund. Mit seinem feinen Geist und seiner natürlichen Höflichkeit, in der sich die Noblesse seiner Empfindungen spiegelte, machte er dem Berufsstand alle Ehre. Und nie hat er sich darüber beklagt, nicht immer erhalten zu haben, was ihm zustand. Kaum wurde seine Ernennung bekannt, erfuhr man von der Ernennung Roland de Margeries zum Stellvertretenden Leiter der politischen Abteilung, ein Posten, der mehrere Jahre hindurch weggefallen war. Diese Wahl hatte der Minister getroffen, der fraglos einen Beamten, den er für den begabtesten des Hauses hielt, noch mehr gefördert hätte; doch wie es seine Art war, hatte er nicht allzusehr insistieren wollen. Obwohl ich damit auf der Liste der Abteilungsleiter ein wenig tiefer rangierte, litt ich doch nicht darunter; denn meine Beziehungen zu meinen Vorgesetzten waren um so besser, je mehr ich mich in meinen Ansprüchen befriedigt fühlte. Und Leiter der Europa-Abteilung (immerhin Europa!) zu sein, schien mir durchaus ein angesehener Posten.

Eines Morgens im Mai 1950, als ich mich wie alle Tage bei Bernard Clappier, dem Kabinettschef des Ministers, einfand, unterbrach er mich in meinen Ausführungen zu den laufenden Angelegenheiten und holte aus einem seiner Schreibtischfächer ein Dokument hervor: »Lesen Sie heute lieber mal dies.« Das Papier, das er mir reichte, war nichts anderes als der Entwurf des Plans zur Gründung einer Europäischen Gemeinschaft für Kohle und Stahl. Als einer der ersten wurde ich mit ihm vertraut gemacht. Man brauchte kein Techniker zu sein, um die Konzeptionen in ihrer Originalität und Kühnheit zu erfassen. Sie stammten von Jean Monnet. Robert Schuman war derart davon angetan, daß er sie sich sogleich zu eigen machte. Er setzte sich mit seinem Ansehen und seiner Mitwirkung so entscheidend dafür ein, daß sich niemand wunderte, als der neue Plan mit seinem Namen geehrt wurde. In einem Augenblick, der über seinen Ruhm entschied, von einer Eingebung erhellt, wie sie bei Strategen die Wende der Schlacht herbeiführt, schrieb Robert Schuman das Vorwort zu einem enormen Buch, das niemals vollendet sein wird. Wer hätte jemals geglaubt, daß gerade er, der so diskrete, reservierte, der nur mit gedämpftem Schritt auftrat und nur selten mit erhobener Stimme sprach, es wagen würde, die Risiken und Unsicherheiten eines revolutionären Abenteuers mit zahllosen dramatischen Wendungen auf sich zu nehmen. Die Schüchternen haben auch ihre kühnen Seiten, oder gehörte Robert Schuman nur der Erscheinung nach zu den Scheuen?

Es ist nicht sicher, ob die Autoren des Projekts sich sogleich darüber klar waren, welche Wogen sie aufrühren, welche Leidenschaften sie entfesseln würden. Der Kampf um Europa, am 9. Mai 1950 entbrannt, ist bis heute noch nicht ausgekämpft. Der von Monnet skizzierte Plan sah kühne Maßnahmen vor, von denen viele sich als fruchtbar erwiesen, andere beschloß man später zu mildern, abzuändern und zu ergänzen, und wieder andere gaben Anlaß zu Streitigkeiten und Polemiken über die Grenzen hinweg. Niemand vermochte vorherzusagen, wie sich ein Projekt entwikkeln würde, das zwar in der Materie begrenzt war, da es sich nur auf zwei allerdings sehr wichtige Produkte bezog, das aber sofort die Geister in seinen Bann zog.

Als Robert Schuman sich in dieses Unternehmen stürzte, das im Ausland wie in Frankreich selbst wohlwollend aufgenommen wurde, bisweilen sogar Begeisterung hervorrief, hatte er damit, in vollem Einverständnis mit der Regierung, die Zukunft der französisch-deutschen Beziehungen im Auge. Er beobachtete den Aufstieg der Bundesrepublik, die moralische und materielle Unterstützung, die unsere Verbündeten ihr zuteil werden ließen, und begriff, daß es für uns unmöglich geworden war, unsere anfänglichen Ansprüche durchzusetzen. Insbesondere fiel das Ruhrgebiet wieder an seine vormaligen Herren zurück. Wenn wir uns nicht dem Vorwurf aussetzen wollten, ewige Nörgler und eingefleischte Nationalisten zu sein, wenn wir nicht, wie in der Periode nach dem Ersten Weltkrieg, wiederum zwischen Zerwürfnis und Versöhnung schwanken wollten, mußten wir uns entschlossen und irreversibel in einer Richtung engagieren; die beiden Länder mußten so eng miteinander verbunden werden, daß ein Konflikt zwischen ihnen undenkbar wurde. Wie hätte ein Staatsmann auch nicht von den Perspektiven einer solchen Wende gefesselt sein sollen!

Indes waren Monnet und Schuman über die öffentliche Meinung genügend im Bilde, um zu erkennen, daß die Mehrheit eine direkte Annäherung an den früheren Gegner ablehnen würde. Während Leid und Wunden noch nicht verheilt waren, hatten sie den geschickten Einfall, Frankreich in eine Gemeinschaft einzufügen, die Vorteile bot. Zum ersten Mal in der Geschichte zeichnete sich ein Europa der Sechs ab. Wer hätte es bei uns nicht begrüßt, bei einem solchen Versuch, die Mitwirkung von Belgien, Holland, Luxemburg und Italien zu haben! Ihr Beitritt stellte für uns eine Bürgschaft dar. Allerdings hätten sie zu jenem Zeitpunkt nicht verstanden, daß Deutschland für uns Gegenstand einer bevorzugten Behandlung war. Jean Monnets fruchtbare Ideen zeigten sich noch einmal mehr in der Struktur des Gebäudes, dessen Gründung wir den fünf anderen Ländern vorschlugen: Die Mitglieder der künftigen Gemeinschaft würden innerhalb des Anwendungsbereichs ihrer Übereinkunft einen beträchtlichen Teil ihrer Souveränität abtreten müssen. Die Vorstellung einer supranationalen Behörde war geboren.

Der Plan, der mir da eröffnet worden war, stürzte mich in Unschlüssigkeit. Es war nichts daran, was mich abgestoßen hätte. Eine Initiative mit dem Ziel, den deutsch-französischen Streitigkeiten ein Ende zu machen, hielt ich für weise, mutig, nützlich. Sie hatten schon allzu lange gedauert, wir hatten mehr als genug darunter gelitten. Außerdem konnte man nach all den Katastrophen, die in einem knappen Jahrhundert unsere beiderseitigen Beziehungen vergiftet, unsere beiden Nationen in Trauer gehüllt hatten, sich nicht damit zufriedengeben, endlich eine Überempfindlichkeit zu überwinden, die mehr noch als bei uns auf der anderen Seite des Rheins anzutreffen war, auch nicht mit der Hoffnung, durch in ständiger Wiederholung abgebrauchte Erklärungen und altgewohnte Arrangements das Unheil ändern zu können. Wir würden nur dann auf dem Weg, den die Vernunft gebot, vorankommen, wenn wir die Gefahr unvorhersehbarer Entwicklungen auf uns nahmen, die in allen wirklichen Neuerungen miteingeschlossen ist.

Dennoch war ich nicht restlos glücklich. Ich vermochte mich nicht so leicht einem neuen Kurs zu beugen wie andere, die sogleich seine Richtung zu rühmen wußten. Hatten wir England vergessen? Es erschreckte mich, daß es in der geplanten Gruppierung nicht vorgesehen war. Einer französisch-britischen Vergangenheit noch zu treu verbunden, deren Trübungen ich bewußt unter den Tisch fallen ließ, konnte ich mir so bald nach Kriegsende keine Politik vorstellen, die Großbritannien nicht voll und ganz mit einbezog. Welche Konsequenzen würde es selbst daraus ziehen, zumal was seine Beziehungen zu Washington betraf? Diese Bedenken wurden von einer heftigen Reaktion meines Nationalgefühls begleitet: Wenn Frankreich bei seinem Eintritt in die Gemeinschaft einen Teil seiner Souveränität einbüßen sollte, so entrüstete mich der Gedanke, daß England dann nicht den gleichen Restriktionen unterliegen würde. Das gleiche galt auch für andere Länder. Der Besuch unseres früheren Botschafters am Hof von St. James, Charles Corbin, der im Juni 1940 demissioniert hatte und sich nur selten am Quai d'Orsay sehen ließ, verminderte gerade diese Befürchtungen nicht. Er hatte mich an seinen Sorgen teilnehmen lassen, und sie entsprachen den meinen. Ich informierte den Minister durch eine Note.

Es stimmt, daß unsere Regierung angesichts der unfreundlichen Haltung der Londoner Regierung nicht indifferent bleiben konnte. Doch war man der Reibereien schon lange müde geworden. Warum übrigens nahm sich England nicht ein Beispiel an Frankreich und paßte sich ebenfalls den neuen, durch die amerikanische Hegemonie und die sowjetische Expansion bedingten Umständen an, indem es Beschränkungen seiner Souveränität in Kauf nahm, die durch eine – auf Fels oder zumindest auf Kohle gebaute – europäische Organisation kompensiert werden konnten? Es war wichtig, die Engländer in ihrer Hauptstadt, im eigenen Land zu überzeugen oder sie wenigstens zu beschwichtigen und ihnen die Sache zu erläutern. Sie sollten sich nicht beschweren können, man hätte sie nicht so behandelt, wie es sich gehört. Machte sich Schuman, als er nach London fuhr, irgendwelche Illusionen in bezug auf eine eventuelle britische Beteiligung? Wünschte er sie? Ich weiß es nicht. In einem Punkt blieb er unerschütterlich: in bezug auf die supranationale Behörde. Das war verständlich, sie war der Angelpunkt des Systems. England konnte daher nur ablehnend auf unsere Aufforderung antworten. Es geschah in aller Deutlichkeit. Die Integration versprach Großbritannien nichts Lohnendes. Als eine sich weltweit über Länder und Meere erstreckende Macht empfand es nicht die geringste Lust, sich Einschränkungen zu unterwerfen, die nur für andere taugten.

Jean Monnet, Bernard Clappier, Jacques-Camille Paris und ich begleiteten den Außenminister, der sich während der Reise von Paris, dem Generalsekretär des Europarats, über dessen Sorgen unterrichten ließ. War die Institution, die er mit seiner ganzen Kraft beseelte, jetzt nicht von einer gefährlichen Konkurrenz bedroht? Der Europarat war noch jung, was ja keineswegs seinen Fortbestand garantierte. Wir sollten darüber wachen, daß er erhalten blieb und aufblühen konnte.

In der Tat hat sich Robert Schuman immer wieder der Tribüne von Straßburg bedient, und mit Erfolg. In der euphorischen Atmosphäre dort sah er sich zu seiner berechtigten Freude als Europäer par excellence aufgenommen. Er sprach ohne rednerische Effekte, erweckte aber durch seine Überzeugungskraft Resonanz. Seine Reden hatten eher den Charakter von Rechenschaftsberichten, in denen er mit exemplarischem Sachverstand auf die Details einging. Er wäre mit seiner Schlichtheit, die durch seine eintönige Kleidung noch betont wurde, niemandem als glänzende Persönlichkeit aufgefallen, doch erfreute er sich ganz im Gegenteil einer großen, seinen Verdiensten entsprechenden Popularität. Bisweilen fiel es ihm ein, drei oder vier seiner Mitarbeiter zu einem Sauerkrautessen in einem kleinen Zimmer seiner Privatwohnung im Außenministerium einzuladen. Dann war er wie ein Vater zu seinen Gästen, voller Freundlichkeit gegenüber dem Dienstmädchen und machte den Eindruck eines Menschen, der sein Glück nicht nur in seiner wachsenden Berühmtheit fand. Er hatte etwas Mönchisches in seinem Wesen, und seine Tugenden bedrückten mich ein wenig, obwohl er der letzte war, sie zur Schau zu stellen. »Der christlichere von uns beiden ist nicht der, den man dafür hält«, hatte Georges Bidault, sich nicht ohne geheimen Neid mit ihm vergleichend, vor sich hin gemurmelt. Was nicht bedeutete, daß nicht auch Robert Schuman ein guter Christ war. Sein Nebenbuhler war es in der Tat in noch viel höherem Maße.

In dieser Epoche seines Lebens ist Robert Schuman sicherlich glücklich gewesen. Er glaubte an das Werk, das er mit Zähigkeit vorantrieb; er legte selbst Hand an und verstand etwas von der Sache, der er sich widmete. Der Aufbau Europas, so unvollkommen es mit seinen sechs Staaten auch war, nahm ihn voll und ganz in Anspruch; es verkörperte für ihn ein Ideal. Seine ausländischen Partner, der Italiener de Gasperi und der Belgier Spaak, auf der internationalen Szene ganz auf seiner Seite, brachten ihm Zuneigung und Respekt entgegen und bekundeten den gleichen Eifer wie er. Und wie stand es mit Konrad Adenauer? Der Kanzler und unser Außenminister verstanden sich auf das beste, wiewohl der Appetit des ersteren bisweilen dazu angetan war, das Entgegenkommen des zweiten zu übertreffen. Daß er eine Berühmtheit wurde, hat Robert Schuman weder gestört, noch hat er sich damit gebrüstet. Die Nachwelt verehrt in ihm einen Friedensboten, der ohne Aufhebens und voller Güte den Grundstein für den Aufbau Europas legte.

Man würde seiner Persönlichkeit jedoch nicht gerecht, wollte man sie lediglich unter diesem Aspekt darstellen. Sie war komplexer, als man glauben möchte. Wie jeder andere konnte auch er sich ärgern, konnte sein Gesicht sich vor Unmut mit Röte überziehen, oder er wahrte ein mißbilligendes Schweigen, das seinen Gesprächspartner in Verlegenheit brachte. Doch bald gewann seine Liebenswürdigkeit wieder die Oberhand. Zuweilen machte es ihm Spaß, mich aus der Fassung zu bringen. Eines Tages erlaubte ich mir, ihm während einer Sitzung, nachdem er in die Debatte eingegriffen hatte, ein Kompliment zu machen. »Nein, nein, Monsieur Seydoux«, bemerkte er, »von Schmeichelei verstehen Sie nichts.« Sollte ich stolz darauf sein oder mich schämen? Schuman verfügte über einen gewissen Humor und zeigte gelegentlich eine Vorliebe für derbe Späße. Nach einer internationalen Konferenz in New York bedankte er sich bei seinem kleinen Stab mit einer Einladung zu einem zwanglosen Essen in einem Bierrestaurant. Es war kurz vor Weihnachten, und wir berichteten uns gegenseitig über unsere Weihnachtseinkäufe. »Und Sie, Monsieur le Président,« fragte die Comtesse de Bourbon-Busset, Gattin des Schriftstellers, der übrigens einer der engsten Mitarbeiter des Ministers war, »was haben Sie eingekauft?« »Aber wem könnte ich denn etwas mitbringen, ich habe doch niemanden, der mich erwartet.« »Ihrer alten Köchin.« »Daran habe ich nicht gedacht. Aber was?« »Ein Paar Strümpfe«. »Eine gute Idee! – Ach, wie schade! Ich weiß ja nicht, wie dick ihre Waden sind!«

Von seiner Antwort entzückt, aber doch etwas unsicher wegen ihrer Zweideutigkeit, machte Robert Schuman in diesem Augenblick ein unbeschreiblich komisches Gesicht.

Die im Keim in unserem Plan der Sechs enthaltene Initiative zur Annäherung zwischen Bonn und Paris stieß in einer Angelegenheit auf große Schwierigkeiten. Im Verlauf der Jahre hatte die Saarfrage erbitterte und verworrene Auseinandersetzungen zwischen den beiden Hauptstädten ausgelöst, wobei die eine wie die andere bemüht war, sich vor jeder Geste zu hüten, die den Verhandlungen über den Vertragsentwurf für die geplante Montanunion abträglich sein konnte. Im Europarat war es zu beträchtlichen Scharmützeln gekommen, weil wir durchsetzen wollten, daß die Saar ebenso wie die Bundesrepublik als assoziiertes Mitglied aufgenommen würde, wodurch sie auf internationaler Ebene einen Ehrenrang erhalten hätte, den wir zur Rechtfertigung unserer Politik hätten nutzen können. Adenauer konnte darauf nur feindselig reagieren. Durch beständiges geschicktes Verhandeln erreichte er, daß sein Land dem Europarat nicht mehr nur als assoziiertes Mitglied, sondern als Vollmitglied angehörte, auf gleichem Fuß mit den Gründerstaaten.

Seit dem Krieg waren erst fünf Jahre vergangen, und Frankreich legte Wert darauf, sich ein Unterpfand zu sichern, das seine Verluste ausgleichen und seine Sicherheit vermehren würde. Vielen erschien es ungerecht und unklug, daß die Sowjetunion, so groß ihre Verluste und die Dimensionen ihrer Macht auch waren, selbst oder durch ihre Satelliten bis ins Zentrum Europas vordrang, während man uns nicht das Recht zuerkannte, uns in einer Region festzusetzen, die uns um ihres Deutschtums willen nicht wohlgesinnt war. Wir waren übrigens bemüht, unsere Ansprüche zu mäßigen. Wenn wir auch 1945 die Saar von der französischen Besatzungszone abgelöst, sie ein Jahr darauf durch Zollschranken vom Rheinland und der Pfalz getrennt und zur Betonung des besonderen Charakters des Territoriums einen Militärgouverneur ernannt hatten, so war doch niemals das Wort Annexion gefallen und wurde auch später nicht ausgesprochen. Jedoch verlangten wir, daß die Saar außerhalb der deutschen Grenzen verbleiben und wirtschaftlich einen Teil Frankreichs bilden sollte.

Wir hätten keinen entschiedeneren Anwalt unserer Sache haben können als Gilbert Granval, der zunächst Militärgouverneur, dann Hoher Kommissar, schließlich Botschafter im Saarland war. Sein Patriotismus kam ihm in der Erfüllung der ungewohnten Funktion zugute, wobei ihn die jeweiligen Regierungen unterstützten. Mutig, dynamisch und davon überzeugt, daß wir das angestrebte Resultat erreichen würden, wenn wir es nur aufrichtig wollten, knüpfte er mit Persönlichkeiten der verschiedensten Kreise, allen voran mit dem saarländischen Ministerpräsidenten Johannes Hoffmann freundschaftliche Beziehungen an, die für die sich entwickelnden kommerziellen Verbindungen zwischen dem Saarland und Frankreich von Nutzen waren. Ich unterstützte ihn in dieser Tätigkeit, ermutigt von Schuman selbst, der die dadurch entstehende Belastung für unsere Deutschlandpolitik hätte fürchten können. Er bewies jedoch auf Grund innenpolitischer Erwägungen – seine persönlichen, welcher Art sie auch sein mochten, kenne ich nicht – in dieser Sache eine ungeahnte Festigkeit.

Wieder einmal lagen die Dinge für Adenauer einfacher, der kunstvoll Zeit zu gewinnen wußte und sich jeder Festlegung entzog. Entschlossen, die Saar nicht aufzugeben und in dem Bewußtsein, den Gefühlen der deutschen Bevölkerung zu entsprechen, manövrierte er mit einer Geschicklichkeit, die ihm das fast sichere Bewußtsein verschaffte, daß er zu guter Letzt siegen würde. Bei dieser Gelegenheit wie bei anderen beobachtete er aus dem Augenwinkel, scharfsichtig und leicht amüsiert, die Taktik der Engländer und Amerikaner, die es ausgezeichnet verstanden, uns ihre Solidarität zu bekunden, ohne selbst Stellung zu nehmen. Sie hätten einen Beweis des Gegenteils liefern können, in dem sie der Regierung in Bonn Nachrichten zukommen ließen, die uns ihres Beistands versicherten. Aber der Buchstabe genügte nicht. Es hätte des Geistes bedurft, der fehlte. Der Kanzler wußte dies, und seine Beauftragten wiederholten, als sei es das Natürlichste von der Welt: wie jammerschade es sei, daß unsere Rückforderungen der Annäherung ein Hindernis in den Weg legten und die Entstehung eines neuen elsaß-lothringischen Problems zur Folge hätten.

Warum hätte man in Washington und London der deutschen Argumentation gegenüber schwerhöriger sein sollen, als in vielen Pariser Kreisen, die sich mehr oder weniger offen gegen die unsererseits vorgesehene Lösung wandten? Zweifellos hatten die Franzosen recht, die meinten, der Horizont werde beiderseits des Rheins für lange Zeit durch eine Regelung verdunkelt werden, die die Saar näher mit Frankreich verbinden würde als mit Deutschland. Doch war diese gerechte und schwerwiegende Erwägung nicht immer der Grund für die Mißbilligung. Bei vielen war sie zu großer Nachgiebigkeit, einem wankenden Nationalgefühl zuzuschreiben. Nur zu leicht hatten sie die verwerfliche Frage auf der Zunge: »Wozu soll es denn gut sein?«, die ich in der Vergangenheit so oft gehört hatte. Zur Durchsetzung unserer Auffassung bedurfte es eines Antriebs, eines Elans, der nicht vorhanden war. Wir können uns nur über uns selbst beklagen. Das Land erholte sich nur langsam von den Schlägen, die es beinahe vierzig Jahre lang bekommen hatte.

Die Aufmerksamkeit des Außenministers konzentrierte sich auf die Beratungen der Delegierten der sechs Mitgliedstaaten der künftigen Gemeinschaft für Kohle und Stahl, die offiziell am 21. Juni 1950 in Paris unter dem Vorsitz von Jean Monnet begannen. Ich gehörte unserer fast ausschließlich aus Wirtschaftsexperten bestehenden Delegation nicht an, doch wurde ich laufend über den Fortgang der Konferenz unterrichtet, da Bernard Clappier mich zur Seite haben wollte, wenn er unsere Kollegen von der englischen Botschaft bei sich sah, denen er regelmäßig Bericht erstattete. Ihre Neugier galt hauptsächlich der supranationalen Behörde, dem Herzstück des Unternehmens. Sie sollte aus Personen von hohem Rang bestehen, die keiner Regierungskontrolle unterlagen und damit eine Position innehatten, die ihnen erlaubte, völlig unabhängig über die Produkte Kohle und Stahl in den sechs Ländern zu bestimmen. Nachdem diese Persönlichkeiten einmal ernannt waren, beanspruchten sie eine Stellung, die außerhalb jeder anderen Rangordnung stand. Ich erinnere mich eines Diners im Luxembourg unmittelbar nach Inkrafttreten des Vertrages, der die Montanunion ins Leben rief, bei dem man sich nicht ohne Humor über die Vorränge einig zu werden suchte. Jean Monnet – wer ihn kennt, weiß was er davon zu halten hat – und seine Partner ließen zwar keinerlei Eitelkeit erkennen, aber den deutlichen Wunsch,

Während der Regierungszeit von Georges Bidault in Paris. Im Vordergrund (von rechts nach links): Bidault, André François Poncet, Roland de Margerie. In der zweiten Reihe (von rechts nach links): Jean Sauvagnargues, Jean-Marc Boegner und François Seydoux

Adenauer besucht Präsident de Gaulle in Paris, 1966

Im Gespräch mit Konrad Adenauer

Französische Woche in Erlangen (1966)

Empfang bei Bundespräsident Heinrich Lübke

Abschiedsbesuch bei Oberbürgermeister Carlein, Baden-Baden

Mit Bundespräsident
Theodor Heuss
und einem französischen
Verleger während der
Frankfurter Buchmesse

Im Gespräch mit Frau
Wilhelmine Lübke

möglichst sichtbar zu demonstrieren, daß die Hohe Behörde niemandem, wer es auch sei, den Vortritt lassen würde. Daraus konnten nur Komplikationen entstehen. Konrad Adenauer hat denn auch von seiner würdigen Höhe herab den Mitgliedern der Hohen Behörde einen unmißverständlichen Blick zugeworfen.

Die Schatten, die die unvermeidlichen Differenzen zwischen unserem Außenminister Schuman und Adenauer hervorriefen, hellten sich niemals ganz auf. Doch sahen sie in dem gemeinsam errichteten Gebäude der Montanunion ein Symbol der Verständigung und zugleich die Ankündigung der Morgenröte Europas. Nicht ohne Fingerspitzengefühl ernannte Adenauer den feinen Literaten Wilhelm Hausenstein zum Vertreter der Bundesrepublik in Frankreich, dem er den Botschaftertitel verlieh, obwohl er beruflich nicht über einen solchen Status verfügte. Mit unendlichem Takt und echter Bescheidenheit gewöhnte uns dieser aufs neue an die Anwesenheit einer deutschen diplomatischen Vertretung in unserer Hauptstadt. Niemand hätte besser jenes Deutschland personifizieren können, das die Franzosen so geliebt hatten – das Deutschland der Madame de Staël –, als dieser Mann mit der von Güte und Poesie erfüllten Seele, dem Gesicht, auf dem über einem feinen Lächeln stets ein melancholischer Schatten lag wie ein Geständnis der Trauer, die er in Erinnerung an die Leiden der einen wie der anderen Seite empfand. Er war die Hoffnung auf Verständigung in Person ... Unbewegt begrüßte ich ihn am 28. Juli 1950 in meinem Büro am Quai d'Orsay; bewegt sah ich ihn wieder gehen. Das war der Anfang einer echten Zuneigung. Wir hatten an diesem Tag nicht nur Höflichkeitsfloskeln ausgetauscht. Er hatte dem Protokoll sein konsularisches Beglaubigungsschreiben nicht überreichen können, da wir darauf ausdrücklich das Saargebiet vermerkt sehen wollten. Wie würden die Deutschen reagieren?

Schuman wußte, daß unsere Nachbarn in der Saarfrage, bei der man auf die eine oder andere Weise immer wieder landete, sehr empfindlich waren. Anläßlich einer Reise nach Bonn, die er vor einigen Monaten allein in dem Wunsch nach einer freundschaftlichen Begegnung mit Adenauer unternommen hatte, hatte die Presse jenseits des Rheins eine Kampagne entfesselt, die der

Weltöffentlichkeit klarmachen sollte, daß unsere Projekte mit dem Anschluß der Bundesrepublik an die westliche Welt unvereinbar wären. Ein Einschüchterungsmanöver, das durch seine Übertreibung, so hofften wir, sein Ziel verfehlt hatte. In Paris sprach man den Kanzler in diesem Zusammenhang von Schuld frei, was ihn selbst jedoch nicht hinderte, anderthalb Jahre später bei einem Besuch in Rom in bezug auf die Saar zu erklären: »Es ist notwendig, daß Frankreich, wie es Deutschland und Italien bereits tun, den europäischen Problemen den Vorrang vor den rein nationalen Fragen einräumt.« Wir protestierten, doch was gesagt worden war, konnte nicht wieder ungesagt gemacht werden. Bisweilen äußerte, als die Verhandlungen über die Montanunion in vollem Gang waren, einer der Sechs – keineswegs allein Frankreich – ebenfalls Zweifel am Willen eines allmählich wieder selbstbewußteren Deutschland, die Belastungen des Gemeinsamen Marktes auf sich zu nehmen und sich an Regeln zu binden, die seine in Zukunft wieder auflebende Expansionskraft einschränken würden.

Inzwischen mußte noch einige Zeit vergehen, bis das Deutschland Adenauers ein anderes Deutschland vergessen ließ. Was wäre aus ihm geworden, hätte es nicht das Glück gehabt, gerade von einem Staatsmann wie Adenauer regiert zu werden? Denn wieder einmal wußte man nicht genau, wie es um Deutschland bestellt war, die Deutschen ebenso wenig wie die anderen. Das war nicht erstaunlich. In außerordentlich kurzer Zeit war auf die Apotheose der Zusammenbruch gefolgt, auf die Siege die Kapitulation, auf den Totalitarismus die Demokratie. Inmitten enger Grenzen war Deutschland einer echten Hauptstadt beraubt, um die es sich hätte gruppieren können, in Länder aufgeteilt, deren Eigenleben der Nationalsozialismus erstickt hatte und deren Rivalität solidarisches Handeln verhinderte. Es war einem Statut unterworfen, das eher ein Joch als eine Schranke war, das ihm gewisse Souveränitätsrechte vorenthielt und es dem Ausland unterordnete, und im Innern war es unentschieden, wie es sich zum belastenden Erbe der Vergangenheit stellen solle. Erstaunt, nach einem Ausbruch des Wahnsinns wieder ein bürgerliches Leben beginnen zu können, vertraute sich die Bundesrepublik zu ihrem Glück einem majestätischen, ungestümen Siebziger an, der aber seine Ungeduld und seinen Unwillen dermaßen gut in der Hand hatte, daß sein Land auch davon profitierte. Während die Deutschen, von ihrer Vergangenheit zugrunde gerichtet, im Ungewissen über ihre Zukunft, sich noch selbst prüften, schritt Adenauer bereits geradenwegs auf das Ziel zu.

Wer hätte gedacht, daß zu allen Problemen, die sich Westdeutschland stellten und die es selbst anderen stellte, ebenso rasch und ebenso unausweichlich das seiner Wiederbewaffnung hinzukommen sollte? Kaum hatte ich Berlin und Frankfurt verlassen, als bereits die ersten Gerüchte umliefen. Ich raffte mich dazu auf, sie abzutun in der Hoffnung, sie noch im Keim zu ersticken. Hatte ich nicht Gründe zu der Annahme, daß wir von dieser Wiederbewaffnung sehr weit entfernt waren? In dieser Frage waren die Regierungserklärungen von einer Deutlichkeit gewesen, die unsere Haltung irreversibel erscheinen ließ. Als Pierre Cot Besorgnisse äußerte, antwortete ihm der Außenminister am 25. Juli 1949 vor der Nationalversammlung: »Das ist der ungeheuerlichste Irrtum, den man in diesem Bereich begangen hat.« Und am 13. Dezember sagte er vor dem Rat der Republik: »Die europäische Armee ist nur ein Phantasiegebilde. Welcher Organismus sollte das Recht haben, sie zu schaffen? . . . Wollte man Deutschland direkt oder indirekt wiederbewaffnen, hieße das, es als Mitglied in das System des Atlantikpakts einzugliedern, es in den Pakt hereinzulassen . . . Deutschland ist entwaffnet. Es verfügt über keine Kriegsindustrie mehr. Sie wurde restlos demontiert. Es müßte von außerhalb Waffen erhalten, amerikanische Waffen, die wir selbst brauchen. Deutschland würde also zu unserem Nachteil den Vorrang haben. Glauben Sie, daß die französische Regierung das jemals akzeptieren würde? Es ist notwendig, daß ich angesichts des andauernden Wiederauflebens immer der gleichen Utopien hier im Namen der Regierung offen und freimütig Stellung nehme.«

Unsere Festigkeit schien in der Praxis nicht weniger unerschütterlich. Man hatte noch immer Furcht vor Deutschland. Sein Militarismus war uns dermaßen verhaßt, daß wir es sogar in bezug auf die Polizei an Vorsichtsmaßnahmen nicht fehlen ließen.

Nur die Länder waren zur Aufstellung regionaler Einheiten berechtigt, und nicht ohne Lächeln kann man sich der byzantinischen Diskussionen erinnern, die der Anspruch der Bonner Regierung auslöste, regionale Kontingente anfordern zu dürfen, wenn ihre Sicherheit ihr bedroht schien. In Anbetracht der Zahlen, Gegenstand des Streits, wären wir nicht anständig gewesen, hätten wir uns nicht für beruhigt erklärt. Unsere Verbündeten zeigten allerdings nicht die gleiche Wachsamkeit wie wir. Ohne unseren Widerstand wäre sofort eine Bundespolizei geschaffen worden.

Aber was hatte dieses ängstliche Auf-der-Hut-Sein schon zu bedeuten? Lief die Welt nicht eine enorme Gefahr? Eine Gefahr, die nicht mehr von Deutschland ausging, sondern von Rußland, keine hypothetische, sondern eine unmittelbare, die nicht Frankreich allein bedrohte, sondern alle freien Völker des Westens? Jetzt tat es not, daß ein jeder seine Streitigkeiten, seine Vorurteile, seinen nationalen Egoismus zurückstellte und an der Allianz teilnahm, die unter der Führung von Washington den Ambitionen der Sowjetunion einen Riegel vorschieben würde. Mit dem Abschluß des Atlantikpakts traten wir in ein System ein, in dem naturgemäß der Stärkste seine Konzeptionen und Entscheidungen durchsetzen konnte. Die Vereinigten Staaten hatten freilich schon vorher die Führung übernommen. Indessen verfügten sie von nun an über ein Instrument, das es ihnen gestattete, die Kräfte zu koordinieren, eine Disziplin einzuführen und ihren Vorrang zu legalisieren. Später sollten wir ihr Vordringen ebensosehr bedauern, wie wir ihnen für ihren Schutz – auf ewig – zu Dank verpflichtet sind.

Der Koreakrieg, der im Juni 1950 ausbricht, gilt als das Ereignis, das die Amerikaner dazu bewog, die Wiederbewaffnung der Bundesrepublik zu fordern. Doch hatten sie schon vorher daran gedacht. Es wäre in ihren Augen töricht gewesen, sich der Beihilfe der Westdeutschen zu berauben, die Kraft, die sie darstellten, nicht zu nutzen und sie außerstande zu lassen, ihr Gebiet im Fall eines Angriffs zu verteidigen. Die Amerikaner stehen inzwischen immer weniger allein mit dieser Ansicht. Sie übertragen sie auf andere.

Im Atlantikrat, der im September 1950 zusammentritt, sehen wir uns isoliert. Die Washingtoner Regierung schlägt die Aufstellung deutscher Einheiten bis zur Divisionsstärke vor, und der am 28. Oktober in Washington einberufene Ausschuß der Verteidigungsminister soll die Frage des eventuellen deutschen Verteidigungsbeitrags für Westeuropa erörtern. Das Wort »eventuell« ist hier nur eine Formsache; das muß uns klar sein. Es ist eine diplomatische Floskel, die lediglich uns zuliebe in das Kommuniqué aufgenommen wurde. Übrigens haben wir, wenn wir das Programm und seine Formulierungen anfechten, im Prinzip bereits nachgegeben. Es geht nicht mehr darum, ob die Bundesrepublik an der Operation teilnehmen wird, sondern darum, wie dies geschieht. Nach allgemeiner Ansicht sollte man nicht zögern. Wäre es nicht das einfachste, sie sogleich in das Atlantische Bündnis einzugliedern?

Es lag auf der Hand, daß sich der Wiederbewaffnung der Bundesrepublik, in welcher Form auch immer, fortan nichts in den Weg stellen würde. Sie hatte ihren Platz in dem einen der beiden Lager des kalten Krieges. Man brauchte die militärische Mitwirkung der Deutschen. Auf alles andere kam es nicht an. Es hätte erheblicher Phantasie bedurft, eine Lösung zu finden, mit der man die Deutschen zwar zur Beteiligung an der gemeinsamen Anstrengung verpflichtet, sie aber gleichzeitig daran gehindert hätte, wieder von neuem die Uniform anzuziehen. Man bereitete sich auf einen globalen Krieg vor. Aus dem jüngsten Konflikt hatten die Menschen lediglich die Lehre gezogen, wie man sich gegenseitig mit größter Perfektion vernichtet. Die Sowjets besaßen auch ihrerseits die Atombombe!

Einige Jahre später sollte ich erfahren, daß ein deutscher Abgeordneter die Partei wechselte, weil er befürchtete, die Wiederbewaffnung Deutschlands werde in einem geteilten Europa eine weitere Ursache für Konflikte darstellen. Er heißt Gustav Heinemann und wird später der hochangesehene Bundespräsident der Bundesrepublik sein. Wie aber reagiert Adenauer – von dem alles abhängt – auf das immer deutlichere Gemurmel und auf die Appelle aus Washington? Von dem Gedanken an eine mögliche Invasion aus dem Osten verfolgt, macht er mit jugendlichem Elan die Sicherheit seines Landes zum Lieblingsthema seiner Intervention. Im August 1950 geht er sogar so weit, vor aller Öffentlichkeit die Schaffung einer Bundeswehr zu fordern. Den Hohen Kommissaren gegenüber – die das nicht überrascht und die ihn deswegen nicht weniger bewundern – weist er nachdrücklich und beredt auf die Macht Rußlands hin, auf die russischen Machenschaften und auf die Beunruhigung der deutschen Bevölkerung bei dem Gedanken, daß nur hundert Kilometer jenseits der Grenze fünfundzwanzig sowjetische Divisionen stehen. Seine offenen Worte machen Eindruck. Beruhen sie nicht auf einer beängstigenden Realität? In solchen Augenblicken wirkt der Kanzler imponierend; seine Informationen sind präzis, sein Ton ist würdig, um seinen Worten Nachdruck zu verleihen, trommelt er mit den Fingerspitzen auf den Tisch.

Während Adenauer Westdeutschland in düsteren Farben schildert, als ein Land ohne Reiz für seine Bewohner, die in ihrer Apathie schon den bloßen Gedanken an eine Wiederbewaffnung fast mit Abscheu von sich weisen, versichert er andererseits, daß sich eine 150 000 Mann starke Bundestruppe begeistert mit der Volkspolizei schlagen würde, die Moskau in seiner deutschen Besatzungszone aufgestellt hat. In der Umgebung des derzeitigen Bundespräsidenten Theodor Heuss, eines hochgebildeten Literaten und liebenswürdigen Liberalen, fragt man sich, ob der Kanzler nicht zu weit gegangen sei? Seine hohen Verdienste, sein Prestige schützen ihn nicht zwangsläufig vor Kritik. Präsident Heuss, der sich dem angesehenen Partner einsichtsvoll anzupassen versteht, ohne in seinem Schatten zu stehen, bricht sein in ähnlichen Fällen übliches Schweigen – das der einhelligen Ehrerbietung, die man ihm entgegenbringt, keinen Abbruch tut –, um bedächtig eine Bemerkung einzuwerfen. Adenauer kümmert sich nicht darum: Geschickt hat er nur einen Teil seiner Absichten verraten. Man solle ihm nicht mit dem Einwand kommen, die Bundesrepublik sei nicht imstande, aufzurüsten! Rasch hat er eine Antwort bereit. Weshalb dürfen die Deutschen nicht dabeisein und denen zur Seite stehen, die sich vereinten, um über die Freiheit zu wachen?

Fünf Jahre nach dem Zusammenbruch des Reiches ist das in der Tat eine Wende!

Die deutsche Jugend, ob im Rheinland, in Bayern oder in Hamburg, neigt insgesamt dennoch mehr zur Melancholie als zum Enthusiasmus. Wie könnte es anders sein. Was für Vorwürfe hat sie der älteren Generation nicht zu machen! Welche Zukunft erwartet sie in einem verstümmelten, gedemütigten Land? An diese Jugend denkt der Kanzler in erster Linie, wenn er von Enttäuschung, vom trostlosen Grau der Umgebung spricht, über die er sich in seinem unerschütterlichen patriotischen Glauben hinwegzusetzen vermag. Nein, diese Jugend hat keine Lust, die Uniform anzuziehen, und die öffentliche Meinung stimmt in der Mehrheit mit ihr überein. Auch fehlt es nicht an Deutschen, die den Wunsch Frankreichs gutheißen, die prinzipielle Entscheidung über die Teilnahme der Bundesrepublik an der Verteidigung des Westens hinauszuschieben. Doch ist diese Zustimmung nicht frei von Bitterkeit. Sie wissen nur zu gut, daß wir die Wiederbewaffnung nicht wollen, weil sie uns Angst macht. Unser dauerndes Mißtrauen halten sie für unvereinbar mit der Politik Schumans und den Bemühungen Adenauers, zu einer echten deutsch-französischen Zusammenarbeit im europäischen Rahmen zu gelangen.

Um die Jungen zu gewinnen, bedarf es eines Ideals, und dieses Ideal ist Europa. Da der Kanzler überzeugt ist, daß die Wiedervereinigung Deutschlands lange auf sich warten lassen wird, und weiß, welche Schwierigkeiten Moskau ihm machen würde, wenn er dieses Problem aufgreifen wollte, sieht er in der Arbeit am Aufbau Europas das Wundermittel, um seine Mitbürger aus ihrer niedergedrückten Stimmung herauszureißen. Über den Nationalismus stellt er die Kooperation, über Deutschland Europa. Hat er den Schuman-Plan nicht spontan begrüßt, sobald er von seiner Tendenz und Struktur Kenntnis erhalten hatte?

Wie wird er reagieren, wenn er von einer neuen französischen Initiative erfährt? Am 24. Oktober 1950 gibt Ministerpräsident René Pleven bekannt, daß wir unseren Partnern die Bildung einer Europäischen Verteidigungsgemeinschaft vorschlagen – bald nur noch EVG genannt. Da nun einmal die Alliierten, allen voran die Amerikaner, Deutschland wiederbewaffnen wollen, und wir schon in diesem Punkt resignieren müssen, gebietet es dann nicht die Klugheit, diese Aufrüstung in einem Rahmen zu vollziehen, von dem der Aufbau Europas profitieren kann?

Konrad Adenauer wahrte indessen zunächst vorsichtiges Schweigen; er witterte eine Falle und mißbilligte gewisse Bedingungen, die Frankreich der Organisation der künftigen Armee auferlegen wollte. Das Schweigen des deutschen Regierungschefs war einerseits darauf zurückzuführen, daß er die Aufnahme der Bundesrepublik in den Atlantikpakt wünschte, was Paris um jeden Preis verhindern wollte, und andererseits auf die vorsichtige Zurückhaltung, die er nunmehr für geraten hielt. Warum sollte die Bundesrepublik Eile an den Tag legen, wenn die Alliierten ihrer Hilfe bedurften? Es war günstiger, sich bitten zu lassen. Einige Tage zuvor hatte sich Adenauer – ausnahmsweise – mit seinem Gegner Schumacher über das französische Projekt verständigt. Es handelte sich um eine nationale Angelegenheit, die für die beiden großen Parteien gleichermaßen wichtig war. Weiter ging ihre Übereinstimmung denn auch nicht. Nur Adenauer war im weiteren Verlauf von dem Projekt angetan.

»Seien Sie doch nicht so beunruhigt, Monsieur Seydoux«, sagte Robert Schuman zu mir, als er meine Frau und mich bei einem Abendempfang am Quai d'Orsay begrüßte. Die ungewöhnlich herzliche Anrede enthielt die Aufforderung, mit meinen Skrupeln Schluß zu machen, die ich unverhohlen geäußert hatte. Obwohl ich nur eine unbedeutende Person war, widmete mir Jean Monnet, der sich noch meines Vaters erinnerte und der wußte, in welchem Konflikt ich mich befand, mehrere Stunden in seinem Amtszimmer in der Rue de Martignac, um mir das Projekt näher zu erklären und mich zu beschwichtigen. Klar und geduldig suchte er meine Zweifel zu beheben. Ich sehe ihn noch vor mir, wie er, rückhaltlos aufgeschlossen und ohne sein hohes internationales Ansehen spüren zu lassen, sich aufrichtig bemühte, seine Überzeugung auf seinen Gesprächspartner zu übertragen. Aber er lieh auch meinen Bedenken ein offenes Ohr. Ich glaube, daß wir uns niemals so nahe gewesen sind wie während dieses Gesprächs, das dennoch, zu unserem gegenseitigen Bedauern, keine Übereinstimmung brachte.

Die Auseinandersetzungen, die sich an der Europäischen Verteidigungsgemeinschaft entzündeten, erreichten Ausmaße, die an die Dreyfus-Affäre erinnerten. An den Verhandlungen war ich nicht unmittelbar beteiligt. Statt dessen bezog ich Position in der allgemeinen Debatte, die in ihrem Umfang und ihrer Heftigkeit über Jahre hinaus das politische Leben in Frankreich beeinflußte; sie drang in die Parteien vor, die sich darüber spalteten; sie geisterte durch die Gänge des Ministeriums, wo sich Gruppen bildeten, die mit der Sache sympathisierten oder nicht sympathisierten, an deren Geflüster man erkannte, daß »man darüber sprach«; und sie wirkte sich in Salons, Restaurants und sogar im Familienkreis auf die Herzlichkeit der Beziehungen aus. Man fürchtete Einladungen, die einen mit Gästen zusammenbrachten, deren Ansicht von der eigenen abwich. Wenn man über das Thema diskutierte, geriet man sofort in Streit; vermied man es, fühlte man sich frustriert.

Das Thema lag in der Luft. Mir als Beamten, zu dessen Zuständigkeitsbereich »Europa« gehörte, hat man zuweilen den Vorwurf gemacht, zu weit gegangen zu sein. Aber mir schien, hier mußte man sich entscheiden: dafür oder dagegen. Ich war in meiner Meinung unabhängig von den Pressionen irgendeiner Gruppe; die von dieser oder jener politischen Partei vertretenen Ansichten ließen mich völlig kalt. Empfindlicher reagierte ich jedoch auf die kategorischen Bekundungen einiger meiner Freunde.

Es wäre eine törichte und unhaltbare Übertreibung gewesen, zu behaupten, daß in diesem unblutigen Kampf um die Europäische Armee auf der einen Seite die Europäer, auf der anderen Seite die Patrioten standen. Einer solchen Einteilung hätte ich niemals zugestimmt. Zu den Franzosen, die sich leidenschaftlich für die EVG einsetzten, gehörten viele, die ich respektierte, ohne sie zu verstehen. Dieser Elite schadete jedoch die Masse derer, die nur wenig Ahnung von der Sache hatten, sich aber als hundertprozentige Europäer gebärdeten und Frankreich leichten Herzens den Rükken kehrten. Sie äußerten sich unzufrieden, ärgerlich, geringschätzig über ihr Land und betrachteten es mit falschem Bedauern, statt es zu achten und zu lieben.

Warum meinte man, ich sei kein Europäer? Ich protestierte gegen diese Beschuldigung. Bestand nicht noch eine andere Möglichkeit, ein Europa zu bauen, als jenes, das man uns suggerieren, uns aufzwingen wollte? Weshalb sollten wir einen Teil unserer Souveränität, ja sogar die Repräsentation unseres Landes an internationale, supranationale Instanzen abtreten, ihnen Wesentliches von unserer Tradition, unserer Existenz ausliefern? Ich weigerte mich, das als notwendig anzuerkennen. Frankreich würde einen Verlust erleiden, ohne daß es, wie mir schien, eine Möglichkeit gab, die entstehende Leere zu füllen. Einige Jahre später fragte mich Maurice Faure, ob ich wie er der Meinung sei, die Europäische Verteidigungsgemeinschaft hätte das Kap der Stürme anläßlich der Frage, ob England das siebente Mitglied werden würde, siegreich umschiffen können. Ich stimmte ihm zu.

Aber selbst wenn uns der Sprung, den wir vollziehen sollten, durch die Beteiligung Englands erleichtert worden wäre, hätten sich meine Ansichten über die EVG nicht wesentlich geändert. Mir ging es um Frankreich, ohne Vergleiche mit anderen, ohne Urteile über andere, um Frankreich allein. Ich bedauerte, daß die Entwicklung der Ereignisse, die uns zwang, die Bundesrepublik wieder zu bewaffnen, uns auch noch dazu bewegen sollte, Frankreich zu desintegrieren. Man verurteilte uns zu einem System, dessen eklatantesten Fehler meiner Meinung nach daher rührten, daß wir es erfinden mußten, um aus der Sackgasse herauszukommen, in die uns sowohl die Forderungen unserer Verbündeten als auch die außergewöhnliche Situation Deutschlands gebracht hatten.

Diesen Forderungen und dieser Situation mußte die französische Regierung weitgehend Rechnung tragen. Es fehlte also nicht an Argumenten, deren sich die Regierung um so ausgiebiger bediente, als die Europäische Verteidigungsgemeinschaft sich ihrer besonderen Gunst erfreute. Neben der Montanunion sollte sie eine tragende Säule des erwünschten Europa werden. Einmal mit der Angelegenheit betraut, handelten unsere Verhandlungsführer, voran Robert Schuman, keineswegs unter Zwang. Ihre

Überzeugung stand der Erbitterung ihrer Opponenten nicht im mindesten nach. Ein Mißerfolg hätte für sie das Ende einer großen Hoffnung bedeutet. Und welch ungeheure Arbeit mußten sie leisten, um die technischen und juristischen Schwierigkeiten zu lösen, hinter denen sich nur zu oft die Eigenliebe der sechs Partner verbarg! Zudem hatte die EVG, weniger beliebt als die NATO, zu Anfang keine gute Presse. Im Ausland machte man uns den Vorwurf, wir hätten sie nur erfunden, um der Bundesrepublik den Weg in den Atlantikpakt zu versperren. Es wäre so einfach gewesen, sie dort ohne alle Umstände einzugliedern. Wir komplizierten und verzögerten die Dinge lediglich.

Aber bald dreht sich der Wind. Die tatkräftig vorangetriebenen Verhandlungen stehen in Bonn und in Rom im Vordergrund des Interesses. Ende November 1950 hat unser Außenminister in Straßburg vor dem Europarat einen bemerkenswerten Erfolg. Ein Jahr darauf, am 10. Dezember 1951 und im gleichen Kreis, hört man seinen Ausführungen über die künftige Armee, insbesondere über ihre Widerstandskraft, die durch die Integration in weit höherem Maß garantiert wird als durch ein Bündnis, mit gesammelter Aufmerksamkeit zu. Auch die Amerikaner befreunden sich mit der EVG, erscheint sie doch besonders geeignet, der Rivalität zwischen Deutschland und Frankreich auf immer ein Ende zu machen und die beiden einstigen Gegner in dem entscheidenden Moment auf die gleiche Ebene zu stellen, in dem sich alle Gutwilligen vereinen müssen, um dem ausgreifenden, drohenden Kommunismus entgegenzutreten. Worauf warteten eigentlich die sechs bereits in der Montanunion verbundenen Länder noch, um sich nach dem Beispiel der Vereinigten Staaten zu einem einzigen Staat zusammenzuschließen? Das waren Überlegungen und Wünsche, die eine völlige Unkenntnis der europäischen Geschichte und der in ihrem glorreichen Verlauf entstandenen Gegensätze verrieten. Diese – freilich begreifliche – Unkenntnis trat im Herbst 1951 in Straßburg bei Gelegenheit einer Sitzung deutlich zutage, an der europäische Parlamentarier und amerikanische Kongreßmitglieder teilnahmen. Welche Unwissenheit bei den letzteren – sonst so ermutigenden, hochherzigen Männern!

Die in Vorbereitung befindliche EVG gefiel Washington um so besser, als sie sich ihrerseits in die NATO einfügte. Sie war somit ein Zweig des amerikanischen Baumes. Man fragte sich nicht, ob das in Bildung begriffene Europa auch europäisch sein würde. Es wird atlantisch sein, das heißt aufs engste mit Amerika verbunden. Man war bereits so sehr daran gewöhnt, daß man nichts dabei fand. Wir hätten nicht gewagt, der Macht zu widersprechen, von der das Schicksal der Welt und in hohem Maß auch das unsere abhing. Der Botschafter David Bruce war stark an der Ausarbeitung des Vertrages beteiligt. Man erbat seinen Rat, seine Unterstützung sowie auch die Eisenhowers. Bruce, ein Diplomat von Rang, hat mir später wiederholt seine Freundschaft bekundet; doch wenn er es für opportun hielt, erinnerte er daran, welche Bedeutung in den Augen seiner Regierung das Prinzip der Nichtdiskriminierung zwischen den sechs Mitgliedern der Gemeinschaft hatte. Selbstverständlich galt diese Ermahnung uns.

Was Adenauer betraf, so nahm er dies alles mit Befriedigung zur Kenntnis. Von Anfang an hatte er seine Abneigung gegen jede Übereinkunft, die nicht auf vollkommener Gleichheit beruhte, deutlich zu verstehen gegeben. Unbeirrt und des Einverständnisses der amerikanischen Außenminister – zuerst Dean Acheson, dann Foster Dulles – sicher, äußerte er seine Bestürzung, sobald man am Verhandlungstisch von der von ihm vorgezeichneten Linie abzuweichen schien. Sein Beauftragter, Theodor Blank, den er im Hinblick auf seine gewerkschaftlichen und antimilitaristischen Neigungen geschickt ausgewählt hatte, erwies sich als in diesem Punkt nicht weniger empfindlich. Diese Hartnäckigkeit kam uns durchaus nicht gelegen. Wir fragten uns, ob es Westdeutschland nicht gelingen würde, in der europäischen Armee eine überragende Stellung einzunehmen, und ob man nicht, um dem zu begegnen, Vorbehalte vorsehen sollte, mit denen wir unser Mißtrauen zum Ausdruck bringen könnten. Vor allem waren wir darauf bedacht, die Freiheit der Deutschen auf dem Gebiet der Waffenproduktion zu beschränken. In Bonn wie in Paris überbot man sich in der Suche nach Formeln, die uns beruhigen konnten, ohne die deutsche Eigenliebe zu verletzen.

Wird man das Gleichgewicht in Europa, das Gleichgewicht zwischen Deutschland und Frankreich lange aufrechterhalten können? Wird Deutschland nicht aus dem Rahmen ausbrechen, auf den man es zu beschränken glaubt? Werden unsere Alliierten nicht, falls die sowjetische Gefahr sich zuspitzt, die ersten sein, eine Vergrößerung des deutschen Kontingents zu fordern? Naturgemäß stellten sich solche besorgten Fragen vor allem jene Franzosen, denen die Last unserer Aufgaben und Verpflichtungen rund um die Welt keine Ruhe ließ. Unsere Aufmerksamkeit, unsere Anstrengungen, unsere Kräfte waren weit über die Grenzen des Kontinents hinaus beansprucht. Angesichts des Krieges in Indochina, der Unruhen in Nordafrika erfüllte uns ein Gleichgewicht im europäischen Bereich, das mehr fiktiv als real sein würde, mit Besorgnis. Robert Schuman selbst machte Acheson auf das Risiko einer Gewichtsverlagerung zu unserem Schaden aufmerksam.

Die Bundesrepublik wird noch deutlicher. Ist es normal, daß ein Land, aus dem ein Bundesgenosse werden soll, ein Besatzungsstatut ertragen muß ähnlich einem Kolonialgebiet?

Der Kanzler beklagt sich. Man beweist ihm mühelos, daß seine Vorwürfe unberechtigt sind, daß die Bilanz seiner Politik positiv, ja großartig ist. Er möge sie lediglich einmal mit den Resultaten vergleichen, die seine Vorgänger in der Weimarer Republik nach 1918 erreicht hätten! Er ist zu ehrlich, um das nicht zuzugeben. Aber, antwortet er, will man nun ein Europa aufbauen oder nicht? Will man Frankreich und Deutschland versöhnen oder nicht? Es muß jetzt vorwärtsgehen. Und wir gehen in der Tat sehr weit, unter dem Druck der Bonner Regierung, unter dem Einfluß von Amerikanern und Engländern, aber auch in der Einsicht, daß wir selbst unsere Wahl getroffen haben. Die Hohe Kommission, Symbol der Zeit der Knechtschaft, soll verschwinden, und mit ihr die Mehrzahl der Schranken, die man gegen das Ansteigen einer unwiderstehlichen Strömung errichtet hatte.

Dennoch erlangt die Bundesrepublik ihre volle Unabhängigkeit noch nicht. Wir widersetzen uns ihrem Wunsch, ihre sämtlichen Beziehungen zu ihren früheren Siegern, einschließlich der Frage der Besetzung, auf vertraglicher Basis zu regeln. Bei dieser Gelegenheit nehmen Paris, London und Washington einmal ohne zu zögern die gleiche Haltung ein. Ein Verzicht der drei Mächte auf ihre Hoheitsrechte hätte zugleich unsere Vorstellungen von der Regelung des deutschen Problems und vom Schicksal Berlins über den Haufen geworfen. Er hätte unweigerlich zum Bruch mit Rußland geführt, wodurch wir uns obendrein das Odium aufgeladen hätten, die endgültige Teilung Deutschlands und Europas veranlaßt zu haben.

Obwohl die Beziehungen zwischen den Westmächten und der UdSSR gespannt sind, vermeidet man es doch auf beiden Seiten, sie ganz abzubrechen. Hat der Krieg mit seinen gemeinsam erduldeten Schrecken diesen Widerwillen gegen einen endgültigen Bruch erzeugt? Wird Deutschland trotz seiner Teilung auch weiterhin in uns den alten Alptraum wiederaufleben lassen? Sagt man sich in Washington, London und Paris, daß man, wenn der Faden einmal abgerissen ist, die Gespräche niemals wieder anknüpfen kann? Immer wieder gewinnt man den Eindruck, daß die Sowjets jene Sitzung des Kontrollrats vom 20. März 1948 bedauern, die durch ihre Schuld so unabsehbare Folgen hatte, daß sie der Zeit nachtrauern, in der sich die vier Oberbefehlshaber noch regelmäßig in Berlin trafen – übrigens ohne die geringste Hoffnung auf eine Verständigung. In den Noten, die sie an uns wie an die Engländer und Amerikaner richten und in denen jedesmal von der Schaffung einer provisorischen Regierung für ein Gesamtdeutschland die Rede ist, können wir keinen Ansatzpunkt für eine ernsthafte Diskussion entdecken. Diese Noten lassen die Voraussetzungen völlig im ungewissen, auf die eine solche Regierung ihre Autorität, sei sie noch so wenig legitim und unparteiisch, gründen könnte, während sie unserer Meinung nach das Ergebnis eines zur Wiedervereinigung führenden Prozesses sein müßte. Wir können lediglich feststellen, daß der Kreml nicht ungern die Umwandlung Westdeutschlands in einen fast souveränen Staat verzögern oder verhindern würde, daß er aber keineswegs bereit ist, den Preis dafür zu zahlen. Seine Haltung hat sich seit dem Sommer 1948, als ich Chataigneau hinter den Kulissen assistierte, nicht geändert. Aber auch wir beharren auf unserer Position: Die Wiedervereinigung kann nur aufgrund freier Wahlen stattfinden.

Trotz dieser grundlegenden Meinungsverschiedenheiten möchte man glauben, daß eine Konferenz der vier Außenminister nicht vollkommen nutzlos sein könnte. Man will vor allem der Weltöffentlichkeit, damit sie sich nicht täuschen läßt, demonstrieren, daß die Sowjets mit ihrer beharrlichen Forderung nach der Einheit Deutschlands nur eine heuchlerische Taktik verfolgen.

Zur Vorbereitung der Konferenz fanden sich die Stellvertreter der Minister am 6. Mai 1951 in Paris im Palais Rose zusammen. Die Sitzungen zogen sich bis zum 21. Juni hin. Vergeblich. Gegenüber einem Gromyko, der kaum zu bewegen war und ihnen immer wieder auswich, verbrauchten seine drei Kollegen ihre Argumente und ihre ganze Geduld. Alexandre Parodi, der unsere Delegation leitete, frappierte mich durch seine ruhige Entschiedenheit und die Gabe, sich unverblümt zu äußern, ohne jemanden zu verletzen. Die unter dem Deckmantel einer kalten Höflichkeit gewechselten Worte waren häufig sehr scharf, allerdings nicht in dem Maße wie eine Passage des Kommuniqués, das die drei Westmächte einige Monate später an die Sowjetunion richteten. Sie war eine Entgegnung auf die Vorwürfe der Sowjets wegen des angeblich in Westdeutschland wiedererwachenden Militarismus und ging in einer schneidenden Randbemerkung so weit, das Zusammenspiel von Hitler und Stalin zu erwähnen. Ferner hieß es darin: »Wenn die Westmächte ihre Sicherheit bedroht sehen, so deshalb, weil in den letzten fünf Jahren eine Reihe bedeutender europäischer Länder infolge eines Staatsstreichs oder anderer, unmittelbar von der UdSSR inspirierten Manöver ihre Unabhängigkeit verloren haben, und andererseits deshalb, weil auf Korea, das einzige von amerikanischen Truppen evakuierte Land, sechs Monate danach ein bewaffneter Angriff erfolgte.«

Das war der Ton. Die Bonner Regierung hätte es sich nicht besser wünschen können. Dennoch fühlte sie sich nicht völlig sicher, ehe man nicht diesen Kontakten, die sich über ihren Kopf hinweg abspielten, ein Ende machte – wenn sie auch keineswegs freundlich waren. Wußte man doch nie, was die Russen alles erfinden konnten, durch welches Angebot sie uns einzufangen versuchen würden. Die Alliierten ihrerseits hätten es nicht gern gesehen, wenn Adenauer, so groß ihr Vertrauen zu ihm auch sein mochte, einen vom Osten ausgehenden Vorschlag erhalten hätte, der sie in Verlegenheit bringen konnte. Am 1. Dezember 1950 hatte der Regierungschef der sowjetischen Zone, Otto Grotewohl, den Kanzler zu Gesprächen über die Wiederherstellung der deutschen Einheit und den möglichen Abschluß eines Friedensvertrages eingeladen. Adenauer war zu klug, um in die Falle zu gehen. Aber würden seine Mitbürger ihm immer folgen? Würden sie ihn nicht eines Tages zwingen, sich weniger negativ und entgegenkommender zu zeigen? Der Köder konnte das nächste Mal verlockender sein. Die Wiedervereinigung gehörte nicht in den Bereich der Träume oder Illusionen. Sie war ein Teil des öffentlichen Lebens und entsprach der Hoffnung vieler Menschen. Bei den Verhandlungen der Sechs, sei es über Kohle oder über die Armee, konnte man den Gedanken an sie nicht ausschalten. Was würde aus den europäischen Gemeinschaften werden, wenn aus der Bundesrepublik wirklich wieder ein Deutschland wurde, wenn sich ihre fünf Partner anstatt einem Land von 60 Millionen Einwohnern, das ohnehin am stärksten bevölkert war, einem Staat von 80 Millionen Einwohnern gegenüber sahen? Dieser Staat würde das wiedervereinte Deutschland sein! Im Fall einer solchen Metamorphose würde man ihm zugestehen müssen, zwischen einem Verbleiben oder Nichtverbleiben in den Gemeinschaften zu wählen. Doch hätten dann auch die anderen die gleiche Möglichkeit der Wahl, wieder in die Unabhängigkeit zurückzukehren, wenn ihnen das Zusammenleben nicht mehr akzeptabel erschien? Man ließ die Frage in der Schwebe, um den Eindruck zu vermeiden, die mögliche Aussicht auf eine Wiedervereinigung könnte uns zu schaffen machen.

Mit der Unterzeichnung vertraglicher Vereinbarungen am 26. Mai 1952 in Bonn, die die Situation der Bundesrepublik beträchtlich verbessern, und mit der Unterzeichnung des Vertrages über die Gründung der Europäischen Verteidigungsgemeinschaft in Paris am Tag darauf ist ein wichtiger, wenn auch nicht entscheidender Schritt – bis zur Ratifizierung wird es noch weit sein – auf dem Weg getan, den wir seit zwei Jahren beschreiten. Bis zur letzten Minute sah sich Schuman vor großen Schwierigkeiten. Er war bereits an den Ufern des Rheins, als die Regierung ihn ersuchte, wegen heftiger Einwände im Parlament, die die Annahme des Vertrags durch die Nationalversammlung und den Rat der Republik schwer in Frage stellten, sich unverzüglich mit dem amerikanischen Außenminister ins Einvernehmen zu setzen. Wenn die Sache nicht im letzten Augenblick scheitern sollte, mußten wir uns zumindest darauf berufen können, daß Washington uns ebenso wie in Indochina und Nordafrika beistehen und unterstützen würde. Dieses Gegengewicht brauchten wir als moralische Deckung, um unser Gewissen zu beruhigen. Schweren Herzens zieht sich der Außenminister mit den wichtigsten Mitgliedern der anderen Delegationen zurück. Die Stunde der Unterzeichnung verschiebt sich um bange Augenblicke. Eine Wolke zieht vorüber. Endlich greifen die Minister zur Feder.

Fortan wird das Inkrafttreten der Vereinbarungen und des Vertrages vom Parlament abhängen. Darf man annehmen, daß es sich gegen den Strom stellen und sich einer Politik versagen wird, die so deutlich den französischen Stempel trägt? Schuman ist unbeugsam. Er ist nicht nur fähig, durchzuhalten, sondern auch dem Schicksal seinen Willen aufzuzwingen, um etwas durchzusetzen. Aus seiner Sicht besteht da eine offensichtliche Logik. Der Minister nimmt sich vor, und er kann sich dabei auf einen Artikel des EVG-Vertrages stützen, die Montanunion und die Verteidigungsgemeinschaft durch eine politische Gemeinschaft zu ergänzen, die den Bau vervollständigen und ihm seine volle Bedeutung verleihen wird. Die beiden Säulen, die das künftige Europa tragen sollen, werden nicht mehr allein dastehen. Die Konstruktion wird harmonischer sein, sie wird mehr als bisher ein Ganzes darstellen, an dem die Kritik sicherlich abprallen wird. Wieder einmal behandeln wir die Engländer mit Vorsicht, vor allem in unseren Reden, denn wir haben nicht die Absicht, sie zu reizen. Eher als mit den Deutschen – denn das könnte schließlich Eifersucht erwecken – verständigen wir uns mit den Italienern und entwerfen mit ihnen einen Plan, in dem die supranationale Note überwiegt. Die Fachleute der sechs

Länder, die am 4. Oktober 1952 in Bonn zusammenkommen, erarbeiten gemeinsam einen Fragebogen, der die Aufgabe einer ad hoc-Versammlung erleichtern soll, ein den Absichten ihrer Regierungen entsprechendes Projekt der politischen Gemeinschaft zustande zu bringen. Unsere belgischen und holländischen Kollegen arbeiten nur schweren Herzens mit. Weshalb? Man tuschelt, sie hätten Angst vor Deutschland. Ist das nicht eine allzu einfache Erklärung? Bedauern sie nicht vielmehr, daß England nicht mitmacht? Damals schon!

Von Europa, an das man entschieden hohe Erwartungen stellt, verlangt man auch, daß es die Regelung der Saarfrage erleichtert. Im Verlauf des Sommers übergeben wir Walter Hallstein den Entwurf eines Statuts im Rahmen einer europäischen Organisation. Frankreich will auf alle politischen Vorrechte verzichten. Wir würden uns mit einer Wirtschafts- und Finanzunion sowie einer Zollunion begnügen. Eine Universität soll gegründet werden, der in gleicher Zahl Vertreter der französischen und der deutschen Kultur angehören sollen. Als guter Diplomat übergeht Hallstein unsere Zugeständnisse mit Schweigen. Nur der wirtschaftliche Aspekt unseres Plans erfreut sich seiner Aufmerksamkeit. Aus guten Gründen. Wir sind noch nicht am Ende unserer Schwierigkeiten.

Als Robert Schuman 1952 den Quai d'Orsay verläßt, sind die deutsch-französischen Beziehungen auf einem »unleugbaren Tiefstand«. Unser Hoher Kommissar in Bonn fragt sich peinlich berührt, wie dem abzuhelfen sei. Der Außenminister ist nicht weniger bedrückt. Aber wer trägt die Schuld daran? Gewisse Tendenzen in Frankreich, die alles andere als wohlwollend sind, wären nicht so ausgeprägt, wenn Deutschland nicht selbst ihr Wiederaufleben und ihr Umsichgreifen provozierte. Was uns beunruhigt, ist Folgendes: Die Bundesrepublik ist in vollem Aufschwung begriffen. Ihre Dynamik und besonders das Verhalten gewisser deutscher Kreise machen uns zu schaffen. Wir erblicken darin eines der Haupthindernisse für die Zustimmung des Parlaments zu den Vereinbarungen und dem Vertrag über die europäische Verteidigungsgemeinschaft. Wir wissen nicht, welche Beweise unseres guten Willens wir Adenauer noch bieten könnten und sind der Meinung, daß es nunmehr Sache der Deutschen ist, Mäßigung zu zeigen. Es wäre uns lieb, wenn die Engländer und Amerikaner ihnen dies nahelegten. Aber sie sind wenig dazu geneigt, denn sie tragen nicht so schwer wie wir an den Lehren der Vergangenheit. Sie sind bestrebt, die Bundesrepublik schleunigst von der politischen und moralischen Last zu befreien, die sie daran hindert, sich unangefochten dem westlichen Lager anzuschließen. Zuweilen gefallen sich unsere Verbündeten sogar mit einer gewissen Treulosigkeit darin, Deutschland gegenüber eine Rolle zu spielen, die die unsere noch schwieriger macht.

Die Überlegungen des Außenministers verraten zweifellos mehr als eine augenblickliche Enttäuschung. Muß er sich nicht als ehrlicher Mann am Vorabend seines Abschieds um den Fortbestand seines Werkes Sorgen machen, dieses Werkes, das ihn an die Spitze der Vorkämpfer der französisch-deutschen Annäherung und der Einigung Europas stellt. In Deutschland wird der Name Robert Schumans von den Generationen, die diese Zeit miterlebten, verehrt. Die Geschichte wird ihm einen hervorragenden Platz bewahren. Wer wüßte dies nicht seit 1952? Für mich war es um so schmerzlicher, daß ich mich von ihm entfernt hatte. Ohne es mir zum Vorwurf zu machen, bedauerte der Minister doch, daß ich ihn nicht besser verstanden hatte. Zweieinhalb Jahre später, einige Monate nach der Abstimmung über die EVG, stattete ich ihm, ehe ich meinen Posten in Österreich antrat, in seinem Büro als Justizminister an der Place Vendôme einen Besuch ab. Er zeigte sich an diesem Tag absichtlich zerstreut und schob die Papiere auf seinem Tisch herum, als suche er nach einem verlegten Dokument. Später, in Bonn, in einer Ansprache bei einem Diner, dem Adenauer präsidierte, machte er eine unmißverständliche Anspielung auf die Komplikationen, die mehrere seiner Mitarbeiter in seiner engsten Umgebung ihm verursacht hatten. Das war zwischen uns das »Ende der Affäre«. Nachher, als die Spannung gewichen war, hatte er sofort wieder sein gewohntes Gesicht.

Georges Bidault kehrt lächelnd ins Außenministerium zurück und fühlt sich sofort zu Hause, als trete er seine eigene

Nachfolge an. Ich habe allerdings den Eindruck, daß er nur von Franzosen wirklich verstanden und geliebt werden kann. Ausländer – die Angehörigen lateinischer Völker weniger als die anderen – setzt er in Erstaunen. Seinen Gesprächspartnern gegenüber tritt er autoritär und kategorisch auf; ebenso verhält er sich am Konferenztisch, wenn jemand Frankreich nicht ebenso hochschätzt wie er, oder wie es sich geziemt. Seine Empfindlichkeit in Sachen Nationalismus läßt ihn leicht aggressiv werden. Die Résistance und die Befreiung haben aus ihm einen Sieger gemacht. Sein Patriotismus bereitet ihm viel Freude und viel Leid.

Das erste Mal, daß ich ihn sprechen hörte, war an einem jener unvergeßlichen Tage gegen Ende August 1944 im Trocadéro. Er hielt eine jener Reden, bei denen seelische Schwingungen die Worte verzaubern oder aber tiefes Schweigen hervorrufen können: Plötzlich erwähnte er den Namen Max, Untergrund-Deckname von Jean Moulin, seinem Vorgänger an der Spitze des nationalen Widerstandsrates. Dann schwieg er, eine endlose Minute lang. Als er fortfuhr, vermochten wir am Ton seiner Stimme zu ermessen, welche von ruhmreicher Tragik beschwerte Wegstrecke Bidault soeben vor uns schweigend an sich vorüberziehen ließ.

Der neue Außenminister war mir sehr sympathisch. Seine hohe Bildung, das Wohlwollen, das seine Frau und er mir entgegenbrachten, erfreuten mich. In seiner Privatwohnung am Quai d'Orsay, wo man vor Dokumenten und Papieren nicht treten konnte, begrüßte er mich voller Zuneigung, ohne mir weder meine Offenheit, meine Besorgnisse noch eine gewisse Heftigkeit zu verübeln, die er in gewissen Fällen aufgrund seiner Stellung nicht immer mit mir teilen konnte. Da er mehr für die europäische Integration eingenommen war als ich, wußte er, daß es ihm nicht gelingen würde, mich zu überzeugen, und mit ein wenig Ironie in Blick oder Bemerkungen nahm er mich wie ich war. In liebenswürdiger Nekkerei gefiel es ihm zu bedauern, daß ich protestantischen Glaubens war. Wie hatten es meine Vorfahren nur fertig gebracht, vom rechten Weg abzuweichen? War der Augenblick nicht gekommen . . .? Während eines Besuches im Vatikan ließ er mich nicht von seiner Seite und half mir aufs herzlichste mit seinen Anweisungen. Ob er nach England, Italien, Amerika, Griechenland, in die Türkei reiste, ich begleitete ihn ganz selbstverständlich, wobei ich den Text des Schlußkommuniqués schon während der Reise vorbereitete, unter einem Berg von Akten förmlich begraben. Ohne ihm vor mir den Vorzug zu geben, aber mit um so mehr Bewunderung für sein Talent und seine Bildung, wählte er als besonderen Berater für seine Unternehmungen immer Roland de Margerie, dessen Erfahrung von unseren ausländischen Kollegen einhellig anerkannt wurde.

Für den Außenminister wie für den Ratspräsidenten René Mayer, steht ein Problem in vorderster Linie: die Zustimmung des Parlaments zum Vertrag über die Europäische Verteidigungsgemeinschaft. Wir müssen es hinter uns bringen. Unsere Verbündeten werden ungeduldig. Was die Deutschen betrifft, haben sie allen Anlaß sich zu beklagen, weil nun einmal das Los der Vereinbarungen, die ihre Regierungsform verändern werden, an das der EVG geknüpft ist. Ihnen schadet die verlorene Zeit! Und unser Zögern ist daran schuld. Sie versäumen nicht, dies auch auszusprechen. Weshalb sollten sie nicht ihren Vorteil aus der Verlegenheit ziehen, in die wir uns selbst gebracht haben?

In seiner jetzigen Form kann der Vertrag weder in der Nationalversammlung noch im Rat der Republik die notwendige Stimmenzahl erreichen. Wenn Bidault auch nicht daran denkt, ihn abzuändern und in neue Verhandlungen einzutreten, setzt er sich doch dafür ein, die ablehnende Stimmung zu überwinden, indem er ihn durch Abmachungen zu ergänzen sucht, die unserer Lage gerecht werden und unserer Eigenliebe Genüge tun. Seine Bemühungen gehen in drei Richtungen. Er macht eine befriedigende Regelung der Saarfrage zur Vorbedingung. Adenauer muß das zur Kenntnis nehmen. Wenn er auf seinem Starrsinn beharrt, wird der Status quo unweigerlich erhalten bleiben. Die Schuld daran hätte er nur sich selbst zuzuschreiben. Aber nicht Deutschland allein hat etwas zu leisten. Wir können nicht zulassen, daß England sich in seine *splendid isolation* zurückzieht. Es ist unbegreiflich und eine Kränkung für uns, daß wir uns immer weiter voneinander entfernen. Zumindest soll England sich verpflichten, die britischen Truppenkontingente, die sich auf dem Kontinent befinden, dort zu belassen. Schließlich sollen fünf »interpretierende und ergänzende« Protokolle – ich höre noch Bidaults schneidende Stimme – dem Vertrag angegliedert werden. Das wichtigste soll zum Inhalt haben, daß das französische Kontingent aus der europäischen Armee abgezogen werden darf, um es nach Übersee entsenden zu können, sollten die Umstände es erfordern. Auf diese Weise würde die Einheit unserer eigenen Armee, ein Grundsatz, auf den Frankreich nicht verzichten kann, stillschweigend gewahrt werden.

Ich will nicht weiter auf die Verstimmung eingehen, die unsere zusätzlichen Forderungen in den anderen Hauptstädten erregen, nicht auf die erbitterten Diskussionen und die steigende Nervosität unserer Parlamentarier, die selbst innerhalb der Parteien in Verfechter oder Gegner der EVG gespalten sind. Im Grund geht es darum, die Abstimmungen hinauszuschieben in der Hoffnung, daß man sich wieder beruhigt und daß sich auf internationaler Ebene etwas ereignet, das uns einen Vorwand liefert, die »Affäre« in der Schublade zu lassen.

Der Minister bezog auch unsere überseeischen Territorien, unser Imperium, mit in seine Überlegungen ein. Er war Europäer. Wer wollte daran zweifeln? Frankreich beschränkte sich jedoch nicht auf Europa. Im Hinblick darauf machte ihm die politische Gemeinschaft nicht geringere Sorgen als die Verteidigungsgemeinschaft. Was die erstere betraf, ging es mit den Dingen so schnell voran, daß wir Gefahr liefen, uns von einem Wirbel von Illusionen mitreißen zu lassen. In Straßburg, im Rahmen der Versammlung, der ihre Vorbereitung oblag, überboten sich Franzosen und Vertreter der anderen Staaten in Eifer und Großzügigkeit. Sie schickten sich bereits an, auf dem Altar Europas die sechs Staaten zu opfern, aus denen es bestand, und strebten geradenwegs auf die Föderation zu. An Zahl und Ungestüm übertrafen sie jene, die wie Michel Debré und der Senator Jean Maroger sie dringend zur Mäßigung und zu realistischem Denken ermahnten. Auch hier hatten wir es mit einem Projekt zu tun, zu dem sich die Regierungen noch äußern mußten.

Eines Abends eröffnet Bidault in seinem Büro, in Gegenwart der Abteilungsleiter des Hauses, eine außergewöhnliche Debatte; er hat zu diesem Zweck Pierre-Henri Teitgen, einen der Apostel der europäischen Föderation, zu uns gebeten. Ihre gemeinsame Zugehörigkeit zur M.R.P., die Freundschaft, die sie verbindet, die Achtung, die Teitgens Persönlichkeit und Engagement hervorrufen, haben ihn zu diesem Meinungsaustausch bewogen. Man gelangt zu der Feststellung, daß Paris nun einmal die Sache anders sieht als Straßburg. In dieser Atmosphäre vollkommenen Vertrauens steuert jeder seine aufrichtige Meinung bei. Der Minister legt mit gutem Grund auf das von mir vorgebrachte Argument Gewicht, daß ein Land wie Frankreich, das weltweite Aufgaben und Besitzungen hat, sich in der politischen Gemeinschaft, so wie sie sich darbietet, eingeengt und behindert fühlen wird.

Den Beratungen der Sechs brachte Bidault, wie ich glaube, nicht die gleiche Sympathie entgegen wie Schuman. Er gehörte nicht zu dem Kreis der großen Europäer Adenauer, de Gasperi, Bech, Spaak, deren enge Verbundenheit und gemeinsame Bestrebungen für eine freilich nur kurze Zeitspanne bezeichnend waren. Von den »heiligen Hallen« hielt er sich stets etwas abseits, darauf bedacht, durch eine gewisse Distanz – wie durch die Originalität seiner Formulierungen – zu erkennen zu geben, daß er nicht allein Europa im Sinn hatte. Er widersetzte sich seinem Aufbau nicht, doch durfte dieser uns nicht einengen und uns nicht daran hindern, als eine der Siegermächte mit weltweiter Verantwortung aufzutreten. Es mußte vermieden werden, daß Frankreich in einem zu engen Kreis erstickte, daß es an Niveau verlor, daß die Vereinigten Staaten, England und die UdSSR zu uns einen Abstand gewannen, den wir schließlich nicht mehr überschreiten könnten. Die Haltung des Ministers war zweifellos von einem dumpfen Mißtrauen gegenüber Deutschland bestimmt, das so unvergleichlich anders war als Frankreich. Daher ärgerte es ihn, als John Foster Dulles belehrend erklärte, es dürfe nicht mehr vorkommen, daß die beiden Länder, denen er die gleiche Schuld an einer beiderseits schweren Vergangenheit zumaß, einander noch einmal angreifen könnten, und die Schwäche der westlichen Zivilisation sei die

Folge eines jahrhundertealten Widerstreits, für den beide Seiten verantwortlich seien.

Vor allem fürchtete Bidault, die Angelsachsen könnten beabsichtigen, uns von der gleichberechtigten Teilnahme an den größeren, die Ost-West-Beziehungen betreffenden Entscheidungen auszuschalten. Wer konnte wissen, was die Zukunft uns bringen würde? Daher legte er vorsichtshalber sogleich, während eines Aufenthalts in London, in einem Memorandum die Kooperation der drei Westmächte in großen Zügen fest.

Wenig später erhöhte Stalins Tod noch die Unsicherheit in der freien Welt. Würden seine Nachfolger ihm an Härte und Unversöhnlichkeit gleichen? Wir hatten immer die Furcht, Moskau könnte Bonn Angebote machen, die verlockend genug erschienen, um alles, was wir gemeinsam mit unseren beiden Verbündeten und im Rahmen des Atlantikpaktes zustande gebracht hatten, über den Haufen zu werfen. Adenauer hatte davor noch mehr Furcht als wir: Würden sich die Sozialdemokraten nicht auf die sowjetischen Köder stürzen, ohne das Gift darin zu erkennen, und den Kanzler des Desinteresses an der Wiedervereinigung bezichtigen? Wir verstanden seine Situation nur zu gut, aber wir hätten es nicht bedauert, den Viermächtestatus in demonstrativer Form wiederhergestellt zu sehen. Franzosen, Engländer und Amerikaner kamen überein, von sich aus eine Konferenz vorzuschlagen, um damit einer russischen Initiative zuvorzukommen, die mit dem trügerischen Bild von den Vorteilen eines evakuierten und neutralisierten Deutschland, das doch nur ein Spielball zwischen den beiden rivalisierenden Blöcken gewesen wäre, bei den Deutschen erhebliche Verwirrung hätte stiften können. Am 21. Mai 1953 gab René Mayer vor der Nationalversammlung den Beschluß der drei Westmächte bekannt, zwecks vorheriger Abstimmung eine Konferenz auf den Bermudas abzuhalten. So wichtig die Nachricht war, sie verhinderte nicht, daß Mayer sofort gestürzt wurde. Nach einer langen Krise wurde er durch Joseph Laniel ersetzt. Die Konferenz fand dann erst Anfang Dezember statt.

Fortan spielte sich die Außenpolitik auf zwei Ebenen ab, auf der globalen und auf der europäischen. Zwischen beiden gab es ein Bindeglied: Deutschland. Es stand immer im Mittelpunkt. Die Franzosen waren nicht allein davon überzeugt. Aber sie waren naturgemäß vom Ernst und der Bedeutung der Probleme, die Deutschland stellte, am meisten betroffen. Am Quai d'Orsay ist man nicht müßig. Es ist keine kleine Sache, eine Begegnung mit den Russen vorzubereiten. Kann man in den Noten, die sie uns wie auch den Engländern und Amerikanern zukommen lassen, mehr oder weniger verschleiert, irgendeinen Ansatzpunkt für ein echtes Gespräch, ein Anzeichen für den Wunsch nach Entspannung entdecken? Die Sachverständigen wollen sich nicht dem Vorwurf aussetzen, die Gelegenheit nicht beim Schopf gepackt zu haben. Aber gerade diese Gelegenheit fehlt. Der Aufstand vom 17. Juni auf dem tristen Schauplatz der sowjetischen Zone ist ein sprechendes Zeichen für die Empfindungen der Deutschen im Osten gegenüber der Macht, die sie beherrscht. Er trägt nicht gerade zur Bereinigung der internationalen Atmosphäre bei. Washington, London und Paris auf der einen Seite und Moskau auf der anderen Seite reden vollständig aneinander vorbei. Dennoch ist das einem Krieg oder dem Schweigen vorzuziehen! Wenigstens verpflichtet die vorgesehene Berliner Konferenz die drei Westmächte zu unausgesetztem Kontakt. Auf die sowjetischen Noten antworten die Drei am gleichen Tag und im gleichen Sinn. Das gelingt ihnen ohne allzu große Mühe, weil sie gleichermaßen bestrebt sind, ihre Solidarität auf dem noch neuen Gebiet der Auseinandersetzung zwischen dem Osten und dem Westen zu bekunden.

Zu dieser Zeit des Kalten Krieges hätte niemand daran gedacht, das atlantische Bündnis in Frage zu stellen. Bidault ist sein warmer Verfechter. Europa und die Vereinigten Staaten liegen an beiden Ufern des Ozeans. Es versteht sich für Bidault von selbst, daß sich die gemeinsamen Organe, die wir auf dem alten Kontinent bilden, dem großen umfassenden Verband einfügen werden, der unter der Führung der Amerikaner steht.

Was müssen wir demnach tun, um die führende Macht der Allianz zufriedenzustellen? Den Vertrag über die Europäische Verteidigungsgemeinschaft ratifizieren – das ist es, was man von uns erwartet. Unsere Ausflüchte, Wünsche, Forderungen sind unseren besten Freunden lästig. Foster Dulles drängt nicht minder. Im Falle einer Ablehnung, soll er im Hinblick auf uns in einem Gespräch mit de Gasperi angedeutet haben, werden sich die Vereinigten Staaten in Europa desengagieren und sich für eine periphere Strategie entscheiden, die sich auf England, Spanien und Nordafrika stützen würde. Diese Vorhaltungen treffen uns um so mehr, als wir gerade in Nordafrika wie auch in Indochina ohnehin keine Ursache haben, uns der Unterstützung von Washington zu rühmen. Jetzt ist nicht der richtige Augenblick, sagt Bidault dem amerikanischen Außenminister, den Nationalismus in Ländern zu stärken, die noch nie Nationen waren, während man ihn in anderen Ländern, die stets Nationen gewesen sind, zu unterdrücken sucht – eine Bemerkung, die sein Bedauern wie auch die Befürchtungen, die ihn heimsuchen, zum Ausdruck bringt.

Dagegen besteht zwischen Dulles und Adenauer bestes Einvernehmen. Dem Kanzler fällt es nicht schwer, sich gegenüber den Franzosen geduldig und gegenüber den Sowjets unbestechlich zu zeigen. Im Weißen Haus und im State Department spielt er die Rolle des privilegierten, unentwegt getreuen Verbündeten. Gegebenenfalls läßt er es sich nicht entgehen, über den Kopf der Hohen Kommissare hinweg zu verhandeln, was sie eigentlich nicht schätzen, zumindest zwei von ihnen nicht. Im Juni 1953 reist Herbert Blankenhorn, der Leiter der politischen Abteilung des Auswärtigen Amtes, über den Atlantik. Auf der Rückreise macht er in Paris Station und wird vom Außenminister empfangen, der ihn nach dem Anlaß seiner Reise fragt. »Die Bonner Regierung befürchtete, während der bevorstehenden Bermuda-Konferenz vergessen zu werden«, antwortet der deutsche Diplomat; er legt Wert darauf, daß keine Deutschland angehende Entscheidung getroffen wird, ohne daß man es zuvor informiert oder zu Rate gezogen hat. Bidault verfehlte nicht, darauf zu antworten: »Wir waren die ersten, die Ihnen die gewünschten Zusicherungen gaben.«

Die französisch-deutschen Beziehungen wären befriedigender, wenn nicht eine besonders schwere Hypothek sie belastete. Von den Bedingungen, die wir für die Vorlage des Vertrags über die Europäische Verteidigungsgemeinschaft bei der Nationalversammlung und dem Rat der Republik gestellt haben, war die einer annehmbaren Lösung der Saarfrage am schwersten erfüllbar. Der Kanzler spielt mit uns wie die Katze mit der Maus. Beständig weicht er uns aus. Er zögert nicht, dem Europarat ein in Bonn erstelltes Memorandum über »die Verletzung der Menschenrechte und der Grundrechte im Saarland« mit der Bitte um Diskussion vorzulegen. Meist jedoch zieht er es vor, diese Organisation zu ignorieren, in der die Saar – wenn auch nicht gleichrangig mit den anderen – vertreten ist, und unter deren Aspekten eine von dem Holländer Van der Goes Van Naters geleitete Kommission einen Plan zur Regelung der Saarfrage ausgearbeitet hat, dem wir zustimmen. Tatsächlich können wir nichts erreichen, ohne die uneingeschränkte Unterstützung der Amerikaner und der Engländer. Wir wissen, daß dies nicht der Fall ist. Adenauer weiß es noch besser als wir. Sein Vertrauen in die Vorsehung ist unerschütterlich. Zwar überragt er alle anderen deutschen Politiker bedeutend, doch zeigt er sich seines Erfolges bei den Wahlen vom 6. September 1953 im voraus so sicher, daß man sich in Kreisen des Auslands, die ihm durchaus gewogen sind, besorgte Gedanken über mögliche Alterserscheinungen macht. Das Ausmaß des Sieges übertrifft seine eigenen Hoffnungen. Nach seinem Triumph wird er fortan, was die Saar betrifft, nicht weniger ausweichend und entschieden sein.

Der Außenminister wählte mich als Leiter der Delegation für die Sachverständigenkonferenz, die mit der Redaktion des Vertragstextes für die politische Europäische Gemeinschaft beauftragt war. Das war aufgrund meines Aufgabenbereichs nahezu selbstverständlich. Zudem konnte er bei mir sicher sein, daß ich nicht weiter gehen würde, als er es beabsichtigte. Seiner Ansicht nach sollte die Neuerung darin bestehen, durch allgemeine europäische Wahlen eine Versammlung zu schaffen, damit die einzelnen Völker auf diese Weise direkt am Aufbau Europas teilnehmen könnten. Die Kompetenzen der neuen Gemeinschaft sollten sich auf die Bereiche der Montanunion und der Verteidigungsgemeinschaft beschränken. Wie man es damals auszudrücken pflegte, würde sie lediglich eine Dachorganisation über den ihr vorausgehenden Gemeinschaften bilden.

Wir hatten harte Kämpfe auszufechten. Einige unserer Partner, allen voran die Deutschen und Italiener, nährten beträchtlich größere Ambitionen, zu denen sie das unrealisierbare Projekt des Straßburger Parlaments ermutigt hatte. Eine ganze Nacht lang diskutierte ich in Baden-Baden mit Hallstein. Boshafterweise verglich mich der Staatssekretär mit Daudets Ziege des Monsieur Seguin. Ich hatte jedoch mehr Glück als das arme Tier und war nicht, nach einer langen Nacht des Kampfes mit dem Wolf, verschlungen worden; es war mir sogar gelungen meine Haut zu retten. Kurz darauf, vor einem Frühstücksbuffet, kam zu meiner großen Überraschung Adenauer auf mich zu und begrüßte mich mit einem Augurenlächeln. Daß sein Vertreter und ich uns offen auseinandergesetzt hatten, war ihm recht: jeder von uns hatte seine Aufgabe erfüllt.

Die Sachverständigen sollten sich einige Wochen später in Rom wiedertreffen. Würde ich dort meine Rückzugsgefechte fortsetzen müssen, oder würde man mir einen Kollegen vorziehen, dessen schon in jungen Jahren erworbenes Ansehen mit der Entwicklung der europäischen Pläne gewachsen war? Bidault zögerte. Die Wahl hatte politische Bedeutung. Joseph Laniel erinnert in seinen Memoiren *Jours de gloire et jours cruels* an die ständig wachsende Erregung, von der zwei Briefe zeugten, die er erhielt. Der eine stammte von Paul Reynaud, der andere von Corniglion-Molinier, beide wollten ihn ermahnen, jedoch in entgegengesetztem Sinn. »Lassen Sie sich die Gelegenheit nicht entgehen«, schrieb der erstere, »Europa ins Leben zu rufen.« »Meine Kollegen und ich fühlen uns durch unser Gewissen verpflichtet, jedes Projekt abzulehnen, ob es nun eine durch allgemeine Wahlen konstituierte Versammlung oder eine supranationale Exekutivbehörde vorsieht«, warnte der zweite. Wirklich trugen auch die Perspektiven, die sich mit der politischen Gemeinschaft eröffneten, nicht zur Beruhigung bei; sie verschärften vielmehr die Polemik. Welche Zukunftsaussichten konnten schon einer Institution offenstehen, deren Errichtung man predigte, ohne die Politik selbst abgesteckt zu haben, die sie im Namen von sechs bisher stets voneinander unabhängigen Ländern mit ganz verschiedenen Interessen und Sorgen verfolgen sollte. Die geringste Uneinigkeit würde sie zusammenbrechen lassen.

Schließlich betraute der Minister unseren Botschafter in Rom, Jacques Fouques-Duparc, mit dem Vorsitz der Delegation. Doch mit seinem Einverständnis würde er ihn nur nominell innehaben, während ich die Verhandlungen führen sollte. Ich hatte Anweisung, allen meinen ausländischen Kollegen, die uns etwa zu Abenteuern verleiten wollten, strikten Widerstand zu leisten. Im Verlauf mehrerer Wochen erzielten wir gemeinsam einige Fortschritte, umgeben von dem Zauber des römischen Herbstes, dessen Glanz sich selbst den trockensten Texten mitteilte und unsere Debatten vergoldete. Von Fouques-Duparc fürsorglich in der Villa Farnese untergebracht, mischte ich mich in aller Morgenfrühe unter eine fröhliche Menge, die bereits die benachbarten Straßen und Balkone bevölkerte.

Von Rom aus flog ich in die Türkei, wo der Ministerpräsident und der Außenminister einen offiziellen Besuch abstatteten. Man hatte mir versichert, der türkische Ministerpräsident Adnan Menderes habe in Anbetracht meiner Stellung aus meiner Abwesenheit geschlossen, daß sein Land in unseren Augen nicht zu Europa gehöre. Es wäre grausam gewesen, ihn bei diesem Verdacht zu lassen, um so mehr als ich seit langem immer wieder betont hatte, wie schmerzlich es mir sein würde, diese Welt zu verlassen, ohne Istanbul bewundert zu haben. Die Stunden, die ich ihm widmen konnte, waren ungewöhnlich, aber leider zu kurz, und ich erwähne nur ungern den Frevel, den ich begehen mußte, indem ich, kaum an den Gestaden des Bosporus angekommen, wieder in die Ewige Stadt zurückreiste, wo ich meinen Stab und meine Akten wiederfand. Wenigstens würde ich nun in Frieden sterben können, freilich in relativem Frieden, da die Kürze meines Aufenthalts bei den Türken natürlich nur dazu angetan war, meine Sehnsucht zu steigern.

Während die Lösung der Probleme kaum Fortschritte machte, ging meine oberflächliche Entdeckungsreise auf unserem Planeten weiter. Im Dezember 1953 gehöre ich zu dem Stab, der Laniel und Bidault nach den Bermudas begleitet. Das Programm der Konferenz ist derart umfangreich und vage, daß es für alle Zeiten bestimmt sein könnte. Wie immer wird man über Europa, vor allem über Deutschland, aber auch schon über Nordafrika und Asien verhandeln. Bereits ehe wir nach stürmischem Flug im sicheren Hafen landen, redigiere ich einen Entwurf für das Schlußkommuniqué.

Wir freuen uns darauf, den Amerikanern und Engländern wiederzubegegnen. Der Kreml freilich hätte es lieber gesehen, wenn wir nicht teilgenommen hätten. Vor der Viererkonferenz in Berlin wäre es für den Westen nicht gut gewesen, ihm diese Genugtuung zu verschaffen. Laniel hat das Pech, fast am ersten Tag krank zu werden. So nimmt Bidault während der ganzen Konferenz seinen Platz ein. Das Gespräch zwischen den Wortführern der drei Delegationen kommt mitunter nur mühsam in Gang, und bisweilen will es scheinen, als höre jeder lieber sich selbst reden als den anderen. Was konnte es schon Gemeinsames geben zwischen Bidault, dem brillanten, ironischen Franzosen, dem berühmten, allein schon geographisch weit von uns entfernten Amerikaner Eisenhower und Churchill, dem einst von der Vorsehung erkorenen Engländer, der schon vor seinem Ableben eine Legende war. Massig in seinem Sessel sitzend, ruhend in seinem Ruhm, an den er indes nicht so gewöhnt zu sein schien, daß er Ehrungen verachtet hätte, war Winston Churchill doch nicht mehr ganz der alte. Wir im französischen Lager wußten seine gewohnte Tirade über unsere Armee, die in einer temperamentvollen Huldigung gipfelte, um so mehr zu schätzen, als er uns im Verlauf dieser angenehmen Tage nicht gerade mit Liebenswürdigkeiten überhäufte. Ihm zur Seite Anthony Eden, damals noch vom Glück verwöhnt, neben dem imposanten Churchill noch jünger aussehend, assistierte er ihm ebenso wirksam wie höflich. Hielt sich der Premierminister nicht strikt an die Linie, brachte Eden als Außenminister, nachdem er sich die Erlaubnis dazu erbeten hatte, die Dinge mit soviel Geschick und Umsicht für seinen Meister wieder ins Gleis, daß es diesem unmöglich gewesen wäre, sich über ein Exposé zu beklagen, das das seine anscheinend nur ergänzte.

Ich werde das für die Würde und Größe Britanniens so typische Paar nicht vergessen. Die drei Verbündeten gingen nicht ohne den wichtigen Beschluß auseinander, sich nächstens wieder zu treffen, dann aber auch mit der Sowjetunion und mit China mit dem Ziel, die Situation im Fernen Osten und in Südostasien soweit wie möglich zu normalisieren.

Den Außenministern der Westmächte gewährt es eine gewisse Befriedigung, am 25. Januar 1954 in Berlin mit den Russen in Verhandlungen einzutreten, obwohl die Konferenz, wie sie wissen, zu nichts führen wird. Ebensowenig wie Molotow wünschen sie etwas an den laufenden Plänen zu ändern. Sowohl der Westen wie der Osten rechnen inzwischen bei der Entwicklung ihrer Politik und Strategie mit den Deutschen, zu denen die eine Seite Vertrauen gewonnen hat, während die andere ihrer Botmäßigkeit sicher sein kann. Niemand nimmt an, daß sich aus den Beratungen, die sich über einen Monat hinziehen, eine Chance für die Wiedervereinigung ergeben könne. Was uns betrifft, so halten wir an dem Grundsatz fest, daß Deutschland seine Einheit nur aufgrund von völlig frei abgehaltenen Wahlen realisieren kann. Die Einheit darf nicht um den Preis der Freiheit erkauft werden. Adenauer denkt ebenso und der größte Teil der Bevölkerung der Bundesrepublik stimmt ihm zu, obwohl man weiß, wieviel Schweres die Ostdeutschen zu erdulden haben. Eine Verständigung mit den Russen ist daher unmöglich.

Aber die Vier sprechen gerne von einem Fünften, besonders wenn dieser Fünfte Deutschland ist. Das lenkt sie von ihren eigenen Sorgen ab, an denen es den Franzosen nicht mangelt. Indochina lastet auf uns, und die EVG zerrt an unseren Nerven. Die Konferenz empfinden wir als wohltuend, weil sie uns wenigstens auf andere Gedanken bringt. Auf seine etwas rauhe Art sucht Molotow unter den Dreien uns ein wenig zu schmeicheln. Als erste werden wir zu einem Diner geladen, zu dem Bidault gebeten wird, sechs seiner Mitarbeiter mitzubringen. Neben François-Poncet, Parodi, Margerie, Gros und Laloy gehöre auch ich dazu. Die Mahlzeit nimmt kein Ende; die Tafel ist üppig und sehr gepflegt. Zudem muß sich jeder von uns erheben und ein paar Worte an seinen russischen Kollegen richten. Schließlich ist niemand mehr übrig außer zu treffen, dann aber auch mit der Sowjetunion und mit China mit dem Ziel, die Situation im Fernen Osten und in Südostasien so weit hätten es endlich hinter uns.« Davon ist mein Trinkspruch natürlich nicht besser geworden.

Es ist fast immer das gleiche Lied. Die Sowjetunion befleißigt sich einer Haltung, die man nur unbeweglich nennen kann. Einen Augenblick lang glaubten wir, sie könnte die Schaffung eines Viererrats begünstigen, um die Konferenz in einer dauernden Verbindung ihrer Teilnehmer weiterzuführen. Damit hätte sie den am 20. März 1948 begangenen Fehler, als sie die Beziehung der vier Siegermächte über den Haufen warf, einigermaßen korrigieren können. Der erwartete Vorschlag kam jedoch bis zum Ende nicht. Auch die Berliner Konferenz hatte umsonst stattgefunden. Trotz seiner Vorbehalte gegenüber den Sowjets hielt Bidault es nicht für richtig, seinem Ärger freien Lauf zu lassen: Die Entwicklung des Konflikts in Südostasien nötigte ihn zur Mäßigung. Einige Monate später, am 7. Mai 1954, fällt die Festung Dien Bien Phu, und am Tag darauf beginnen auf der Genfer Ostasienkonferenz die Verhandlungen über Indochina. Am 12. Juni stellt Joseph Laniel der Nationalversammlung die Vertrauensfrage. Von ihm stammt der Satz – und er konnte es ja besser als jeder andere beurteilen –: »Wegen Indochina wurde ich angegriffen, aber wegen Europa gestürzt.«

Ich bedauerte das Ausscheiden von Georges Bidault. Er hatte mir Vertrauen und Zuneigung zuteil werden lassen. Nie hatte er mir nähergestanden als an jenem Nachmittag im Herbst 1953, als er während einer Rede über die großen Linien unserer Außenpolitik von einem Unwohlsein befallen die Tribüne der Nationalversammlung verlassen mußte. Maurice Schumann, damals Staatssekretär des Äußeren, setzte die Verlesung der Rede fort. Traurig irrte ich, ein Beamter allein mit seiner Sorge um die Regierung, durch das Palais. Der Minister ließ mich zu sich rufen und ich nahm an seiner Bewegung und an seinen Befürchtungen teil. Zum Glück konnte er sich einige Tage später nach Den Haag begeben und an einer Konferenz der Sechs teilnehmen. Damit wurden die böswilligen Gerüchte widerlegt, die bereits über sein Befinden in Umlauf waren. Als Bidault seinen Posten verließ, war auf europäischer Ebene das Problem der EVG noch keineswegs gelöst, während sich am asiatischen und nordafrikanischen Horizont die Wolken zusammenballten.

Viele Jahre später, als ich Botschafter in der Bundesrepublik war, sollte ich ihn in Düsseldorf wiedersehen, wo er einen Vortrag halten wollte. Als er aus dem Zug stieg, murmelte er so bittere Bemerkungen über einen Abwesenden vor sich hin, daß ich ihn naiv fragte: »Sprechen Sie von Chruschtschow?« – »Aber nein, vom General . . .!«

Neugierig beobachtete ich den Nachfolger, den ich in der *Ecole des sciences politiques* flüchtig kennengelernt hatte, wo er schon damals aufgefallen war. Pierre Mendès France, der gleichzeitig Ministerpräsident und Außenminister ist, löst überall leidenschaftliche Stellungnahme aus, selbst bei seinen neuen Mitarbeitern. Man ist entweder für oder gegen ihn. Die verschiedensten Motive und Beweggründe erklären diese Leidenschaftlichkeit. Mich hat er sehr rasch für sich gewonnen. Er ist zwar zu verschlossen, als daß ich zu ihm in so freundschaftliche Beziehungen treten könnte, wie sie Bidault mir gestattete, doch bewundere ich seinen Ernst, seine Energie, seine hohe Intelligenz. Mehr als seine Vorgänger arbeitet Mendès France selbst wie besessen, macht er seinen Willen geltend. Zu den Hindernissen, die die tragische Verwicklung unserer internationalen Probleme vor ihm auftürmt, gesellen sich zunehmend Antipathien, die seine Person erregt. Er begegnet ihnen mit Nichtbeachtung und Zähigkeit. Unter ihm macht am Quai d'Orsay ein Wort Furore, der Terminkalender: Am Soundsovielten beginne ich, dann und dann verhandele ich, und dann und dann schließe ich ab. Zuerst handelt es sich um Indochina, dann um Tunesien. So wichtig Asien und Afrika sind, immer spürt man seine drängende Ungeduld, das wichtige, dringende und hinderliche Problem der Europäischen Verteidigungsgemeinschaft anzupakken. Aber alles zu seiner Zeit. Paul-Henri Spaak, der ihn von Anfang an zur Eile mahnt, erwidert er, daß andere Sorgen ihn an anderen Orten in Anspruch nehmen, und er bestimmt selbst die Tage im August, an denen er zur Verfügung stehen kann.

Da Mendès France es für unmöglich hält, daß die EVG in der Nationalversammlung, geschweige denn im Rat der Republik eine Mehrheit erreichen kann, macht er sich kurz entschlossen daran, sie so weit zu modifizieren, daß sie vom Parlament angenommen werden könnte, jedoch unter Einhaltung gewisser Grenzen, damit unsere Partner nicht aufbegehren. Die Schwierigkeit der Aufgabe lockt ihn. Er krempelt die Ärmel hoch und widmet ihr in Rekordzeit unzählige Stunden. Es werden zwei Gruppen gebildet. Die eine, die aus Befürwortern des Vertrages besteht, soll Artikel für Artikel daraufhin untersuchen, wie man das »Gift« daraus entfernen könnte, das die nationale Atmosphäre verseucht. Die andere unter Führung von Generalsekretär Parodi, der auch ich angehöre, wird damit betraut, den Text durch eine Variante zu ersetzen, die viel weiter geht und ihn in Wirklichkeit so stark verändert, daß von der Europäischen Verteidigungsgemeinschaft lediglich eine Art Verwaltungsbüro für die Waffenproduktion übrigbleibt. Der Ministerpräsident bevorzugt die erstere Lösung, die er von vornherein hatte wählen wollen. Die Veränderungen, die sie enthält, sind begrüßenswert, tun aber den wesentlichen Grundprinzipien der EVG keinen Abbruch: der supranationale Charakter bleibt nahezu gewahrt.

In der Micheline, die uns nach Brüssel bringt, wo Frankreich mit seinen fünf Partnern zur entscheidenden Beratung zusammenkommen will, entfaltet Mendès France eine Abendzeitung, aus der er seinen Begleitern mit erhobener Stimme einen Passus vorliest: »Für den entscheidenden Kampf stützt er sich auf eine brillante Équipe, die vor allem aus Finanzinspekteuren besteht und zu 98 Prozent zugunsten der EVG eingestellt ist.« »Sie fallen nicht ins Gewicht, mein armer Seydoux«, sagte er zu mir. Am nächsten Morgen beim Frühstück, zu dem wir uns in der Botschaft versammeln, teilt man dem Ministerpräsidenten mit, daß in der französischen Presse zwei Artikel erschienen sind, der eine von Robert Schuman, der andere von André Philip. Ihrer Meinung nach täuscht die Regierung sich selbst und täuscht sie auch unsere Verbündeten, wenn sie behauptet, daß der EVG-Vertrag abgeändert werden müsse, um die Zustimmung des Parlaments zu erlangen. Dieser Zustimmung sei er in der Form, in der er unterzeichnet wurde, sicher. Mendès France wechselt die Farbe. Er ermißt die Tragweite des Schlages. Schon vor einigen Wochen hatte ihn eine Mitteilung aus Bonn beunruhigt, die ihn über eine ähnliche Reaktion von seiten des Kanzlers unterrichtete.

Auf den Vorschlag des Ministerpräsidenten, Staatssekretär Guérin de Beaumont nach Bonn zu entsenden, damit er den Kanzler über seine Pläne informieren könne, hatte Adenauer wissen lassen, er sei voll und ganz auf dem laufenden. Seinen Nachrichten zufolge würde das französische Parlament die EVG ratifizieren. Mendès France verzichtete auf die Entsendung des Beamten, dessen Mission ja nun keinen Sinn mehr hatte. Aber wer konnte besser als er über die Einstellung der Repräsentanten der Nation Bescheid wissen? Selbst wenn man annähme, so kalkulierte er, daß sich in der Nationalversammlung eine geringe Mehrheit zugunsten der Ratifizierung fände, gab es im Rat der Republik eine beträchtliche Mehrheit, die dagegenstimmen würde. Die Entscheidung müßte dann wieder an das Parlament zurückfallen, wo für eine zweite Lesung 314 Stimmen erforderlich wären. Ein vergeblicher Versuch!

Wir konnten hoffen, daß auch andere ihre Berechnungen angestellt hätten und zu dem gleichen Schluß gekommen wären. Das war jedoch nicht der Fall. Der Ministerpräsident befand sich seinen Kollegen gegenüber sofort in einer geschwächten Position. Sie warfen ihm vor, die wahre Lage zu verkennen, was sie ihm, Spaak an der Spitze, nicht ohne Härte zu verstehen gaben, und weigerten sich, in eine Debatte über die von uns vorgeschlagenen Änderungen einzutreten. Hätten nur die Delegationschefs daran teilgenommen, hätte das einen Kompromiß erleichtern können. Die Nachricht vom Tode de Gasperis, die sich im Augenblick der Konferenzeröffnung verbreitete, trug noch dazu bei, die Unnachgiebigen in ihrer Haltung zu bestärken. Sie wollten damit einem Staatsmann die letzte Ehre erweisen, der mit Recht als einer der Vorkämpfer eines geeinten, supranationalen Europa galt.

Während dieser beiden Tage wachte man in der Umgebung des Ministers darüber, daß ich mich einer Einmischung in den Ablauf der Angelegenheit enthielt. Für alle Fälle übertrug man mir die Redaktion einer Note über die Saar, die man mich immer wieder zu überarbeiten bat, um irgendwelche Einzelheiten zu verbessern.

Das Ende der Konferenz ist gekommen. Am Fuß der Treppe des Hauses am Boulevard du Régent, unserer Brüsseler Botschafterresidenz, warten wir besorgt auf die Rückkehr von Mendès France. Da kommt er, ein wenig blaß und in Eile, weil er sich noch zu einem Schlußdiner umziehen muß. Er macht mir ein Zeichen, und wir steigen Seite an Seite bis zu seiner Zimmertür hinauf. »Man hat mich nicht anhören wollen«, sagt er zu mir, »und damit sind wir gescheitert«. In diesem Augenblick des Vertrauens und der Entspannung wirkt er tief bewegt und, wie mir scheint, zugleich erleichtert. Bewegt, weil er sich über die Bedeutung und die Konsequenzen der dramatischen Episode keine Hoffnungen mehr macht; und erleichtert, weil er die Situation jetzt in aller Klarheit sieht. Ich glaube seine Gedanken richtig zu deuten, wenn ich davon ausgehe, daß er von dem Wunsch beseelt nach Brüssel gekommen war, mit seinen Partnern eine loyale, auf das Grundsätzliche eingehende Diskussion über den Vertragstext zu führen. Durch ihre Hartnäckigkeit haben sie sich unbestreitbar die Verantwortung aufgeladen. Einer meiner Mitarbeiter, ein gemäßigter Anhänger der EVG, war der Ansicht, sie wäre, trotz gewisser Veränderungen durch die von uns empfohlene Revision, immerhin noch eine EVG geblieben, und es wäre besser gewesen, sie hätte in dieser eingeschränkten Form das Licht der Welt erblickt, als daß sie völlig verschwand. Das ist eine Meinung unter anderen.

Der 30. August 1954 bringt in der Nationalversammlung das Ende des Abenteuers. Am Abend äußert ein hoher Beamter des Quai d'Orsay, der dem Projekt, dessen Risiken er erkannt hatte, nicht gewogen war, nichtsdestoweniger mir gegenüber seine Bedenken: Wie sollen wir nun aus der Sackgasse herauskommen? Haben wir nicht doch unrecht gehabt? Ich antworte ihm, daß wir von nun an die Rolle des Sündenbocks spielen werden. Im Lauf der Jahre werden wir bei jeder Gelegenheit zu hören bekommen: wäre doch nur der Vertrag über die Europäische Verteidigungsgemeinschaft in Kraft getreten! Aber die Zeit wird die Wunden heilen. Und wir brauchen begrabenen Illusionen nicht nachzutrauern.

Der Kanzler in Bonn ist tief bestürzt und spricht von Rücktritt. Aber er ist zu besonnen, um die Nerven zu verlieren. Die Franzosen haben ihn enttäuscht, aber haben sie sich nicht selbst Schaden zugefügt mit der Ablehnung eines Vertrages, den sie bereits unterzeichnet und obendrein auch noch angeregt hatten? In der ganzen Welt wird seine überlegene Ruhe bewundert und unsere Unbeständigkeit verurteilt.

Eine Leere ist entstanden, die so bald wie möglich ausgefüllt werden muß. Wenn wir auf unsere Verbündeten hörten, würden wir uns der einzigen Lösung, die ihnen möglich erscheint, nicht mehr widersetzen: dem Eintritt der Bundesrepublik in den Atlantikpakt. In Paris zittert man angesichts dieser Aussicht. Eine entschiedene Ablehnung durch die Nationalversammlung und den Rat der Republik wäre zu erwarten. Wir würden aus der Charybdis in die Szylla geraten. Selbst innerhalb der M.R.P., der Partei von Georges Bidault, Robert Schuman und Pierre-Henri Teitgen, würde es Abtrünnige geben. Man akzeptiert die Wiederbewaffnung Deutschlands gezwungenermaßen, aber von dem europäischen Deckmantel schamhaft verhüllt. Nein, die Bundesrepublik darf nicht unmittelbar und ohne weiteres in die NATO eintreten! Um diese Schwelle zu überschreiten, muß sie hergerichtet werden, braucht sie einen Paß mit europäischem Visum. Die Gegner der Europäischen Verteidigungsgemeinschaft machten ihr den doppelten Vorwurf, daß sie supranational war und England nicht einschloß. Mendès France macht sich auf die Suche nach dem Talisman, der es ermöglichen könnte, diese beiden Klippen zu vermeiden. Die diplomatische Phantasie kommt in Schwung, und plötzlich leuchtet in den direktorialen Amtszimmern unweit des meinen ein Licht auf: Warum soll man den kaum sechs Jahre alten Brüsseler Pakt, der außer Frankreich, Belgien, Holland, Luxemburg auch Großbritannien einschließt und von der Sorge inspiriert war, sich gegen Deutschland abzusichern, nicht durch einen Vertrag ersetzen, in den dieses zusammen mit Italien einbezogen wird? Diese doppelte Ergänzung wäre ein Kennzeichen für die Wandlung der

Beziehungen zwischen den Siegern und den Besiegten von gestern. Gleichzeitig würde England einem die Mitgliederstaaten der Europäischen Gemeinschaften vereinigenden Verband angehören. In seinem Rahmen wären wir nicht mehr sechs, sondern sieben. Voller Tatkraft ist Eden am 15. und 16. September in Paris. Vierzehn Tage später beginnt in London die Konferenz, aus der die Westeuropäische Union hervorgeht.

Die Zukunft dieser Union wird begrenzter sein, als man ursprünglich gehofft hatte. Dagegen hatte für uns ein Augenblick während der Konferenz geradezu historische Bedeutung: Als Außenminister Anthony Eden im Namen Winston Churchills bekanntgab, daß sein Land sich verpflichte, ständig vier Divisionen auf dem Kontinent zu belassen. Unsere Delegation gab ihrer Genugtuung Ausdruck, und ein besonders qualifizierter Schreiber aus ihren Reihen bereitete ein Dankestelegramm an den Premierminister vor. Mendès France, der ihn darum ersucht hatte, hielt es jedoch für geraten, die enthusiastischen Worte etwas zu dämpfen. Am gleichen Abend war ich bei Massigli gemeinsam mit François-Poncet und einigen meiner Kollegen zum Essen geladen. Alle waren wir ganz und gar für England. Angesichts meiner beiden früheren Chefs wurde meine Vergangenheit wieder vor mir lebendig.

Das Schlußabkommen von London am 5. Oktober 1954 wurde durch eine Reihe von Texten ergänzt, die am 23. des gleichen Monats in Paris unterzeichnet wurden. Die Bundesrepublik ist damit noch immer nicht Herr ihres Geschickes, da die drei Westmächte sich die Oberhoheit vorbehalten, die sie mit der Sowjetunion teilen. Auf dem Gebiet der Remilitarisierung geht die Bundesrepublik Verpflichtungen ein, die ihre Freiheit einschränken. Sie verzichtet auf eigene Atomwaffen und auf den Bau von Unterseebooten. Auf diese Weise bleibt die Hoffnung auf ein Auftauen der Beziehungen zu Moskau erhalten, während die Vorsichtsmaßregeln gegenüber Bonn beibehalten werden. Aus dem diplomatischen Ringen geht Adenauer nicht minder als Sieger hervor. Die Anerkennung einer fast völligen Souveränität dank einer Revision des Deutschlandvertrages von 1952, die Teilnahme an einer europäischen Union, die seinem Land annähernd Gleichheit mit Frankreich und England verschafft und ihm den Zutritt zu der an militärischen und politischen Versprechen so reichen Atlantischen Gemeinschaft gewährt –, all das ist eine keineswegs negative Bilanz. Wie hätte es auch anders sein können! Wir hatten es nicht zuletzt unserem Schwanken und Zögern zu verdanken.

Ahnte der Kanzler damals, daß er seinen bemerkenswertesten Erfolg am 23. Oktober erlangen würde, jenem Tag, an dem er in La Celle-Saint-Cloud im kleinen Kreis mit Mendès France zusammentraf? Besser, als beide es gedacht hatten, kamen sie Schritt für Schritt in der Saarfrage voran. Die Saar erhält im Rahmen der Westeuropäischen Union ein europäisches Statut. Sobald es durch eine Volksabstimmung gebilligt worden ist, kann es bis zum Abschluß eines Friedensvertrages nicht mehr in Frage gestellt werden, wobei niemand weiß, wann ein solcher Vertrag geschlossen werden könnte. Auf wirtschaftlichem Gebiet hat die Bundesrepublik einen deutlichen Vorteil zu verzeichnen: Nach und nach sollen die Beziehungen zwischen ihr und der Saar denen zwischen Frankreich und der Saar angeglichen werden. Der Europagedanke ist offenbar so tief im Herzen der Menschen verwurzelt, daß man am Ergebnis der Volksabstimmung nicht zweifelt. Ein Jahr später wird das Statut nichtsdestoweniger durch eine starke Mehrheit abgelehnt. Nach mehrmonatigen Verhandlungen stimmt Frankreich, dem nicht unbeträchtliche Kompensationen wie die Lieferung von Kohle zu niedrigem Preis und die Zusage einer Kanalisierung der Mosel zugebilligt werden, dem politischen Anschluß der Saar an die Bundesrepublik ab 1. Januar 1957 und, nach einer Übergangsperiode von drei Jahren, auch dem wirtschaftlichen Anschluß zu.

Dieser Sieg der Deutschen wird der Zukunft der deutsch-französischen Beziehungen nicht schaden. Im Gegenteil. Das völlig korrekte Verhalten Frankreichs wird nicht umsonst sein. Das hinderte nicht, daß man im Oktober 1954 an eine sichere Annahme der europäischen Lösung glaubte. Aber was dachte der Kanzler im geheimen davon und mehr noch seine Umgebung? Hegte man nicht schon – warum auch nicht – eine Hoffnung, die dann durch die Abstimmung bestätigt wurde?

Die angespannte Diskussion hat auf beiden Seiten, bei Konrad Adenauer und Pierre Mendès France zu gegenseitiger Wertschätzung geführt. Der Franzose ist erstaunt über die verblüffende Frische des Deutschen, während dieser die geistige Beweglichkeit seines Gesprächspartners bewundert. Sie sind angenehm überrascht, daß sie einander nicht mißfallen. Seit der Brüsseler Konferenz hat man in dieser Hinsicht einen langen Weg zurückgelegt! Adenauer empfand für Mendès France nicht die gleiche Freundschaft – und konnte sie auch nicht empfinden – wie für Robert Schuman. Doch zog er ihn Georges Bidault vor, dessen Abschweifungen und Gedankenflügen er selbst in der Übersetzung nur mit Mühe zu folgen vermochte. An jenem Tag im Oktober zeichneten sich bestimmte Formen der Zusammenarbeit ab, die Gutes erhoffen ließen. Wie es einer unserer Botschafter, der Mendès France nicht mochte, rückblickend einem dem Ministerpräsidenten Nahestehenden gegenüber ausdrückte: »Was für ein Blitzfeldzug à la Bonaparte!«

Die Zufriedenheit sollte nur von kurzer Dauer sein. Der Ministerpräsident will über eine größtmögliche Zahl von Trümpfen verfügen, um die Nationalversammlung und den Rat der Republik zur Billigung der Vereinbarungen von London und Paris zu bewegen. Die Wiederbewaffnung Deutschlands hat ganz entschieden noch immer keine gute Presse. Um sie durchzubringen, bemüht sich die Regierung, die bittere Pille zu versüßen, aber Bonn zeigt keinerlei Eifer, uns dabei zu helfen, und wir bedauern, daß das Treffen von La Celle-Saint-Cloud jenseits des Rheins nicht die erhoffte Wirkung gehabt hat. Es ist freilich nicht überraschend, daß die vorgeschlagene Saar-Regelung bei der öffentlichen Meinung auf Ablehnung stößt. Sie findet, daß die Saar wieder zu Deutschland gehören muß; das ist der springende Punkt, und Europa, das heißt die europäische Lösung, zählt in dieser Angelegenheit nicht. Aber die Auseinandersetzung über die Einzelheiten des Gesetzentwurfs für die allgemeinen Vereinbarungen, mit denen das Treffen vom 23. Oktober endete, gibt uns zu denken. Wir fragen uns, weshalb die Bundesrepublik sich so reserviert zeigt. Besonders verärgert sind wir darüber, mit welcher Kälte sie die Möglichkeiten der

Kooperation bei der gemeinsamen Waffenproduktion abwägt, wie sie sich den sieben Unterzeichnerländern der Westeuropäischen Union oder auch Frankreich und Deutschland allein bietet. Die Deutschen scheinen nicht im geringsten geneigt, sich bei uns mit einem Teil ihrer Waffen zu versorgen, oder sich mit uns über die Errichtung von französisch-deutschen Fabriken zu verständigen, die zum Beispiel in unseren überseeischen Gebieten gelegen sein könnten. Auch in bezug auf die Kanalisierung der Mosel und die Entwicklung des Handels bemerken wir trotz der ermutigenden Zusagen keinerlei Eifer. Was hat Adenauer vor?

Unsere Lage wäre weniger unangenehm, wenn die Vereinigten Staaten ebensoviel Verständnis für unsere Schwierigkeiten wie für die des Kanzlers aufbrächten, der, wie uns scheint, auf parlamentarischer Ebene eine absolut sichere Stellung hat. Aber weder in der Saarfrage noch hinsichtlich ihrer militärischen Verpflichtungen auf dem Kontinent zeigen die Amerikaner die Entschlossenheit, die wir für unerläßlich halten. Könnten wir nur wenigstens in bezug auf Indochina und Nordafrika bei ihnen auf eine eindeutige Haltung, auf ihre aufrichtige Unterstützung rechnen! Gewiß, Frankreich beglückwünscht sich, ein Mitglied des Bündnisses zu sein, das ihm wie auch anderen in der Zeit des Kalten Krieges Sicherheit gewährt. Doch die amerikanische Großmacht, die es dirigiert und beherrscht, leistet uns bei der Lösung der speziell Frankreich interessierenden Probleme nur sehr halbherzige Unterstützung. Bin ich mir dessen zu jener Zeit vollends bewußt? Ist nicht das angeborene Vertrauen zu Amerika in den Herzen der Franzosen verwurzelt?

Über diese schweren, beunruhigenden Fragen spricht der Ministerpräsident mit John Foster Dulles in Washington. Am 20. November wird er, vor einem Essen im Weißen Haus, von Eisenhower empfangen. Henri Bonnet, dessen Mission demnächst zu Ende geht, nachdem er das Vertrauen der Amerikaner gewonnen hat, und ich nehmen an der Unterredung teil. Während der Aussprache und des Essens gibt sich der amerikanische Präsident bemerkenswert liebenswürdig. Mendès France zweigt aus seinem Programm zwei oder drei heikle Fragen ab. Gewisse Sendungen von Radio Kairo stören unsere Bestrebungen in Nordafrika. Ob Washington dem nicht abhelfen könnte? Mit besonderem Nachdruck aber weist der französische Regierungschef auf die Saarfrage hin. Daher übrigens meine Anwesenheit. Eisenhower ist jedoch von den dafür zuständigen Beratern gewarnt worden, sich nicht zu Bemerkungen hinreißen zu lassen, die wir ausnutzen könnten. So beschränkt er sich darauf, den Wunsch auszusprechen, das Saargebiet möge nicht zum Zankapfel zwischen den so glücklich versöhnten Ländern Frankreich und Deutschland werden. Wie weit ist er doch von uns – und von dem eigentlichen Problem entfernt!

Am übernächsten Tag spricht sich der Ministerpräsident vor der Versammlung der Vereinten Nationen in New York für die Einberufung einer Konferenz der vier Großmächte im Mai 1955 aus. Eine solche Aussicht könnte die der Regierungspolitik ablehnend gegenüberstehenden Abgeordneten und Senatoren dazu veranlassen, dieser ihre Stimme zu geben; denn eine Begegnung mit den Russen würde, falls diese zur Vernunft gekommen wären, für eine ganze Reihe fraglicher Angelegenheiten, in erster Linie für die Wiederbewaffnung Deutschlands einen Aufschub bedeuten.

Das Jahr 1955 beginnt nicht schlecht: die Nationalversammlung stimmt den Pariser Vereinbarungen zu. Daher begibt sich der Ministerpräsident, der es seit den Besprechungen von La Celle-Saint-Cloud für geraten hielt, die Italiener wissen zu lassen, daß er sie nicht vergessen habe, in entspannter und beinahe heiterer Stimmung nach Rom, um mit Scelba und Martino Gespräche zu führen. Er hat allen Grund dazu. Die Aufnahme ist herzlich, die Diskussion läuft leicht ab. Ich glaube, daß ihm von diesem Aufenthalt vor allem der Besuch beim Papst in Erinnerung bleiben wird. Ist es doch der erste, den ein französischer Regierungschef dem Heiligen Stuhl seit der Wiederaufnahme der diplomatischen Beziehungen macht. Mendès France wird zunächst allein empfangen. Seine Begleiter warten. Ich sehe sie in der Erinnerung noch vor mir, den Kabinettschef Georges Boris, den stellvertretenden Leiter der politischen Abteilung Roland de Margerie und auch Madame Mendès France, das Haar mit einer schwarzen Spitzenmantilla bedeckt, tief in Gedanken versunken und von unendlicher Grazie.

Mit der mir schon früher bekundeten Zuneigung führte mich unser Botschafter, Graf Wladimir d'Ormesson, an dessen Korrespondenz ich mich in meinem Büro am Quai d'Orsay erlabte, obwohl ich mich zuweilen fragte, ob ich ausreichend qualifiziert sei, um mit seiner Hilfe in die Geheimnisse der vatikanischen Diplomatie einzudringen, voll tiefer Religiosität in Mysterien ein, die meiner Konfession verschlossen sind. Die Minuten verstrichen, und der Botschafter verhehlte seine Befriedigung nicht. Durch die Zeit, die er diesem unvergleichlichen Gespräch opferte, erwies Pius XII. Frankreich eine Ehre. Es dauere sonst niemals so lange, flüsterte d'Ormesson mir zu. Endlich dürfen wir eintreten. Ich gebe zu, daß sich der Papst mehr für Roland de Margerie interessierte, den er von seiner Zeit als Nuntius in Berlin her kannte, als für mich. Nachher begebe ich mich eilends in den Palazzo Chigi, wo ich zwischen Tür und Angel meinen Frack mit einem schlichten Anzug vertausche, ehe ich mich wieder den italienischen und französischen Sachverständigen anschließe. Welchen Eindruck haben Sie gehabt, fragt man mich nach meiner Rückkehr in Paris. Ich fand ihn enorm. Einiges Stirnrunzeln: Wen? Nun, den Papst. Was wollen Sie damit sagen? Als er sich erhob, um uns zu segnen, weiß, abgezehrt, ätherisch, schien er mir ins Unendliche zu wachsen. Haben meine Befrager mir das geglaubt? Der ökumenische Gedanke war vielen noch fremd.

Ehe wir in die Hauptstadt zurückkehrten, verbrachten wir am 14. Januar einen Tag in Baden-Baden, wo Mendès France mit Adenauer und Erhard die Waffenproduktion, die Modalitäten der Volksabstimmung im Saargebiet und die Konferenz der vier Großmächte erörterte, über deren Vorbereitung der Kanzler mit Recht informiert werden wollte. Die Wolken zerstreuten sich. Wir sonnten uns in der Atmosphäre von La Celle-Saint-Cloud. Über diesen neuen persönlichen Kontakt mit einem Staatsmann, den er hoch schätzt und dem er das Verdienst zuerkennt, die gegen sein Land vorhandenen Ressentiments zu vermindern, ist Mendès France zweifellos glücklich.

Er ist es nicht lange. Seit Anfang Februar befinden wir uns in einer Krise. In der Nationalversammlung hat sich eine Koalition gegen den Ministerpräsidenten gebildet. Afrika steht auf dem Spiel, aber Europa nimmt Rache. Seit dem 30. August 1954, dem Tag, an dem der Vertrag über die Europäische Verteidigungsgemeinschaft scheiterte, ist Mendès France bedroht, vielleicht verloren. Da er die problematische Angelegenheit, die vorher niemand vor das Parlament zu bringen gewagt hatte, nach Ansicht der einen gut und der anderen schlecht gelöst hatte, brauchte man ihn nicht mehr. Was nun noch zu tun war, könnte dieser oder jener andere ebenso gut erledigen. Seine intelligente Dynamik hatte ihre mitreißende Wirkung verloren. Man lauerte nur auf die nächste Gelegenheit, ihn zu stürzen. Ich war darüber sehr unglücklich.

Als Antoine Pinay ins Außenministerium einzog, war es mit der Wärme, die Bidault um sich verbreitete, mit der belebenden Atmosphäre, die von Mendès France ausging, vorbei. Wir navigierten in relativ friedlichen Gewässern, die nichtsdestoweniger von mehr oder weniger ernsten Störungen bewegt wurden – vor allem hinsichtlich der Saar. Beiderseits des Rheins ist man der Komplikationen, die die Ratifizierung der Pariser Verträge mit sich bringt, ein wenig müde. Endlich werden sie im April 1955 mit einer starken Mehrheit vom Rat der Republik gebilligt. Eine Periode geht zu Ende, eine neue beginnt. Am 5. Mai 1955 besteht die Hohe Kommission nicht mehr. François-Poncet überreicht Bundespräsident Heuss sein Beglaubigungsschreiben als Botschafter. Ist die Bundesrepublik nun vollkommen souverän oder nicht? Solange man solche Überlegungen anstellen kann, besteht zumindest ein Zweifel daran. Adenauer hat für sein Vaterland ein gutes Werk getan. Frankreich hat einen Sieg über sich selbst davongetragen. Aus Gegnern wurden die beiden Länder zu Partnern. Einige Tage vorher hat Pinay mit der üblichen Begleitung Macmillan in London, dann Adenauer in Bonn aufgesucht. Die beiden Besuche verlaufen in aller Ruhe. Am Quai d'Orsay sind wir damit beschäftigt, die Westeuropäische Union auf die Beine zu bringen wie auch die Viererkonferenz vorzubereiten.

Mehr denn je sind plötzlich alle Augen auf Moskau gerichtet. Die sowjetische Außenpolitik ist überraschend in Bewegung geraten. Im Lauf der Jahre haben Franzosen, Engländer, Amerikaner und Russen zweihundertfünfzig Sitzungen abgehalten, ohne in den wesentlichen Punkten eine Übereinstimmung zu erreichen, die die Unterzeichnung des österreichischen Staatsvertrags ermöglicht hätte. Unsere jeweiligen Repräsentanten bei den Verhandlungen, zuerst Jacques-Camille Paris, dann Marcel Berthelot, haben sich vergebens aufs äußerste bemüht. Wir haben die

Hoffnung verloren, jemals ans Ende zu gelangen. Hartnäckig bleibt der Kreml bei seiner ablehnenden Haltung. An einen Vertrag glaubt inzwischen niemand mehr. Nun reibt sich jedermann verwundert die Augen, als bekannt wird, daß der österreichische Kanzler Raab nach Moskau eingeladen wurde. Trifft diese Nachricht auch zu? Welches Gewicht muß man ihr beimessen? Pinay ruft den Generalsekretär und die Abteilungsleiter zusammen. Für mich besteht kein Zweifel: Mit der Änderung ihrer Politik oder Taktik haben die Russen diesmal eine entscheidende Geste vor. Viele meiner Kollegen sind nicht dieser Ansicht; die Aussicht auf eine eventuelle Entspannung erschreckt sie; sie versichern, niemals werde man erleben, daß die Sowjetunion sich aus einem von ihren Truppen besetzten Gebiet zurückzieht.

Die Fragen, die wir uns stellen, beschränken sich nicht auf Österreich, sie beziehen sich auch auf Deutschland. Bereiten die Sowjets ein großes Manöver vor, das auf die Wiedervereinigung und Neutralisierung Deutschlands hinauslaufen soll? Ist Österreich für sie nur ein Versuch und Deutschland das eigentliche Ziel? Unternehmen sie in letzter Minute den Versuch, uns zum Verzicht auf eine Politik zu bewegen, die den Aufbau eines deutschen Staates bejaht, der nicht nur der Freund und Verbündete der Westmächte, sondern demnächst auch wieder bewaffnet sein wird? Beabsichtigen sie zu diesem Zweck, scheinbare oder echte Konzessionen zu machen, mit denen sie am Ende all jene verführen könnten, die unter der Teilung ihres Landes leiden, vor allem die Sozialdemokraten? Die ministeriellen Büros sind auf der Hut, die Diplomaten überbieten sich an Eifer. Welch ein Glück, große Probleme wälzen und darüber schreiben zu können, ohne einen Krieg heraufzubeschwören.

In London, wohin mich Verhandlungen mit den Engländern und Amerikanern gerufen haben und wo meine Frau und ich die liebenswürdige Gastfreundschaft des Botschafters Chauvel und seiner Frau genießen, kommen mir plötzlich Gerüchte zu Ohren, die mich aufhorchen lassen. Sie treffen zu. Die Regierung ernennt mich zum Botschafter in Österreich, wohin ich bereits einige Monate zuvor von Mendès France, aber noch als Hoher Kommissar, versetzt worden war. Diese Ernennung hatte er jedoch selbst widerrufen, weil er die Absicht hatte, mich in der zentralen Verwaltung in einen höheren Rang zu befördern. Wie ehedem in Berlin hielt ich mich nun in Paris für unentbehrlich. Welche Illusion! Ich verlor keine Zeit damit, nach Gründen für diese plötzliche Entscheidung zu suchen. Vielleicht hatte ich mich durch meine eindeutige Haltung unbeliebt gemacht? Ich hatte nur den einen Wunsch, mich möglichst schnell auf meinen neuen Posten zu begeben.

Aus dieser Übergangszeit ist mir ein Diner in Erinnerung geblieben, das Pinay im engeren Kreis zu Ehren von Adenauer gab. Während des Essens berichtete er ihm von meiner Versetzung. Der Kanzler wandte sich mir zu und gab seiner Überraschung und seinem Bedauern Ausdruck. Sein Interesse an einem Beamten, der nicht immer ein bequemer Gesprächspartner für seine Mitarbeiter gewesen war, verblüffte mich, und ich wäre noch empfänglicher für diese Aufmerksamkeit gewesen, hätte ich damals schon meine spätere Laufbahn vorausgeahnt.

Am 15. Mai 1955 wird in Wien unter dem Jubel der Bevölkerung der Staatsvertrag unterzeichnet. Die Sowjetunion hat ihren guten Willen durch Konzessionen bekundet. Sie willigt ein, der österreichischen Regierung die beschlagnahmten Vermögenswerte zurückzugeben, vor allem die Erdölfelder. Ebenso wie die drei anderen Besatzungsmächte verpflichtet auch sie sich, ihre Truppen bis zum 31. Dezember 1955 abzuziehen. Österreich seinerseits proklamiert seine immerwährende Neutralität. Noch als Leiter der Europa-Abteilung gehöre ich zu dem Stab, der Pinay auf seinem Flug nach Wien begleitet; weitere Mitglieder sind vor allem Generalsekretär Massigli, der Anfang des Jahres Alexandre Parodi ersetzt hat, sowie der juristische Berater, mein Freund André Gros. Am ersten Abend essen wir Franzosen ganz unter uns in der Botschaft, dem imposanten Bau, wo ich einmal wohnen und arbeiten werde. Unter Kaiser Franz Joseph erbaut zu einer Zeit, als Österreich-Ungarn eine der sechs europäischen Großmächte war und 56 Millionen Einwohner zählte, wirkt er wie ein Bahnhof oder ein großes Kaufhaus. Zumindest für seine Zeit war er bemerkenswert konzipiert: im Erdgeschoß die Kanzlei, im ersten Stock die Empfangsräume, im zweiten die Privatwohnung des Botschafters. Doch was vor fünfzig Jahren angemessen war, ist es für unsere Tage weniger. Die Zahl der Büros reicht nicht aus, und so sind Militär-, Wirtschafts- und Presseabteilung über die ganze Stadt verstreut. Der Salon und der Speisesaal dagegen, weiträumig genug, um gegebenenfalls den Kaiser zu einem Diner mit hundertfünfzig Gedecken zu empfangen, sind bei einem Luftangriff durch eine Bombe beschädigt worden. Das Haus ist daher nicht völlig gebrauchsfähig. Der Minister und der Generalsekretär erkennen dies ohne weiteres an und sagen mir die notwendigen Geldmittel baldigst zu.

Ist auch die Botschaft die gleiche geblieben, Österreich hat sich in jeder Hinsicht gewandelt. Das Fest, das die Regierung ihren ausländischen Gästen am Abend nach der Vertragsunterzeichnung im Schloß Schönbrunn gibt, hat einen betont demokratischen Charakter. Mitglieder der alten großen Gesellschaft kann man an den Fingern einer Hand abzählen, und sie sind auch nur in ihrer Eigenschaft als Beamte geladen.

Am 2. Juni reisten wir endgültig von Paris ab, schweren Herzens; wir ließen unsere Kinder zurück. Es war die erste Familientrennung. Wie werden wir sie ertragen? Für mich war es in Wahrheit auch beruflich ein schwerer Abschied. »Der ganze Quai ist auf dem Quai«, schrieb René Dabernat sehr galant.

Bald nach meinem Eintreffen bin ich beim niederländischen Botschafter mit dem österreichischen Außenminister Leopold Figl zum Essen eingeladen. Während wir bei Tisch sind, wird er ans Telefon gerufen. Dann teilt er uns mit: Adenauer ist nach Moskau eingeladen worden. Woran werden wir morgen sein? Wird Deutschland mich denn niemals loslassen? Das würde geschehen, wenn diese Reise von russischer Seite eine Wende in der bisher geübten Taktik ankündigen sollte. In Wien, wie auch anderswo, könnte man sich mit nichts anderem als mit dem zentralen Problem, das heißt mit der deutschen Frage befassen. Aber nein, die Bilanz – wiewohl auf menschlicher Ebene durch die Rückkehr von Tausenden von Kriegsgefangenen in die Bundesrepublik anerkennenswert – wird lediglich in der Herstellung diplomatischer Beziehungen zwischen Bonn und Moskau bestehen. Deutschland lenkt mich also von Österreich nicht ab. Das Land zieht mich an, packt mich, nimmt mich mehr als drei Jahre lang vollständig in Anspruch. Österreich, das seit 1938 unter fremdem Joch gelebt hat, gibt sich nunmehr der Freude hin, befreit zu sein. So niedergedrückt ich auch durch eine persönliche Sorge bin, nehme ich doch daran teil. Meine neuen Gefährten, Roger Lalouette, dem die wohlverdiente Genugtuung zuteil geworden war, seine Unterschrift neben die von Antoine Pinay unter den Staatsvertrag zu setzen, sowie Paul Fouchet, bald einer der Treuesten meiner Treuen, und Roger Jeannel leisten mir freundlich Beistand. Die Botschafter der Vereinigten Staaten und Englands, Thompson und Wallinger, freunden sich rasch mit mir an. Da ich für die Zeit bis zum Inkrafttreten des Vertrages noch als Hoher Kommissar amtiere, wird mir das Privileg zuteil, an einem denkwürdigen Oktobertag – als infolge des monatlichen Turnus zwischen den vier Botschaftern Frankreich den Vorsitz führt – Österreich für »unabhängig und frei« zu erklären. Am 5. November applaudiert man innerhalb und außerhalb des in seinem Glanz neu erstandenen Opernhauses einer blendenden Aufführung des Fidelio. Wien tanzt und singt, überschäumend vor Glück und Freude.

Was ist aus meinem Pariser Amtszimmer geworden, wo ich mir angesichts der Stöße von Telegrammen und belagert von meinen Mitarbeitern die Haare raufte in dem Gedanken, daß die Noten am Ende nicht zur vorgesehenen Stunde zugestellt werden könnten? Die Veränderung ist total. Dies ist ein anderes Metier. Ich gehe in den Salons ein und aus, ich fahre kreuz und quer durch Österreich. In meinem Wagen, einer »Régence«, bringe ich die Gräfin von Paris, die ihre »Dauphine« zu Hause gelassen hat, zu ihrem Vetter, dem Erzherzog Salvator, und mache sie respektvoll scherzend auf den so erzielten Aufstieg aufmerksam mit der bedauernden Bemerkung, noch mehr könne ich nicht für sie tun. Ich suche und finde Eingang in die verschiedensten Kreise und versuche Menschen, die nichts voneinander wissen, einander näherzubringen. Von der Gesellschaft möchte ich zwar nicht übersehen, aber auch nicht völlig mit Beschlag belegt werden.

Die Botschaft ist tätig. Nicht immer bin ich unterwegs. Frankreich hat beträchtliche wirtschaftliche Positionen verloren. Es kommt darauf an, sie durch andere zu ersetzen. In dieser Hinsicht stehe ich vor einer anstrengenden Aufgabe, doch verschafft sie mir die für einen Diplomaten so seltene Befriedigung, greifbare Resultate der Arbeit zu sehen. Unser Institut ist einzigartig. Im Französischen Gymnasium wimmelt es wie in einem Ameisenhaufen, und ich bin dort ein so häufiger Gast, daß der Direktor mich im Verdacht hat, ich wolle seine Nachfolge antreten. Was die österreichische Politik betrifft, so wird sie von einem Koalitionskabinett bestimmt, in dem sich Mitglieder der Volkspartei und Sozialisten die Waage halten; sie ist daher von einem ausländischen Beobachter nicht leicht auszumachen. Es wäre höchst unklug, die Regierung zu informieren, nachdem man mit dem Volksparteiler Figl gesprochen hat, ohne auch den sozialistischen Staatssekretär Kreisky gehört zu haben und umgekehrt. Freilich ist zuzugeben: ihre Auskünfte ergänzen sich eher, als daß sie sich widersprechen. Übrigens habe ich zu Anfang Schwierigkeiten, alles zu verstehen, was man sagt; meine längeren Aufenthalte in Deutschland haben nicht ausgereicht, meine geringe Sprachbegabung auszugleichen. Aus Paris gibt man mir höflich zu verstehen, daß man, wiewohl man in meinen Berichten meine Äußerungen gegenüber dem Kanzler Raab zu schätzen wisse, gern aber auch über die seinen genau unterrichtet werden wolle. Zweifellos richtig! Ich müßte noch lernen, in allen Situationen alle Nuancen zu erfassen . . . Österreich hat sich mit Abscheu vom Nazismus abgewandt, es ist gesegnet an Erdöl und gleicht dem Land nicht mehr, das zwischen den beiden Weltkriegen ohne Hilfe vom Ausland rasch dem tiefsten Elend anheimgefallen wäre, noch ehe es von Hitler verschlungen wurde.

Die Revolution in Ungarn im Herbst 1956 rückt die Mission in Wien auf den vordersten Beobachtungsposten. In den westlichen Hauptstädten fürchtet man, oder gibt es zumindest vor, daß die Russen Zwischenfälle provozieren könnten, um sie als Vorwand für eine Invasion in Österreich oder zumindest für die Forderung nach einer Abänderung des Statuts zu benutzen. Die Regierung in Paris wartet ebenso ungeduldig auf Nachrichten, wie sie bemüht ist, die Aufmerksamkeit soweit wie möglich vom Suezkanal abzulenken, um dessentwillen wir gemeinsam mit England und Israel in den Krieg gegen Ägypten eingetreten sind. Ich schicke eine Unmenge Telegramme, ohne diesmal befürchten zu müssen, daß man mir vorwirft, den Chiffredienst zu mißbrauchen. Ungarische Flüchtlinge strömen herein; ihre Aufnahme wird brüderlich und großzügig organisiert. Zwei Lager, die als Musterbeispiele gelten, werden von unseren Landsleuten Henri de La Condamine und Charles Schreiber betreut. In dieser Krise bewährt sich Leopold Figl, den unser überall beliebter General Béthouart verständnisvoll bewundert, wiederum durch seinen stoischen Widerstand, als der unbeugsame Mann, der er als Kanzler war. Es zeigt sich, daß er mehr ein Mann der schweren Stunden ist als ein Minister für alle Tage. Geprägt von seiner bäuerlichen Herkunft, ein wenig derb, mit frischer Gesichtsfarbe, gewinnt er mit seinem jovialen Freimut alle Herzen. Aus seinen Augen, die hinter einem Kneifer funkeln, sprechen Humor und Verstand. Bisweilen nimmt er mich sonntags auf Dienstfahrten mit, etwa zur Einweihung eines Denkmals oder aus Anlaß eines Stadtfestes. Gemeinsam enthüllen wir eine Tafel zu Ehren von Pleyel, mit dem ich, in Erinnerung an die Klavierstunden meiner Kindheit, bis zu diesem Tag auf Kriegsfuß gestanden hatte. Mit seiner heiseren Stimme wendet Figl sich an seine Zuhörer, die nicht auf seine Ansprache warten, um ihm zuzujubeln, denn sie verehren ihn: »Ich bin mit dem Repräsentanten der ›Grande Nation‹ hier erschienen.« So spricht man hier von Frankreich, das mir, da es weder zu nah noch zu fern, weder uninteressant noch gefährlich ist, mehr als jedes andere Land geeignet zu sein scheint, von Österreich geliebt zu werden!

Aber ach! In Frankreich grollen Gewitter. In Österreich macht man sich Sorgen deswegen. Was wird aus Europa und der Freiheit der Welt, wenn bei uns eine Krise die andere ablöst, wenn der Bürgerkrieg wütet, die Demokratie zusammenbricht? Algerien ist in aller Mund; man spricht mit mir nur darüber, was mich nicht überrascht, da ich selbst an nichts anderes denke. Man hat für uns nur noch Mitleid übrig, und ich leide unter dem geschädigten Ansehen meiner Nation. Frankreich, so sagt und schreibt man, ist der kranke Mann Europas geworden. Der häufige Regierungswechsel macht einen sehr schlechten Eindruck. Ich verhehle das einem unserer Abgeordneten, einem der angesehensten, der in Wien zu Besuch ist, nicht. Offenbar kommen ihm meine Überlegungen ziemlich unerwartet. Er kann den Schaden nicht ermessen, den der Sturz einer Regierung nach der anderen unserem Ansehen zufügt. Das gehört doch nun einmal zu den parlamentarischen Spielregeln? Dreizehn Jahre nach dem Ende des Krieges, nach der Befreiung, dem Sieg, sind wir sehr tief gesunken!

Doch dann kommt General de Gaulle.

Ich freue mich über die Ernennung von Maurice Couve de Murville zum Außenminister, ohne zu ahnen, welche Auswirkungen das auf mein Schicksal haben wird. Ich wußte zwar, daß meine Kollegen im Ministerium sich schon seit einigen Monaten mit Plänen befaßten, die zur Folge gehabt hätten, daß ich Österreich verlassen mußte, wo es mir gut gefiel. Doch war dabei Bonn nicht vorgesehen. Zunächst einmal stand nicht zur Debatte, Couve de Murville zu versetzen. Ferner hielt man es für wenig angebracht, mich für Deutschland auszuwählen: Die Bonner Regierung würde wohl einen Franzosen, der an der Europäischen Verteidigungsgemeinschaft Kritik geübt hatte, nicht gerne sehen. Aber mein Name war gefallen, nun wird er wieder genannt. Binnen kürzester Frist wird mir von Bonn das Agrément erteilt, was mich beruhigt. Wir haben Anfang August; Wien ist leer, aber meine Erinnerung nicht, die ihm treu bleiben wird.

Wie alle, die hier eine Weile lebten, hatte ich mich in Österreich verliebt, in seine Landschaft, seinen Charme, seine Heiterkeit, seine Musik. Durch seinen Charakter und seine geringe Ausdehnung bietet das Land einem ausländischen Diplomaten Tag für Tag Gelegenheit, seinen Einfluß wirken zu lassen. Die gegenseitige Verständigung ist einfach und angenehm. Allzubald nach meiner Abreise raffte der Tod Menschen dahin, die auf die verschiedenste Weise mit meinem Leben in Österreich verbunden waren. Es starb der Rechtsanwalt der Botschaft, Alphonse Klingsland, der lange Zeit deportiert war, und der mich sogleich mit offenen Armen in seinem Haus und an seiner Tafel aufgenommen hatte – der einzige meiner Freunde, dem ich noch einen Abschiedsbesuch machte, ehe ich in äußerster Eile abreisen mußte. Auch Leopold Figl starb, den ich in seiner unentwegten und klarsichtigen Güte noch vor mir sehe. Und es starb eine Frau, auch sie eine Persönlichkeit, Madame Presle, die Hausmeisterin unserer Botschaft, deren Loge in ganz Wien bekannt und berühmt war und von den vornehmsten Gästen aufgesucht wurde. Die Prinzessinnen, die oben bei uns erwartet wurden, wären die Treppe niemals hinaufgestiegen, ohne zuvor sie zu begrüßen; und obwohl sie die Zeit für diese unvermeidliche Konversation einkalkuliert haben mochten, trafen sie doch etwas verspätet oben ein und entschuldigten sich: Madame Presle habe sie über »ganz Wien« unterrichtet. Wem ein Billett für ein Theater oder ein Konzert versagt worden war, der wandte sich an sie, und keiner vermochte sich vorzustellen, daß man ihr etwas abschlagen könnte. Für meine Frau tat sie alles nur Erdenkliche. Mir dagegen machte sie einen stillen Vorwurf: Die neu hinzukommenden Besucher, die ich in dem vornehmen Haus empfing, entsprachen nicht immer den Vorstellungen, die sie sich vom Umgang eines Botschafters machte. Dank dem Rang der ihren, wurde Madame Presle ein Begräbnis zuteil, das einer Erzherzogin würdig gewesen wäre. Man nahm von der braven Frau wie von einer großen Dame Abschied.

Ich war mir dessen bewußt, daß mir eine der wichtigsten Botschaften anvertraut wurde. Ich wußte jedoch nicht, daß sie in den Augen von General de Gaulle an erster Stelle stehen sollte, mit deren Hilfe er den Beziehungen zwischen Frankreich und Deutschland seinen Stempel aufzudrücken gedachte. Noch weniger ahnte ich etwas von der Durchschlagskraft, der Entschiedenheit und der Voraussicht, mit der er unsere Außenpolitik auf eine Unabhängigkeit hin ausrichtete, die uns Gewinn bringen und unseren Einfluß vermehren würde. Bisweilen verblüfft und überrascht von seinen Erklärungen, Initiativen und Unternehmungen, die heftig an unseren Vorstellungen, unseren Gepflogenheiten und unserem Glauben rüttelten, verstand ich erst mit der Zeit, welcher Meister er in einer Kunst war, in der es mir an Lehrern gewiß nicht gefehlt hatte. Sie hielten jedoch den Vergleich mit seiner außergewöhnlichen Persönlichkeit nicht aus, der gegenüber sie nur in den zweiten Rang des Zeitgeschehens und der Geschichte zu gehören schienen. Allein de Gaulle war imstande, Entscheidungen zu treffen, die unser Land umwandeln konnten und ins Weite wirkten. Vor ihm hatten wir getan, was wir tun konnten, weder ohne Phantasie noch ohne Mut und Patriotismus. Er aber hatte eine Kraft, eine Sicherheit, eine Hoheit, die jedem Gesprächspartner, wer es auch sein mochte, tiefen Eindruck machten und seiner Stimme und der Frankreichs in der ganzen Welt ein unvergleichliches Echo gaben.

In Österreich war es unmöglich, Deutschland aus den Augen zu verlieren. Es war lange allzu gegenwärtig gewesen und noch immer zu nahe durch die Bindungen, die eine enge Nachbarschaft mit sich bringt. Aber dieser Umstand allein rechtfertigte nicht, daß Deutschland mir wie ein Alpdruck auf dem Herzen lag. Hitler hatte einen zu furchtbaren Druck ausgeübt, als daß sein Land nicht auch später noch darunter zu leiden gehabt hätte. Ich hätte mich daher nicht so sehr beunruhigen sollen, als die deutsche Botschaft durch den als Botschaftsrat berufenen jungen Grafen Welczeck verstärkt wurde, den Sohn des deutschen Botschafters in Paris in den Jahren vor dem Krieg, für dessen charmante Frau der »Führer«, wie man sich erzählte, eine gewisse Verehrung gehegt hatte. Welczeck war im Gegenteil taktvoll genug, nicht einen unangebrachten Ehrgeiz zu entfalten, der der Bundesrepublik hätte schaden können, und er wußte mir später Dank dafür, daß ich ihm bei dieser und jener Gelegenheit geholfen hatte, seine Regierung zu unterrichten.

Seinem Chef Müller-Graaf gegenüber hatte ich zu Anfang Reserve bewahrt. Er übte mir gegenüber ebenfalls Zurückhaltung, bis wir eines Tages bei einer langweiligen Zeremonie Seite an Seite zu sitzen kamen und das Eis brachen. Ich brauchte es nicht zu bereuen; wir wurden Freunde. Als meine Ernennung für Bonn bekannt wurde, bemühte er sich sehr, mich über die deutsche Regierung und das Auswärtige Amt ins Bild zu setzen und mir Winke über Personen zu geben, die nun in mein Leben eintreten würden; wie ich bald feststellte, waren sie sehr wertvoll. Wenn mein Herz auch noch in Österreich blieb, im Geist war ich bereits in Deutschland.

Am 10. August 1958 traf ich in Bonn ein. Eine neue Etappe meines Lebens hatte begonnen.

Während der Sommer sich seinem Ende nähert und die politische Aktivität an den Ufern des Rheins langsam wieder aufgenommen wird, verbreitet sich die Nachricht, daß ein Treffen zwischen de Gaulle und Adenauer bevorsteht. Ich werde übrigens sofort vom General zur Unterrichtung nach Paris gerufen, wo er mir Folgendes sagt: Falls Sie in Adenauer einen Mann finden, der ebenso wie ich um eine möglichst vollkommene Verständigung zwischen Deutschland und Frankreich bemüht ist und willens, sie mit mir zustande zu bringen, könnten wir gemeinsam Großes erreichen. Wenn es eine Nation gibt, mit der das französische Volk zum Besten Europas kooperieren sollte, so ist es die deutsche. In der Vergangenheit sind zu viele Fehler gemacht worden. Man darf die Gelegenheit, daß Adenauer die Geschicke Deutschlands lenkt und ich die Geschicke Frankreichs, nicht vorübergehen lassen. Dieser Umstand muß maximal ausgenutzt werden. Aber – ich wiederhole – es hängt davon ab, daß die Dispositionen des Kanzlers den meinen entsprechen.

Dies wird mit einer Ruhe, einer Klarheit, einer Überzeugung ausgesprochen, die mich beeindrucken. Gern würde ich mich persönlich der Einstellung des illustren Partners versichern. Doch er verlängert seinen Ferienaufenthalt in Italien. So spreche ich mit Heinrich von Brentano, der sich im Schwarzwald erholt, über die Bedingungen, unter denen die inzwischen für den 14. September vorgesehene Begegnung vor sich gehen soll. Vom ersten Augenblick an spüre ich, daß wir auf die freundschaftliche und wirksame Unterstützung des Bundesaußenministers rechnen können.

Wegen seines höheren Alters und seiner längeren Amtszeit hätte der Kanzler sich nur ungern nach Paris begeben. Aus Rücksicht darauf, und um ihm einen besonderen Beweis seiner Hochachtung zu geben, empfing de Gaulle, der die Pforten der

Boisserie bisher noch niemals einem fremden Staatsmann geöffnet hatte, Adenauer in Colombey-les-Deux-Églises. Obwohl es dem Gast eilte, seine Bekanntschaft zu machen, war er nicht frei von Besorgnis. Trotz aller Versicherungen, daß er sich nicht zu beunruhigen brauche, daß die Annäherung zwischen Frankreich und Deutschland an erster Stelle der Ziele stehe, die der General ins Auge gefaßt habe, machte der Kanzler sich Gedanken. Diesmal sollte er, der schon immer eine Verständigung gesucht hatte, einem Franzosen gegenüberstehen, dessen Autorität und Willen die entscheidende Wende in den deutsch-französischen Beziehungen herbeiführen könnten. Die Zukunft hing davon ab, welchen Eindruck er von dem Widerstandskämpfer, dem Sieger, dem Politiker empfing, dessen Ton die Großen der Welt empfindlich aufhorchen ließ, wenn er es für nötig hielt, sie an die Existenz von Frankreich zu erinnern. Aus einer gewissen Eitelkeit verzichtete der Kanzler auf die Begleitung einer seiner drei Töchter, die liebevoll über sein Alter wachten. Er wollte allein erscheinen, um noch mehr er selbst zu sein.

Bei dem einen wie dem anderen wirkt das persönliche Charisma sofort. So sehr sie sich auch zu verstehen und zu schätzen wünschten, hatten sie doch nicht vermutet, daß sie beide den andern sogleich für sich gewinnen würden. Ist es wirklich de Gaulle, der Adenauer nobel mit einladend ausgestreckter Hand, ein herzliches Wort auf den Lippen, entgegenkommt? Welch abgrundtiefer Unterschied zwischen dem Hausherrn und dem Bild, das sich der Kanzler von ihm wie von allen Militärs gemacht hatte! Einfach, herzlich, fast mit Ehrerbietung für einen Mann, der fast fünfzehn Jahre älter ist als er und dennoch imstande, zu regieren und sich durchzusetzen, begrüßt der General seinen Gast und läßt dabei mit vollendeter Höflichkeit das ganze Register seiner Verführungskunst spielen. Adenauer genießt das Glück, die Feierlichkeit des Augenblicks – eines Augenblicks von nicht abzusehender Bedeutung. Mit heimlichem Stolz erkennt jeder im Antlitz des anderen den Widerschein des eigenen Ruhms.

An diesem 14. September 1958 führt das Schicksal einen Franzosen und einen Deutschen zusammen, zwei Männer, die durch ihr Format, ihre Noblesse, ihr Ansehen allein befähigt sind, den Rhein nicht mehr zu einer Schranke, sondern zum Bindeglied zu machen. Seit dem 9. Mai 1950 war viel erreicht worden. Indessen blieb noch viel zu tun. Hier bot sich die einzigartige Gelegenheit, der Aussöhnung durch den großen Rahmen, in den man sie stellte, durch außergewöhnliche Kundgebungen eine erhöhte Bedeutung zu verleihen, die auch künftige Generationen beeindrukken konnte. De Gaulle und Adenauer sahen sich als Auserwählte des Schicksals mit dem Auftrag, endgültig ein neues Blatt in der Geschichte der französisch-deutschen Beziehungen aufzuschlagen, wobei der eine Frankreich und der andere Deutschland verkörperte. Bewegt vom Ansturm ihrer Erinnerungen und begeistert von ihrem Ideal maßen sie sich bei der ersten Begegnung mit ihren Blicken und waren sogleich beruhigt und sich übereinander im klaren.

Das Tête-à-tête, nur durch ein Essen im engsten Kreis unterbrochen, wird noch den ganzen Tag fortgesetzt. Adenauer ist von Anfang an gefangen von der unvergleichlichen Redegabe de Gaulles, der von der Vergangenheit ausgehend mit schonungslosen, meisterhaften Pinselstrichen das Bild der Zukunft malt. In wenigen Stunden geht es rund um die Welt: die Besorgnisse, die das Verhalten der Sowjetunion hervorruft – ein Thema, das dem Kanzler keine Ruhe läßt, und das auch er unerschöpflich und meisterhaft erörtert –, die Abhängigkeit, die sich aus der amerikanischen Vormacht ergibt, die Schwierigkeiten beim Aufbau Europas. Der General zieht den Chef der deutschen Bundesregierung ins Vertrauen, läßt ihn an seinen Sorgen und Hoffnungen teilnehmen. Beständig kommen sie beide auf das Hauptthema zurück, auf das Problem der totalen, demonstrativen Aussöhnung, die sowohl auf politischer wie auf moralischer Ebene international beispielhaft sein wird.

Während dieser bewegenden Stunden versuchen die Mitarbeiter des Generals und des Kanzlers in Chaumont ihre Zeit nützlich anzuwenden. Sie werden sich daran gewöhnen müssen, bei diesen persönlichen Begegnungen auf dem Gipfel abseits zu stehen. Die beiden Außenminister, der Generalsekretär des Quai d'Orsay und die beiden Botschafter würden es natürlich vorziehen, in Colombey dabei zu sein; das liegt auf der Hand. Eine gewisse Verdrossenheit macht sich bemerkbar, der ich weniger anheimfalle als meine Kollegen, da ich ja schon glücklich bin, überhaupt mit von der Partie zu sein. Am Abend begeben wir uns zum Essen in die Boisserie. Die Atmosphäre ist seltsam friedlich, fast familiär. Madame de Gaulle trägt durch ihre Anwesenheit dazu bei. Was de Gaulle und Adenauer betrifft, so benehmen sie sich wie alte Freunde. Nun haben sie es nicht mehr nötig, sich anzustrengen, um aufeinander Eindruck zu machen. Sie haben sich alles gesagt, sie haben einander gefallen; sie sind zufrieden, einer mit dem andern und jeder mit sich selbst. Ein wenig Schadenfreude ist ihnen anzumerken, daß sie uns damit überraschen können, uns vor Augen zu führen, wie gut es ihnen ohne unsere Hilfe gelungen ist, zu gegenseitigem Verständnis und Einvernehmen zu kommen. Wir speisen sehr angenehm, wie im Landhaus eines angesehenen Verwandten, der einen Familienangehörigen voll Herzlichkeit bei sich aufnimmt.

Zwei Mädchen servieren ganz im Stil des Hauses. Der General gibt sich behaglich und entgegenkommend. Man hat genug gearbeitet. Im Augenblick macht er einmal nicht mehr Geschichte, er erzählt Geschichten. Adenauer wirkt gelöst und heiter. Die Atmosphäre scheint ihm zu gefallen; vermutlich erinnert sie ihn an die seines eigenen Hauses in Rhöndorf, wo sich sonntags seine Kinder und Enkelkinder um ihn, den verehrten und geliebten Patriarchen versammeln. Er wird Colombey-les-Deux-Églises nie vergessen, nicht die ausgesuchte Höflichkeit des Hausherrn, der ihm hier in seinem Domizil in der Provinz die Honneurs macht, und auch nicht den ernsten, christlichen Geist, der im Hause waltet. Der Erste der Franzosen, ein Mann mit weltumfassenden Konzeptionen, ergeht sich mit dem Ersten der Deutschen, der mehr regional, aber auch mehr atlantisch orientiert ist, auf den höchsten Höhen des Denkens und Fühlens in harmonischer Gemeinsamkeit. Hierin ist vermutlich das Geheimnis für ihre gegenseitige Freundschaft zu sehen. Es hat sie wunderbar jung erhalten, sie produktiv weiter zu entwickeln, und Deutschland und Frankreich ist es zugute gekommen. Da sie wußten, wie unersetzlich sie waren, zeigte sich jeder von ihnen um die Gesundheit des andern besorgt. Mitunter fügten sie ihren an mich gerichteten Kommentaren über ihre Begegnungen persönlich gefärbte Bemerkungen hinzu, die verrieten, daß jeder in der Illusion lebte, besser gegen die Attacken des Alters gefeit zu sein als der andere: »Ein erstaunlicher alter Mann, der Kanzler! Dennoch schien er mir ein wenig ermüdet . . .« »Ein verblüffender Mann, Ihr General! Dennoch, er sollte sich schonen . . .«

Wir verbrachten die Nacht in Chaumont und fanden uns am nächsten Morgen in Colombey wieder ein, um uns von Adenauer zu verabschieden, der nach Bonn zurückfuhr. Ich bereitete mich darauf vor, in den gleichen Wagen einzusteigen, der mich am Tag zuvor zusammen mit Couve de Murville und Louis Joxe von Paris hergebracht hatte, als de Gaulle mich zurückhält. »Es wird Ihnen gewiß angenehm sein«, wendet er sich an den Minister und den Generalsekretär, »sich über Themen Ihrer gemeinsamen Tätigkeit unterhalten zu können. Ich behalte unseren neuen Botschafter in Deutschland bei mir; ich möchte ihn noch besser kennenlernen.« Wir fahren mit Oberst de Bonneval. Nie wieder sollte ich später das Privileg eines so ausgedehnten Gesprächs mit General de Gaulle genießen. Die Unterhaltung verläuft vollkommen zwanglos und hat nichts von einem Examen. Der General ist darauf bedacht, daß ich mich unbefangen fühle und ihm vertraue. Vielleicht etwas zu sehr. Denn bei Gelegenheit gebe ich zu erkennen, daß ich mich nicht wenig geschmeichelt fühle, die Nachfolge von Joxe und danach von Couve de Murville als Botschafter in der Bundesrepublik anzutreten. Scherzend bemerkt de Gaulle daraufhin: »Nun, Sie können Ihre Sache noch besser machen, dann habe ich wenigstens nicht die Mühe, nach einem neuen Ministerpräsidenten zu suchen.« Ich beiße mir auf die Lippen. Ich habe viel über Österreich und über meine früheren Erfahrungen in Deutschland zu berichten. Die Fahrt wäre ihm vielleicht zu guter Letzt doch langweilig geworden, hätten wir nicht unterwegs angehalten, um Zeitungen zu kaufen, in deren Lektüre wir uns sofort vertiefen. De Gaulle interessiert sich vor allem für Adenauer, für seine geistige Beweglichkeit, seine Widerstandskraft.

De Gaulle hat ein nie erlahmendes Interesse an Deutschland. Er hält sich das Schicksal dieser Nation vor Augen, die durch gewitterdunkle und lichte Zeiten ging, die in Waffen so erschreckend war und doch so glanzvoll zum Erbgut des philosophischen Denkens und so viel Schönes zur Musik und Literatur beigetragen hat, die ewig schwankte zwischen Ost und West, bald zum Okzident neigend, bald vom Orient verlockt, die im Lauf der Jahrhunderte unter ihrer Zerrissenheit und der Ungewißheit ihrer geographischen Grenzen litt, mehrmals Herrin des Kontinents war und schließlich unter der Last ihrer Ambitionen zusammenbrach. Und hat Deutschland nicht auch im Leben des Generals eine besondere Rolle gespielt? Es hat ihn niemals losgelassen, weder bei der Berufswahl noch in Saint-Cyr, noch in den Schlachten im Abstand von mehr als zwei Jahrzehnten, noch in der Gefangenschaft, der Kriegsschule und seinen schriftstellerischen Werken. Verdankt er ihm nicht sein Feuer, seine patriotischen Ausbrüche? Da er sich immer wieder mit ihm beschäftigt hatte, war die Verlockung groß, Frankreich mit einem Deutschland zu versöhnen, das endlich aus seinem Alptraum erwacht, vollkommen verwandelt, erschüttert und von seinen bösen Geistern befreit war. Zweifellos hat Frankreich nicht auf de Gaulle gewartet, um Deutschland die Hand entgegenzustrecken, jedoch darauf, daß de Gaulle seinerseits diese Geste vollzieht und damit der Versöhnung den entscheidenden Aufschwung gibt. Niemand täuscht sich darüber.

Der Zufall hat seine Sache gut gemacht, als er ihm Konrad Adenauer als Partner zuteilte. In Anerkennung der Dienste, die der Kanzler seinem Volk leistet, der unvergleichlichen Stellung, die er sich erwarb, seines Erfolges und seiner Tapferkeit, läßt es de Gaulle nie daran fehlen, ihm Achtung und Zuneigung zu bekunden. So wenig er geneigt zu sein scheint, jemanden als seinesgleichen anzuerkennen, ist er offenbar bei diesem Mann, den er ehrt und als unbeugsamen Patriarchen bewundert, immer dazu bereit. Er macht sich Adenauer zum Freund, zu einem Freund, der aus seiner Sicht in nobelster Form das durch Prüfungen geläuterte Deutschland vertritt. Erscheinung, Gesinnung, Temperament, die Entschlossenheit, mit der Adenauer moralische und politische

Grundsätze vertritt, vereinigen sich zu einer Persönlichkeit, wie sie de Gaulle bei keinem anderen Staatsmann, ausgenommen vielleicht Winston Churchill, findet. Ohne Adenauer hätte de Gaulle sich der französisch-deutschen Annäherung nicht mit dem gleichen Elan gewidmet. Er empfand es als ein großes Glück, einen Deutschen mit seinem Werk verbunden zu sehen, der ebenfalls in die Geschichte eingehen würde.

Die Begegnung von Colombey machte den Kanzler mindestens ebenso glücklich. Das stellte ich wenige Tage später in Bonn bei einem Abendempfang zugunsten der Unesco fest. Demonstrativer als der General, mit jenem Freimut der Äußerung, der ihn so überaus lebhaft machte im Gegensatz zu seinem stets unbewegten Gesicht, sparte er nicht an Lob für de Gaulle und sprach allen, die sich ihm näherten, seine Freude darüber aus. Tatsächlich, er strahlte und ließ durch seine Erleichterung nach dem Besuch erkennen, daß er ihn nicht ohne Befürchtungen angetreten hatte. Solange der General sich nicht geäußert hatte, war die Aussöhnung ungewiß; waren doch all jene Franzosen an ihr völlig uninteressiert, die wegen der deutschen Vergangenheit noch immer eine zurückhaltende oder feindselige Einstellung hatten.

Die beiden Freunde sahen sich künftig noch oft, für gewöhnlich im Beisein eines Dolmetschers. De Gaulle konnte besser Deutsch, als man vermutet hätte, doch hatte er es seinerzeit an Hand der Grammatik gelernt, um das Examen und den Concours zu bestehen. Adenauer besaß nur die elementarsten Kenntnisse unserer Sprache. Häufiger noch korrespondierten sie miteinander. Meldete man dem Kanzler, daß ein – stets handgeschriebener – Brief des Generals eingetroffen war, wurde er ungeduldig und konnte es kaum erwarten, zu erfahren, was de Gaulle ihm mitzuteilen hatte. Er gab mir die wichtigsten Passagen zu lesen, die man mir mitunter schon direkt von Paris übermittelt hatte, und beantwortete sie sobald wie möglich. Für beide spielte dieser Austausch eine große Rolle. Sie gehörten noch einer Generation an, die auf all das Persönliche, Unmittelbare und Unersetzliche Wert legte, das solche Briefe enthielten. War der Kanzler einmal von dem Inhalt eines Schreibens aus dem Elyseepalast ein wenig enttäuscht, tröstete er sich: wenigstens hatte sein Freund es für wert befunden, den Kontakt zu halten. Noch etwas hatten sie gemeinsam, das sie einander nahe brachte: die Lust am Kommandieren. Selten ließen sie Widerstand zu. Noch stärker war das beim Kanzler der Fall, der mit seiner Umgebung sehr kategorisch und entschieden umgehen konnte.

Ihre wechselseitige Freundschaft sollte sich als sehr notwendig erweisen. Sie hat im Lauf der Jahre viele Prüfungen zu bestehen. Weit davon entfernt, sich vom algerischen Drama absorbieren zu lassen, versäumt de Gaulle nicht, Frankreichs Außenpolitik seine eigene Prägung zu geben, und das mit einer Kraft, einem Stil und einer Klarheit in der Zielsetzung, die unser Land bald zu einem der Pole machen, auf die sich die Aufmerksamkeit der Welt konzentriert. Frankreich muß es selbst, das heißt, es muß unabhängig sein. Da so viele andere Völker im Begriff sind, unabhängig zu werden – häufig mit unserer Zustimmung oder sogar mit unserem Beistand –, warum sollten wir für uns selbst nicht Unabhängigkeit fordern? De Gaulle ist keineswegs mit der Erweiterung einverstanden, welche die atlantische Organisation auf militärischer Ebene erfahren hat. Die Verteidigung hat dadurch ihren nationalen Charakter verloren. Das Bündnis verdient seinen Namen nicht, denn die Vereinigten Staaten haben alle Macht und alle Streitkräfte in ihrer Hand. Darüber hinaus verfügen sie auf französischem Boden über Einrichtungen, Menschen und Material, mit denen sie ihre Überlegenheit demonstrieren. Unter diesem Zustand militärischer Unterwerfung leidet die Moral der Bevölkerung und ihre Vaterlandsliebe. Er muß aufhören. Wenn de Gaulle ihn nicht beendet, wer würde nach ihm die Kühnheit dazu haben? Wer würde uns aus dem integrierten System herauslösen, in dem eine Nation ihre Seele einbüßt? Die Entscheidung darüber wird erst 1966 fallen. Doch schon seit Beginn seiner Regierung hat der General für die NATO nichts übriggehabt. Seine Äußerungen verraten eine Tendenz, deren Sinn nur jenen entgeht, die nicht hören wollen.

Damit attackiert de Gaulle eine der Säulen des westlichen Tempels. An die NATO rühren, heißt die etablierte Ordnung erschüttern und sich auf eine Bahn begeben, die uns ins Unbekannte führt. Seine Gegner begnügen sich nicht damit, die Maßnahmen der Loslösung zu kritisieren, die er im Lauf der Jahre ergreift. Sie schreiben ihm Hintergedanken zu und verdächtigen ihn, er wolle sich aus dem Pakt selbst zurückziehen; er bereite eine Kehrtwendung vor, die ihn ins Moskauer Lager bringen werde. Die Bundesrepublik dagegen sieht in der im Lauf der Jahre verstärkten und erweiterten NATO die grundlegende und unersetzliche Garantie ihrer Sicherheit. Welche Bestätigung und welcher Stolz für den Besiegten von gestern, der amerikanischen Protektion versichert zu sein! Von allen Differenzen, die zwischen Paris und Bonn entstehen, ist die am schwersten, die sich aus den unterschiedlichen Auffassungen in bezug auf den Nordatlantikpakt und Washington ergibt.

Konrad Adenauer ist davon nur zu sehr überzeugt. Für ihn kommt der Einstellung der Vereinigten Staaten gegenüber der Bundesrepublik entscheidende Bedeutung zu. Ständig fühlt er ihren Präsidenten und Außenministern den Puls und ist über ihren geringsten Stimmungswechsel beunruhigt. Er möchte nicht zwischen dem amerikanischen und dem französischen Verbündeten wählen müssen. Sollte sich diese Wahl jedoch stellen, würde er selbst mehr zu de Gaulle neigen. Es gibt eine Unmenge Leute, die ihm de Gaulle in den düstersten Farben schildern; aber er läßt sich von ihnen keineswegs beeinflussen. Besser als alle andern hat er erkannt, daß die beiden Nachbarländer nicht immer gleich reagieren können, daß Frankreich über eine Manövrierfreiheit verfügt, die Deutschland nicht gestattet ist, und daß die seit Generationen bestehenden Bindungen zwischen Paris und Washington Verstimmungen und Erschütterungen aushalten können. Das ablehnende Verhalten de Gaulles gegenüber der NATO bringt den Kanzler in Verlegenheit, aber er sieht ein, daß jener seine Gründe dafür hat.

Auch die Vorstellung, die der General von Europa hat, bereitet dem Kanzler Sorgen. De Gaulle ist zutiefst und gefühlsmäßig Europäer. Er sieht Frankreich und die übrigen Länder des Kontinents durch eine Verwandtschaft verbunden, die auf ihrer gemeinsamen Geschichte und geographischen Lage beruht. Als Glieder ein und derselben Familie, die im Lauf der Jahrhunderte getrennt wurden, sind sie dazu aufgerufen, sich zum Schutz ihres gemeinsamen Erbes zusammenzufinden und in einer Welt des Elends und der wachsenden Bedrohung zu ihrem Wohl gemeinsam zu handeln. Schon 1945 war ich, anläßlich der offiziellen Reise des Generals durch Belgien, überrascht über die Rolle, die er für Europa vorsah, zumal in der Rede, die er in der Brüsseler Universität hielt. 1958 bekam der Gemeinsame Markt durch ihn unerwarteten Auftrieb. Die neue Regierung hatte an seiner Entstehung nicht mitgewirkt. Für de Gaulle hatte das wenig zu besagen; als Realist erkannte er die Wichtigkeit des Unternehmens und drückte ihm unverzüglich seinen Stempel auf, besonders dadurch, daß er die Aufmerksamkeit auf die bisher zu wenig beachtete Landwirtschaft lenkte. Maurice Couve de Murville hat in seinem Buch *Une politique extérieure* die Bemühungen der Franzosen geschildert, dem Gemeinsamen Markt zum Erfolg zu verhelfen.

Nichtsdestoweniger wurde de Gaulles Eintreten für Europa von der landläufigen Meinung nicht anerkannt; man verspottete seinen Vorschlag, ein politisches Europa zu bilden, das zunächst auf den einzelnen Staaten basieren sollte. Wer könnte nach erfolgtem Zusammenschluß absehen, wie sich diese Union weiterentwickeln würde? Bis wohin sollte das führen? Das Wesentliche war aber, mit de Gaulle und dank de Gaulle, einen Anfang zu machen. Ihm verdankte das europäische Europa, auf das man nun hoffen konnte, seine Inspiration. Aber damit entfesselte er gegen sich einen Sturm. Für viele, gleich welcher Nationalität, gab es nur eine Form für ein zukünftiges Europa: es sollte ein integriertes und supranationales oder aber überhaupt keines sein. De Gaulle war ihr Gegner gewesen; das verziehen sie ihm nicht. Für ihn war Integration ein Ausdruck, den er nicht zu verstehen vorgab. Als ich ihm bald nach meiner Ankunft in Bonn berichtete, wie sehr die Mehrzahl der Deutschen für das »übernationale Europa« eingenommen war, wie vorsichtig wir würden vorgehen müssen, wollten wir sie zu einem Verzicht darauf bewegen, und wie stark sein Ansehen dabei ins Gewicht falle, zeigte er sich unzufrieden. Mit einem mächtigen Ruck reckte er seinen Oberkörper, der mir noch nie so lang erschienen war, quer über den Schreibtisch, um seiner Frage Nachdruck zu geben: »Warum erzählen Sie mir das?« fragte er ärgerlich. »Weil es die Wahrheit ist.« Die Integration war für ihn das rote Tuch. Später erfuhr ich, daß er es bedauert hatte, mich ein wenig gescholten zu haben – was ich nur erwähne, um einem Porträt, das immer unvollendet bleiben wird, einen Pinselstrich hinzuzufügen.

In der Europa-Frage hat Adenauer Weisheit, Verständnis und anerkennenswerten Mut bewiesen. Sein Zusammengehen mit de Gaulle brachte ihm keineswegs nur Beifall ein. Welche Vorwürfe mußte er gerade von jenen einstecken, die bislang einen Kult mit ihm getrieben hatten! In Frankreich verlor er in Kreisen, die de Gaulle ablehnten, an Popularität. Wie konnte er, der Verbündete Robert Schumans, sich mit dem Franzosen vereinen, dem man vorwarf, er wolle Europa zerstören.

Adenauer war von dem General fasziniert; er bewunderte ihn. Wenn de Gaulle Gewohnheiten und Vorurteile über den Haufen warf, von den gebahnten Wegen abwich, die Zukunft in leuchtenden Farben malte, hörte er aufmerksam zu, behielt jedes Wort und zeigte durch seine Art zu antworten, wie anpassungsfähig er trotz seines hohen Alters war. Manchmal beunruhigte er sich: Was fiel de Gaulle nicht alles ein? Dann war es ihm besonders eilig, seine Schreiben zu lesen, ihn zu sehen – in diesem Wunsch waren wir uns einig –, um sich informieren und beschwichtigen zu lassen. Er spürte im voraus, daß der Brief oder der Besuch ihn beruhigen, ihm die richtigen Argumente liefern würde, um seine eigenen Zweifel zu überwinden und jene zum Schweigen zu bringen, die ihm beweisen wollten, daß er auf dem falschen Wege sei. De Gaulle schrieb ihm, traf sich mit ihm. Voll Genugtuung verstand der Kanzler, was sein Freund wünschte und wollte. Ja, de Gaulle war im Recht. Zur Zeit als dieser mit den Vereinten Nationen nichts zu tun haben wollte und sie als »Verein von Dingsda« abtat, zog Adenauer ein von der Hand des Generals beschriebenes Stück Papier aus der Tasche, auf dem er in wenigen Worten die Gründe seiner Antipathie präzisiert hatte. »Wie recht er damit hat!« sagte er zu mir, indem er mit dem Finger auf das kleine Blatt Papier pochte, um sein Einverständnis nachdrücklich zu betonen.

Nach Adenauers Meinung waren de Gaulle und er Männer von gleichem Schlag: Sie hatten die gleiche Auffassung von der Menschenführung; sie hatten beide, dank der Anerkennung, die ihre Mitbürger ihrer Überlegenheit zollten, in schwerer Zeit die Verantwortung übernommen; das machte sie zu Komplizen in gutem Sinn. Im Umgang mit Charles de Gaulle war Konrad Adenauers Stellung anders als gegenüber den französischen Staatsmännern, mit denen er es vorher zu tun hatte. So unbestreitbar seine politische Begabung war, die Schwächen unserer Regierung hatten ihm nicht wenig geholfen. Bisher war er oft tonangebend gewesen, nun war das nicht mehr der Fall. Die Entschlossenheit, die der General am 18. Juni 1940 und danach im Exil gezeigt hatte, den Respekt, den er sich in den schrecklichen Jahren zu verschaffen wußte, die Umstände, unter denen sich seine Rückkehr zur Macht vollzogen hatte, die Ruhe, die er inmitten der Frankreich von neuem erschütternden Stürme bewahrte, seine taktische Geschicklichkeit, die Dimensionen seiner Entwürfe, das alles machte ihn in den Augen Adenauers, der selbst ein Meister in der Kunst der Politik war, zu einer außergewöhnlichen Persönlichkeit. Als de Gaulle ihn zu sich erhob, erhöhte er ihn und erhöhte er sich selbst.

Der Kanzler verfolgte die Tragödie, die sich in Algerien abspielte, mit unausgesetzter Aufmerksamkeit. Er beklagte es, daß sein Freund ihr einen Teil seines Tages, seiner Arbeit und seiner Überlegungen widmen mußte. Er fürchtete sich vor schlimmen Nachrichten und freute sich, sobald man sich einer Regelung zu nähern schien. Wie oft sagte er mir, daß allein de Gaulle imstande sei, der schlimmen Lage Herr zu werden, unter der Frankreich und Algerien litten! In Deutschland war uns die öffentliche Meinung nur insoweit günstig als man glaubte, wir würden uns für die Unabhängigkeit Algeriens erklären. Eine andere Lösung hielt man für untragbar. Bei dieser Reaktion spielte auch Eifersucht eine gewisse Rolle. Unsere Nachbarn waren der Ansicht, man müsse mit dem Geist unserer Zeit mitgehen, und die Aufrechterhaltung von Bindungen, wie wir es wünschten, ganz gleich in welcher Form, sei unzeitgemäß. Die Anwesenheit von Delegierten der algerischen Nationalen Befreiungsfront in der Bundesrepublik, vor allem in Bonn, wo die tunesische Botschaft ihnen Asyl gewährte, belastete die Atmosphäre ebenso wie die deutschen Proteste, als die französische Flotte aus Hamburg und Bremen kommende Schiffe anhielt, die für das gegnerische Lager bestimmte Waffen an das andere Ufer des Mittelmeers transportieren sollten.

Wir mußten es den Deutschen erklären, daß das Algerien-Problem komplizierter und schmerzlicher war, als sie annahmen, daß Frankreich nicht ohne innere Zerrissenheit zum Abbruch all dessen beizutragen vermochte, was Algerien materiell wie gefühlsmäßig zu einem Teil des Vaterlandes machte, daß dort jenseits des Meeres Hunderttausende von Europäern und auch von Moslems lebten, die nicht im Traum daran gedacht hatten, nicht mehr Franzosen bleiben zu können, und daß es nicht genügte, das Land zu verlassen, um von einer Bürde befreit zu werden, die uns lieb gewesen war. Die Erfindungsgabe, die Strategie, deren sich de Gaulle bediente, wurden nur schwer akzeptiert, vor allem von der ungeduldigen Jugend nicht, die sich aus Idealismus mit dem Antikolonialismus identifizierte und sich über die imperialistischen Tendenzen, die sie uns eifrig zuschrieb, empörte. Vor den Toren der Universitäten, in denen ich redete, schwenkten die entschlossensten Wortführer aufschlußreiche Spruchbänder, ohne sich jedoch vom Zorn hinreißen zu lassen. Besser als jeder andere in den politischen Kreisen verstand es Adenauer, sich in de Gaulle hineinzuversetzen, seine Befürchtungen und seine Hoffnungen zu teilen, voller Ungeduld, ihn so schnell wie möglich wieder dazu imstande zu sehen, sich in aller Ruhe mit Europa, seiner Verteidigung und seinem Aufbau beschäftigen zu können.

Europa aufbauen – wozu? In überwältigender Mehrheit sind die Deutschen Europäer oder behaupten es zu sein. Die Bundesrepublik, dieses verstümmelte und geschwächte Land vermag in ihnen keine Begeisterung zu erwecken. Das Vaterland, das sie mit dem Zusammenbruch Deutschlands verloren haben, hoffen sie in einem Europa wiederzufinden, das ihnen, unter anderen Vorteilen, verspricht, mit ihren Nachbarn, insbesondere mit den Franzosen, gleichgestellt zu werden. Leichter als wir werden sie den Sprung tun, der sie endgültig von einer allzuoft unerträglichen Vergangenheit löst! Für sie ist das integrierte supranationale Europa die beste, die einzig mögliche Lösung. Für viele Deutsche jedoch hat England seine Anziehungskraft bewahrt. Für sie wäre es ein Irrtum, das begonnene Werk ohne die Engländer fortzusetzen. Einige gehen in ihrer Voreingenommenheit so weit, zu behaupten, daß England, einmal in den Mechanismus der Gemeinschaft eingefügt, sich dem Souveränitätsverlust nicht widersetzen würde, der sich aus dem von Jean Monnet und Robert Schuman vorgeschlagenen Modell ergibt. Auf diese Weise bringen sie ihre beiden lebhaftesten Wünsche, die europäische Integration und die britische Beteiligung, in Einklang.

Auch in diesem Punkt bereitet uns Adenauer keine Schwierigkeiten. Anders als seine Mitbürger, fühlt er sich keineswegs zu England hingezogen. Er empfindet entschieden kontinental. Den Engländern zürnt er, und sein Groll ist dauerhaft. Sie haben ihn einst als Bürgermeister von Köln abgesetzt, als sie ins Rheinland einrückten. Premierminister Macmillan muß es büßen. Der Kanzler schätzt ihn nicht, er mißtraut ihm. Und die Stellung, die Ludwig Erhard bezieht, ist nicht geeignet, seinen Groll und sein Unbehagen zu vermindern. Ebenso wie früher Schumacher für ihn die Inkarnation des Sozialismus mit all seinen Fehlern war, ist heute Erhard ein Symbol für eine in die Breite schweifende Orientierung – in die Verschwommenheit. Für seinen Wirtschaftsminister, der überdies den Titel des Vizekanzlers trägt, hat er nicht viel übrig. Die beiden Männer sind auf allen Gebieten entgegengesetzter Meinung. England profitiert davon nicht. Der Nutznießer ist Frankreich. Mag auch Erhard beträchtliches Ansehen genießen, mit dem von Adenauer läßt es sich nicht vergleichen.

Frankreich hatte sich Deutschland schneller und williger zugewandt als England. Die Franzosen waren mehr als die Engländer daran gewöhnt, den deutschen Ansturm zu ertragen, und einer Feindschaft müde, die sie zu wiederholten Malen an den Rand des Abgrunds gebracht hatte. Sie standen auch weniger stark unter dem Eindruck des Sieges, an dem sie diesmal nur in bescheidenerem Maß mitgewirkt hatten. Daher waren sie insgesamt bemerkenswert leicht zur Aussöhnung bereit. Schon seit 1950 hatte die Initiative Robert Schumans nicht wenig dazu beigetragen, den Geist unserer Landsleute in diesem Sinn zu beeinflussen und uns auch jenseits des Rheins zahlreiche Sympathien zu verschaffen. Die warmherzige Großzügigkeit des Generals verstärkte diese Bewegung noch. Als Präsident Heuss sich im Oktober 1958 nach London begab, wurde er dort kühl empfangen. Als Folge dieser Reise war man in Bonn um so mehr geneigt, dem Franzosen Dank und Ehre zu erweisen, der Adenauer sechs Wochen zuvor mit der größten Achtung behandelt hatte.

Doch nicht immer macht de Gaulle dem Mann, der auf den ersten Anhieb sein Freund geworden ist, die Dinge leicht. Die Annäherung an die Bundesrepublik, so wichtig sie auch sein mochte, ist nur ein Teil einer weltumfassenden Politik, der man um so notwendiger universelle Dimensionen verleihen muß, als Frankreich bald auf das Sechseck, wie es sein Mutterland nennt, reduziert sein wird. Kaum ist Adenauer aus Colombey abgereist, als der General Präsident Eisenhower und Macmillan regelmäßige Zusammenkünfte vorschlägt, bei denen die drei Westmächte gemeinsam über die großen Angelegenheiten beraten sollen. Man beschuldigt ihn daraufhin sofort, er wolle sich ein Gremium schaffen, in dem er immer wieder Gelegenheit haben würde, seine Ansichten zur Geltung zu bringen. Wird der Kanzler das nicht mit Bitterkeit aufnehmen? Er sieht es nicht gern, wenn sich Frankreich mit den Vereinigten Staaten und England auf eine Stufe stellt und damit den Abstand vergrößert, der es immer noch von Deutschland trennt. Es bedarf aller Vorsicht, ihm unsere Absichten so zu erläutern, daß wir sein Selbstbewußtsein nicht verletzen. Wenige Tage nach der Unterredung, von der er sich so sehr befriedigt gezeigt hat, wäre es mißlich, wenn er sich ärgern oder sich, seinen Unwillen verbergend, in sich selbst verschließen würde. De Gaulle hält die Angelegenheit für delikat genug, um mich kommen zu lassen und mich zu instruieren, wie ich dem Kanzler die französische Initiative darzustellen hätte. In seinem Arbeitszimmer, Seite an Seite mit dem Außenminister und dem Generalsekretär, bin ich ganz Ohr. De Gaulle ist brillant, ein wenig verschmitzt. Er macht den Eindruck, als sei er sich selbst des Erfolges seines Plans nicht ganz sicher. Aber mit Vergnügen erklärt er: Hat er Erfolg, um so besser. Scheitert er, hat er den amerikanischen Präsidenten und den britischen Premierminister in die verzwickte Lage gebracht, ihm nachher nicht vorwerfen zu können, er handle zu sehr auf eigene Faust.

Ich reiste nicht nach Bonn zurück, ehe ich nicht Couve de Murville unter vier Augen gesprochen hatte. Er kannte den Kanzler gut, und so fragte er sich ein wenig sorgenvoll, wie er reagieren würde. In der Tat blieb das Dreier-Gremium, obwohl es das Licht der Welt niemals erblickt hat, für Adenauer ein immer wiederkehrender Anlaß zur Verärgerung; er erwähnte es mir gegenüber jedesmal, wenn er sich irgendwie unglücklich fühlte. Ende Oktober schickte man Louis Joxe aus Paris zu ihm, der es verstanden hatte, seine Gunst zu erwerben, obwohl er nur sechs Monate lang Botschafter in Bonn gewesen war. Man unterließ also nichts, um den Kanzler in der gleichen Stimmung zu halten, in der er die Boisserie verlassen hatte. Natürlich verwandte ich mich in der Angelegenheit. Ich höre noch, was er mir damals entgegnete: »Im entscheidenden Moment wird das Interesse der Vereinigten Staaten oder der Druck ihrer öffentlichen Meinung über jede, in welcher Institution auch immer eingegangene Verpflichtung den Sieg davontragen.« In diesem Fall richtete sich sein Stachel mindestens ebenso gegen das vorgesehene Gremium, das heißt gegen seinen Initiator, wie auch gegen Washington.

Als wir uns von der atomaren militärischen Zusammenarbeit mit Deutschland abwandten, die vor de Gaulle geplant gewesen war, war das ebenfalls eine Wendung, die der Bonner Regierung, vor allem dem Verteidigungsminister Franz Josef Strauß, nicht gefiel. Dieser spielte eine der Hauptrollen in der Bundesrepublik, nicht allein weil er eines der einflußreichsten Kabinettsmitglieder war, sondern auch weil er über Bayern herrschte. Als Patriot litt er unter Deutschlands politischer Schwäche. Aufbrausend, dynamisch, gelegentlich gefühlsbetont, besonders Frankreich gegenüber, ließ er niemanden gleichgültig, und seine Auftritte auf der Tribüne des Bundestags, bei Versammlungen und auf dem Fernsehschirm erzeugten unweigerlich ein starkes Echo. Seine Enttäuschung über unseren Rückzieher wirkte sich nachteilig auf den Verkauf unserer Mirage-Flugzeuge aus; er verhehlte es Pierre Chatenet, dem zuständigen französischen Minister nicht, als er zu ihm kam, um ihm die Gründe für die Abwendung zu erläutern, die der General durchgesetzt hatte.

Was nun die Atombombe betraf, deren Herstellung man bei uns vorbereitete, so schätzten die Deutschen sie mitnichten, wie man sich leicht vorstellen kann. Sie erregte vor allem den Widerspruch nationalistischer Kreise. Bayerische Journalisten, angeblich gute Freunde von Strauß, sagten mir, sie seien untröstlich bei dem Gedanken, Frankreich könnte mit einer Waffe ausgerüstet sein, die ihr Land nicht besaß. Die Atombombe war das Zeichen der Macht. Je nachdem ob man sie besaß oder nicht, gehörte man verschiedenen Kategorien an. Sie bestimmte die Rangfolge der Nationen. Adenauer war anfangs sehr skeptisch. Mit vorwurfsvoll erhobenem Zeigefinger sagte er zu mir: »Ich würde gern wissen, gegen wen diese Bombe gerichtet sein soll . . .« Man mußte schon General de Gaulle sein, um Adenauer dazu zu bewegen, die französische Atombombe nicht nur zu akzeptieren, sondern auch einzusehen, daß es für Frankreich nicht tunlich gewesen wäre, auf sie zu verzichten, und für Europa nicht gut, sie nicht zu besitzen. Der alte Mann überwand seine Vorurteile und seinen Stolz. Das Alter und seine Sicherheit in der Diagnose machten ihn für die Relativität der Dinge einsichtiger als andere.

Wäre er nicht am Ruder gewesen, hätte sich die Situation rapide verschlechtert. Es fehlte nicht an Leuten, die ihm einzureden suchten, er hätte sich von de Gaulle irreführen lassen, er müsse ihm mißtrauen, und der General werde es noch fertigbringen, ihn mit Washington und London zu entzweien. Bei den Diskussionen, die laufend in Paris im Rahmen der Organisation für wirtschaftliche Zusammenarbeit stattfanden, konzentrierten die Engländer, geführt von Richard Maudling, ihre Offensive auf den Gemeinsamen Markt, den sie in einer undefinierbaren, strukturlosen Vereinigung untergehen lassen wollten. Sie waren nur zu glücklich, feststellen zu können, daß die deutsche Delegation, die ihre Anweisungen von Ludwig Erhard empfing, uns in unserem Widerstand nur halbherzig unterstützte.

Adenauer konnte bisweilen außer sich geraten. Er ärgerte sich über jeden in seiner Umgebung, der ihn bei seinem Vorgehen hindern wollte. Solche Versuche waren immer vergeblich! Er war fest entschlossen, sich nicht von de Gaulle zu trennen. War der Kalte Krieg nicht noch in vollem Gange? Wie würde er weitergehen? Die Sowjetunion machte ihm Angst. Was hatte sie vor? Im Westen überwog die Meinung, daß man sie daran hindern müsse, die erworbenen Vorteile noch weiter auszubauen, und daß man ihr, wenn sie einen Konflikt entfesseln sollte, die Stirn bieten müsse. Angesichts dieser Bedrohung stimmten Adenauer und de Gaulle vollkommen überein. Die Entschlossenheit des Generals war für Adenauer von höchstem Wert. Er weiß, daß er auf ihn mehr als auf jeden anderen zählen kann. Und er hat recht. In den künftigen schweren Stunden leistet de Gaulle als erster Widerstand. Daß es soweit gekommen ist, bedauert er mehr als Adenauer, der in seinem Abscheu keinen Unterschied zwischen dem Bolschewismus und Rußland macht und voller Schrecken sieht, was aus Osteuropa geworden ist. De Gaulle dagegen denkt nicht ohne eine gewisse Wehmut an die glorreiche Zeit zurück, in der er die Verständigung mit Moskau suchte. Zwischen Franzosen und Russen besteht nicht jener aus dem Blutbad erwachsene Haß, der zwischen Deutschen und Russen eine Kluft geschaffen hat. Doch allein auf die Wirklichkeit kommt es an, und sie ist alles andere als beruhigend.

In der Tat rührt sich die sowjetische Regierung, und man spürt, daß sich eine neue Krise vorbereitet. In der zweiten Septemberhälfte 1958 erklärt sie in einer Note an die Bundesrepublik zum deutschen Problem: »Die Wiedervereinigung Deutschlands ist eine innerdeutsche Angelegenheit«. Adenauer erkennt sofort die Gefahr. Zum ersten Mal bestreitet die UdSSR offiziell die Verantwortung der vier Mächte in dem Bemühen, die Frage der Wiedervereinigung von der des Friedensvertrages zu trennen. In einem

Interview für die »Kieler Nachrichten« gibt der Kanzler seinem Bedauern und seinen Besorgnissen Ausdruck. Welches Ziel schwebt dem Kreml vor? Zwei Monate später wird man es wissen.

Am 20. November verbreitet sich die Nachricht, daß de Gaulle im Begriff ist, Adenauer seinerseits einen Besuch abzustatten. Die Wirkung ist sensationell. Plötzlich sind die Wolken, die den deutsch-französischen Himmel trübten, verschwunden. Die Begegnung findet am 26. in Bad Kreuznach statt. Der freudestrahlende Kanzler nimmt seinen Freund mit nichten für sich allein in Beschlag. Er legt Wert darauf, daß seine Minister ihn kennenlernen. Einige von ihnen, deren Anwesenheit dabei nicht geboten ist, werden eigens dazu eingeladen, den großen Franzosen zu begrüßen. Dieser ist von einer Einfachheit und einer Höflichkeit, die seine deutschen Partner hinreißt. Das Glück wäre vollkommen, wenn man nicht erfahren hätte, daß die UdSSR einen schweren Schlag im Schilde führt: sie will ihren drei westlichen Partnern ein regelrechtes Ultimatum stellen – das ihnen am Tag darauf auch zugestellt wird. Danach will sie, falls es nicht binnen sechs Monaten zu der von ihr gewünschten Viererregelung kommt, direkt mit der Deutschen Demokratischen Republik einen Vertrag abschließen. West-Berlin soll in eine Freie, entmilitarisierte Stadt umgewandelt werden. Zweifellos sollte es sich dabei nur um eine Übergangsphase handeln. Früher oder später würde die alte Reichshauptstadt unvermeidlich in die Hände des Gegners fallen. Welche Zumutung, die Möglichkeit einer solchen Niederlage zuzulassen! Wenn ganz Berlin zum anderen Lager gehörte, wäre das ein enormer Gewinn für die Russen und ihre deutschen Bundesgenossen. Außerdem würde man riskieren, daß die Bundesrepublik, die dann nicht mehr über ein konkretes Faustpfand für die Hoffnung auf Wiedervereinigung verfügte, uns ihrerseits verlorenginge.

Franzosen und Deutsche sind entschlossen, die Sache durchzustehen. In Bad Kreuznach garantiert de Gaulle dem Kanzler, daß Frankreich sich dem Ansinnen der Sowjets nicht beugen wird. Er glaubt übrigens, daß es sich eher um ein sowjetisches Manöver handelt, als um die Vorbereitung einer kriegerischen Auseinandersetzung. Couve de Murville sagt in der für ihn typischen Gelassenheit zu mir: »Beunruhige dich nicht. Es wird nichts passieren.« Für den Augenblick kann sich Moskau nur eines Resultats rühmen: die Begegnung geht im Zeichen einer zunehmenden französisch-deutschen Solidarität zu Ende. Der General kann einen Erfolg verbuchen. Nach einer Konferenz der Außenminister, die vierzehn Tage später in Paris stattfindet und an der auch Brentano teilnimmt, weisen die drei Westmächte das sowjetische Ultimatum zurück.

In der Zwischenzeit hat sich Adenauer nach Berlin begeben, um der Bevölkerung der Stadt durch seine Anwesenheit seine Entschlossenheit zu bekunden. Die Berliner wissen ihm Dank dafür. Das ist für ihn ungewohnt; meist wirft man ihm vor, für die Ufer des Rheins eine unverhohlene Vorliebe zu hegen. Außerdem lassen seine Beziehungen zum Regierenden Bürgermeister der Stadt, Willy Brandt, zu wünschen übrig: Brandt ist Sozialdemokrat, und damit hat er schon eine schlechte Note. Überdies reüssiert er nur zu gut in Berlin, das nach und nach zu seiner eigenen Domäne wird. Da er sich für fähiger hält als jeder andere, die Rechte der Stadt zu verteidigen, würde er gern an der Konferenz von Paris teilnehmen. Der Kanzler nimmt darauf keine Rücksicht. Wenn er sich ihm nicht in den Weg stellt, wird Willy Brandt es weit bringen, zu weit. Berlin muß ihm genügen; er soll seinen Ehrgeiz mäßigen. Ich höre Adenauers Worte noch, der entschieden eine gute Nase hat, wie die Zukunft beweisen wird. Ich bin nicht weniger von der Persönlichkeit des Berliner Bürgermeisters beeindruckt. Angenehm, kraftvoll, zielstrebig, mutig, wie er ist, gefällt er mir. Von Anfang an entstehen freundschaftliche Beziehungen zwischen uns, die nicht mehr abreißen. Wird er, der in jeder Hinsicht von dem bedeutendsten seiner Vorgänger verschieden ist, sich in gleichem Maß die Dankbarkeit seines Volkes erwerben? Während meiner ersten Mission in Deutschland war sein späterer Weg noch nicht vorauszusehen. Würde es ihm gelingen, das Band, das ihn an Berlin knüpfte, zu durchtrennen, um sich nach Bonn aufzuschwingen? Doch was konnte man planen oder unternehmen, solange Adenauer da war? Er drängte alle in den Schatten.

War es seine Spürnase, die den Kanzler veranlaßte, keinen der Männer zu ermutigen – gleich welcher Partei–, die seine Nachfolge hätten anstreben können? Es wäre so anmaßend wie taktlos, ihm das zum Vorwurf zu machen. Ich möchte dennoch daran erinnern, daß gerade zu dieser Zeit ein bekannter Politiker, der acht Jahre später Kanzler werden sollte, resignierend die provisorische Hauptstadt verließ, um sein Glück anderswo zu versuchen. Kurt Georg Kiesinger, der Vorsitzende des Außenpolitischen Ausschusses im Bundestag, konnte nur feststellen, daß er unter Adenauer in Bonn keine Karriere machen würde. Er ließ mich das mit dem Takt und der Diskretion wissen, die ihm eigen waren. Am 17. Dezember 1958 wurde er zum Ministerpräsidenten von Baden-Württemberg gewählt. Das war gewiß ein bedeutendes Amt, ein Auftrag von beträchtlichem Rang! Die Länder genießen weitgehende Autonomie, und Stuttgart hat ein beneidenswertes Ansehen unter den Landeshauptstädten der Bundesrepublik. Aber war es klug, sich aus dem Zentrum der Politik, wo man die Gunst der Parteien, wo man Bekanntheit erwirbt, zu entfernen? Kiesinger hat seine Wahl nicht ohne Zögern getroffen. Doch hat er die richtige Chance ergriffen, die ihm erlaubt, seine Fähigkeiten zu entfalten. Baden-Württemberg wird eines der blühendsten westdeutschen Länder. Man ist des Lobes voll über die Ausgewogenheit und Würde des Ministerpräsidenten. Auch außerhalb der Grenzen seines Landes greift man gern auf sein Urteil zurück. An ihn tritt man heran, als man im Rahmen des französisch-deutschen Freundschaftsvertrages einen Partner für den französischen Kultusminister braucht, da es jenseits des Rheins keinen Bundeskultusminister gibt. So weit, so gut, bis im Herbst 1966, als die Deutschen plötzlich von Ludwig Erhard genug haben, Kiesinger das Kanzleramt antritt, ohne daß man auch nur einen Rivalen in Erwägung gezogen hat. Zu aller Überraschung hatte der Durchgang durch die Provinz ihm nicht schlecht gedient.

Hier eine andere Episode, die ebenfalls für das Temperament Konrad Adenauers bezeichnend ist, wie auch für den Einfluß, den Charles de Gaulle auf ihn ausübte. Am Nachmittag des 7. April 1959 hielt ich auf dem Weg zum Flughafen – ich wollte zu einem meiner häufigen kurzen Besuche nach Berlin fliegen – kurz beim Bundeskanzleramt an, wo ich fast täglich Kontakte pflegte und wo der engste Berater von Adenauer, Staatssekretär Hans Globke, mich stets sehr zuvorkommend begrüßte. Diesmal wurde ich von einem Mitarbeiter geringeren Ranges empfangen, der den Kanzler sogleich von meiner Anwesenheit verständigte. Adenauer ließ mir sagen, daß er ein paar Augenblicke Zeit für mich hätte; er würde mir gern etwas anvertrauen. Er bat mich nur um ein wenig Geduld, da er gerade eine Abordnung der CDU zu einer Aussprache bei sich habe; er habe sie zusammengerufen, um sie über seine Absichten in einer sehr wichtigen, ihn persönlich berührenden Angelegenheit in Kenntnis zu setzen. Mein Gesprächspartner, der nicht mehr an sich halten konnte, zögerte nicht, mich selbst zu informieren: Adenauer hatte plötzlich beschlossen, für das Amt des Bundespräsidenten zu kandidieren. Die zweite fünfjährige Amtszeit von Heuss war in wenigen Wochen abgelaufen. Zuerst war ich vollkommen verblüfft; dann wollte ich, da meine Neugierde geweckt war, mehr darüber wissen. Mein Gesprächspartner, der es bereute davon gesprochen zu haben, bat mich, dem Kanzler gegenüber den Überraschten zu spielen, wenn er auf seinen Plan zu sprechen kommen sollte. Ich hätte es lieber gesehen, wenn er nicht Zeuge der kleinen Komödie gewesen wäre, die ich nun spielen mußte. Aber er war eifrig darauf bedacht, mich zu seinem Meister zu begleiten, und so gingen wir beide hinein.

»Abgesehen von den Mitgliedern der CDU, die mich soeben verließen«, erklärte Adenauer, »sind Sie der erste, den ich informiere: Ich habe beschlossen, mich um das höchste Staatsamt zu bewerben. Nachdem ich zehn Jahre lang die Regierungsgeschäfte geführt habe, ist es nur natürlich, daß ich mein Land repräsentiere, vor allem dem Ausland gegenüber, indem ich das höchste und repräsentativste Amt des Staates bekleide.« Ich beglückwünschte ihn schon im voraus zum Ergebnis der zukünftigen Wahl; es war nicht im mindesten zweifelhaft. Die Bundesversammlung, die nur bei einer solchen Gelegenheit zusammentritt und aus allen Bundestagsabgeordneten besteht, denen sich noch von jedem Land entsandte Vertreter der Länder zugesellen, würde ihn ohne mit der

Wimper zu zucken wählen. Adenauer würde sowohl die Stimmen derer erhalten, die sich seinem Willen nicht widersetzen wollten, wie auch die anderer, die ihn nicht ungern auf eine Höhe versetzt sähen, wo er ohne Macht isoliert wäre. Der Präsident der Bundesrepublik Deutschland verfügt nur über sehr beschränkte Machtbefugnisse; er steht praktisch außerhalb der Regierungsgeschäfte. Sein Einfluß läßt sich nicht mit dem vergleichen, den ein Raymond Poincaré oder ein Vincent Auriol besaßen, so reduziert er ihnen auch erscheinen mochte.

Darum hatte ich bei der Formulierung meines Glückwunschs einige Behutsamkeit walten lassen. Hatte Adenauer es bemerkt? Überlegte er sich bereits, ob seine Entscheidung wirklich günstig für ihn sei? Er schien ein wenig verlegen, und wir wechselten schnell das Thema.

Im Flugzeug, das mich nach Berlin trug, verfaßte ich ein Telegramm, das unter der Auswirkung der Flughöhe die Tendenz zeigte, das Sensationelle der Nachricht zu unterstreichen. Die Kritik, der sich der Kanzler selbst in den Reihen der eigenen Partei ausgesetzt sah, die in seinem Alter unvermeidlichen gesundheitlichen Beschwerden konnten eine Erklärung für seinen Wunsch bieten. Er wollte Abstand nehmen von den Wechselfällen des täglichen Lebens, als der Patriarch, als Vater des Vaterlands erscheinen, wollte sich in seinen letzten Jahren vor den Umtrieben der Politik abschirmen. Ähnlich wie Aristide Briand dreißig Jahre zuvor versucht hatte, die Pforte zum Elysée-Palast zu durchschreiten, um von hoher Warte aus in Sicherheit als Friedenspilger in die Geschichte einzugehen, so sagte sich wohl auch Adenauer, daß er durch Meditation, durch Schweigen, das er nur bei besonderen Anlässen brechen würde, noch an Größe der Persönlichkeit gewinnen könne.

Ich glaube auch, daß die herausragende Stellung des Generals de Gaulle ihre Wirkung auf ihn ausgeübt hat. Mochte der Präsident der Republik Frankreich sich bei seinen Begegnungen mit ihm noch so sehr bemühen, ihn gleichrangig zu behandeln, Adenauer konnte doch nicht umhin zu bedauern, daß er nicht, wie de Gaulle für Frankreich, der Repräsentant für Deutschland war.

Würde das Bild ihrer Persönlichkeiten, das sie der Nachwelt hinterließen, nicht noch mehr Bedeutung erhalten, wenn die Verständigung, der sie Weihe und Glanz verliehen, zwischen zwei Staatsoberhäuptern stattfände? In dieser Hinsicht war Adenauer allzu bescheiden; er unterschätzte den Ruhm seines Namens. Was hatten seine Titel schon zu bedeuten? Er hatte die Grenze des Bereichs, in dem der Rang den Menschen erhöht, längst überschritten.

Jedoch, es hieße Adenauer schlecht kennen, wenn man glaubt, es sei ihm mehr auf die äußeren Anzeichen der Macht angekommen als auf die Macht selbst. Fraglos hat er zu Anfang gehofft, daß einer seiner Getreuen seine Nachfolge als Kanzler antreten würde –, ein Interpret seines Denkens, der mit ihm in enger Zusammenarbeit regiert hätte. Die beiden Politiker, denen man damals die besten Aussichten zusprach, hießen Franz Josef Strauß und Gerhard Schröder. Sie waren noch ein wenig zu jung, um an die Leitung des Bundeskabinetts zu denken. Doch vor allem Adenauer war nicht im geringsten dafür, sie auf seinen Sessel erhoben zu sehen. Die Explosivität eines Strauß, sein Deutschtum bayerischer Prägung machten den Kanzler nicht geneigt, ihm Wohlwollen entgegenzubringen. Schröders Trockenheit, seine wenig durchschlagenden Erfolge in den ihm anvertrauten Funktionen, sein Mangel an Geschmeidigkeit und an Fortune bewogen Adenauer, von ihm abzusehen. Gern hätte er Heinrich von Brentano, einen Mann von feiner und ritterlicher Art, als Nachfolger gesehen. Seltsamerweise war dessen Stern im Sinken; er genoß in parlamentarischen Kreisen nicht mehr das Vertrauen, das ihm erlaubt hätte, sich durchzusetzen.

Wie an diesen hätte Adenauer auch an anderen Mängel entdeckt. Mit einer Handbewegung tat er sie ab, um dem Finanzminister Franz Etzel freie Bahn zu schaffen, einem ebenso bescheidenen wie sachverständigen Mann, der früher in seiner Eigenschaft als Mitglied der Montanunion sein Eintreten für Europa vielfältig unter Beweis gestellt hatte, von dem man wußte, daß er eine deutsch-französische Annäherung befürwortete, und der den Kanzler mit Aufmerksamkeiten bedachte, die diesen auf seine Fügsamkeit hoffen ließen. Hätte Etzel einen genügenden Vorsprung vor seinen Rivalen gewonnen, wäre Adenauer wahrscheinlich bei seinem Entschluß geblieben und hätte nicht auf die Präsidentschaft der Bundesrepublik verzichtet. Doch die Bescheidenheit des Finanzministers, der nach Meinung vieler ein fähiger Mann war, erwies sich schließlich als wenig nützlich. Er verlor an Boden.

War das sehr überraschend? Konnte denn Ludwig Erhard, der Wirtschaftsminister, der Mann des Wirtschaftswunders, zulassen, daß man ihn überginge? Sein Prestige, seine füllige Erscheinung, seine Jovialität und seine Fähigkeiten haben ihm in ganz Westdeutschland eine Popularität eingebracht, die nur noch von der des Kanzlers übertroffen wird. Sein Name ist auch jenseits der Grenzen bekannt. Im Ausland braucht er nicht im Schatten des Kanzlers zu stehen. Ihm schreibt man das Verdienst an dem unerhörten Wiederaufstieg der Bundesrepublik zu. Doch gerade diese Meriten tragen nicht dazu bei, daß der Kanzler ihn wohlgefällig ansieht.

Das wäre noch nicht so schlimm, wenn Adenauer ihm nicht den Vorwurf machte, ein Gegner seiner Europapolitik zu sein, eine sträfliche Vorliebe für einen multilateralen, nicht auf die Sechser-Gemeinschaft begrenzten Wirtschaftsverband zu hegen und den Reichtum der Angelsachsen mehr zu schätzen als den Charme der Franzosen. Unverzüglich verteidigt sich Ludwig Erhard. Er liebt Frankreich. Wie groß ist meine Überraschung, als ich ihn eines Tages im April bei meiner Rückkehr in die Botschaft dort vorfinde, ohne daß er sich vorher angemeldet hatte. Unser Verhältnis ist in der Tat ausgezeichnet. Sein unerwarteter Besuch rührt mich. An seinen Gefühlen für mein Land zweifle ich nicht. Doch wenn ich es auch gewünscht hätte, was könnte ich für ihn tun?

Adenauer ist erzürnt. Niemals wird er zulassen, daß Erhard sein Nachfolger wird. Er soll im Wirtschaftsministerium bleiben, wo er sich bewährt hat. Aber daß er sich ja nicht in die großen Staatsprobleme, in die Außenpolitik einmischt! Das Gebiet ist ihm doch gänzlich fremd. Er wird da nur Dummheiten machen. Nein, vor ihm wird Adenauer nicht kapitulieren. Mehr und mehr läßt er sich hinreißen. Welch eine unglaubliche Jugendkraft in diesem unglaublichen Zorn! Rings um ihn zittert man. Er wird sich noch schaden, physisch und moralisch. Das kümmert ihn nicht. Jupiter donnert. Erhard kehrt nach und nach wieder auf den Boden zurück. Niemals wieder wird er sich solchen Angriffen, solcher Ironie aussetzen.

Dann klärt sich alles plötzlich auf. Ebenso schnell wie er ihn gefaßt hat, verzichtet Adenauer wieder auf seinen Plan. Am 4. Juni gibt er bekannt, daß er das Kanzleramt behalten wird. Als Vollblutpolitiker, der er ist, kann er sich nicht mit einem vergoldeten Käfig zufriedengeben. Er braucht den Kampf, die Führung, den Triumph seiner Ansichten. Seine Reaktion – er ist dreiundachtzig Jahre alt – verrät ein ungewöhnliches Vertrauen in seine Fähigkeiten. Er brennt vor Eifer, sein Werk fortzusetzen. Seine Freunde und Mitarbeiter haben den Kopf voller Sorgen. Er ist zu weit gegangen; er hat seinem Ansehen geschadet, er hat sich lächerlich gemacht. Die Presse, vor allem die britische und die amerikanische, überschüttet ihn mit Sarkasmen. Er, Adenauer, hat nicht das Recht, sich wie ein Kind aufzuführen, das nicht weiß, was es will. Etzel, den ich einige Tage später sehe, zeigt sich bewundernswert uneigennützig und tief bestürzt. »Adenauer hat einen guten Teil seiner Autorität eingebüßt«, sagte er zu mir. »Ich bedauere das um so mehr, als Frankreich Gefahr läuft, indirekt darunter zu leiden. Denn er hat sich zum Verfechter der Verständigung zwischen unseren beiden Ländern gemacht.«

Ich bin selbst beunruhigt und betrübt. Nachdem ich am 17. Juni mit dem Kanzler diniert habe, schreibe ich nach Paris: »Ich enthalte mich eines Urteils über die Kehrtwendung eines Mannes, dessen Namen bereits in die Geschichte eingegangen ist und dessen letzte Entscheidung durchaus von der Sorge diktiert gewesen sein mag, den französisch-deutschen Beziehungen die erste Stelle in der Geschichte der Außenpolitik der Bundesrepublik zu bewahren.« Adenauer selbst, den Olympier, ließ die gegen ihn entfesselte Kampagne kalt. Ich höre noch seine Worte: »Nur keine Angst, Herr Seydoux, in einigen Tagen wird niemand mehr daran denken.« Was in der Folge geschah, gab seiner Äußerung recht. Am 2. Juli 1959 wurde Heinrich Lübke Präsident der Bundesrepublik. Das war das Ende der Eskapade.

In der Tat, wir brauchten Konrad Adenauer noch recht nötig. Auf der einen wie auf der anderen Seite des Rheins folgte die Politik seinem Kurs. Hätte der Kanzler nicht mit fester Hand das Steuer gehalten, wäre sein Vertrauen zu General de Gaulle nicht so unerschütterlich gewesen, würden sich die Schwierigkeiten, die uns nicht erspart blieben, ernsthaft auf die Beziehungen zwischen Paris und Bonn ausgewirkt haben. Man mußte General de Gaulle sein, um in einer Pressekonferenz vom 25. März 1959 die Erklärung zu wagen, das deutsche Volk dürfe seine Grenzen nicht wieder in Frage stellen; Deutschland reiche fortan nur bis zur Oder-Neiße-Linie. Wiedervereinigung; warum nicht? Doch innerhalb dieser Grenzen! Die aus Sozialdemokraten und Liberalen bestehende Opposition und mehr noch die Millionen von Flüchtlingen protestierten so energisch, daß die Bundesregierung nicht dazu schweigen konnte. Der Geschäftsträger Jansen wurde gebeten, am Quai d'Orsay um Aufklärung zu bitten. Ein offizieller Sprecher versicherte, daß »die Oder-Neiße-Linie nur als die augenblickliche deutsche Ostgrenze angesehen würde«. De Gaulle hatte bei den Deutschen an einen besonders empfindlichen Punkt gerührt. Obwohl sie wußten, daß das Land östlich der Oder-Neiße-Linie verloren war, hörten sie nicht auf, von diesen Gebieten zu träumen, die, nun sowjetisch geworden oder unter polnischer Verwaltung gestellt, im bisherigen Lauf der Geschichte zu Deutschland gehört hatten. Handelte es sich dabei nicht im besonderen um Preußen? Dennoch, würden gewisse Politiker nicht eines Tages zugeben müssen, daß der Präsident ihre Aufgabe erleichtert hatte, indem er laut und offen aussprach, was sie selbst sich hüteten, öffentlich anzuerkennen? Indem er für die Deutschen in die Bresche sprang, trug er wesentlich zur Aufrechterhaltung des Friedens bei. Wie oft hatte man uns nicht gesagt, daß die französische Politik sich in bezug auf

Deutschland in Zweideutigkeiten gefalle! Diesen Vorwurf konnte man uns nun weniger leicht machen.

Andererseits war für uns die Nachsicht der Bonner Regierung gegenüber den Aktivitäten derer, die damals in Algerien gegen uns kämpften, wahrlich alles andere als erfreulich. Allzu bereitwillig schloß sie die Augen vor der Propaganda, die diese in der Bundesrepublik machten. Fortgesetzt mußte unsere Botschaft intervenieren, um Kundgebungen der FLN, die unserer Sache schadeten, zu verhindern oder über sie Beschwerde zu führen. Es war peinlich, feststellen zu müssen, daß Westdeutschland anscheinend mehr als unsere anderen Verbündeten Zufluchtsort für unsere Gegner wurde und daß es ihre empörenden Demonstrationen zuließ.

Die Oder-Neiße-Linie ist für Deutschland wesentlich, und Algerien ist es für Frankreich. Zwischen Adenauer und de Gaulle gibt es deswegen keinen Streit. Auf einsamer Höhe wandelnd, betrachten sie die in zwei Blöcke geteilte Welt von oben, über die sich die führenden Mächte ebensowohl entzweien wie unter Bedingungen verständigen könnten, die keineswegs befriedigend für uns wären. Ist Deutschland bedroht, wird auch Frankreich es unverzüglich sein. Ist Deutschland verloren, wird auch Frankreich verlorengehen. Das sowjetische Ultimatum vom 27. November 1958 hält noch immer die Außenministerien in Atem. In Ungewißheit kann man nicht weiterleben. Wird das Damoklesschwert auf uns niederfallen oder nicht? In dem Bemühen, das starre Schweigen Moskaus aufzubrechen, machen Washington, London und Paris ihm am 16. Februar 1959 den Vorschlag, eine Konferenz der vier Außenminister einzuberufen, zu der auch Deutsche als Berater eingeladen werden sollen. Auf diese Konferenz, die zweimal, im Frühjahr und im Sommer, in Genf zusammentreten wird, ist fortan des Kanzlers ganzes Denken gerichtet. Wie vorauszusehen war, kommt nichts bei der Konferenz heraus. Die Thesen der Westmächte sind von den sowjetischen zu weit entfernt. Von neuem werden wir einem dieser Dialoge unter Schwerhörigen beiwohnen, der schon bei früheren Verhandlungen wiederholt ein Schauspiel war. Für uns kann die Wiedervereinigung nur aus freien Wahlen aller Deutschen hervorgehen, sowohl der Deutschen in der sowjetischen Besatzungszone als auch der in der Bundesrepublik. Es liegt auf der Hand, daß dies für die Russen katastrophal ausgehen würde. Wer wird sich schon zu ihren Gunsten aussprechen? Staatssekretär von Eckardt vertraut mir an – aber ist es eine vertrauliche Mitteilung? Wer kennt ihn nicht? –, daß nach Adenauers Ansicht an eine Wiedervereinigung in absehbarer Zeit immer weniger zu denken sei. Am 27. April erklärt Brentano vor dem Parteitag der CDU von Hessen: »Die Bundesregierung weist jeden Gedanken an eine Konföderation zurück, die letzten Endes nicht dazu führt, allen Deutschen die Freiheit zu geben, sondern vielmehr die Deutschen im Westen der Freiheit zu berauben. Eine Wiedervereinigung in Freiheit ist auf paritätischer Basis nicht möglich.«

Der Kanzler hat noch manche anderen Sorgen. Auf der Konferenz wird – seiner Meinung nach auf demütigende Weise – deutlich werden, in welcher Lage sich sein Land befindet: Die Delegation der Bundesrepublik wird fast wie zur Strafe ans untere Ende des Tisches verwiesen; sie nimmt an den Debatten nicht teil. Würde er sich dagegen auflehnen, um mehr zu erreichen, würde das andere Deutschland, das von Pankow, von seiner Unzufriedenheit profitieren, denn das östliche wie das westliche Deutschland sollen nach den Regeln vollkommener Gleichheit behandelt werden, was Bonn zutiefst verärgert. Durch diese unangenehmen Umstände haben die Sozialdemokraten leichtes Spiel: Adenauer, behaupten sie, setze sich nicht so entschieden für die Wiedervereinigung ein, wie er es sollte. Seine vorsätzliche Feindschaft gegenüber der Sowjetunion mache ihn blind. Anstatt sich in den Bann von Frankreich zu begeben, sollte er sich lieber den Vereinigten Staaten und England anvertrauen. Aus Anlaß der Haushaltsberatungen im Bundestag äußert sich Fritz Erler am 5. Juni in dieser Hinsicht ungewöhnlich scharf.

Konrad Adenauer steht aufrecht wie ein Fels, gegen den die Wogen vergebens anbranden. Mag man ihm im Innern noch soviel Schwierigkeiten machen, er blickt nach draußen. Alles hängt seiner Meinung nach von der Festigkeit, vom Zusammenhalt der drei Westmächte ab. Ist dieser Zusammenhalt überhaupt vorhanden? Anfang 1959 schreibt der angesehene Journalist Paul Sethe in der Zeitung »Die Welt«: »Als man letztes Frühjahr in Bonn mit einem gewissen Unbehagen General de Gaulle an die Macht kommen sah, ahnte man nicht, daß wir ihn kurze Zeit später als unseren einzigen Bundesgenossen in der internationalen Auseinandersetzung betrachten würden. Die westliche Welt ist in zwei Lager geteilt: Vereinigte Staaten und England; Bundesrepublik und Frankreich.« Diese Äußerung ist zu extrem, um genau zu sein, doch entspricht sie weitgehend Adenauers Meinung. Er mißtraut vor allem den Engländern und ihrem Premierminister Macmillan. Als er im Februar erfährt, daß sich dieser nach Moskau begeben wird, bemerkt er voller Ironie, er verstehe es, wenn Macmillan diese Reise machen müsse, um die Wahlen zu gewinnen –, »wenn nicht, wäre das sehr betrüblich«. Das ganze Jahr über neigt er in seiner Meinung über Großbritannien bald mehr zum Positiven bald mehr zum Negativen; doch das Positive überwiegt nicht. Trotz der vermehrten Anstrengungen der Amerikaner, ihn zu beschwichtigen, ist sich der Kanzler auch in bezug auf diese nicht vollkommen sicher. Da er sie für unentbehrlich hält, beunruhigt er sich über jede Geste von ihrer Seite, die auch nur als Andeutung eines Lächelns in Richtung Moskau ausgelegt werden könnte. Könnte Eisenhower sich nicht eines Tages von dem Ehrgeiz versucht fühlen, den Friedensstifter zu spielen?

Glücklicherweise gibt es den General de Gaulle. Am 4. März 1959 findet die dritte Begegnung zwischen ihnen – in Marly – statt. Die Gewohnheiten liegen schon fest, man weicht nicht von ihnen ab. Die beiden Freunde finden, wie immer, Gefallen am Zwiegespräch. Der Kanzler stärkt sich an den Gedanken des Generals. Für den einen wie für den anderen ist ein Nachlassen im Widerstand gegen die Sowjetunion nicht erlaubt. Die Deutschen können davon überzeugt werden, daß sich Couve de Murville während der Außenministerkonferenz der Vier einer so kategorischen Sprache bedienen wird, wie Bonn es sich nur wünschen kann. Nach dem Abendessen, an dem nur wenige Gäste teilnehmen, zieht sich Adenauer entspannt und lächelnd frühzeitig zurück. Während wir hören, wie er sich über uns zur Nacht vorbereitet, setzen wir den Abend unter uns Franzosen, rund um den Präsidenten der Republik versammelt, noch fort. Ungeniert spricht sich jeder über die üblichen Themen aus – die Vereinigten Staaten, Rußland und Europa . . . Ich stürze mich in die Schilderung des deutschen Föderalismus, eines meiner vertrautesten Themen: Westdeutschland ist reich an erstrangigen Städten; dennoch erfüllt keine die Voraussetzungen für eine wirkliche Hauptstadt. Hamburg, München, Düsseldorf, Köln, Frankfurt und Stuttgart schicken sich nur ungern in die Vorrangstellung Bonns. Daraus resultieren für unsere Nachbarn zusätzliche Komplikationen. In liebenswürdigem Spott unterbricht mich der General mit einem Einwurf, der keinen Zweifel an dem Platz läßt, den Paris nach seiner Meinung unstreitig in jeder künftigen europäischen Gemeinschaft einnehmen sollte. Am 6. Mai begeben sich Michel Debré und Couve de Murville an die Ufer des Rheins, um Adenauer am Vorabend der Außenministerkonferenz nochmals über den Kurs zu unterrichten, den Frankreich dort einschlagen will.

Die Gespräche verlaufen in einer Atmosphäre, die der Kanzler, nach der Aussage von Bruce, dem amerikanischen Botschafter in Bonn, als »superb« bezeichnete. In bezug auf die UdSSR herrscht volle Übereinstimmung, Festigkeit auf der einen wie auf der anderen Seite. Es gilt zu retten, was im Laufe von zehn Jahren aufgebaut wurde. Auf de Gaulle und seine Regierung zählt Adenauer beim Widerstand gegen die sowjetische Offensive. In Genf wird Frankreich der Sprecher der Bundesrepublik sein. Die französischen Minister reisen am Morgen des 7. wieder nach Paris zurück. Adenauer und Brentano waren in Ernich mit ihnen zusammengetroffen. Alle Welt ist zufrieden.

Einige Tage später bin ich zur Feier des zehnten Jahrestags der siegreichen Beendigung der Luftbrücke in Berlin. General Clay, Robert Schuman, Willy Brandt und Attlee werden von der

Bevölkerung begeistert begrüßt. Ich bin bei meinem Kollegen Bernard de Chalvron, dem ranghöchsten französischen Diplomaten am Ort, gemeinsam mit Robert Schuman und General Ganeval zum Essen; sie werden mich am nächsten Tag bei der Kranzniederlegung am Luftbrückendenkmal begleiten. Schuman, der ehemalige Chef unserer Diplomatie, hat von den Deutschen erfahren, daß die »Adenauer–Debré-Begegnung« ein Erfolg war und freut sich darüber. Er kommt darauf zu sprechen, daß für ihn die Schaffung der Gemeinschaft für Kohle und Stahl dem Grundgedanken entsprach, »der französisch-deutschen Annäherung Amt und Würden zu verleihen«. Als ich ihm erzähle, unter welchen Umständen Bernard Clappier mich im Mai 1950 über den Plan ins Bild gesetzt hat, der seinen Namen trägt, gesteht er mir mit einer gewissen Scheu, die ganz in seiner Art liegt und ihn noch liebenswerter macht, daß er zu Beginn kaum mehr als ich gewußt hätte, welches Wagnis er damit einging.

Zu wiederholten Malen bat mich unser Außenminister Couve de Murville zu sich nach Genf, weniger um ihm bei den hoffnungslosen, nutzlosen, eintönigen Sitzungen beizustehen, als um den Kontakt mit der deutschen Delegation zu sichern. Eine persönliche Episode sollte mir beweisen, wie sehr ich mich schon nach wenigen Monaten mit meinem Posten verbunden fühlte, was nur natürlich war, da er mich leidenschaftlich interessierte. Louis Joxe hatte das Generalsekretariat verlassen, um in die Regierung einzutreten, und einige Zeitungen brachten die Meldung, daß ich ihn ersetzen würde. Couve de Murville jedoch äußerte sich dazu nicht, was mir trotz seiner gewohnten Zurückhaltung aufschlußreich zu sein schien. Wenige Minuten bevor ich nach Bonn abreiste, betrat mein umsichtiger und tatkräftiger Freund Jacques de Beaumarchais mein Büro. »Der Minister möchte nicht, daß Sie es durch das Radio erfahren. Im Ministerrat, der soeben zu Ende gegangen ist, hat man sich für Éric de Carbonnel als Generalsekretär entschieden. Couve de Murville möchte, daß Sie in achtundvierzig Stunden wieder nach Genf zurückkehren und ihm bei einem Diner für Brentano zur Seite stehen. Sie werden bei ihm in seiner Villa wohnen.« Ich war erfreut über die rücksichtsvolle Behandlung. Aber ich hätte nur mit tiefem Bedauern auf Deutschland verzichtet, auf eine Mission mit vielfältigen, vor allem menschlichen Aspekten, denn sie erlaubte mir, dank dem einmütigen Elan seiner Bevölkerung in die Seele eines Landes einzudringen, das aus dem Unglück gelernt und seinen Kurs gewechselt hatte und nun reif zu sein schien, sich Frankreich zuzuwenden, um es zu verstehen und zu lieben.

Wohin ich auch komme, nach Bayern, Württemberg, Bremen oder Saarbrücken, erfreue ich mich der freundlichen Aufnahme, die mir, der ich Franzose bin und General de Gaulle vertrete und interpretiere, die Deutschen zuteil werden lassen; sie brauchen viel Mitgefühl und ein bißchen Liebe. Im Kanzleramt und im Auswärtigen Amt stehen mir alle Türen offen. Die Besprechungen, die ich mit hohen Beamten wie van Scherpenberg, Sattler und Jansen habe oder noch haben werde – die nach ihrer Bonner Zeit alle drei als Botschafter beim Heiligen Stuhl akkreditiert wurden und alle drei dort verstarben –, sind von einem Freimut geprägt, der den Willen erkennen läßt, gemeinsam voranzuschreiten, ohne uns von Hindernissen ablenken zu lassen. Die Regierungsmitglieder, um mit Franz Josef Strauß und Gerhard Schröder zu beginnen, die Ministerpräsidenten der meisten Länder, die Mehrheit der Abgeordneten, die Bürgermeister, Rektoren, Professoren und Journalisten ermutigen mich durch ihr Vertrauen, häufig sogar durch ihren Einsatz. Das Frankreich Charles de Gaulles läßt das Deutschland Konrad Adenauers mitschwingen.

Einige Tage lang bin ich in Genf der Gast des Außenministers, der mich wie einen Bruder behandelt. Er ist glücklich, als er bemerkt, daß die Ernennung des neuen Generalsekretärs keinerlei Bitterkeit bei mir hinterlassen hat, daß ich von meiner Aufgabe begeistert bin und es mir schmerzlich gewesen wäre, mich nicht mehr unmittelbar der engeren Verknüpfung der Bindungen zwischen Frankreich und Deutschland widmen zu können. Mir bleibt nichts zu wünschen übrig. Der Minister überläßt mir die Zusammenstellung der eingehenden Telegramme, die ich täglich am frühen Morgen durchblättere, ehe er sie für sich selbst anfordert. Sie kommen aus unzähligen Hauptstädten: Wie hat sich in fünfzehn Jahren die Welt diplomatisch erweitert und geographisch in einem unvorstellbaren Maße verengt.

Obwohl die Konferenz der vier Außenminister wie vorausgesehen mit einem nichtssagenden Protokoll zu Ende ging, konzentrierte sich die Tätigkeit der Staatskanzleien auf die Vorbereitung einer Gipfelkonferenz, deren Einberufung auf Wunsch der Amerikaner und Russen erfolgen sollte. Ein Resultat war kaum abzusehen. Doch säßen sie erst einmal um den Tisch, warum sollten sie, Chruschtschow, Eisenhower, Macmillan und de Gaulle nicht Mittel und Wege finden? Adenauer hatte für diese Art von Begegnungen nichts übrig, einmal, weil er nicht daran teilnahm, zum anderen weil er immer befürchtete, die vier ehemaligen Sieger könnten eine Entscheidung treffen, die für Deutschland von Nachteil wäre. Falls jemals eine Einigung zustande käme, könnte sie nur auf seinem Rücken ausgehandelt werden. Die Unruhe des Kanzlers hielt an, seine Wachsamkeit gleichermaßen. Würde man auf ihn hören, so sagte er am 15. Oktober 1959 zu mir, würde das Problem der Abrüstungskontrolle auf der Tagesordnung der Gipfelkonferenz an erster Stelle stehen. Man hörte nicht auf ihn. Nichtsdestoweniger war sein Ansehen in Washington, London und Paris offensichtlich bedeutend. Ehe die Konferenz stattfand, stimmten sich de Gaulle, Eisenhower und Macmillan am 19. Dezember in der französischen Hauptstadt mit Adenauer ab. Zudem hatte der General ihn gebeten, ihn bereits einige Tage zuvor aufzusuchen, um damit dem amerikanischen Präsidenten und dem britischen Premierminister zu demonstrieren, welch grundlegende Bedeutung für alles weitere der deutsch-französischen Verständigung zukam.

Diese Einladung ruft bei dem Kanzler lebhafte Genugtuung hervor. Wie de Gaulle hält auch er es für außerordentlich wichtig, in Anwesenheit unserer Verbündeten die besondere Lage zu betonen, in der sich Frankreich und Deutschland hinsichtlich ihrer gegenseitigen Beziehungen befinden, und darauf hinzuweisen, daß ihre Nachbarschaft nach jahrhundertelanger Feindschaft nunmehr eine Solidarität zwischen ihnen geschaffen hat, die Vorrang genießt, und daß ihre Reaktion auf die östliche Bedrohung vernünftigerweise nur die gleiche sein kann. Er ist nicht der einzige, der so denkt, doch er ist stärker davon überzeugt als jeder andere. Daher die Unzweideutigkeit seiner Äußerung, sobald er de Gaulle rühmen kann. Er begrüßt den Entschluß des Generals, als dieser ihm am 16. September 1959 ankündigt, daß Frankreich die Absicht habe, die Geschicke Algeriens wieder in die Hände der Algerier zu legen. Er ist beglückt über die Rede des Präsidenten der Republik in Straßburg, mit der er im November die Freundschaft zwischen Frankreich und Deutschland feiert. Dies sind die tragenden Säulen der französischen Politik, die einem Staatsmann wie Konrad Adenauer durch ihre Größe und Beständigkeit Eindruck machen. Die täglichen Wechselfälle der Politik, die nur zu oft die Empfindlichkeit seiner Landsleute verletzen, kann er übergehen.

In der Tat, in dieser zweiten Hälfte des Jahres 1959 schont uns die Opposition und die Mehrzahl der deutschen Zeitungen mitnichten. Unsere freimütigen Erklärungen zur Frage der Oder-Neiße-Linie, unsere Auffassung von der westlichen Verteidigung, die sich in der Überstellung von bisher auf unserem Territorium stationierten Jagdbombern nach England und nach Deutschland bekundet, dazu die Durchführung unserer nuklearen Projekte, sowie Zwischenfälle, wie die Aufbringung des deutschen Frachters »Bilbao«, werden regelmäßig oder zumindest gelegentlich gegen uns ausgebeutet. Anfang Dezember, in den Tagen vor dem Besuch Adenauers bei de Gaulle, ist selbst das Auswärtige Amt der Ansicht, der Kanzler sollte im Gespräch mit dem Präsidenten der Republik ernsthaft auf diese Fragen eingehen, die das Selbstgefühl der Deutschen verletzt haben. Einer meiner gewohnten Gesprächspartner, ein distinguierter, ausgezeichneter, uns wohlgesonnener Mann, sagt es mir ohne Umschweife. Ich berichte nicht weniger unverhohlen nach Paris: »Ich glaube, Herr Adenauer wird im Bewußtsein, daß er bei dem bevorstehenden Gipfeltreffen, an dem er nicht teilnehmen wird, allein auf de Gaulle rechnen kann, gewisse Aspekte übergehen, um naturgemäß auf der höchsten Ebene der großen Fragen und Interessen Stellung zu nehmen.«

Die französisch-deutschen Unterredungen verlaufen dann wie immer in bestem Klima wie auch in einer Atmosphäre intensiver Arbeit. An der Seite ihrer Chefs vertiefen sich die beiden Delegationen angestrengt in ihre Akten. Vor den Debatten mit Chruschtschow muß alles genauestens vorbereitet sein. Die darauf folgenden Gespräche des Präsidenten der Republik und des Kanzlers mit Eisenhower und Macmillan verlaufen ebenfalls harmonisch. Weihnachten wird in der Bundesrepublik in optimistischer Stimmung gefeiert. Die Ängste um die Zukunft von Berlin haben nachgelassen. Man weiß, daß die drei Westmächte der Sowjetunion gegenüber auf ihren Garantien und Rechten bestehen werden.

Daher bin ich verblüfft über die Schärfe der Kritik, die man uns dennoch während der ersten Monate des Jahres 1960 in verschiedenen politischen Kreisen weiterhin angedeihen läßt. Wir werden unter die Lupe genommen. Die Umstände, unter denen Antoine Pinay aus der Regierung scheidet, die Explosion der ersten Atombombe, Erklärungen von General Massu gegenüber der »Süddeutschen Zeitung« – der von einer Verschärfung der Zustände in Algerien spricht und die Neugier der Deutschen erregt –, die Abstimmung der Kammern über die außerordentlichen Vollmachten, die mehr als einen Journalisten dazu veranlassen, von einer Einführung der »absoluten Monarchie«, einer »Cäsarenherrschaft« bei uns zu sprechen, all dies bietet jenen, die uns nicht schätzen, Gelegenheit und Vorwand, dem Kanzler vorzuwerfen, daß er sich zu eng, quasi ausschließlich an eine Nation binde, deren nächste Zukunft von dichten Wolken verdunkelt wird. Übrigens greift man häufig General de Gaulle an, um den Kanzler damit zu treffen. Adenauer bleibt ungerührt. Nie hat er daran gezweifelt, daß es de Gaulle gelingen wird, in Algerien wieder Frieden herzustellen. Als er mich am 4. Februar bei sich empfängt, ergeht er sich über ihn und Frankreich in den lobendsten Worten.

Er bleibt nicht weniger fest, als seine Gegner, unter ihnen auch einflußreiche Mitglieder seiner eigenen Partei, unsere Schwierigkeiten ausnützend, den Versuch machen, sein Mißtrauen gegenüber England zu entkräften und ihn zu überzeugen, daß er auf ein Gleichgewicht zwischen London und Paris achten müsse. Dank der Zähigkeit und dem Einfallsreichtum der Franzosen ist der Gemeinsame Markt im Begriff, sich in Brüssel zu konsolidieren und einen Zustand zu erreichen, in dem er nicht mehr rückgängig gemacht oder erschüttert werden kann. Das britische Kabinett vervielfacht seine Attacken, um ihn zu schädigen, ja zu zerschlagen. Brentano, der Anfang Februar seinen britischen Kollegen Selwin Lloyd in London aufgesucht hat, berichtet mir, daß dieser keineswegs auf der Seite der Gruppenbildung der Sechs stehe; sollte die Zusammenarbeit auf dem Kontinent noch betontere Formen annehmen, könnte England daraus Konsequenzen für seine gesamte Politik ziehen.

Der Staatssekretär im Foreign Office spielt hoch. Er verfügt an Ort und Stelle über wertvolle Trümpfe. Der wichtigste besteht in der Person Ludwig Erhards, der sich nur zu gern Freiheiten gegenüber Adenauer gestattet, seitdem dieser ihn öffentlich bloßgestellt hat mit der Behauptung, er sei nicht der geeignete Kanzlerkandidat. Der Wirtschaftsminister macht keinen Hehl aus seiner entschiedenen Ablehnung jeder Entscheidung, die auf eine sogenannte Beschleunigung des Gemeinsamen Markts abzielt, da sie zur Folge hätte, daß durch die Vorteile, die sich die Sechs untereinander auf dem Gebiet der Zölle zugestehen, die übrige Welt noch stärker benachteiligt würde. Er teilt mir seine Stellungnahme ganz unumwunden mit, und noch etwas deutlicher drückt er sich in einer Rede aus, die er auf der Messe in Hannover vor einem Publikum von Wirtschaftlern, Bankiers und Finanzleuten aus aller Herren Länder hält. Obwohl unser Verhältnis herzlich ist, oder auch weil es so ist, hat er sich durch meine Anwesenheit nicht zurückhalten lassen. Ich beschwere mich bei Staatssekretär van Scherpenberg, mit dem ich befreundet bin: Der Wirtschaftsminister gibt wahrhaftig zu klar zu verstehen, daß er die Politik seiner Regierung bedauert und daß er den Preis, den die Bundesrepublik für die Freundschaft mit Frankreich zu zahlen hat, für zu hoch hält. Er war nicht der einzige, der so dachte. Die meisten deutschen Großindustriellen wollten den weiten Horizonten einer Freihandelszone den Vorzug gegenüber den engeren Grenzen des Gemeinsamen Marktes geben. In dieses Konzert stimmten auch die Sozialdemokraten mit ein. Vor dem Bundestag entrüstete sich Fritz Erler, der sozialdemokratische Experte par excellence – leider starb er zu früh –, über die Verschlechterung der deutsch-englischen Beziehungen; den Grund dafür sah er in der unüberlegten Bindung der Bonner Regierung an Frankreich. Es war verlorene Liebesmühe. Adenauer bot seinen Kritikern die Stirn. Am 5. April sprach er sich vor der Bundestagsfraktion der CDU aufs nachdrücklichste zugunsten einer Beschleunigung des Gemeinsamen Marktes aus. Auf die Offensive der Engländer anspielend fügte er hinzu, niemand, auch kein anderes Land, werde ihn dazu bringen, seine Meinung zu ändern.

Was für ein Glücksfall, solche Opponenten gegen sich zu haben! Der Kanzler ist eine Kämpfernatur und hat Freude an der Polemik. Ironisch von Natur, sarkastisch und hart, besitzt er die Vitalität eines jungen Mannes. Mit Genuß beherrscht er die Rednertribüne, er wirkt achtunggebietend, aber nicht theatralisch, da er von vollendeter Einfachheit, absolut aufrichtig und in seiner Sprache ungekünstelt und frei von Emphase ist. Seine souveräne Überzeugungskraft und sein unbeirrbarer Wille lassen ihn wie aus Stahl erscheinen. Als ein Redner ohne Schwung vermag er doch mit einem Beben der Stimme nach allem Argumentieren, Kommentieren und Debattieren in seinen Zuhörern eine Gefühlsbewegung hervorzurufen, die wegen seiner Vaterlandsliebe und tiefen Loyalität keineswegs banale Rührung ist.

Wie sollte Adenauer, der Europäer, nicht auf unserer Seite stehen bei unserem Bemühen, die Europäische Wirtschaftsgemeinschaft zu verstärken und zu vervollkommnen! Wie oft habe ich ihn nicht das Vorgehen der Franzosen rühmen hören! Er weiß besser als irgend jemand, daß bei der Sache, die hier ausgetragen wird, das Schicksal Europas auf dem Spiel steht. Ein Stillstand in Brüssel wäre gleichbedeutend mit einem Rückschlag. Brentano erklärt vor dem Bundestag: »Die während der letzten Jahre auf dem europäischen Kontinent erzielten Resultate stellen die eindrucksvollste Entwicklung dar, die man in der freien Welt mit angesehen hat.« Der Kanzler weiß auch, daß die Leidenschaften in Bonn ein falsches Bild von der viel maßvolleren Stimmung in Deutschland geben.

Meine Reisen quer durch das Land überzeugen mich, sofern es überhaupt nötig ist, von der Sympathie, die man uns entgegenbringt, von der Bewunderung, die General de Gaulle erregt, und der Befriedigung, die man über die Annäherung unserer beiden Länder empfindet. Wenn es auch zuweilen Mißstimmungen gibt, im Norden weniger selten als im Süden, kann dies doch nicht hindern, daß Deutschland und Frankreich zusammenstreben. Das Problem, das der Eintritt Englands in die europäischen Gemeinschaften darstellt, hält noch nicht alle Geister gefangen.

In diesen Monaten des Jahres 1960 indessen, widmet Adenauer, den die Sorgen nicht loslassen, und da er vor allem politisch orientiert ist, seine besondere Aufmerksamkeit der bevorstehenden Gipfelkonferenz. Von ihrem Verlauf, ihrem Ausgang könnte die Zukunft der Bundesrepublik abhängen. So nachdrücklich die drei Alliierten ihn auch beschwichtigt haben, sein Mißtrauen bleibt bestehen. Die Bundesrepublik ist nicht so alt und so stabil wie Frankreich. Der Kanzler bangt um sein großartiges Werk. Im Verlauf von zehn Jahren hat sich Westdeutschland vollkommen verändert. Ich erkenne es nicht wieder. Die Ruinen sind verschwunden. Die Industrie ist aufgeblüht. Die Deutschen scheinen glücklich zu sein. Das »Wunder« blieb nicht nur auf die Wirtschaft beschränkt. Eine demokratische Atmosphäre verbreitet sich im Land, das sich rasch an ein parlamentarisches Regime gewöhnt hat, dessen gutes Funktionieren ihm alle Ehre macht. Hitler ist absichtlich in Vergessenheit geraten. Die Bundesrepublik beeilt sich, unter den freien Nationen eine Stellung zu erreichen, auf die sie mit gutem Recht stolz sein kann.

Doch wie zerbrechlich ist dieses Werk noch immer! Die Winde aus dem Osten drohen es ständig zu erschüttern, es gar zu zerstören. So wohl organisiert die Bundesrepublik innerhalb ihrer Grenzen ist, kann sie doch die Überzeugung nicht entbehren, daß diese Grenzen nicht endgültig sind und daß es ihr des einen oder anderen Tages möglich sein wird, sie wieder zu erweitern. In dieser Hinsicht spielt Berlin eine entscheidende Rolle. Es erscheint als das Symbol der Wiedervereinigung. Sein Verlust würde, falls er wirklich eintreten sollte, ernste Rückwirkungen auf die Moral der Bevölkerung haben. Adenauer sieht sich gezwungen, über die alte Hauptstadt des Reiches zu wachen und sich mit einem weit demonstrativeren Eifer darum zu bekümmern, als es ihm eigentlich erwünscht ist. Indem er in Berlin Widerstand leistet, schützt er die Bundesrepublik.

Die Sowjetunion hütet sich, Beruhigung eintreten zu lassen. Vielmehr sollten alle mißtrauisch sein: In Westdeutschland lebe noch immer der Geist des Nationalsozialismus, und nicht nur der Geist. Unter den Inhabern wichtiger Posten befänden sich Personen, die durch ihre Vergangenheit schwer belastet sind. Deutschland höre nicht auf, eine Gefahr für Europa zu sein. Anfang des Jahres 1960 benutzt der sowjetische Botschafter Smirnow einige antisemitische Vorkommnisse als Vorwand, um Brentano gegenüber zu bemerken, die Bonner Regierung würde gut daran tun, ihre Wachsamkeit zu verdoppeln und das Wiederausbrechen des Rassismus, der Deutschland entehrt hatte, zu verhindern. Dem Bundesaußenminister fällt es nicht schwer, ihm zu parieren: er verweist ihn auf die Behandlung, der die Juden in der Sowjetunion ausgesetzt sind. Nichtsdestoweniger ist der sowjetische Schritt ein Anzeichen für die Stimmung, in der sich Chruschtschow auf die Gipfelkonferenz vorbereitet.

Ehe diese Prüfung zu bestehen ist, müssen die Deutschen noch eine von unserer Seite ausgehende Unannehmlichkeit hinnehmen. Auf Einladung des Präsidenten der Republik macht der Erste Sekretär des Zentralkomitees der Kommunistischen Partei der Sowjetunion im März eine Reise durch Frankreich, wobei er jedesmal, wenn er das Wort ergreift, Angriffe gegen Deutschland richtet. Was denken sich die Fanzosen dabei? fragt man sich in Bonn. Sind sie insgeheim so unzufrieden? Teilen sie die russischen Ideen bezüglich der Oder-Neiße-Grenze? Über die Teilung Deutschlands? Mir eilt es, daß die Rundreise Chruschtschows und damit die Propaganda, der er sich befleißigt, ein Ende nimmt. Die Bonner Regierung erhebt offiziell in Moskau Protest. Die Gipfelkonferenz kündigt sich unter schlechten Vorzeichen an. Die Sowjets werden die Bundesrepublik in den Mittelpunkt der Debatten stellen. Wird sie nicht geschwächt und gedemütigt daraus hervorgehen?

Konrad Adenauer bleibt dabei, sich eng an de Gaulle anzuschließen. An ihn allein. Ich höre noch, wie Brentano in den Wochen vor der Konferenz zu mir davon spricht, welche Sorgen er sich wegen der Haltung der Engländer macht. Meiner Meinung nach etwas übertreibend, geht er so weit, an die Schwäche Neville Chamberlains vor und während der Münchener Konferenz im September 1938 zu erinnern: ». . . während Chruschtschow, inspiriert von der Methode, die Hitler so erfolgreich gegenüber Schuschnigg und Benesch angewandt hat, den Kanzler mit Schmähungen überhäuft, um ihn zu isolieren und vor aller Welt als den Mann hinzustellen, dessen Abtreten die allgemeine Aussöhnung erleichtern würde. Es ist wichtig, aus dieser schrecklichen Vergangenheit eine heilsame Lehre zu ziehen: Jedes Nachgeben in Berlin wäre der Anfang vom Ende.« Ich erinnere mich auch wie Adenauer mir anvertraut: »Bei der Konferenz kann nichts Gutes herauskommen. Ich vertraue allein dem General de Gaulle.«

Über die Unterredungen, die Chruschtschow mit dem Präsidenten der Republik geführt hat, ist Adenauer aus erster Hand unterrichtet worden, besser als ich selbst es bin. Am 5. April gibt er vor der Fraktion seiner Partei seiner Zufriedenheit darüber Ausdruck. Es geschieht an dem gleichen Tag, an dem de Gaulle Königin Elisabeth seinen offiziellen Besuch abstattet. Der Kanzler beglückwünscht sich zu der Anwesenheit des französischen Staatsoberhauptes in England: während er Macmillan über seine Gespräche mit Chruschtschow unterrichtet, wird de Gaulle dem britischen Premierminister zu verstehen geben, wie man mit den Sowjets sprechen muß. Alles was der General in seiner Rede vor dem Parlament in London über die Bundesrepublik sagt, wird von der deutschen Öffentlichkeit einhellig mit Dankbarkeit aufgenommen. Ich schreibe nach Paris, das Fortbestehen divergierender Ansichten zwischen Bonn und Paris dürfe uns nicht verleiten, den Wald vor Bäumen nicht zu sehen. Wer hätte noch vor kurzem geglaubt, daß der Tag nicht mehr fern sei, da Deutschland sich am

Vorabend eines möglicherweise entscheidenden internationalen Treffens soweit mit Frankreich solidarisch fühlen und den Wunsch haben würde, daß dieses sich in seinem Namen äußert!

Die Gipfelkonferenz fand jedoch nicht statt. Bei einem vorangehenden Treffen unter dem Vorsitz des Generals, um den Zwischenfall beizulegen, der durch den Abschuß eines amerikanischen Flugzeugs beim Überfliegen russischen Territoriums entstanden war, stellte Chruschtschow Forderungen, die Eisenhower mit Sicherheit nicht erfüllen konnte. Was wollte also der Kreml? Van Scherpenberg verbarg mir seine Befürchtungen nicht. Er hielt keine Möglichkeit für ausgeschlossen. Die wahrscheinlichste war seiner Meinung nach der Abschluß eines Friedensvertrages zwischen der UdSSR und der Deutschen Demokratischen Republik. Man würde damit, so glaubte er, wieder auf das Ultimatum vom 27. November 1958 zurückkommen, auf das hin nichts erfolgt war. In der Tat ereignete sich auch diesmal eine Zeitlang nichts Außergewöhnliches. Adenauers Anerkennung für de Gaulle war auf ihrem Höhepunkt. Durch seine unvergleichliche Würde hatte sich de Gaulle, mit Eisenhower und Macmillan an seiner Seite, gegenüber Chruschtschow durchgesetzt. Adenauer wiederholte es mir am 13. Juli: Hätte der General im Mai in Paris nicht die Leitung der Verhandlungen in die Hand genommen, wäre die Konferenz nicht vermieden worden; sie hätte unter höchst beklagenswerten Bedingungen stattgefunden. Der Zustand der Welt beunruhigte ihn, insbesondere der Prestigeverlust der Vereinigten Staaten: Es war Eisenhower nicht gelungen, einen Ersatz für John Foster Dulles zu finden. Adenauer bedauerte das schweren Herzens; bei Dulles hatte Moskau gewußt, daß es mit der Halsstarrigkeit Washingtons rechnen mußte.

Am Quai d'Orsay gab man mir zu verstehen, daß ich den Kanzler recht häufig sähe. In der Sprache der Diplomatie bedeutete dies, daß ich ihn seltener sehen sollte. Ich hütete mich zu fragen weshalb, und tat, als hätte ich nicht verstanden. Ich war entschlossen, den Rhythmus unserer Zusammentreffen nicht zu verlangsamen. Komme was wolle! Zum einen wußte ich, daß für die Erfüllung meiner Aufgabe, wie ich sie auffaßte, der Kontakt mit Adenauer unerläßlich war. Hatte man mir nicht im Kanzleramt und im Auswärtigen Amt, zu denen ich dank des Entgegenkommens aller jederzeit Zugang hatte, deutlich gesagt, daß man sich in Fragen, die beide Länder interessierten, lieber dem französischen Botschafter selbst als seinen Mitarbeitern anvertraue? Zum andern empfand ich für den großen alten Mann eine Zuneigung, die nur immer größer wurde. In seinem Amtszimmer zeichnete er sich mir gegenüber durch eine Natürlichkeit und Herzlichkeit aus, die mir seine Person ganz anders erscheinen ließ als den gestrengen und autoritären Chef, als den ihn seine Landsleute gern darstellten. Schließlich lud er mich sogar in sein hübsches Haus nach Rhöndorf ein, das reich mit religiösen Bildern und Skulpturen geschmückt ist. Es gab keinen anderen Ausländer, dem ich mich so nahe gefühlt hätte. Jedes Jahr am 14. Juli, wenn unser Empfang auf voller Höhe war, meldete man mir, daß sein Wagen gekommen sei. In großartiger Stimmung, hielt er sich nicht in den Salons auf, sondern begab sich auf die Terrasse, die auf den Abhang hinausführt, an dessen Fuß der prächtige Rhein seinen Ursprung zu nehmen scheint. Die Gäste, zu Hunderten versammelt, applaudierten ihm. Auf diesem Stückchen französischer Erde, vor dem sagenumwobenen Fluß, mit den ununterbrochen dahingleitenden Schiffen, sah Adenauer seinen Traum zum Leben erweckt.

Hat sich die Lage verschlechtert? Am 20. Juli 1960 überbringe ich dem Kanzler einen Brief des Präsidenten der Republik mit einer Einladung nach Rambouillet. Adenauer ist bereit, sich Ende des Monats, am 29. und 30., mit ihm dort zu treffen. Diesmal bin ich jedoch überrascht. Die Einladung interessiert ihn entschieden weniger, als ein an Chruschtschow gerichtetes Schreiben von Macmillan, von dem er Kenntnis erhalten hat und das eine bedeutende »Wende« der britischen Politik darstellt. Nun sind es die Engländer, die in Harnisch geraten! Um so besser, fügt mein Gesprächspartner mit absichtlicher Betonung hinzu, denn seit Dulles tot ist, hat Macmillan mächtigen Einfluß auf Eisenhower ausgeübt. Daß der britische Premierminister gegenüber Moskau zu nachgiebig war, mochte noch angehen; daß er aber auch den Präsidenten der Vereinigten Staaten zu dieser Haltung veranlaßt hat, das ist in Adenauers Augen beklagenswert.

Am 26. Juli, während ich bei Staatssekretär Carstens bin, mit dem ich die nächste Begegnung bespreche, bei der das europäische Problem unter seinem politischen Aspekt angeschnitten werden soll, bittet mich der Kanzler dringend zu sich. Van Scherpenberg, Globke und sein Kabinettschef Bach sind bei ihm; er macht mich sogleich mit dem Grund seiner Aufregung bekannt. In Paris hatte der Ministerpräsident vor der Nationalversammlung eine Erklärung verlesen, in der die Bundesrepublik nicht neben den Vereinigten Staaten, England und Frankreich, unter den Mächten, die eine führende Rolle in der freien Welt spielen, aufgeführt war. Außerdem hatte Michel Debré vor dem Finanzausschuß jene Länder, die nicht über Atombomben und nukleare Waffen verfügten, als Satelliten bezeichnet. Blankenhorn, der sich obendrein – ich wußte es von Carstens – beschwert hatte, auf dem Empfang zur Feier des 14. Juli vom General nicht mit der gleichen Aufmerksamkeit behandelt worden zu sein wie der amerikanische, britische und sowjetische Kollege, war beauftragt worden, beim Ministerpräsidenten vorstellig zu werden. Solange man in Bonn noch nicht wußte, was dabei herausgekommen war, zögerte Adenauer, sich nach Rambouillet zu begeben. Ich antwortete, die Erklärung der französischen Regierung sei nicht im entferntesten dazu angetan, ihm Anlaß zur Aufregung zu geben, vielmehr könne er durchaus zufrieden mit ihr sein: Zu einer Zeit, da die Beziehungen zwischen Ost und West so gespannt seien, hätten wir gerade soeben noch die französisch-deutsche Solidarität mit besonderer Deutlichkeit hervorgehoben. Die Verständigung zwischen unseren beiden Ländern dürfte nicht aufgrund vorschneller Interpretationen in Frage gestellt werden.

Der Kanzler behielt mich lange bei sich. Wir sprachen über andere Themen, die ihn an diesem Tag beunruhigten. Er wurde wiederum – ich weiß nicht warum – von der Vorstellung verfolgt, man werde das französisch-englisch-amerikanische Dreiergremium ins Leben rufen, womit die Bundesrepublik endgültig zur zweitrangigen Macht abgestempelt würde. Dann kam er auf unser Atomwaffenprogramm zu sprechen, mit einer Schärfe, der ein leicht drohender Unterton beigemischt war: Schon 1954 auf der Londoner Konferenz, auf der man sich über den Verzicht Westdeutschlands auf die Produktion bestimmter Waffengattungen geeinigt hatte, habe John Foster Dulles ihm zugegeben, daß eine solche Diskriminierung seiner Meinung nach nur provisorischen Charakter haben könne. Als ich mich von Adenauer verabschiedete, gab ich meinem Bedauern über seine Verstimmung Ausdruck: »Zum Glück werden Sie General de Gaulle bald sehen!« Auch vor seinen Vertrauten hatte Adenauer Wert darauf gelegt, ganz ungezwungen mit dem Repräsentanten Frankreichs zu sprechen.

Am Abend, bei einem Empfang, den Bundespräsident Lübke zu Ehren des Königs von Thailand gab, kamen mir Äußerungen zu Ohren, die mir plötzlich klarmachten, daß deutsche Minister und hohe Beamte befürchteten, das dem deutschen Selbstbewußtsein so peinliche Kräfteungleichgewicht könne sich noch verstärken. Jeder kam auf die Mißstimmung des Kanzlers zu sprechen, der Sorge getragen hatte, beim Morgenempfang genügend Zuhörer zu haben, damit sie nicht unbeachtet bliebe. Allein Heinrich von Brentano, der am Nachmittag aus dem Urlaub zurückgekehrt war, legte einen tröstlichen Gleichmut an den Tag.

Im schattigen Rambouillet schreiten Adenauer und de Gaulle Seite an Seite durch eine Landschaft, die zu ihrer Größe paßt. Die Harmonie ist offenbar vollkommen. Frühere Begegnungen und eine reiche Korrespondenz haben ihre Freundschaft gefestigt. Sie brauchen nicht mehr alles auszusprechen, um sich gegenseitig zu verstehen. Angesichts einer Welt, auf der die Ungewißheit der sowjetischen Unternehmungen und Anwandlungen lastet, zweifeln sie nicht an der Notwendigkeit, die französisch-deutsche Verständigung zu erhalten und zu verstärken. Ein Tag von höchster Bedeutung ist dieser 29. Juli, an dem der General den Kanzler über seinen Plan einer politischen Union der westeuropäischen Staaten informiert. Gegen Abend setzt General de Gaulle, ein kleines Papier in der Hand, den Außenminister und mich über seine Gespräche mit Adenauer ins Bild. Sie haben fast ausschließlich Europa gegolten. Der Plan des Staatschefs sieht vor, zwischen den Verantwortlichen der sechs Länder für die Europäische Wirtschaftsgemeinschaft und den zuständigen Ministern regelmäßige Beratungen einzurichten, die auf allen Gebieten, einschließlich der Verteidigung, zur Zusammenarbeit führen sollen. Ein Sekretariat soll dazu beitragen, daß sie reibungslos funktioniert. Ein Referendum soll ihr sodann die Zustimmung der einzelnen Nationen sichern. Wenn auch das Wort nicht ausgesprochen wird, de Gaulle denkt an die Schaffung einer Konföderation. Auf die einzelnen Staaten gegründet, soll sie Frankreich, die Bundesrepublik Deutschland, Italien, Belgien, die Niederlande und Luxemburg in einer Vereinigung zusammenfassen, deren Zweck es ist, sie allmählich zu einheitlichen Konzeptionen in bezug auf alle Probleme zu führen, sie von der Gleichheit ihrer Interessen zu überzeugen und sie auf die Geburt eines Europa vorzubereiten, das sich äußeren Einflüssen entzieht und von dem man später sagen wird, es sei ein wahrhaft europäisches Europa geworden.

Couve de Murville stellt eine Reihe von Fragen, mit denen er offenbar auf die Schwierigkeiten hinweisen will, an denen es, mögen die Vorschläge auch noch so klar erscheinen, nicht fehlen wird. Er weiß es nur zu gut, der Erbauer des Gemeinsamen Marktes, daß die wirtschaftliche Verbindung der Sechs nicht ausreicht, aus Europa ein Ganzes zu machen, daß es sich ohne politische Übereinkunft nicht einen kann; aber er rechnet mit heftigem Widerstand unserer Partner, die sich seit zehn Jahren gerade auf politischer Ebene ganz andere Vorstellungen vom Aufbau Europas machen. Seine vorsichtigen Bemerkungen sollen de Gaulle davor warnen. Wie immer ist Deutschland das wesentliche Element des Programms. Da der Außenminister mich zu seiner Unterredung mit dem General hinzugezogen hat, wünscht er offensichtlich, mich ohne Mittelsmann informiert zu sehen.

Am Tage darauf, zu früher Stunde, begleite ich Adenauer zur Kathedrale von Chartres, die er gern wiedersehen möchte. Wir sind allein im Wagen. Wunderbar ruhig und heiter, hat er nichts mehr mit jenem erzürnten Alten gemein, dessen Aufregung mich einige Tage zuvor in Bonn bekümmert hat. Er läßt mich wissen, wie befriedigt er ist. Schon im voraus freut er sich darauf, in einer Kirche beten zu können, die er über alles liebt. Wir nähern uns Chartres; ich respektiere sein Schweigen. In seiner Gegenwart vergesse ich in solchen Augenblicken mich selbst und genieße den Zauber des seelischen Friedens.

Nun haben wir uns in einem der Salons von Schloß Rambouillet um den Tisch versammelt, an dem der General und der Kanzler den Vorsitz führen. Wie üblich, gibt de Gaulle ein Resumee der Gespräche, die er unter vier Augen mit Adenauer geführt hat. Als ob sich die Dinge von selbst verstehen und ohne jede Emphase trägt er den Plan für ein Europa vor, dessen Vaterschaft er dermaleinst beanspruchen kann. Ich begreife seine hohe Befriedigung, und in meinem tiefsten Innern teile ich sie. Die französischen Initiativen haben dem Gemeinsamen Markt unerwarteten Antrieb gegeben, und wir werden weitere folgen lassen, um ihn auf landwirtschaftlichem Gebiet auszubauen. Diesmal setzt sich de Gaulle selbst ein, überzeugt davon, daß aufgrund seiner Inspiration und dank seiner Person die europäische Union zustande kommen könnte. Obwohl er Franzose ist, ist er nicht minder Europäer. Die westeuropäischen Länder, nunmehr auf wirtschaftlicher Ebene miteinander verbunden, fußen auf der gleichen Kultur, verfügen über die selben unvergleichlichen Leistungen, die sie auf den Gipfeln des Denkens und der Kunst zu einer geistigen Einheit machen und ihre politische Annäherung rechtfertigen und begünstigen. An sich könnten es mehr Länder sein als sechs. De Gaulle hätte sich zweifellos nicht gescheut, ihnen noch andere Länder des Kontinents anzugliedern, die sich durch die gleichen Werte auszeichnen. Aber als Realist war er der Meinung, daß diejenigen, die es bereits gewöhnt waren zusammenzuarbeiten, leichter das Ziel erreichen würden.

Deutschland ist dabei unentbehrlich. Ohne es ist ein Europa nicht denkbar. Der General wollte in den vergangenen zwei Jahren nicht nur die französisch-deutsche Freundschaft konsolidieren und vermehren. Diese Freundschaft sollte die Basis des europäischen Gebäudes abgeben. Adenauer war auf dem Gipfel seiner Wünsche angelangt, und in Rambouillet verbarg er dies nicht. Bedächtig und würdevoll stimmte er de Gaulle zu. Zwar erlaubte sich sein Außenminister Brentano, einige nachdenkliche Bemerkungen; sie gingen in einer gewissen Verwirrung unter. Die beiden illustren Gefährten trennten sich, ohne daß ein Schatten ihr Gesicht trübte. Am 1. August versicherte mir Brentano in Bonn, daß der Kanzler tief beeindruckt und glücklich aus Frankreich zurückgekehrt sei.

Meine Freude darüber sollte nicht lange dauern. Der Sturm, der sich bereits vor Rambouillet angekündigt hatte, als man von den Absichten des Generals Wind bekam, brach nun los. Ein heftiger Aufschrei ertönte: Zu Europa, wie de Gaulle es sich wünschte, sollte auch England gehören. Das Hindernis, das für England darin bestand, daß man an europäische Institutionen mit übernationalem Charakter gedacht hatte, war verschwunden. Die Alternative stellte sich in klarer Form: Entweder der Präsident der Republik verzichtete auf seinen Plan und man kam auf das einzig erschaffenswerte Europa zurück, auf das integrierte Europa, wie es sich Robert Schuman, Alcide de Gasperi und Konrad Adenauer selbst vorgestellt hatten. Oder de Gaulle beharrte auf seinem Plan. Mit nichts ließ sich dann ein Ausschluß Englands begründen. Aus den verschiedensten, oft widersprüchlichen Gründen war man quasi einstimmig gegen den französischen Plan. Im Kanzleramt und im Auswärtigen Amt bemerkte ich an der Art und Weise, wie ich empfangen wurde, eine Nuance der Mißbilligung.

Um so eifriger erläuterte und interpretierte ich daher den Plan des Generals, den ich für vernünftig und gerecht hielt. Immer wieder machte ich in meinen Gesprächen, meinen Ansprachen und Vorträgen und bei Zusammenkünften inständig und manchmal beinahe erbittert auf all die Möglichkeiten aufmerksam, die er in sich barg. In Köln, im Haus des bekannten Bankiers Baron Oppenheim, der die Elite der für die supranationale Formel begeisterten Deutschen – Parlamentarier, Industrielle und Journalisten – eingeladen hatte, um mich zu hören, warnte ich meine Zuhörer: Begegnet de Gaulle nicht mit abweisendem Gesicht, macht euch seinen Einfluß nutzbar. Wenn Europa nicht mit ihm seinen Anfang nimmt, wird es ohne ihn sehr viel schwerer erstehen. Ihr fürchtet, daß er aus Europa ein französisches Europa machen könnte. De Gaulle wird nicht ewig leben. Meint ihr nicht, daß wir Franzosen in einem vereinten Europa die Wirtschaftsmacht Deutschlands zu fürchten hätten, die ihn überdauern wird?

Man sparte auch nicht mit Vorwürfen gegen Adenauer. Er wurde zur allgemeinen Zielscheibe. Wie konnte er, der mit Jean Monnet und Robert Schuman gemeinsam den Grundstein des integrierten Europa gelegt hatte, sich vom einzigen Weg abwenden, der zum Ziel führte? Er habe sich selbst widersprochen, hieß es, und sich von dem Franzosen düpieren lassen, der Frankreich über Europa stelle. Seine Isolierung nahm im Lauf der Tage zu.

Die Gefahr abwägend, suchte der Kanzler seinerseits Witterung aufzunehmen. Auch die Franzosen, die de Gaulle nicht mochten, waren nicht müßig geblieben: de Gaulle hatte Europa verraten! Das Verhältnis des Kanzlers zu Macmillan, der sehr bald nach den Gesprächen in Rambouillet in Bonn aufgetaucht war, besserte sich. Er begab sich nach Varese, um mit Fanfani zu sprechen, dem die französischen Ideen nicht zu gefallen schienen. Der General schuldete ihm nun einen Ausgleich: die nächste Begegnung durfte nicht in Frankreich stattfinden. Die führenden Deutschen waren immer stärker auf Gleichheit mit uns bedacht und in diesem Punkt überempfindlich. Ihrer wachsenden Macht bewußt, sprachen sie sich jetzt deutlicher aus als früher. Ein wenig geniert und mit indirekt ausgesprochener Anerkennung der Stellung, die unser Land sich erworben hatte, sagte einer meiner liebsten Gesprächspartner, der Staatssekretär van Scherpenberg zu mir: »Wir möchten nicht, daß es so aussieht, als ließen wir uns von Frankreich ins Schlepptau nehmen.« Darum beeilte man sich in Bonn keineswegs, auf die Initiative des Generals einzugehen. Während man es begrüßte, daß er auf der Pressekonferenz vom 5. September erneut seine Festigkeit gegenüber Moskau bekundet hatte, schätzte man die Passagen weniger, die er der politischen Einigung Europas widmete. Man beunruhigte sich über seine Lauheit in bezug auf die NATO und verdächtigte ihn von neuem, nicht auf ein französisch-englisch-amerikanisches Dreiergremium verzichten zu wollen.

In Paris stellt man fest, daß es notwendig ist, das Vertrauen wiederherzustellen. Am 7. und 8. Oktober sind Michel Debré und Maurice Couve de Murville in Bonn. Der General will damit, daß er außer dem Außenminister auch noch den Ministerpräsidenten entsendet, zu erkennen geben, welchen Wert er der Aufklärung des Mißverständnisses beimißt. Bei einem Diner, an dem beide Delegationen teilnehmen, hält Debré eine erhebende und feurige Rede zu Ehren von Adenauer. Mit Nachdruck und Elastizität macht er sich daran, die Standpunkte miteinander in Einklang zu bringen. Differenzen bestehen vor allem bezüglich der NATO, die der Kanzler mehr und mehr zu seinem Schlachtroß macht. Obwohl die Gespräche in vorwiegend günstiger Stimmung abschließen, bestätigen sie, daß Franzosen und Deutsche sich hinsichtlich der militärischen Integration im Rahmen der atlantischen Organisation nicht einig sind. Die Franzosen möchten sie reduziert sehen, die Deutschen hätten gegen eine Verstärkung nichts einzuwenden. An der Meinungsverschiedenheit in diesem konkreten Fall von grundsätzlicher Bedeutung wird zugleich offenbar, wie weit voneinander entfernt die Vorstellungen sind, die sich Paris und Bonn von der Stellung Washingtons innerhalb der Allianz jeweils machen. Nach Ansicht des Generals wirkt sich die Überlegenheit Amerikas auf dem Sektor der Verteidigung in einer Weise aus, die seine Partner in eine untergeordnete Stellung verweist. Darunter muß ihr Nationalgefühl Schaden leiden. Diese schon länger laufende Kontroverse zwischen Frankreich und seinen Verbündeten soll noch bewegten Zeiten entgegengehen.

Die Wahl von John F. Kennedy, der im November 1960 der Nachfolger Eisenhowers wurde, rief in der Bundesrepublik eine bemerkenswerte Begeisterung hervor. Deutschland flog dem jungen Sieger entgegen. Der Kanzler distanzierte sich deutlich von uns. Einige Wochen ehe er sich nach Paris begeben wollte, um einem Zusammentreffen der Sechs beizuwohnen, erklärte er einem Journalisten gegenüber – was deutlich an die Adresse de Gaulles gerichtet war –, daß sich Europa weder die geringste Walzertour erlauben, noch sich auch nur einen Zentimeter von den Vereinigten Staaten, der führenden Macht im westlichen Bündnis, entfernen dürfe. Am 2. Dezember, kurz vor dem in unserer Hauptstadt vorgesehenen Treffen rief mich van Scherpenberg an: Adenauer sei an einer Erkältung erkrankt. Das war schade! Die Sechs verzichteten auf das Treffen.

Das Anhalten deutscher Schiffe auf dem Weg nach Algerien durch unsere Kriegsschiffe besserte die Lage auch nicht gerade. Hatte man sie nicht eben deshalb angehalten, weil sie deutsch waren? Diese abgeschmackte Unterstellung, die man jenseits des Rheins absichtlich verbreitete, verletzte den Nationalstolz. In dieser Zeit mäßiger französisch-deutscher Beziehungen verzeichneten wir dennoch als Aktivum den Abschluß und die erste Anwendung eines Übereinkommens, das man geschichtlich gesehen als sensationell bezeichnen könnte: Es ermächtigte Teile der Bundeswehr, auf unserem Staatsgebiet, auf den Truppenübungsplätzen von Mourmelon und Sissonne, Manöver abzuhalten.

Aber das war auch alles. Plötzlich trat eine Veränderung ein, zumindest was den Kanzler betraf. Man hätte annehmen können, daß er sich einige Monate Zeit genommen und bis zum Jahresende gewartet hätte, um seinen Zorn gegen uns, wenn er je existiert hatte, zu überwinden, und um dann, wieder guten Mutes, in einer gereinigten Atmosphäre seine Politik der freundschaftlichen Annäherung an Frankreich nach seiner Vorstellung weiter zu verfolgen. Wie ließ sich das Absinken der Temperatur erklären, das wir erleben mußten?

Der »alte Fuchs«, wie seine Landsleute ihn scherzend und bewundernd nannten, war trotz seiner guten Nase verblüfft über die Heftigkeit des Sturms gewesen, den er entfesselt hatte, als er ohne Umschweife das Europaprogramm des Generals akzeptierte; auch war er wütend über die Unverschämtheiten, die er sich hatte anhören müssen. Man beschuldigte ihn einer übermäßigen Zuneigung für Frankreich, warf ihm würdelose Fügsamkeit dem Präsidenten der Republik gegenüber vor. Er hatte es also nötig, sich von Ballast zu befreien, seinen Schild aufzupolieren und zu zeigen, daß er nicht geneigt war, de Gaulle blind zu folgen, und daß die Interessen der Bundesrepublik nicht notwendigerweise mit den unseren übereinstimmten.

Das Terrain, das er sich hierzu erwählte, war jenes, auf dem seiner Meinung nach die deutschen und französischen Standpunkte am gegensätzlichsten waren. Durch sein Beharren auf der Treue zur NATO, das heißt auf den Bindungen an Washington, betonte er, ohne es zu sehr zu forcieren, seine Unabhängigkeit gegenüber Paris. Nach einem Besuch beim Auswärtigen Amt vermerkte ich, man äußere die Kritik an unserer Abwendung von der NATO in dermaßen heftiger Form, daß ich sie für absichtlich übertrieben hielte. Systematisch und ohne daß man genau auseinanderhalten konnte, was an seiner Haltung bloße Taktik war und was nicht, spielte der Kanzler obendrein bei verschiedenen Gelegenheiten in einer Mischung aus Gekränktheit und Koketterie den Verärgerten. Das gelang ihm ausgezeichnet, und er erreichte damit auch sein Ziel, denn von verschiedenen Seiten begann man nun, sich über die Verschlechterung der Beziehungen zwischen beiden Ländern Gedanken zu machen. Worauf wollte der Kanzler hinaus? Nun auf einmal beschuldigte man ihn, oder zumindest beinahe, Deutschland und Frankreich zu entzweien, so daß man ihn bat, oder beinahe bat, sich mit uns wieder auszusöhnen. Jetzt wußte er, daß er fortan, ohne daß man ihm dazwischen kam, gemeinsam mit de Gaulle den in Rambouillet skizzierten Plan würde verwirklichen können.

Er hatte nie die Absicht gehabt, seinen Entschluß zurückzunehmen und die getroffene Vereinbarung rückgängig zu machen. Seine Gegner hätten ihm das nur zu gern als Fehler angekreidet, um daraus im Wahlkampf gegen ihn Nutzen zu ziehen. Die Wahlen standen im Herbst 1961 bevor. Trotz seiner inneren Sicherheit dachte er ständig an sie. Zunächst mit Lust. Einem italienischen Minister, der ihn fragte, woher es käme, daß er so jung geblieben sei, antwortete er: »Vom Wahlfieber!« Dann auch mit Angst. Ausdrücklich erklärte er, falls er sich nicht durchsetzen könnte und seinen Platz an die Sozialdemokraten abtreten müßte, würde das mit seinem Namen verbundene Werk zerstört werden. Was würde unter ihrer Führung aus Deutschland werden?

Auf ihrem Parteitag Ende November 1960 in Hannover spalteten sich die Sozialdemokraten in zwei Richtungen. Die eine, vom Parteivorsitzenden Erich Ollenhauer repräsentiert, hielt an der Tradition fest; die andere, realistischere aber auch opportunistischere wollte aus der Unbeweglichkeit herauskommen. Sie hatte brillante Persönlichkeiten wie Fritz Erler, Herbert Wehner, Carlo Schmid und Willy Brandt als Wortführer. Die Auseinandersetzung konzentrierte sich auf eine eventuelle Ausrüstung der Bundeswehr mit Atomwaffen. Ollenhauer, der dagegen war, zog den kürzeren. In der Tat bezogen die Sozialdemokraten, ohne es allzu offen zu gestehen, in bezug auf diesen für die Verteidigung wesentlichen Aspekt schließlich eine Position, die sich von der der Regierung kaum unterschied. Wenn auch die Gefahr, die sie damit für diese bedeuteten, nicht unmittelbar bevorstand, so war doch die Mäßigung, die die Begabtesten unter ihnen bei den Debatten gezeigt hatten, der Partei von Nutzen. Sie erhielt am Tag der Wahl Stimmen, die bis dahin dem gegnerischen Lager vorbehalten gewesen waren. Mit einer Ironie, die nicht frei von Besorgnis war, murmelte ein Kabinettsmitglied in meiner Anwesenheit: »Wenn sich Willy Brandt zu einer Kopie von Adenauer entwickeln sollte, wäre es besser, das Original zu behalten.« Der Stern des Bürgermeisters von Berlin war in ständigem Aufstieg begriffen. Als man ihn zu beschuldigen begann und es ihm vor allem zum Vorwurf machte, daß er Deutschland verlassen und während des Krieges eine ausländische Uniform getragen hatte, verriet die CDU damit, welchen Schaden ihr sein Aufstieg verursachte. Der Kanzler war es sich schuldig, seine Wachsamkeit zu verdoppeln. Die Sozialdemokraten waren für ihn der Feind Nummer Eins. Er würde ihnen kein Argument liefern, das sie nutzen könnten, um ihn zu stürzen.

In dem Kampf um Europa bewahrte Adenauer einen kühlen Kopf. War er auch einer der ersten Verfechter der Integration gewesen, und mochte dieser Plan vielleicht auch weiterhin Vorzüge haben, so machte er doch kein Dogma daraus. Er war auch zu sehr um seine eigene Machtvollkommenheit besorgt, um ihm vorbehaltlos zuzustimmen. Die anspruchsvollen Vorstellungen der Brüsseler Kommission von den Funktionen eines Superstaates brachten ihn in Harnisch. Er erkannte die Vorteile einer politischen Union, wie sie de Gaulle sich vorstellte. In seinen Augen hatte sie vor allem den Vorzug, daß ein Politiker von hohem Rang und Einfluß sie konzipiert hatte. Er allein würde imstande sein – falls man ihm nicht zu viel Hindernisse in den Weg legte –, einen Versuch zum Erfolg zu führen, der weder in den zu erwartenden Schwierigkeiten noch in den zu erhoffenden Folgen seinesgleichen hatte. Nein, Adenauer hatte sich in Rambouillet nicht getäuscht! Er hatte seine Zustimmung in voller Kenntnis der Sachlage gegeben. Man hatte ihn von dem Unternehmen abbringen wollen. Er aber war fest entschlossen, gemeinsam mit de Gaulle gemäß der von ihm vorgezeichneten Linie voranzuschreiten. Für die Durchführung seines Plans hatte der General keinen entschlosseneren und tatkräftigeren Partner als ihn. Sein Kabinettchef vertraute mir etwas an, das mich nicht überraschte: Wenn unglückseligerweise zuweilen von uns Druck auf Bonn ausgeübt worden sei, habe der Kanzler weniger empfindlich darauf reagiert als andere; sein Vertrauen habe nicht darunter gelitten.

Nach der Konferenz der sechs Staats- und Regierungschefs am 9. Februar 1961 in Paris, zögerte man jenseits des Rheins nicht, von einer Aussöhnung zwischen dem Kanzler und dem General zu sprechen. Das Wort war eine Übertreibung. Sie hatten sich ja nicht überworfen. De Gaulle, der Philosoph, wollte nur abwarten, bis Adenauer seine fingierte oder echte, ein wenig persönlich gefärbte Krise überwunden hatte. Adenauer wollte sich nur überzeugen, ob de Gaulle der unerschütterliche Freund war, in den er sein Vertrauen gesetzt hatte. Wenn sie in der Folgezeit in bestimmten Punkten nicht immer einer Meinung sein sollten, so würde sich doch die Erregung, die das Verhältnis zu ihm getrübt hatte, nicht wiederholen. Frankreich und die Bundesrepublik werden davon profitieren.

Gemeinsam mit ihren vier Partnern vom Gemeinsamen Markt begannen die Franzosen und die Deutschen mit der Prüfung und Erprobung des Programms von Rambouillet. Mit der Arbeit betrauten die sechs Regierungen eine Kommission, in der wir durch Christian Fouchet, unseren Botschafter in Dänemark, vertreten waren, einen meiner besten Freunde, den seine ausländischen Kollegen alsbald zum Präsidenten wählten. Durch die Ernennung dieses Gefährten der ersten Stunde, des Paladins, dem er bereits schwierige Aufgaben anvertraut hatte und noch anvertrauen wird, gab der General zu erkennen, wie sehr ihm die Sache am Herzen lag und daß er ihre Entwicklung persönlich verfolgen wollte. Europa mußte geschaffen werden. Niemand war davon mehr überzeugt als er. In einer Konföderation vereint, ob man das Wort gebrauchen wollte oder nicht, würden Frankreich, die Bundesrepublik, Italien, Belgien, die Niederlande und Luxemburg politisch, wirtschaftlich und intellektuell ein Ganzes von seltener Geschlossenheit bilden. De Gaulle würde darin die erste Rolle spielen, Paris eine Vorrangstellung einnehmen. Das verstand sich von selbst. Die Deutschen machten hierbei keine Schwierigkeiten; es waren ihrer viele, die mit Adenauer begriffen hatten, daß der Aufbau Europas eine zwingende Notwendigkeit war, und die ihn wünschten. Die Persönlichkeit des Präsidenten der französischen Republik hatte sie bezwungen. Seine Entschlossenheit angesichts des Generalsputsches in Algerien von Ende April hatte ihre Bewunderung noch vermehrt.

Schon vor der Prüfung, die Frankreich in Nordafrika durchmachen mußte, hatte ich gespürt, wie sehr Deutschland und Frankreich einander nähergerückt waren, welche Solidarität nunmehr zwischen ihnen bestand. Unsere Nachbarn wurden von großer Besorgnis ergriffen. Wenn Unruhen und Unheil uns heimsuchten, würde auch Deutschland ihnen anheimfallen. Im Auswärtigen Amt, wohin man mich gerufen hatte, äußerte sich mein Freund van Scherpenberg aufs schwerste besorgt. Eine Landung der Rebellen auf französischem Gebiet schien ihm unabwendbar. Welche Hilfe könnte die Bonner Regierung uns unter diesen Umständen, die er für bedrohlich hielt, leisten? Er erwähnte die Möglichkeit einer Rückkehr unserer in Deutschland stationierten Einheiten nach Frankreich. Es gelang mir nur unzulänglich, seinen Mut wieder aufzurichten. Der Mann auf der Straße in der Bundesrepublik erblickte in de Gaulle den einzig möglichen Retter aus der Gefahr und Ungewißheit. »In keinem anderen Land«, schrieb ich nach Abklingen der Krise, »waren Bestürzung und Sorge so groß wie in der Bundesrepublik. Der Ablauf des Dramas wurde hier stündlich mit intensivem Interesse verfolgt. Deutschland hat sich geängstigt. Der Enthusiasmus von heute ist ebenso groß, wie die Sorge von gestern. Nie hat de Gaulle so viel Ansehen genossen.«

Dieses Prestige war nicht allen genehm, und erst recht nicht die Verständigung zwischen Frankreich und Deutschland. Welcher Platz würde unseren Partnern in einem vereinten Europa verbleiben, wenn Paris und Deutschland sich restlos verständigten? Viele schreckte bereits eine französisch-deutsche Hegemonie. Niemand entfaltete soviel Zielstrebigkeit, unsere Pläne zu durchkreuzen, wie der niederländische Außenminister Joseph Luns, ein intelligenter, beredter Politiker, von gleich hohem Wuchs wie General de Gaulle. Er hatte für das geplante Europa nichts übrig und ließ uns das merken. Von verständlichen nationalen Gründen abgesehen, kam bei ihm das Bedürfnis hinzu, Frankreich und Deutschland die Stirn zu bieten, selbst wenn sie von de Gaulle und Adenauer geführt wurden – oder weil es so war. Er war einer der ausgeprägtesten Protagonisten der berühmten Alternative: Europa könnte auf die sechs Länder des Gemeinsamen Marktes begrenzt bleiben, wenn es übernational wäre; ein Europa, das entsprechend dem Programm von Rambouillet nur ein Zusammenschluß von Staaten wäre, von denen jeder seine Identität und seine Macht behielte, müßte auch England miteinbeziehen.

In Wirklichkeit – ihr Außenminister verhehlte es nicht – dachten die Niederlande eigentlich nur an England. Allein England würde imstande sein, das Zustandekommen der französisch-deutschen Front zu verhindern. Das hieß jedoch die Lage gründlich verkennen. Eine Stärkung des Einverständnisses zwischen Bonn und Paris konnte im Gegenteil nur im Interesse aller sein. Während des Pariser Treffens hatte Luns sogleich Einwände erhoben, die zwar nicht so weit gingen, die Teilnahme seines Landes an der Fouchet-Kommission zu verweigern, jedoch bereits Befürchtungen hinsichtlich ihrer zukünftigen Tätigkeit erwecken konnten. Der General hatte keinen Augenblick seine exemplarische Kaltblütigkeit verloren, und alle waren von seiner Versöhnlichkeit angetan. Der Kanzler dagegen war nicht gerade sanft mit dem niederländischen Minister umgegangen. Brentano vertraute es mir mit einem Anflug von Unbehagen an; er selbst habe sich jedoch für verpflichtet gehalten, seinem Kollegen zu empfehlen, sich nicht britischer als die Briten zu gebärden. Luns habe diese Bemerkung mit dem ihm eigenen guten Humor aufgenommen.

Ein Ergebnis kündigte sich an, dem man beiderseits des Rheins, in der Bundesrepublik noch mehr als in Frankreich, eine beträchtliche Bedeutung beimaß. De Gaulle lud Heinrich Lübke zu einem offiziellen Besuch nach Paris ein. Eine ähnliche Geste hatte man weder zur Zeit Wilhelms II. noch während der Weimarer Republik gemacht. Sie hätte übrigens nicht zu erfolgen brauchen. Für jeden anderen als de Gaulle wäre sie zu riskant gewesen. Man mußte schon er selber sein, um sich das erlauben zu können, um dem Besuch seine ganze Bedeutung zuteil werden zu lassen, um die Anwesenheit des höchsten westdeutschen Würdenträgers in unserer Hauptstadt zur Krönung der Annäherung und zu ihrem Symbol zu machen. Die Einladung bereitete Lübke lebhaftes Vergnügen und schmeichelte ihm. Sie holte ihn mit einem Schlag aus einem gewissen Schattendasein heraus. Als Landwirtschaftsminister hatte er mehrfach Gelegenheit gehabt, zu beweisen, daß Europa für ihn kein leeres Wort blieb. Von Grund auf westlich eingestellt, hatte er eine Vorliebe für Frankreich, wo einer seiner Brüder, mit dem er enge Verbindung hielt, ansässig war. Sehr diskret, damit niemand – außer Madame François-Poncet –, etwas davon merkte, verbrachte die liebenswürdige, kultivierte und polyglotte Frau Lübke alljährlich einige Tage in Paris bei einer Familie, die sie wie eine Verwandte aufnahm, und von deren Kindern sie eines während der Ferien ihrerseits zu sich nach Deutschland einlud, wie ich feststellen konnte, als ich bei einer Veranstaltung einen kleinen Franzosen an ihrer Seite sah. Das war ihre französische Familie, von der sie sich nur zu dem einen Zweck entfernte, um unsere Kirchen und Museen zu besuchen.

Heinrich Lübke war ein Europäer. Vor allem aber war er ein Deutscher. Mehr als andere litt er unter der Teilung seines Landes, zumal unter dem Verlust der Ostgebiete. Mitunter sprach er sich über die geteilte Verantwortung bei der Entfesselung des Ersten Weltkriegs sowie über die Bedingungen aus, unter denen der Frieden hätte abgeschlossen werden müssen – Theorien, die mich dazu veranlaßten, das Thema zu wechseln. Er interessierte sich lebhaft für Afrika und machte sich Hoffnungen, daß die Bundesrepublik – nach der Entkolonisierung – in einigen ehemals deutschen Kolonien wie Togo und Kamerun dort wieder Einfluß gewinnen könne. Sehr bald bemerkte er indessen, daß Frankreich hier eine besondere Position einnahm, und, eines Besseren belehrt, beharrte er nicht auf diesem Gedanken. Er war ein Mann mit Herz, voller Mitgefühl für menschliches Leid, und nur mit Kummer vermochte er das Elend mitanzusehen, das noch in einem Teil der Welt herrscht.

Sich der Ehre vollauf bewußt, die ihm zuteil wurde, bereitete Bundespräsident Lübke seine Reise mit äußerster Sorgfalt vor; er nahm sogar französischen Unterricht bei einem der Professoren unseres Instituts in Bonn. Er bat mich oft, ihn wieder einmal aufzusuchen, und die Fragen, die er mir stellte, drehten sich stets um den General, dessen Entschlossenheit, vor allem den Sowjets gegenüber, er bewunderte. In den Tagen vor ihrer Abreise war das Ehepaar Lübke allein bei meiner Frau und mir in Ernich zum Mittagessen zu Gast; sie genossen den Charme unserer Wohnung und die großartige Landschaft. Aber ihr eigentlicher Rahmen war jenes kleine Haus auf dem Venusberg voller Blumen und Souvenirs, das sie in aller Schlichtheit und Ruhe weiter bewohnten und wo auch der Ausländer, der ich ja war, sich zu Hause fühlte.

Auch der General wollte nichts dem Zufall überlassen und bereitete den Besuch bis ins einzelne vor. Obwohl er seinen Gast zufrieden zu sehen wünschte, wollte er doch nicht über gewisse Grenzen hinausgehen, um diejenigen seiner Landsleute, die sich noch immer bedrückt fühlten, nicht in ihrer Empfindlichkeit zu treffen. Der Besuch mußte einen offiziellen Charakter haben, ohne eine zu betont persönliche Note. Der Bundespräsident äußerte unter anderem den Wunsch, Rouen kennenzulernen, da er Jeanne d'Arc verehrte; auch hätte er sich glücklich geschätzt, in Versailles empfangen zu werden. Rouen warf keine Probleme auf. Anders war es mit Versailles: das Schloß weckte noch zu viele Erinnerungen an die jüngste Vergangenheit, als daß Lübkes Anwesenheit dort opportun erschienen wäre. Konrad Adenauer hätte der General vermutlich sogleich Tür und Tor geöffnet. Er war für ihn in einer Person der Kanzler und der Freund. Hätte es sich um Adenauer gehandelt, würde man fraglos verstanden haben, daß de Gaulle gerade jenen Deutschen ehren wollte, zu dem eine besonders herzliche Beziehung bestand. Das war hier nicht der Fall. Der Präsident der Republik wollte aufs deutlichste zu erkennen geben, daß eine Einladung an den Bundespräsidenten, wie er auch heißen mochte, die Versöhnung der beiden großen Völker feierlich bekräftigen sollte.

Alles verlief korrekt, würdig und nach dem vorgesehenen Plan. Über die Umgänglichkeit des Bundespräsidenten und die Liebenswürdigkeit seiner Gattin hörte man nur Rühmendes. Das junge Deutschland wurde sehr gut durch das vorbildliche alte Ehepaar vertreten, das sich spontan erkenntlich zeigte und, sich selbst treu bleibend, den allzu gewagten Vergleich mit dem Hausherrn vermied. Dieser verblieb nicht dauernd in jenen Höhen, aus denen er, wie man so oft geglaubt hat, nie herabsteigen würde. Er plauderte gern mit seinem deutschen Gast gleich hohen Ranges und mindestens ebenso gern mit Frau Lübke, die, zu Scherzen aufgelegt und lebhaft, sich darüber freute, sich in unserer Sprache ausdrükken zu können.

Dennoch wollte de Gaulle diesen geschichtlichen Augenblick nicht vorübergehen lassen, ohne ihn auf seine Weise mit erhabener Würde zu feiern. Am 20. Juni hielt er beim Diner im Élysée eine Tischrede, die mir als eine seiner nobelsten in Erinnerung geblieben ist. Ich höre noch seine Worte inmitten einer majestätischen Stille: ». . . Ein Gefühl des Schauderns ergreift uns, wenn wir in diesem Augenblick den Abstand ermessen, der in den tiefreichenden Beziehungen unserer beiden Völker das trennt von dem, was heute ist, von dem, was so lange gewesen ist. Gott, vor dessen Angesicht so unendlich viele nun in der Erde ruhende Menschen in unseren großen Schlachten ihr Leben ließen, weiß es, wie furchtbar wir einander bekämpft haben . . .«

Den Namen Gottes – dies kurze Wort – sprach er mit einer Inbrunst aus, daß man sich vom Hauch des Unermeßlichen ergriffen fühlte.

Ehe jedoch Heinrich Lübke an den Ufern der Seine eintraf, hatte de Gaulle Wert darauf gelegt, an die Ufer des Rheins zu kommen. Nicht ohne Zartgefühl bedachte er, daß es für Adenauer schmerzlich sein mußte, wenn ein anderer als er diesen Besuch machte, – einen Besuch, an den man ohne das unter seiner Führung geschaffene Werk niemals hätte denken können. Es war eine Ehrung von Mensch zu Mensch, die der General dem Kanzler zuteil werden lassen wollte. Bei einer Unterredung, die er mir am 19. Mai, dem Vorabend ihrer erneuten Begegnung gewährte, eröffnete der Kanzler mir ganz speziell seine lebhaften Empfindungen: De Gaulle sollte ihm die Freude machen, bei ihm in seinem Haus in Rhöndorf zu Mittag zu essen und ihn auch im Kreis einiger der Seinen kennenzulernen, um damit die quasi familiäre Atmosphäre fortzusetzen, die sie im September 1958 in den gemeinsam in der Boisserie durchlebten Stunden zwischen sich geschaffen hatten.

Adenauers Zufriedenheit ließ sich auch aus anderen Motiven erklären. Er brauchte ein Wiedersehen mit de Gaulle, um sich mit ihm über die großen Probleme der Zeit zu unterhalten; er wollte wissen, was er über das im Entstehen begriffene Europa, über Chruschtschow und über Kennedy dachte. Von neuem warnte man ihn: Würde der General nicht das Scheitern der amerikanischen Politik in Laos und in Kuba und seinen eigenen Sieg in Algerien dazu benutzen, ihm seine Ansichten aufzuoktroyieren und ihn zu beherrschen, wie es ihm angeblich in Rambouillet gelungen war? Der Kanzler lieh diesen beunruhigenden und mißbilligenden Vorhaltungen sein Ohr nicht mehr. Für ihn zählten allein die Weisheit und Festigkeit des Präsidenten der Republik. Mehr und mehr hatte die Erfahrung ihn gelehrt, daß de Gaulle das Richtige erkannte. Ich möchte es hier wiederholen: Nur ihm allein vertraute er.

In erster Linie handelte es sich um Europa. Vierzehn Tage vorher, am 6. Mai, hatte Couve de Murville sich in der Bundeshauptstadt mit den fünf anderen Außenministern der Mitgliedsstaaten des Gemeinsamen Marktes getroffen, um den Bericht der Kommission, der Fouchet präsidierte, zu prüfen und eine neue Konferenz der Staats- und Regierungschefs vorzubereiten. Wir legten Wert darauf, daß sie ein Erfolg wurde, daß man sich nicht darauf beschränkte zu wiederholen, was am 9. Februar in Paris schon gesagt worden war, daß man sich entschloß, vorwärtszugehen. Die Außenminister der Sechs diskutierten einen wesentlichen Punkt: Sollten Themen aus allen Bereichen bei der künftigen Konferenz angeschnitten werden? Die Franzosen hielten als einzige daran fest, daß irgendeine Begrenzung der Debatten undenkbar sei und daß Frankreich, Deutschland, Italien, Belgien, die Niederlande und Luxemburg, wenn sie mit einer Zusammenarbeit beginnen wollten, die es zu einer gemeinsamen Politik kommen ließ, alles erörtern mußten, insbesondere die Verteidigung. Wenn man anders verfuhr, würde man ein Europa schaffen, dem es an einer wesentlichen Zuständigkeit fehlte. Es wäre kein wirkliches Europa. Doch unsere Partner ließen sich nicht überzeugen. Von Verteidigung zu sprechen, ohne daß die Vereinigten Staaten anwesend waren, hieß das nicht den Partner, der die Hauptlast zu tragen hatte, vor den Kopf zu stoßen? Die Verfechter des europäischen Europa und die Fürsprecher des Atlantismus fuhren fort sich zu streiten und waren nicht bereit, damit aufzuhören. Unter den Kollegen von Couve de Murville hatte sich Heinrich von Brentano in seinem Plädoyer noch am nuanciertesten ausgesprochen.

Es gab noch ein anderes, ernsteres Problem. Es bestand in der Unsicherheit, die seit dem Ultimatum vom 27. November 1958 in bezug auf das Schicksal von Berlin auf der Zukunft Deutschlands lastete. Das Ergebnis der Konferenz von Genf 1959 war ein gegenstandsloses Protokoll gewesen. Die im Jahr darauf vorgesehene Gipfelkonferenz hatte nicht stattgefunden. Was hatte Chruschtschow im Sinn? Konrad Adenauer lebte in der Befürchtung: der Herr über Rußland könnte in einem Anfall von Zorn oder Ungeduld alles wagen. Im Verlauf einer unserer Unterredungen im Januar 1961 schilderte er mir Chruschtschow als einen wankelmütigen, unausgeglichenen, an Kreislaufstörungen leidenden Typ, der mit seiner Wesensart ein Element schrecklicher Unsicherheit in die Weltpolitik bringe. Würde John F. Kennedy ihm standhalten? Und wollte er es überhaupt? Der Präsident der Vereinigten Staaten war zu jung, zu brillant, zu sehr auf Erfolg bedacht, als daß Adenauer sich auf ihn verlassen konnte, wie es bei Dulles der Fall gewesen war. Im April flog er auf Einladung Kennedys nach Washington; bei seiner Rückkehr äußerte er seine Zufriedenheit. Konnte sie vollkommen sein, während Kennedy auf eine Begegnung mit Chruschtschow drängte? Was würden die beiden bei ihrem Treffen am 5. Juni in Wien miteinander besprechen?

Chruschtschow traf seine Vorbereitungen für die Begegnung mit aller Härte. In den letzten Apriltagen war an den Ufern des Rheins von nichts anderem die Rede, als von einem Gespräch, das der Botschafter der Bundesrepublik in Moskau, Hans Kroll, mit Chruschtschow über die Berlin-Frage und über Deutschland geführt hatte, und von dem sensationellen Bericht, den Kroll davon gegeben hatte. Chruschtschow wollte der Angelegenheit ein Ende setzen: Wenn nicht schnellstens Verhandlungen in Gang kämen, zu denen nicht er die Initiative ergreifen würde, werde er in den nächsten Monaten einen separaten Friedensvertrag mit der Deutschen Demokratischen Republik abschließen. Als Kroll daraufhin bemerkte, dies würde eine internationale Krise auslösen, habe ihm der Sekretär des Zentralkomitees der Kommunistischen Partei zugestimmt und zynisch hinzugesetzt, zu einem Krieg würde die Krise gleichwohl nicht führen; der Westen würde seine Existenz nicht für zwei Millionen Berliner aufs Spiel setzen.

Einigen seiner Getreuen zufolge fragte sich Adenauer bisweilen, ob es nicht opportun wäre, Ballast abzuwerfen. War es nicht vielmehr das, was sie selbst sich wünschten? Wären Adenauer Augenblicke des Zweifels gekommen, hätte es ihm genügt, ans Ufer der Seine zu blicken. De Gaulle war nicht zu erschüttern. Die deutsche Botschaft in Paris berichtete in diesem Sinn so überzeugend, daß der Bundesaußenminister für die Weiterleitung ihrer Telegramme an alle diplomatischen Missionen im Ausland sorgte und diese aufforderte, davon großzügigen Gebrauch zu machen. In dieser vorrangigen Angelegenheit bestärkten der Kanzler und der Präsident der Republik einander in Bonn noch einmal mehr ihr Einverständnis. Der 20. Mai 1961 ging als Festtag in den französisch-deutschen Kalender ein.

Vor dem Eintreffen de Gaulles waren auch wir in der Botschaft nicht frei von der Aufregung, wie sie großen Besuchen vorhergeht und dem Metier seine Würze gibt. Noch nie war de Gaulle nach Ernich gekommen. Meine Enttäuschung war daher groß, als ich erfuhr, daß er entgegen den ersten Weisungen aus dem Élysée die Nacht nicht in Deutschland verbringen, sondern schon früh am Morgen landen und spät abends wieder abfliegen würde. Ich hatte nämlich für ihn ein Bett nach seinen Maßen anfertigen lassen. Nun würde er es erst bei späteren Besuchen benutzen. Im Laufe des Tages begleitete ich ihn an seine Zimmertür. Ob er sich wohl für einige Augenblicke ausgestreckt hat? Ich habe es nie erfahren. Doch beschloß ich, es zu bejahen. All denen, die später das

Bett benutzen würden, wollte ich versichern, daß der General auf ihm geruht hatte. Sie waren entzückt, wenn sie de Gaulle liebten; wenn nicht, waren sie überrascht und fühlten sich wahrscheinlich mehr geschmeichelt, als sie zu erkennen gaben. Niemand war leichter zu versorgen als er. Überall fühlte er sich zu Haus. Ob es in der Residenz der Botschaft war, wo am Waldrand die Rehe ästen und das Eichhörnchen sprang, oder fünfzehn Kilometer entfernt am Arbeitsort in dem bequemen, aber unschönen Gebäude in Bad Godesberg, de Gaulle trat alsbald ans Fenster. Hier wie dort floß der Rhein vor seinen Augen vorüber. Er betrachtete ihn angelegentlich und ehrfurchtsvoll. Sein untrügliches Gedächtnis ließ die Geschichte des Stromes an ihm vorüberziehen. Was für Schlachten, was für Leiden, wie viele Tote! Schweigend beobachte ich ihn in seiner Melancholie.

Obwohl sein Aufenthalt nur kurz gewesen war, hatte der General doch mit offensichtlicher Genugtuung bemerkt, daß sich die Deutschen in großer Zahl am Wegrand und in den kleinen Ortschaften, durch die der Wagen kam, eingefunden hatten, um ihn zu begrüßen und ihm zu applaudieren. Für ihn zählten nicht nur Konrad Adenauer, der die Politik verkörperte, und Heinrich Lübke, der den Staat repräsentierte. Er erstrebte die einmütige Versöhnung zwischen Deutschen und Franzosen, eine gegenseitige Völkerfreundschaft. Ohne eine Umwandlung, die sich in den Seelen vollzog, würde es der so spektakulär vorangetriebenen Verständigung nicht gelingen, ihre Anfälligkeit zu überwinden. De Gaulle wird die frohen, lachenden Gesichter und die Hochrufe der Einwohner von Bonn nicht vergessen. Vielleicht ist der Gedanke einer offiziellen Reise in die Bundesrepublik, die er achtzehn Monate später inmitten von stürmischen Beifallsbekundungen unternahm, auf diesen Eindruck zurückzuführen. Er bemerkte an den Deutschen ein Vertrauen auf ihn, dessen er bedurfte, um seine Aufgabe zu erfüllen. Das demokratische Deutschland wandte sich Frankreich voller Hoffnung zu.

Für Konrad Adenauer und Charles de Gaulle war das Bemühen um die Erhaltung ihrer Vertraulichkeit ein Teil ihres Lebens geworden. Sie dachten aneinander. Sie waren umeinander besorgt und mit bemerkenswertem Spürsinn darauf bedacht, einander beizustehen. Am 4. Juni brachte ich dem Kanzler einen Brief des Generals in sein Haus nach Rhöndorf, mit dem ihn de Gaulle über das Gespräch ins Bild setzte, das er in Paris mit John F. Kennedy geführt hatte, ehe dieser sich zum Treffen mit Nikita Chruschtschow nach Wien begab. Man kann sich vorstellen, mit welcher Ungeduld Adenauer diesen Brief erwartete. Zwar hatte er selbst zweifellos wenige Wochen zuvor den jungen Präsidenten der Vereinigten Staaten in Washington vor dem Risiko jeglicher Konzession in der Berlin-Frage und vor Chruschtschows Überrumpelungskünsten gewarnt. Doch war er großzügig und gescheit genug, zu verstehen, daß es de Gaulle leichter als ihm selbst gelingen würde, bei dem Nachfolger Eisenhowers Gehör für einen Rat zu finden und ihn von dem abschüssigen Weg abzubringen, auf den ihn die allzu berauschende Aussicht einer weltweiten Verständigung lokken könnte, für die es zumindest zu früh war. Die Bundesrepublik sah sich Amerika in einer Weise verpflichtet, wie es für Frankreich nicht galt. Daß uns soviel an einer deutschen Stadt – und gerade an dieser – gelegen war, bewies, daß das Schicksal von Berlin mit allem, was damit zusammenhing, nicht nur eine nationale Angelegenheit war. Die Bundesrepublik hatte sich mit Konrad Adenauer etabliert; Frankreich hatte sich mit Charles de Gaulle wieder erhoben. Obwohl ihre Leistungen vergleichbar waren, standen die beiden Staatsmänner dennoch nicht auf der gleichen Ebene.

Adenauer las den Brief laut vor und äußerte seine Zufriedenheit. In seinen Memoiren berichtet General de Gaulle von seiner Unterredung mit Kennedy: ». . . Wenn Chruschtschow morgen von Ihnen eine Änderung des Berliner Statuts verlangt, das heißt, ihm die Stadt auszuliefern, dann bleiben Sie fest! Es ist der beste Dienst, den Sie der ganzen Welt leisten können, Rußland inbegriffen . . .« Im gleichen Sinn war auch das kostbare Schreiben gehalten.

Französisch-deutsche Kontakte auf höchster Ebene fanden nunmehr in rascher Folge statt. Kaum einen Monat nach dem Besuch des Bundespräsidenten Lübke und seiner Gattin in Paris, kam de Gaulle abermals an die Ufer des Rheins nach Bad Godesberg. Die sechs Staats- und Regierungschefs versammelten sich in der Redoute, um sich über die ersten Arbeiten der Fouchet-Kommission zu unterrichten und ihr, wenn Einverständnis erzielt werden konnte, neue Impulse zu geben. Hier sitzen sich am runden Tisch der Kanzler, der den Vorsitz führt, und der General gegenüber. Die anderen sind keine Unbekannten: die Italiener Fanfani und Segni, der Belgier Spaak, der Holländer Luns und der Luxemburger Schauss. Die Augen sind nicht minder auf den Franzosen wie auf den Deutschen gerichtet. Ihrer selbst sicher dominieren sie hier. Ihre Übereinstimmung ist nicht total, doch hüten sie sich, einander zu verletzen und sich zu widersprechen. Tendiert der eine zu sehr in eine Richtung, bemüht sich der andere ihm entgegenzukommen, jedoch nicht zu weit; dann einigen sie sich oder sind doch nahe daran. Denn sie wissen: entscheidend ist, daß niemand sich über ihren Willen täuscht, Deutschland und Frankreich auf keinen Fall auseinander zu bringen, und daß alle ihre Absicht erkennen, durch ihre gegenseitige Rücksichtnahme die Achtung zum Ausdruck zu bringen, die ihre beiden Länder – stolz auf ihren Sieg über sich selbst und im Bewußtsein der dadurch für Europa bewirkten beträchtlichen Veränderung – einander in ihrer Person bezeugen.

Angesichts der großen Stunde hätte man sich weniger widerstrebende Partner gewünscht. Die wiederholten Interventionen von Luns und in geringerem Maße von Spaak zeichnen sich durch ihre Schärfe aus. Beide äußern, der eine heftig, der andere beredt, mehr Einwände als Zustimmung. Nur ungern folgen sie dem in Rambouillet vorgezeichneten Weg. So behutsam der Kanzler und der General auch sein mögen, die französisch-deutsche Front verheißt den anderen nichts Gutes. Was ist aus dem Europa Robert Schumans geworden? Und wo bleibt England?

Von den beiden Großen ist Adenauer der lebhaftere. Er rutscht auf seinem Stuhl hin und her. Er hat immer sofort eine Antwort parat. Seine fünfundachtzig Jahre machen ihm nichts aus. Er macht sich gern zum Interpreten der Gedanken seines französischen Partners – aus Freundschaft, aber auch weil er meint, daß seine Zustimmung zu dem Projekt von um so größerem Wert ist, als er nicht dessen Initiator ist. Der feinsinnige und liebenswürdige

Brentano hat Mühe, ein Wort mitzureden; wehe ihm, wenn dieses Wort seinem Chef nicht gefällt! Hat der Außenminister etwa seine Äußerungen modifizieren oder gar abschwächen wollen? Mit drohend erhobenem Zeigefinger gibt Adenauer zu verstehen, daß er sich nicht überrumpeln läßt.

Ist das wirklich General de Gaulle, der ihm gegenübersitzt, jener Franzose, der als so gebieterisch und unnachgiebig gilt? Der Präsident der Republik drückt sich schlicht und ungekünstelt aus und ergreift lediglich das Wort, wenn er etwas kommentieren oder erklären will; er hat den Wunsch, Adenauer die erste Rolle zu überlassen in dem Gefühl, daß eine gewisse Zurückhaltung seinerseits der Sache nur förderlich sein könne. Niemals erhebt er die Stimme; er bemüht sich, der Diskussion die Leidenschaftlichkeit zu nehmen, zu der die anderen neigen. Dank seiner Höflichkeit und Ausgeglichenheit geht die Zusammenkunft in optimistischer Stimmung zu Ende. Die Fouchet-Kommission wird beauftragt, den sechs Regierungen Vorschläge zu unterbreiten, ». . . welche Verfahren geeignet wären, der Union ihrer Völker so bald wie möglich einen durch Statuten gesicherten Charakter zu verleihen«. Der Weg war nun freigemacht, und der Tag konnte als Tag einer Wende verzeichnet werden.

Er wäre für mich noch strahlender gewesen, hätte ich nicht an einer Gesichtsrose gelitten, die mir sehr zu schaffen machte, so daß ich nicht gerade in der besten Verfassung war, um mit den Großen dieser Welt zusammen zu sein. Mein Mißgeschick gab mir wenigstens Gelegenheit, festzustellen, daß sie für die Leiden der gewöhnlichen Sterblichen, die in ihrer nächsten Umgebung arbeiteten, nicht unempfindlich waren. Den Kopf in Bandagen gewikkelt, hatte ich am Morgen auf dem Flugplatz, wo wir das Flugzeug des Präsidenten erwarteten, einen gewissen Erfolg bei den Fotografen, die von mir ein Bild nach dem anderen schossen, ohne sich zu erkundigen, wer ich war. Couve de Murville, stets um die Gesundheit seiner Mitarbeiter besorgt, gab mir den Rat, mich in mein Zimmer zurückzuziehen. Ich blieb standhaft, hielt es aber aus Scheu nicht für gut, mich zu sehr zu produzieren. Nach Ende der Sitzung sollte ich den General im Wagen zu dem Schiff begleiten, auf dem die Delegationen nach Einladung der deutschen Seite zu Mittag essen und eine Rheinfahrt unternehmen sollten. Ich trat an ihn heran und bat ihn, sich nicht mit einem Pechvogel zu belasten und statt meiner jemand anderen aus seiner Begleitung zu wählen. Mit einer Lebhaftigkeit, die mich sogleich wieder aufrichtete, rief er aus: »Sie kommen mit, lieber zweimal als einmal!« Da ich mir wegen meiner Augen Sorgen machte, eilte es mir, mich meinem Arzt in Paris, Jacques Florand, einem guten Freund, zu zeigen, und so bestieg ich am Abend die Maschine des Generals. Er bat mich einige Augenblicke neben sich, um mir sein Mitgefühl auszusprechen. Am anderen Morgen war ich geheilt – oder es fehlte nicht mehr viel daran. »Ein Wunder«, rief der Arzt aus. Ich kehrte sofort nach Bonn zurück. Der Präsident der Republik äußerte sich zufrieden, daß man der politischen Einigung Europas näher gekommen war. »Endlich einmal ein wirklicher Fortschritt«, hieß es in Bonn.

Unterdessen hielten die Sowjets die öffentliche Meinung in Deutschland in Atem. Die Gespräche zwischen Kennedy und Chruschtschow in Wien hatten die Atmosphäre nicht bereinigt. Die Hoffnung, daß der Kreml die Berlin-Frage bis zum Herbst auf Eis legen würde, erlosch wie ein Strohfeuer. Warum sollte dieser nicht bestrebt sein, noch vor den für September vorgesehenen Wahlen in der Bundesrepublik Schwierigkeiten aufzuwerfen und Unruhe zu verbreiten? Ohne langes Zögern veröffentlichte die russische Regierung das Aide-mémoire, das Chruschtschow dem Präsidenten der Vereinigten Staaten während der Wiener Gespräche übergeben hatte. Dieses Dokument rief in Bonn Entrüstung hervor. »Chruschtschow«, schrieb ein Journalist ganz aufgeregt, »will ganz Berlin, ganz Deutschland, ganz Europa.« In Erinnerung an einen traurigen Präzedenzfall stellte man sich, zuweilen mit Sarkasmus, die Frage: Für Berlin kämpfen? Für Berlin sterben? Deutschland würde sich schlagen, aber es würde nicht allein kämpfen. Die Bundesrepublik ist anders als das Deutschland von gestern. Die Führung liegt nicht mehr bei Preußen!

Am 14. Juli sprachen sich in Ernich der sowjetische Botschafter Smirnow und sein Stellvertreter dem amerikanischen Botschafter Dowling gegenüber in einer Weise aus, die nicht auf Befriedung abzielte: Niemals würde Rußland der Wiedervereinigung Deutschlands zustimmen. Sie wäre 1952, 1953 und äußersten Falles noch 1955 denkbar gewesen. Die Gelegenheit, sofern sie jemals bestanden habe, sei vorüber. Deutschland bilde eine Gefahr, es hätte der Sowjetunion zuviel Schaden zugefügt, als daß diese jetzt ein Risiko eingehen könnte. Für Washington sei Berlin einfach eine Prestigefrage; Moskau dagegen könne die Situation in der Republik von Pankow nicht länger mit ansehen: die Zahl der Flüchtlinge stiege beängstigend. Dowling entgegnete, diese Zahl werde sich in dem Maß verringern, wie die von den Sowjets erzeugte Spannung nachließe: Wenn Rußland nichts für eine Wiedervereinigung tun wolle, sei das bedauerlich; zumindest jedoch dürfe es nichts unternehmen, was den Graben zwischen Ost und West noch vertiefe.

Das Flüchtlingsproblem verschärfte sich von Tag zu Tag. Einer meiner Berliner Freunde, der Abgeordnete Ernst Lemmer, sprach sich mir gegenüber bewegt darüber aus: Der Exodus sei auf den harten moralischen Druck der kommunistischen Behörden, auf die Verschlechterung der Lebensmittellage und auf die Verschärfung des Kalten Krieges zurückzuführen, die am Ende bewirken könnte, daß der letzte Ausweg geschlossen würde, der noch in der ehemaligen Reichshauptstadt bestand.

Würden die Verantwortlichen in Bonn weich werden? Brentano sagte mir, daß er gegen Verhandlungen mit den Sowjets zwar im Prinzip nichts einzuwenden habe, jedoch Verhandlungen um jeden Preis ablehne. Aber was haben die Alliierten vor? Die Haltung der Engländer beunruhigte ihn, empörte ihn sogar. Sie hatten soeben Gagarin einen derart begeisterten Empfang bereitet, daß man ihm in Moskau sicherlich politische Bedeutung beigemessen habe. Der Botschafter der Bundesrepublik in England war angewiesen worden, hinsichtlich der Fülle der Kundgebungen zu Ehren des Raumfahrers vorstellig zu werden. Das Foreign Office erwiderte in einer Frostigkeit, die nichts Gutes verhieß. Deutschland bedurfte der unerschütterlichen Unterstützung durch die drei Westmächte. Jedoch Adenauer, gerade aus seinem Urlaub in Italien zurückgekehrt, stürzte sich in den Wahlkampf, von dessen Ausgang nach seiner Meinung das Schicksal des Landes abhing. Am 12. August hielt er in Kiel eine Rede, in der ein gewisser Optimismus vorherrschte: Man dürfe nichts dramatisieren; am Ende würde man wohl auch noch mit den Sowjets ins Gespräch kommen und sich mit ihnen verständigen.

Am 13. August 1961, bei Tagesanbruch, erfahre ich in der Bretagne durch das Radio die Nachricht von der Errichtung der Mauer. Ich begebe mich unverzüglich wieder auf meinen Posten. Am folgenden Morgen bittet mich Brentano gleichzeitig mit dem englischen und dem amerikanischen Botschafter zu sich. Mit einer gewissen Nervosität weist er uns nachdrücklich auf den alarmierenden Charakter der Situation hin und zeichnet ein ergreifendes Bild von der Verzweiflung, die seine Landsleute im Osten ergriffen hat. Nicht nur zu Tausenden wollen sie fort, sondern zu Hunderttausenden.

Am 15. wendet sich Adenauer in Regensburg an die Menge und erklärt: Die sowjetische Zone ist nur mehr ein riesiges Konzentrationslager. Am 18. entledigt er sich vor dem Bundestag ehrenvoll einer undankbaren Aufgabe; die Kaltblütigkeit und Präzision, mit der er feststellt, daß die Sowjets für das Unglück Deutschlands verantwortlich sind, rufen starken Eindruck hervor. Was kann er mehr tun? Die Bundesrepublik wird nicht gegen Rußland in den Krieg ziehen! Im Westen rührt sich nichts. Von der Passivität der Westmächte enttäuscht, sehen sich die Deutschen in der Bundesrepublik gezwungen zu resignieren. Warum sollten sie mehr verlangen als die Berliner, die sich mit einer Geste Kennedys zufriedengeben müssen, der schleunigst seinen Stellvertreter, den Vizepräsidenten Lyndon Johnson, in die noch freie Hälfte der Stadt entsendet? Da ich selbst an diesem 19. August in Berlin bin, werde ich Zeuge der ungeheuren Erregung der Bevölkerung, die am Rande der Mauer, wenige hundert Meter von den Eingeschlossenen entfernt, frenetisch dem amerikanischen Besucher zujubelt. Sein Kommen hat symbolischen Wert. Sie, die in einer glücklicheren Lage sind als ihre Brüder im Osten, läßt man wenigstens nicht im Stich. Die Begeisterung hält indessen nicht lange an. Wenig später berichtet mir der Abgeordnete Ferdinand Friedensburg, den ich in der Zeit der Luftbrücke gut kennengelernt habe, die Stimmung der Berliner sei äußerst mäßig; sie hätten kein Vertrauen mehr zu den Amerikanern.

Wiewohl menschlich erschütternd, politisch gesehen war der Moskauer Beschluß überaus scharfsichtig. Die sowjetische Zone wurde allmählich ihrer Substanz beraubt. Bald würde sie nichts mehr sein als ein Gebiet, das keine Jugend, keine Industrie, keine Zukunft mehr hatte. Die Sowjetunion war bereits in ihren Bemühungen, ganz Deutschland unter ihrer Vorherrschaft zu vereinen, gescheitert. Sie lief jetzt Gefahr, ihr deutsches Faustpfand selbst zu verlieren. Dahin hatte es der Druck ihrer Zwangsherrschaft gebracht! Hätte sie nicht darauf reagieren sollen? Das wahre Datum der Entstehung der Deutschen Demokratischen Republik, jenes anderen deutschen Staates, war dieser 13. August 1961. Von Mauern umgeben, wie sie es nun einmal waren, blieb den Ostdeutschen nichts anderes übrig, als sich mit Mut und Vaterlandsliebe zu wappnen. Und darin haben sie nicht versagt. Wenige Jahre genügten, um sie an der Seite der Deutschen aus der Bundesrepublik in die Vereinten Nationen einziehen zu lassen.

Chruschtschow hatte sein Ultimatum vom 27. November 1958 nicht dem Buchstaben getreu befolgt. Da er Gegenreaktionen aus Paris, Washington und London befürchtete, die nur rigoros hätten ausfallen können, nahm er davon Abstand, die Westsektoren Berlins anzutasten und ohne jede Berechtigung ihre Umwandlung in eine Freie Stadt zu verlangen. Aber sein Diktat erstreckte sich bis an die äußerste Grenze des riesigen Gebiets, in dem die Sowjetunion seit Kriegsende ihre Vorherrschaft durchgesetzt hatte. Fortan war diese ausschließlich ihr vorbehaltene Domäne vom übrigen Kontinent nicht nur durch die unterschiedliche Ideologie, sondern auch durch eine unüberwindliche Schranke getrennt. Alle Staaten im Westen mußten es sich gesagt sein lassen: dort hörte für sie die Möglichkeit zu intervenieren auf.

Nur zu bald erwies sich, daß der Bau der Mauer die Bevölkerung der Bundesrepublik beunruhigt hatte. Ihr Vertrauen in Konrad Adenauer, ihre Überzeugung, daß die Vereinigten Staaten, komme was da wolle, gegen die sowjetische Gefahr für sie einstehen würden, waren erschüttert. Zu der Demütigung, die sie nach so vielen Jahren der Treue zum Westen hinnehmen mußten, kam für viele noch das persönliche Leid hinzu, aller Verbindungen zu Verwandten, die auf der anderen Seite lebten, beraubt zu sein. Die Regierung, die sie tragende CDU und CSU stellten Mutmaßungen über das Ausmaß des Meinungsumschwungs an, dessen Vorhandensein sie undeutlich spürten. Der Kanzler mußte auf der Hut sein. Die Wahlen waren auf den 17. September festgesetzt. Ihr Herannahen elektrisierte ihn. Grandios in seiner Vitalität, wetterte der Alte gegen die Sozialdemokraten. Was sollte aus Deutschland werden, wenn sie den Sieg davontrugen? Besonders heftig attackierte er Willy Brandt. Seine Besorgnis äußerte sich in einem an John F. Kennedy gerichteten Schreiben, in dem er ihn auf mögliche oder wahrscheinliche Fortschritte neutralistischer Tendenzen aufmerksam machte.

Einmal noch ging Adenauer als Sieger aus dem Kampf hervor. Aber es war kein vollständiger Sieg. Die CDU und ihre bayerische Schwesterpartei, die CSU, verloren die absolute Mehrheit. Ihre Hauptgegner, die ihre Mauser noch nicht hinter sich hatten, zogen aus dieser relativen Niederlage keinen Gewinn. Nutznießer schienen, zwischen den einen und den anderen hin und herpendelnd, die Liberalen zu sein. Sie stellten ein beträchtliches, wenn nicht gar schätzenswertes Ergänzungsreservoir für die Regierungsbildung dar. Die Aufgabe des Kanzlers wurde darüber noch undankbarer. War Konrad Adenauer der geeignete Mann? Man diskutierte überall darüber. Wie sehr Präsident Lübke ihn auch als den Politiker schätzen mochte, der sein Land auf meisterhafte Weise zum Wiederaufbau geführt hatte, hätte er doch nicht ungern eine Ära zu Ende gehen sehen, die unter dem Namen nur eines Mannes berühmt geworden war. Man sprach wieder von Ludwig Erhard. Doch trotz der Perfidie einer Kampagne, die gewisse Kreise in dem Wunsch nach einem Wechsel entfesselt hatten, wurde Adenauer Anfang November von dem neuen Bundestag noch einmal zum Kanzler gewählt. Er mußte sich mit einer schwachen Mehrheit begnügen. Erwartungsvoll sah man seinen Taten entgegen. Obwohl er sich so sehr um das Vaterland verdient gemacht hatte, mußte er dennoch beweisen, daß er noch immer fähig war, ihm weiterhin zu dienen.

Einige Tage zuvor hatte Heinrich von Brentano darum gebeten, von seinen Funktionen als Bundesaußenminister entbunden zu werden. Adenauer opferte ihn den Forderungen der Liberalen. Er konnte sich nicht gleichzeitig selbst behaupten und sein Regierungsmitglied retten. Die Berliner Mauer forderte ihren Tribut. Elegant zog sich der treue und klarsichtige Mitarbeiter zurück. Ich empfand aufrichtigen Kummer darüber, den ich ihm nicht verhehlte. Seine Zuneigung für Frankreich und die Gesinnung, die er mir gegenüber bekundete, hatten mir bei meiner Aufgabe sehr geholfen. Er bewunderte de Gaulle, ohne sich geradezu blenden zu lassen, und hatte Verständnis für die Beweggründe unserer Politik. Er zählte zu jenen, die sich mit Verstand dem sowjetischen Druck widersetzten.

Wer auch immer sein Nachfolger werden würde, uns konnte er nicht gleichermaßen gewogen sein. Doch ahnte ich nicht, daß Gerhard Schröder, den ich als Bundesinnenminister recht gut kennengelernt hatte und dem man nachsagte, er könnte nach einiger Zeit als Außenminister das Kanzleramt antreten, die französisch-deutschen Beziehungen mitunter durch einen gewissen Mangel an Verständnis komplizieren würde – eine Folge seiner mehr an den angelsächsischen Ländern orientierten Ausbildung. Er war sich seiner Unkenntnis, wie man die Dinge bei uns sah, durchaus bewußt und gab mir geradeheraus zu verstehen, daß er sich gern über ein Land informieren würde, zu dem er von Natur aus keinen Zugang fand. Fraglos hielt man ihn trotz seines kühlen Wesens für geeigneter als Brentano, eine eventuelle Kontaktnahme mit Moskau zu erleichtern und, wichtiger noch, jede Abkühlung mit Washington zu vermeiden.

Die Aufmerksamkeit konzentrierte sich auf John F. Kennedy und seine Berater, die nach Meinung meiner deutschen Gesprächspartner allesamt glänzend waren. Seltsamerweise hatte das Ereignis vom 13. August die Vorliebe des Präsidenten der Vereinigten Staaten für Verhandlungen noch verstärkt. Rusk und Gromyko trafen sich in New York und sprachen vor allem über Berlin.

Würde die Bundesrepublik, um einem neuen Schlag der Sowjetunion, den man in Bonn befürchtete, zuvorzukommen, Konzessionen machen müssen? Und welche? Da die Deutsche Demokratische Republik mit sowjetischem Einverständnis die Hälfte der alten Hauptstadt des Reiches völlig für sich in Anspruch genommen hatte, war es im Gegensatz dazu nicht recht und billig, daß die Bundesrepublik ihrerseits für die Sicherung der Zugangswege zur anderen Hälfte der Stadt Sorge trug, um sie noch enger an sich zu binden? Die Amerikaner aber entwarfen Pläne, die vom Gedanken einer Internationalisierung inspiriert waren. Wenn man darauf einginge, würde dann nicht die ganze Stadt am Ende in die Hände der deutschen Kommunisten fallen? Besser konnte man den in dem Ultimatum vom 27. November 1958 formulierten Ansprüchen des Kreml nicht entgegenkommen.

Hinundhergerissen zwischen der Furcht, ein Opfer bringen zu müssen, und der ständigen Sorge, sich nicht zu weit von den Vereinigten Staaten zu entfernen, mühte sich die Regierung in Bonn, die keine so bequeme Basis mehr hatte, mit diesem Dilemma ab. Adenauer, der sich Ende November nach Washington begab, vermochte die verschwommenen Ideen, die man ihm unterbreitete, nicht zu zerstreuen. »Ich frage mich«, sagte einige Tage darauf Präsident Lübke ein wenig spitz zu mir, »ob sich der Kanzler in seinen Unterredungen mit Kennedy nicht zu nachgiebig gezeigt hat.« Wäre er es tatsächlich gewesen, dann lediglich aus Furcht vor einer möglichen russisch-amerikanischen Einigung auf Kosten Deutschlands. Der Botschafter der Bundesrepublik in den Vereinigten Staaten schlug Alarm. Von einem Journalisten befragt, ob er meine, im Weißen Haus und im State Department zeigten sich verheerende Auswirkungen eines »Geistes von München«, soll der Diplomat geantwortet haben, ein Vergleich mit dem Geist der Aufteilungen von Jalta erschiene ihm angemessener.

Während dieser Zeit, in der in Washington wie in Bonn nutzlose Aufregung herrschte, bewahrte sich de Gaulle eine überlegene Ruhe. Die Äußerungen der Anerkennung, die man ihm in Deutschland zuteil werden ließ, vervielfachten sich. Man wußte Frankreich Dank dafür, daß es besser als andere verstand, was die

Errichtung der Mauer bedeutete, und daß es sich jeder Geste enthielt, die die Sowjetunion glauben machen könnte, wir würden, von ihrer Brutalität beeindruckt, die Rolle von Bittstellern übernehmen. Irgendwelche Verhandlungen mit ihr hätten in dieser Zeit des kalten Krieges nur zu einer Schwächung unserer Positionen führen können. Die Russen würden keinen Rückzieher machen. Wir sagten dies Adenauer, der daraufhin um so mehr darauf bedacht war, die Bindung an seinen großen Freund aufrechtzuerhalten und ihm die Gründe zu erläutern, deretwegen er seine Haltung nicht mit der unseren in Einklang bringen konnte. Vor seiner Reise nach Washington und auch nachher schickte er seinen Staatssekretär Carstens nach Paris. Am 10. Dezember kam er selbst in Begleitung von Gerhard Schröder. Couve de Murville hatte soeben vor dem Senat nochmals unsere Unbeugsamkeit betont. War unter diesen Umständen ein französisch-deutsches Einverständnis möglich?

Unsere Besucher bestanden auf ihrer Meinung: Es wäre unklug, Amerikaner und Russen unter vier Augen allein zu lassen. Es ginge darum, zu verhandeln, ohne Zugeständnisse zu machen. Dies könnte nur erreicht werden, wenn die Franzosen mit von der Partie wären. Wir antworteten, daß jede Verhandlung über Berlin nur zwecklos oder sogar gefährlich sein könnte. Die deutsche Presse stellte fest, daß es dem Kanzler nicht gelungen sei, den Präsidenten der Republik zu erweichen. Wie hätte dieser sich aber für die Verteidigung einer These einsetzen können, die sich offen als angelsächsisch zu erkennen gab? »Niemand wird behaupten wollen«, hieß es in der Zeitung »Die Welt«, »daß wir mit einem Nachgeben in Berlin der Erhaltung des Friedens dienen würden.« Adenauer unternahm mit seinen Erklärungen vom 29. Dezember in der einflußreichen Zeitschrift »Politisch-Soziale Korrespondenz« noch einmal einen Balanceakt, der sein Bemühen erkennen ließ, gleichermaßen auf Paris wie auf Washington Rücksicht zu nehmen. »Ziel des Westens muß es sein, neue Garantien für die Freiheit der Zugangswege nach Berlin zu erlangen. Die Schandmauer muß verschwinden. De Gaulle ist ein großer Mann. Er hat recht, wenn er sagt: Nicht wir sind es, die in Berlin irgend etwas verändern wollen. Es sind die Russen; also sollten sie annehmbare Vorschläge machen.« Adenauer sprach sich aber auch für das Verhandlungsprinzip aus: »Die Unsicherheit der derzeitigen Situation ist weder für Berlin noch für die Berliner gut.«

Seit dem Bau der Mauer hatte sich die Mutlosigkeit der Westberliner nur noch verschlimmert. Die Zukunft zeichnete sich hier dermaßen dunkel ab, daß manche nur mehr daran dachten, die Stadt zu verlassen. Die Ostdeutschen konnten nicht mehr fliehen, doch die Jugend Westberlins wollte fort, um anderswo Sicherheit und Glück zu suchen. Würde der Kampf um Berlin dann nicht eines Tages aus Mangel an Einwohnern zu Ende gehen? Worte und Ermahnungen genügten nicht, um sie zurückzuhalten. Das Versagen der drei Westmächte am 13. August war ihnen eine Lehre. Wie naheliegend war da für so manchen die Versuchung, in Besprechungen mit den Sowjets einzutreten. Die Amerikaner hörten nicht auf, Sondierungen vorzunehmen. Indessen zeichnete sich eine andere Möglichkeit ab.

Ende Dezember 1961 hatten die Sowjets als schlauen Schachzug der Bonner Regierung ein Memorandum zukommen lassen, das als Köder dienen sollte. Welch unverhoffte Gelegenheit für den Botschafter Kroll! Sich selbst überschätzend ging er entzückt darauf ein. Der Preis, der zu zahlen war, kümmerte ihn wenig. Als Gegenleistung würde die Bundesrepublik die Gunst Moskaus erringen. In politischen Kreisen blieb niemand indifferent. Man war entweder für oder gegen Kroll, für oder gegen den Verzicht auf die Gebiete jenseits der Oder-Neiße-Linie, für oder gegen die Anerkennung der Deutschen Demokratischen Republik. Während die einen Kroll für einen sträflich unklugen Diplomaten hielten, der im Begriff war, das Werk Adenauers zu zerstören, wurde er von anderen ermutigt, die von der Bevormundung ihres Landes genug hatten und die es für Sache der Deutschen – und nicht der Amerikaner – hielten, sich mit den Sowjets über das deutsche Schicksal auseinanderzusetzen. Einige bezeichneten ihn sogar, mit Anerkennung, als einen national eingestellten Mann: Wäre das Berliner Geschwür erst geschnitten, würde die deutsche Dynamik die Wiedervereinigung schon durchsetzen. Kroll füge sich in die

Reihe der kühnen Diplomaten, der Traditionsgründer von der Art eines Brockdorff-Rantzau und eines von der Schulenburg, ein, die in entscheidenden Augenblicken verstanden hätten, einer Konzeption der deutsch-sowjetischen Beziehungen, den wahren Interessen Deutschlands entsprechend, zum Erfolg zu verhelfen.

Die hohen Beamten des Auswärtigen Amts zeigten sich peinlich betroffen: Der Botschafter in Moskau maßte sich eine Bedeutung an, die ihm nicht zukam: Weder der Quai d'Orsay noch das Foreign Office hätten eine solche Ungeniertheit von seiten eines ihrer Geschäftsträger geduldet. Kroll rächte sich, indem er seine Kollegen als Intriganten bezeichnete und vor allem dadurch, daß er ausschließlich nach seinem eigenen Gutdünken handelte, was ihm teuer zu stehen kommen sollte. Hätte er sich wenigstens auf die Sozialdemokraten stützen können! Doch diese standen, wie mir Carlo Schmid anvertraute, von wenigen Ausnahmen abgesehen, diesem Abenteuer ablehnend gegenüber. Kroll rechnete vielmehr auf die Liberalen, denen es gefiel, sich als Neuerer zu geben und zu zeigen, daß ihr Eintritt in die Regierung der Politik einen neuen Kurs verlieh. Ihre Haltung zwang Adenauer zu manövrieren. Gingen einige nicht sogar so weit, zu behaupten, er verwende Kroll als seinen persönlichen Mittelsmann bei Chruschtschow? Globke, sein bevorzugter Vertrauter, der dem Botschafter gegenüber wohlwollend eingestellt war, sagte noch am 8. März zu mir: »Wie kann man ihn, einen Schlesier, verdächtigen, ohne Gegenleistung auf die Gebiete jenseits von Oder und Neiße zu verzichten!«

Während ich das Kanzleramt verließ, trafen Schröder und Carstens dort ein; offensichtlich, um über diese Angelegenheit zu sprechen. Am übernächsten Tag wurde Kroll vorläufig beurlaubt. Nun verstand ich Globke in seiner Nachsicht besser. Den Botschafter zu belasten, nachdem sein Urteil schon gefallen war, das wäre unfein gewesen. Kurz zuvor hatte die Bonner Regierung dem Kreml eine vorsichtige Antwort zukommen lassen, deren Schluß vielleicht etwas weniger lakonisch war, als mancher es sich gewünscht hätte. Man flüsterte sich zu, sie stamme von Schröders Hand. Schröder, der es sicherlich bedauerte, daß der Botschafter sich so aufgespielt hatte, machte Gromyko am 14. März einen Besuch in Genf. Viele spendeten ihm Beifall. Das war gut gemacht! Bei den Franzosen fragte man sich indessen, ob es nicht vorteilhafter gewesen wäre, wenn sich der Bundesaußenminister jeden Schrittes enthalten hätte, selbst wenn er ein Gebot der Höflichkeit war.

Der Zwischenfall war höchst aufschlußreich für den Widerwillen oder zumindest für die Emotionen, die ein möglicherweise bevorstehender deutsch-russischer Dialog bei den einen hervorrief, wie auch für die Illusionen, die sich andere in bezug auf die Aussichten machten, zu einer annehmbaren Regelung zu gelangen. Nicht nur Kroll machte einen Vorstoß in dieser Hinsicht. Der Minister Erich Mende, einer der führenden Politiker der Freien Demokraten, war nicht weniger eifrig darauf bedacht, sich in den Vordergrund zu spielen. Die Perspektive eines neuen Rapallo kam ihm nicht in den Sinn. Sein Ziel war präziser abgesteckt: Zunächst einmal mußte man Ulbricht loswerden, den bösen Geist der sowjetischen Zone; der Kreml hätte Lust, sich seiner zu entledigen. Man könnte also mit ihm darüber verhandeln. »Seien Sie vorsichtig, sehr vorsichtig«, ermahnte der Kanzler Mende, und vor dem Präsidium der CDU bezeichnete er »ein einseitiges Vorgehen der Bundesrepublik in Moskau« als unsinnig. Sechs Monate früher hätte er nicht anders gesprochen, doch wäre er schneller und entschiedener eingeschritten. Die Wahlen im vorangegangenen September hatten entschieden ihre Wirkung getan.

Mittlerweile schleppten sich Ende des Jahres 1961 in Brüssel die Verhandlungen über die Landwirtschaft dahin; sie zeichneten sich durch Kompliziertheit, aber auch durch ihren scharfen Ton aus. Ohne wirksame Einbeziehung der Landwirtschaft in den Gemeinsamen Markt würde dieser weiterhin unausgeglichen bleiben, zum Nachteil von Frankreich. Daher weigerten wir uns zur zweiten, im Vertrag von Rom verabredeten Stufe überzugehen, die vor allem auf dem Gebiet der Zölle einen entscheidenden Schritt vorwärts bedeutete, ehe nicht unsere fünf Partner die Regelungen über die Landwirtschaft akzeptiert hätten, über die man sich seit Monaten stritt. Wenn wir dieses Druckmittel aus der Hand gaben, würden unsere Forderungen niemals befriedigt werden. Am 22. Dezember rief Adenauer in meiner Abwesenheit meinen Stellvertreter Tanguy de Courson an und bat ihn, de Gaulle eine Botschaft von ihm zu übermitteln: Couve de Murville habe zuwenig Entgegenkommen gezeigt, als er als Vorbedingung für seine Zustimmung zur zweiten Stufe die uneingeschränkte Annahme einer Übereinkunft über die Landwirtschaft forderte, die elf Verordnungen von äußerster Technizität zum Gegenstand hatte. Als am 8. Januar die Botschafter anläßlich des Neujahrsempfangs die üblichen Glückwünsche aussprachen, gaben mir der Bundespräsident und der Kanzler ihre Verstimmung zu erkennen.

Am 15. Januar verständigten sich die Sechs endgültig, indem sie sich unseren Wünschen anschlossen. Wir konnten zufrieden sein. Nicht unverdient durften sich die Deutschen dazu beglückwünschen, daß eine der Hauptschwierigkeiten auf diesem ausschlaggebenden Gebiet zwischen ihnen und uns beseitigt war, und daß sich der Himmel über Europa lichtete. Am Tage darauf sprach mir der Ministerialdirektor Jansen im Auswärtigen Amt seine Erleichterung darüber aus, wobei er sorgsam darauf verwies, daß die Bundesrepublik die Last des Übereinkommens zu tragen habe. Am 17. Januar würdigte der Kanzler die historische Bedeutung des Brüsseler Resultats vor dem Bundestag.

Die Freude sollte nicht lange dauern. Auch das Europa der Sechs, die politische Einigung selbst, war nicht leicht zustande zu bringen. Die Fouchet-Kommission geriet in eine Sackgasse, aus der sie nicht mehr herauskommen sollte. Couve de Murville hat in bezug auf die Krise, die in der zweiten Hälfte des Januar 1962 einsetzte, Erklärungen aus erster Hand beigesteuert, desgleichen der Unterhändler Christian Fouchet in seinem Buch »Au service du général de Gaulle«. An dem von der Kommission erarbeiteten Plan hatte de Gaulle, als er ihm vorgelegt wurde, schwerwiegende Änderungen vorgenommen – war das nicht sein gutes Recht? Von ihm aus gesehen, kamen sie nicht überraschend. Der Präsident der Republik ließ nicht zu, daß der Entwurf auch nur die geringste Zweideutigkeit in bezug auf das Wesen der künftigen politischen Union der Sechs enthielt. Er wich nicht ab von dem Plan, den er in Rambouillet im Juli 1960 entworfen hatte und zu dem ein Jahr später in Bad Godesberg die sechs Partner ihre Zustimmung gegeben hatten. Die Union sollte ein Verband von Staaten werden oder andernfalls überhaupt nicht zustande kommen. In der Frage, auf welche Weise die bereits vorhandenen Wirtschaftsgemeinschaften mit der politischen Organisation verbunden werden sollten, in der Frage der Beziehungen zur NATO und hinsichtlich der durch eine Revisionsklausel offengelassenen Möglichkeit einer Hinwendung zur Integration legte der General Wert auf absolute Klarheit. Durch ein paar geschickt gestrichene oder eingefügte Worte berichtigte er einen Text, der, so wie er war, seiner Meinung nach weder den unbestreitbaren Vorrang der Regierungschefs und der Regierungen auf allen Gebieten, noch die Unabhängigkeit des von ihm geplanten Europa, noch den endgültigen Ausschluß einer supranationalen Tendenz gesichert hatte.

In Bonn war man, wenn schon nicht bestürzt, doch zumindest gründlich enttäuscht. Die in Brüssel getroffene Übereinkunft erschien vielen als Triumph des französischen Standpunkts. Die Deutschen waren dem von uns geltend gemachten, durchaus gerechtfertigten Argument kaum zugänglich: wir hätten keinen Grund gehabt, uns damit abzufinden, daß die Landwirtschaft wie eine arme Verwandte des Gemeinsamen Marktes behandelt wurde; das Gleichgewicht zwischen ihr und der Industrie sei lediglich wiederhergestellt worden. Sie waren der Meinung, daß sie uns mehr als genügend zugestanden hätten, und nun suchten wir bei dem Plan zur politischen Einheit mit einer Reihe von – in ihren Augen zusätzlichen – Forderungen ein Dokument abzuändern, das ihnen zusagte! Meine gewohnten Gesprächspartner, Parlamentarier und hohe Beamte, gaben mir ihre Unzufriedenheit zu erkennen. Sie hofften, daß wir noch nicht das letzte Wort gesprochen hätten. Doch ganz im Gegenteil kam de Gaulle in einer Rede am 5. Februar 1962 noch einmal auf seine Bedingungen zurück.

Am 10. kritisierte Minister Krone, einer der Vertrauten des Kanzlers, der an diesem Tag schlecht aufgelegt oder mehr noch, voller Groll zu sein schien, mir gegenüber die gesamte Politik des Generals: Es sei nicht allein kein Einverständnis mehr über Europa vorhanden, auch gegenüber den Sowjets beginne sich das westliche Lager zu spalten. Bei der vor Weihnachten abgehaltenen

Bermuda-Konferenz habe Frankreich nicht auf seiten der Vereinigten Staaten und Englands gestanden, die aufgrund dieser Tatsache das Abrüstungsproblem erörtert hätten, ohne irgendwelche Solidarität für ihre Verbündeten zu bekunden. Frankreich interessiere sich auch nicht für die Sondierungen des Botschafters der Vereinigten Staaten Thompson in Moskau. Wenn Paris und Bonn ihre Zusammenarbeit nicht verstärkten, wo sollten wir dann hinkommen? Zufall oder nicht, de Gaulle schlug dem Kanzler eine Unterredung auf deutschem Boden vor. Adenauer, von Schröder assistiert, empfing mich am 12. Februar; auf Eile bedacht, machte er den Vorschlag, die Begegnung schon am 15. Februar in Baden-Baden stattfinden zu lassen.

Weder Carstens, den ich gleich danach sah, noch Schröder, der am Abend desselben Tages zu Tisch bei mir war, zeigten sich optimistisch. Der Bundesaußenminister erging sich mir gegenüber in Äußerungen, die denen von Krone sehr ähnlich waren. Die Unterredung zwischen dem Präsidenten der Republik und dem Kanzler würde gewiß, entgegen aller Gewohnheit, in gespannter Atmosphäre verlaufen. Ohne ebenso bedrückend zu sein, erinnerte die Stimmung an die Zeit nach der Begegnung von Rambouillet vor achtzehn Monaten. Vor der parlamentarischen Fraktion der CDU äußerte sich Brentano sehr bitter über uns: Welches politische Europa wollten die Franzosen denn nun eigentlich haben? Müßte man nicht auf die Ausarbeitung des Vertrages verzichten?

Dieser unaufhörlichen Kontakte mit Deutschen gedenkend, halte ich einen Augenblick inne, um der Zuvorkommenheit Anerkennung zu zollen, mit der sie uns Botschaftsangehörige ins Vertrauen zogen. Die Beziehungen zwischen ihnen und meinen Mitarbeitern hatten einen Grad der Vertraulichkeit erreicht, wie man ihn meiner Meinung nach selten findet. Wie oft berichtete der eine oder andere meiner Mitarbeiter, wenn wir uns morgens zur Lagebestimmung um den Konferenztisch versammelten, über die Diskussionen, die er noch in fortgeschrittener Stunde mit einem seiner Freunde von jenseits des Rheins geführt hatte. Die dabei gewechselten Worte konnten mitunter durch ihre Heftigkeit in Erstaunen versetzen, hätte man nicht gewußt, daß sie von einer überaus herzlichen Aufrichtigkeit diktiert waren. Auf beiden Seiten waren die Gesprächspartner leidenschaftlich darauf bedacht, den Dingen auf den Grund zu gehen und vor allem, oft enthusiastisch, die Aussöhnung und den Fortschritt anzustreben. Lediglich eine gewisse Bescheidenheit hindert mich daran, mich des Vertrauens zu rühmen, das man uns entgegenbrachte, davon zu sprechen, wie schnell sich uns die Türen öffneten und welchen guten Klang der Name Frankreichs in Deutschland hatte. Doch am Abend des 14. war alles düster. Ich erwartete den General, auf daß er die Wolken verjagen möge.

Und er vertrieb sie. Die Zufriedenheit der deutschen öffentlichen Meinung kam deutlich in den Zeitungen zum Ausdruck, die nach dem 15. Februar erschienen. De Gaulle hatte die Änderungen erläutert, die er zum Vertragsentwurf hinsichtlich der politischen Einigung vorgeschlagen hatte. Adenauer war wiederum einsichtsvoll nachgiebig gewesen. Vor Journalisten faßte Schröder den Teil der Gespräche, die sich auf Europa bezogen hatten, folgendermaßen zusammen: Vor dem Dogma der Integration habe man nun der Empirie den Vorzug gegeben. Da er nicht als Anhänger einer Zusammenarbeit in der Gemeinschaft galt, die Souveränitätseinbußen zur Folge gehabt hätte, war er persönlich zufrieden. Seine Mitarbeiter, obwohl sie überwiegend zu dem sogenannten supranationalen Europa tendierten, waren es nicht minder. Die deutsch-französischen Beziehungen nahmen wieder ihren normalen Verlauf. Das war das Wesentliche. Voller Überzeugung bemerkte Carstens mir gegenüber, daß sich die Begegnungen zwischen den beiden großen Männern doch immer als nützlich erwiesen, und sei es auch nur, um den Einflüssen entgegenzuwirken, die sich in der Zwischenzeit ärgerlicherweise bemerkbar machten. Ich bin vor allem davon überzeugt, daß es sowohl dem General als auch dem Kanzler kaum darum ging, wer von beiden sich sagen könne, er habe sich durchgesetzt. Diese Art von Kleinlichkeit gab es zwischen ihnen nicht. Sie vereinfachten die Gegebenheiten des europäischen Unternehmens auf das äußerste und vertrauten zunächst sich selbst, dann aber auch der Zeit, in der sich ihr Projekt weiter entwickeln und Erfolg haben würde. Wenigstens mußte man anfangen. Doch das war nicht alles. Adenauer konnte dem Bonner Klima in einer Periode der Nachgiebigkeit entweichen und sich bei dem französischen Freund in dem Gefühl bestärken, daß Widerstand gegenüber den Sowjets geboten war. Bei de Gaulle fand er Grundsätze, die ihn begeisterten.

Wir nehmen in einem kleinen Zimmer eines Baden-Badener Hotels das Essen ein, unserer acht um den Tisch: der Kanzler und der General, die beiden Außenminister, die beiden Botschafter, Staatssekretär Carstens und der Leiter der politischen Abteilung des Quai-d'Orsay Charles Lucet. Von Politik ist beim Essen nur hin und wieder die Rede. Um einen Augenblick des Schweigens zu überbrücken, loben Adenauer und Schröder sehr höflich meinen Einsatz. Ich brauche nicht lange zu erröten. Von französischer Seite kommt kein Echo. De Gaulle hat die Bemerkung überhört. Einige Augenblicke der Verlegenheit, und dann geht man zu einem – für mich als Botschafter – weniger delikaten Thema über. Ausnahmsweise wird am Vormittag wie am Nachmittag das Gespräch nicht unter vier Augen fortgesetzt. Couve de Murville und Lucet, Schröder und Carstens assistieren dem Präsidenten der Republik und dem Kanzler. Blankenhorn und ich, wir schlucken unseren Ärger hinunter. Durchgefroren kehre ich am nächsten Morgen in einem Schneesturm nach Bonn zurück.

Daß de Gaulle gekommen war, um sich mit Adenauer zu treffen, war für mich – und hätte es für alle sein müssen – ein erneuter Beweis für seine Verbundenheit mit der europäischen Sache. Er war nicht der Mann, es zu bedauern, daß er den Plan der Fouchet-Kommission in einem Sinn abgeändert hatte, der seinen Vorstellungen entsprach. Doch zögerte er auch nicht, die gewünschten Erläuterungen zu den von ihm für nötig befundenen Korrekturen von seiner Hand zu geben, wie auch auf Hinzufügungen, die andere für gut befanden, einzugehen. Der Abstecher nach Baden-Baden, dem am 4. April ein Treffen mit Fanfani in Turin folgte, war ihm als Aktivum anzurechnen. Er kam seinen wichtigsten Partnern entgegen und nahm in dem Bestreben, sein Ziel zu erreichen, weder auf seinen Vorrang noch auf die physische Anstrengung Rücksicht; damit leistete er einen weiteren Beitrag zu dem Europa, das er aufbauen wollte. In allen Fasern seines Wesens war er Franzose, Europäer dagegen aus höherer Einsicht, aber auch deshalb, weil er für die Nationen, die Frankreich benachbart waren, wegen allem, worin sie seinem Land verwandt waren, eine Vorliebe hatte. Wie gern hätte er Europa geschaffen! Ich fand ihn am 15. Februar melancholisch; ich hatte das Gefühl, er ahnte, daß sein Versuch zum Scheitern verurteilt war. Bis an sein Ende, dessen bin ich sicher, hat er Trauer darüber empfunden, daß man ihn nicht besser verstanden hatte und ihm so wenig gefolgt war. Er war seiner Zeit voraus, ein Vorläufer, den man aus Unwissenheit oder aus Antipathie bekämpft hat.

Die Studienkommission machte sich wiederum ans Werk. Franzosen und Deutsche arbeiteten einvernehmlich miteinander. Für Adenauer war die Situation vollkommen klar; nicht einen Augenblick lang würde er dem General Schwierigkeiten machen. Hierin lag sein Verdienst. In dem Maße, wie die Tage verstrichen, verschlechterte sich das Klima und seine eigene Partei setzte sich von ihm ab. Mit einer Schärfe, die den Kanzler bestürzte und bekümmerte, reihte sich Brentano, der seine Verabschiedung nur schlecht verwunden hatte, ins gegnerische Lager ein. Vor der Führungsspitze der deutschen Sektion der Europa-Union, die de Gaulle ausgesprochen feindselig gegenüberstand, forderte der ehemalige Minister die Integration sowie die Einfügung eines Paragraphen in den künftigen Vertrag, durch den sie schnell herbeigeführt werden könnte. Diese Stellungnahme seines Vorgängers komplizierte diejenige von Gerhard Schröder, der sich im Grunde darum bemühte, die Widerstände zu überwinden. Welcher Art sie auch sein mochten, der Kanzler war entschlossen, sie nicht zu beachten. Ebensowenig wie der General würde er sich der Mißstimmung derer beugen, die teils aus sehr ehrenwerten Gründen, teils unter allerlei Vorwänden das Programm von Rambouillet ablehnten.

Ernster waren die Schwierigkeiten, die man uns in Brüssel und Den Haag machte, wo die Regierungen sich zum letzten Angriff rüsteten. Jansen gab mir eine bezeichnende Schilderung vom Starrsinn Spaaks, bei dem er für die gute Sache plädiert hatte. Ich erinnerte mich, daß ich einige Monate zuvor Besuch von meinem belgischen und meinem holländischen Kollegen gehabt hatte, deren Äußerungen mich in Verlegenheit setzten. Einer wie der andere kritisierten sie das in Paris erarbeitete Dokument, sogar schon ehe der General es verbessert hatte. Der Belgier bemerkte, Luns hätte Spaak davon überzeugt, daß man es nicht annehmen könne. Der Holländer erhob laut Einspruch: Spaak sei es gewesen, der Luns seine Vorbehalte auseinandergesetzt hätte und Luns habe nur »Herr Spaak, Sie haben recht«, zu antworten brauchen. Die Außenminister der Sechs trafen sich vergebens in Luxemburg. Sie sollten sich am 17. April in Paris wiedersehen. Dies sollte das entscheidende Datum sein.

In den Tagen davor herrschte in Bonn ein gewollter Optimismus. Die Bundesregierung wünschte korrekt, über jeden Vorwurf erhaben zu bleiben. Mühelos gab der Kanzler den Ton an. Während seines Urlaubs in Cadenabbia war er mit Fanfani zusammengetroffen, kurz nachdem dieser den General gesprochen hatte. Die Italiener richteten sich bereitwillig nach den Franzosen und den Deutschen. Am 11. April zeigte sich Adenauer vor dem Bundestag entschieden zuversichtlich. Er sprach über Frankreich, wie er darüber zu sprechen verstand.

Sechs Tage später zeigte sich in Paris, daß die Uneinigkeit endgültig war. Spaak und Luns lehnten eine politische Union ab, der England nicht angehörte. Ihr Mißtrauen gegenüber Frankreich und ihre Furcht vor einer deutsch-französischen Überlegenheit veranlaßten sie zum Bruch. Es war für Europa ein Unheilstag.

Auch mir brachte dieser Tag nichts Gutes. Wenn ich nun auf eine Episode zu sprechen komme, die mich schwer betroffen hat, so geschieht es in der Absicht, zur Beurteilung der Persönlichkeit General de Gaulles etwas beizutragen, mag es auch noch so geringfügig sein. Am 16. April hielt ich in Aix-en-Provence vor einer Elite-Zuhörerschaft, die aus französischen und deutschen Rektoren bestand, einen Vortrag über Europa, als man mich wissen ließ, daß Couve de Murville mich bat, nicht nach Bonn zurückzukehren, ohne einen Umweg über Paris zu machen.

Am folgenden Tag gegen Abend, gleich nach dem unglücklichen Abschluß der Konferenz der Sechs, teilte Couve de Murville mir mit, daß der General Roland de Margerie zu meinem Nachfolger bestimmt habe; er solle mich in Bonn ablösen. Und ich hatte mich für so nützlich gehalten! Vor mir tat sich eine Leere auf. Was hatte ich getan oder nicht getan? Hatte meine Berichterstattung, bei allen Botschaftern Gegenstand äußerster Sorgfalt, Anstoß erregt? Darüber wäre ich nicht so überrascht gewesen. Mit liebevoller Geduld versicherte mir Couve de Murville, daß die Ursache für diese Veränderung nicht in meiner Person läge. Man würde mir eine neue Mission anvertrauen. Der Kanzler sollte eingeladen werden, Anfang Juli eine Reise durch Frankreich zu machen. Bis zu diesem Tag würde ich auf meinem Posten bleiben, um ihn begleiten zu können. Der General war einfach der Meinung, daß Roland de Margerie jetzt besser geeignet sei, diejenige Botschaft zu leiten, die er vermutlich zu jener Zeit als die wichtigste für die Durchführung seiner Politik betrachtete.

Was habe ich im Lauf der folgenden Wochen nicht alles über diese Entscheidung des Élysée zu hören bekommen! Auch der General war gemäß seiner Stellung davon betroffen. Obwohl man mich mit Komplimenten überhäufte, machte ich mir die Sache nicht zu leicht. Der Wechsel war sehr verständlich. De Gaulle und Margerie kannten sich aus den schmerzlichsten Wochen unserer Geschichte her, als der eine Staatssekretär im Kriegsministerium und der andere Kabinettschef von Paul Reynaud gewesen war. Der erstere hatte dem zweiten verübelt, daß er sich ihm nach dem Waffenstillstand nicht angeschlossen hatte und auch später nicht zu ihm gestoßen war. Doch erinnerte er sich seiner Gaben. Als Schriftsteller hatte de Gaulle an den Telegrammen, die vom Vatikan in Rom und später aus Madrid kamen, Gefallen gefunden. Er fürchtete, daß Margerie sich vorzeitig zurückziehen könnte. Für unsere Diplomatie wäre das ein schwerer Verlust gewesen. Um ihn zu halten und ihn von neuem an sich zu binden, übertrug er ihm Deutschland, das niemand ausschlagen konnte. Es gefiel ihm auch, damit eine großzügige Geste zu tun.

Ein Wort von de Gaulle hätte genügt, um mich zu trösten. Er hat es nicht ausgesprochen. Jetzt konnte ich mir seine Kälte vor zwei Monaten in Baden-Baden erklären. Mein Schicksal war bereits entschieden gewesen. Ich behinderte ihn. Adenauers Elogen hatten mir schlecht gedient. Ich schließe nicht aus, daß sein Schweigen auch durch eine gewisse Scheu bedingt war, durch das Unbehagen, jemandem Kummer zu bereiten, der ihm ergeben war. Tatsächlich konnte ich bald darauf bemerken, daß er mir gegenüber, nachdem ich einmal aus dem Wege war, eine Haltung einnahm, die mir sein Feingefühl bekundete. Vorher machte ich noch einen bösen Augenblick durch. Kaum war ich nach Bonn zurückgekehrt, als sich hier die Nachricht verbreitete, daß der General Anfang September eine Reise durch die Bundesrepublik unternehmen würde. In Paris hatte man mir nichts davon gesagt!

Am 26. April überreichte ich Konrad Adenauer die Einladung von Charles de Gaulle. Sie hätte in keinen günstigeren Zeitpunkt fallen können. Er war einsam in seiner Macht, von wenigen Auserwählten abgesehen, genügte ihm niemand, weder in seinem eigenen Land noch im Ausland.

Von seiten der Sowjets, die entweder die Peitsche schwangen oder das Zuckerbrot hinhielten, erwartete er gewiß nichts Gutes. Aber er vermochte auch die Besorgnis, die ihm die Amerikaner verursachten, nicht zu überwinden. Am 26. Februar hatte man dem amerikanischen Justizminister Robert Kennedy in Berlin Ovationen bereitet. Am 5. April, nach Beendigung der russisch-amerikanischen Gespräche in Genf, hatte der Kanzler an den Außenminister Rusk geschrieben, um ihm dafür zu danken, daß er fest geblieben war. Dennoch war es nicht dasselbe wie in der Zeit, da der Name John Foster Dulles für Adenauer ein Symbol des Vertrauens und der Freundschaft gewesen war.

Botschafter Grewe, der nicht aufhörte, seine Regierung vor der Neigung der Vereinigten Staaten zu Verhandlungen mit der Sowjetunion zu warnen, war infolgedessen in Washington nicht mehr *persona grata*. Er mußte auf seinen Posten verzichten. Indessen konnte Adenauer in seinem Innersten einem Diplomaten nicht gram sein, dessen Warnungen in die Richtung von Fragen zielten, die er selbst sich stellte.

Die Deutschen wußten sehr wohl, daß sie es sich nicht leisten konnten, den Amerikanern auch nur im geringsten zu mißfallen. Gerhard Schröder sagte im Mai einmal zu mir: »Sie nehmen sich den Amerikanern gegenüber Freiheiten heraus, die wir uns nicht erlauben können.« Als alter Verbündeter Amerikas verfügte Frankreich überdies über ein moralisches Kapital, das es zu einem Alleingang ermächtigte. Deutschland hingegen mußte dafür sorgen, daß seine Vergangenheit vergessen wurde, um seine Zukunft zu schützen. Zum ersten Mal befand es sich auf der richtigen Seite und war bestrebt, durch ein vorbildliches Verhalten den Platz zu rechtfertigen, den es sich hier erobert hatte. Jede Anwandlung von Unabhängigkeitsgefühlen hätte es sofort verdächtig gemacht. Jenseits des Ozeans überwachte man es sehr genau. Ohne außergewöhnliche Fügsamkeit hätte es nicht auf die erhoffte – ebenfalls bedingungslose – Unterstützung rechnen können.

Wiewohl sich die Deutschen in ihrer Mehrheit über die deutsch-französische Aussöhnung freuten, hätten sie ihr die deutsch-amerikanische Solidarität doch nicht freiwillig geopfert. Dieser Stimmung im Volk entsprachen Adenauers Bemühungen, das Verhältnis zu Washington und Paris im Gleichgewicht zu halten, aufs beste. Dennoch hat er einmal, genau in den Wochen, die seiner Reise nach Frankreich vorausgingen, die Vereinigten Staaten durch öffentliche Erklärungen verärgert, die seine eigene Gereiztheit verrieten: Bereiteten sie nicht ein Dokument an die Sowjets vor, das den Anstoß zu neuen Verhandlungen geben könnte? In deutschen politischen Kreisen erhitzten sich die Gemüter. Adenauer, der Unklugheit bezichtigt, hatte keine gute Presse: Wie viele Divisionen besitzt denn, alles in allem gerechnet, die deutsch-französische Festung? lautete die ironische Frage. Besorgt, die Ruhe wiederherzustellen, kam Rusk nach Bonn. War dies nicht angebracht, angesichts der Verführungskünste, mit denen de Gaulle nicht sparen würde? Ein wenig verblaßt zwar schien nun die atlantische Sonne wieder über dem Rhein.

Adenauers Mißtrauen gegen England hatte nicht nachgelassen. Er war noch immer verärgert über die Vorwürfe, die britische Zeitungen ihm gemacht hatten, weil er sich in Berlin wenig günstig zu einem möglichen Beitritt Englands zur Europäischen Wirtschaftsgemeinschaft geäußert habe. Das ist reine Erfindung, sagte er zu mir. Nichtsdestoweniger hatte General Montgomery bei dieser Gelegenheit angeregt, dem illustren Greis, eine Handvoll Insektenpulver zu verabreichen. Großmütig, wenn auch verdrossen, nahm der Kanzler das dem glorreichen Soldaten nicht übel. Niemand aber – so bedauerte er – habe diese Ungehörigkeit gerügt.

Wenn es nur die Alliierten gegeben hätte! Aber wie stand es mit den Deutschen? Was würden sie machen, wenn er eines Tages nicht mehr da wäre? Würden sie nicht, weil sie unter der Teilung ihres Landes litten, dessen Aufschwung sie erlebten, weil sie der Schikanen des Westens und der amerikanischen Bevormundung müde waren, eine andere Richtung einschlagen, die ebenso verführerisch wie gefährlich wäre? Könnten sie nicht bei der Unbeständigkeit ihrer Bestrebungen, verlockt von Zukunftsbildern voller Versprechungen, für den Appell des Ostens empfänglich werden? Die Bundesrepublik an den Westen zu binden, das war Adenauers Ziel. Er fürchtete seine Landsleute. Der mit den Wahlen im September eingetretene Wechsel mahnte ihn zur Vorsicht. Mehr als zuvor mußte er jetzt auch lavieren.

In de Gaulle allein setzte er sein Vertrauen. Niemals hatte es ihn getäuscht. Als Pierre Chatenet im März 1962 nach Bonn kam, um als Präsident von Euratom hier Besuch zu machen, gedachte er eines Wortes von Adenauer zu der Haltung, die der General im Mai 1960 gegenüber Chruschtschow eingenommen hatte. Damals sei der Kanzler in Orly aus dem Flugzeug, das ihn nach Köln bringen sollte, wieder ausgestiegen und noch einmal zu ihm zurückgekehrt, um ihm – die französische Festigkeit mit der britischen Nachgiebigkeit vergleichend – zu versichern: »De Gaulle ist derjenige, der recht hat.« Seine Vorliebe für ihn nahm mit den Jahren noch zu. Er bewunderte den General wegen des Mutes und der Voraussicht, die er bei der Regelung der algerischen Frage bewiesen hatte. Er trug es ihm nicht nach, Europa von dem Weg abgelenkt zu haben, der es zur übernationalen Integration geführt hätte. Doch denen, die die Verwirklichung des in Rambouillet entworfenen Programmes verhindert hatten, zürnte er. Sie waren für ihn Agenten Englands. Am 8. Juni äußerte er gegenüber zwei Repräsentanten der *United Press:* »Wir dürfen den Aufbau eines politischen Westeuropa nicht hinauszögern. Spaak ist derjenige, der Widerstand leistet. Da die Sechs es nicht schaffen, werden wir uns zu Dreien daran machen.« Der Dritte war Italien, über das man sich weder in Bonn noch in Paris zu beklagen hatte. Diese Erklärungen riefen beim Bundesaußenminister wie auch in parlamentarischen Kreisen beträchtliche Aufregung hervor. Schröder, der den Gedanken an ein dermaßen verkleinertes Europa strikt ablehnte, desavouierte Konrad Adenauer in einer Rede vor dem Bundestag.

Über die Notwendigkeit, Europa zu schaffen, waren sich der Kanzler und der General einig. Um es zu verwirklichen, genügte die französisch-deutsche Verständigung zwar nicht, doch war sie unentbehrlich. Man mußte sie erhalten und verstärken, um Europa zu retten, das am 17. April so schwer erschüttert worden war. In der Einladung des Präsidenten der Republik an den Regierungschef der Bundesrepublik kam dieser Wunsch zum Ausdruck. Robert Schuman hatte, als er vor zwölf Jahren die Initiative zur Gemeinschaft der Sechs für Kohle und Stahl ergriff, mit Jean Monnet vor allem Überlegungen darüber angestellt, welch bedeutende Wendung sie den Beziehungen der beiden Länder geben würde. Wie hätte aber die Mehrheit der Franzosen reagiert, wenn man in Paris nicht dafür Sorge getragen hätte, daß an dem Vorhaben auch Italien, Belgien, die Niederlande und Luxemburg teilnahmen? Auf diese Weise vermied man es, die nationale Empfindlichkeit durch die Ankündigung einer bilateralen Zusammenarbeit zu verletzen, die Deutschland in spektakulärer Form zu unserem bevorzugten Partner gemacht hätte. Das Ziel blieb das gleiche: Europa. Nun aber stand der Proklamation der französisch-deutschen Freundschaft, die dafür die Basis bilden sollte, nichts mehr im Weg. Die

Vernunft hatte die Oberhand gewonnen; die Herzen waren einander aufgetan. Eine Revolution!

Wer war sich dessen mehr bewußt als Konrad Adenauer, der seit dreizehn Jahren am Ruder stand! Nachdem er die Einladung erhalten hatte, dachte er nur noch an Frankreich; er ließ es kaum noch zu, daß man seine Gedanken auf etwas anderes lenkte. Er sah in der Reise, die er vorhatte, die Weihe seiner Politik, die Krönung seines Werkes, aber durchaus keinen Abschluß, vielmehr das Zeichen zu einem Neubeginn. Als ich ihn am 25. Juli über den Besuch befragte, den Rusk ihm abgestattet hatte, antwortete er, daß er den Außenminister der Vereinigten Staaten nachdrücklich auf die Bedeutung aufmerksam gemacht habe, die er der Verständigung zwischen Frankreich und Deutschland beimesse. Glücklich und stolz auf die Ehrungen, die ihn erwarteten, ließ er nicht zu, daß man seine Freude trübte. Hierauf legten es hochgestellte deutsche und französische Personen gerade an – aus Animosität gegen den General sowie aus Eifersucht auf den Kanzler, der allein den Lorbeer ernten würde, den er mit anderen zu teilen hätte. Lediglich sein Alter, versicherten manche mit geheucheltem Mitleid, könnte seine übertriebene Vorliebe für Frankreich sowie seine Geringschätzung der Vereinigten Staaten und Englands rechtfertigen. Diese widrige Stimmung, die er nicht ignorieren konnte, da sie allerorts zum Ausdruck kam, berührte ihn nicht. Seine Gedanken flogen bereits zu uns. Am Morgen nach seiner Ankunft an den Ufern der Seine schrieb die »Bild-Zeitung«, der Deutschen Lieblingslektüre: »Adenauer fühlt sich wie Gott in Frankreich.«

Vor der Ankunft des Kanzlers flog ich auf einen Sprung nach Paris. Der General empfing mich im Élysée-Palast. Bei ihm wußte man nie, wie die Unterhaltung ausgehen würde. »Nun, Herr Botschafter, was machen Ihre Deutschen?« pflegte er mich bisweilen ein wenig spöttisch, kaum daß ich an der anderen Seite seines Schreibtisches Platz genommen hatte, zu fragen. Oder er ergriff sogleich sehr förmlich das Wort, um sich in einem Monolog zu ergehen, der sich bei ständig wechselndem Tonfall und Mienenspiel zu einer köstlichen Tirade auswuchs. Oder aber er bevorzugte den freien, ungezwungenen Meinungsaustausch, wobei er mich mit majestätischer Selbstverständlichkeit zu vertraulichen Mitteilungen aufforderte. An diesem Tag jedoch war de Gaulle in der Tat von besonderer Liebenswürdigkeit. Sogleich kam er darauf zu sprechen, womit er Adenauer Freude bereiten wollte, und ebenso auf den politischen Wert der bevorstehenden Reise. Die französisch-deutsche Annäherung war ihm wahrhaftig ein Anliegen. Da er eine Entwicklung voraussah, bei der die Stärksten durch ihre Rivalität und ihre jeweiligen Kombinationen die Welt bedrohen, teilen oder beherrschen könnten, war er der Meinung, daß die Verständigung zwischen Frankreich und Deutschland so fest verankert sein müsse, daß niemand auf den Gedanken käme, das eine Land gegen das andere auszuspielen; gemeinsam könnten sie den Ansinnen und Verlockungen widerstehen, denen sie ausgesetzt sein würden. Hierzu werde noch die Entspannung kommen mit ihren Chancen und Hoffnungen, mit ihren Manövern und Täuschungen. Deutschland und Frankreich müßten als solidarische Partner Nutznießer und nicht Opfer dieser Entwicklung werden.

»Ich habe verschiedene Reden zu halten«, sagte der Präsident zu mir. »Die wichtigste wird die beim Diner im Élysée sein. Ich werde sie dem Kanzler vor seiner Abreise aus Bonn zukommen lassen. Ehe Sie eintraten, habe ich noch letzte Hand daran gelegt. Sie wird gerade geschrieben. Ich werde sie Ihnen vorlesen.« Er läutete dem diensthabenden Beamten, der einige Augenblicke später mit dem Text wiederkam, und fing sofort an zu lesen. Den Rhythmus der Sätze, die Wahl des Ausdrucks und die Poesie der Sprache genießend, vergaß ich beinahe den Staatsmann, der hinter dem Literaten zurücktrat. Der Schriftsteller in ihm empfand eine innere Befriedigung, wie sie jeder andere ebenso gespürt hätte. So war er für einen Moment in meinen Augen den Literaten nahe, von denen er sich in jeder Hinsicht so sehr unterschied. Sein Stil hielt sich von Anfang bis Ende auf höchstem Niveau. In einer wundervollen Passage umriß er die Geschichte Europas. »In Wahrheit strebten Deutschland und Frankreich, als sie einander ihre Herrschaft aufzuzwingen suchten, um sie dann auf ihre Nachbarn auszudehnen, jedes für sich den alten Traum von der Einheit an . . . In den Ambitionen Karls V., Ludwigs XIV., Napoleons I., Bismarcks,

Wilhelms II., Clemenceaus und sogar, ja sogar in der Leidenschaft, deren sich im Zweiten Weltkrieg ein verbrecherisches Unterdrükkerregime bediente, um das deutsche Volk mit sich zu reißen, haben die großartigen Erinnerungen an die Cäsaren, an das christliche Reich Karls des Großen fortgewirkt. Die Flamme, die immer wieder über den Trümmern der Reiche entbrennt, hat ihren Ursprung in einer mächtigen und dauernden Realität: der Einigung Europas. Sie ist für Deutschland und für Frankreich in jeder Hinsicht ein grundlegendes Ziel . . . Beide haben miteinander erkannt, was ihre gemeinsame Pflicht ist.«

Die Vorlesung der Rede ging zu Ende. Welchen Gedanken hätte ich meinerseits dazu beisteuern können? De Gaulle selbst enthob mich dieser Verlegenheit, indem er mich nicht nach meiner Meinung fragte. Ohne jeden Übergang sprach er gelassen mit mir über etwas anderes. Einige Tage später fand ich die Unfehlbarkeit seines Gedächtnisses bestätigt.

Die Reise wurde ein Erfolg. Am Vormittag des 5. Juli zogen der Präsident der Republik und der Kanzler vor ihren Mitarbeitern aus ihren Zwiegesprächen unter vier Augen Bilanz. Europa war das Thema Nummer eins. Adenauer zeigte sich gaullistischer als de Gaulle selbst. Er forderte so bald wie möglich ein Abkommen über die politische Einigung. Sollten Belgien und die Niederlande und womöglich auch Italien Einspruch erheben, würde man auf ihre Mitwirkung verzichten. Frankreich und die Bundesrepublik könnten sich allein ans Werk machen. Das wäre kein geringes Resultat. Damit widersprach der Kanzler seinem Außenminister, auf dessen Widerspruch im Bundestag er vor ein paar Tagen nicht reagiert hatte, nun seinerseits, ohne daß dieser ein Wort äußerte. Er ging sogar einen Schritt weiter, als er verkündete, daß Europa bei seinem Start nicht unbedingt ein Europa der Drei sein müßte. Es könnte auch ein Europa der Zwei sein, wenn diese Frankreich und Deutschland wären. Um sicher zu gehen, daß jedermann ihn verstanden hatte, bat der General den Kanzler, seine Äußerung noch einmal zu wiederholen, was dieser auch tat. Bereits vor seiner Niederschrift hing der Freundschaftsvertrag vom Januar 1963 in der Luft.

In bezug auf einen anderen Gegenstand zeigte sich Adenauer nicht weniger kategorisch. Er machte sich zum Anwalt Frankreichs als Nuklearmacht und sprach sich vorbehaltlos über die Nützlichkeit der französischen A-Bombe aus. Diese Einstellung war nicht neu; die Argumente des Generals hatten ihn schon vor langer Zeit überzeugt. Indes hatte er seine Ansicht niemals in solcher Klarheit vor Zeugen geäußert. Der Einklang wäre vollkommen gewesen, wenn die Vereinigten Staaten in den Berichten des Präsidenten der Republik und des Kanzlers einen gleichwertigen Platz erhalten hätten. Während der erstere den Vorteil, unter ihrem Schutz zu stehen, nicht zur Kenntnis zu nehmen schien, kam der zweite zu wiederholten Malen auf die Stärke Amerikas zu sprechen. Ohne sie gab es für ihn kein Heil.

Im Rathaus gab man Adenauer einen festlichen Empfang. In Versailles, das er, in dieser Hinsicht begünstigter als Präsident Lübke, besuchen durfte – wobei ihm der doppelte Umstand zum Vorteil gereichte, daß er erstens Konrad Adenauer und zweitens nicht der Staatschef war –, führte ihn kein anderer als André Malraux. Dieser überschwemmte ihn förmlich mit seinem Wissen, das nicht leicht in die Sprache Goethes zu übertragen war. Als unser Landsmann sich zwischendurch ein paar Augenblicke den Begleitern des Kanzlers zuwandte, gestand dieser mir schalkhaft, er sei froh, ein wenig aufatmen und wieder auf die Erde hinuntersteigen zu dürfen.

Auf der anschließenden Rundreise durch Frankreich wurde der deutsche Regierungschef noch in Rouen, Bordeaux und Reims festlich empfangen. Der General hatte den Wunsch gehabt, der Kanzler solle einige unserer schönsten und erregendsten Städte kennenlernen. Paris war nicht das ganze Land. Er hätte es allerdings vorgezogen, wenn sein Gast Frankreich bis hin zu den weiten Küsten dreier Meere bewundert hätte, wenn er sich nach Marseille begeben sowie auch etwas von den Industrieanlagen Dünkirchens gesehen haben würde. Dieser ursprüngliche Plan war abgeändert worden. Denn Adenauer interessierte sich mehr für unsere Kathedralen als für unsere Fabriken. Wesentlich war, daß man ihn sah, daß er Hände schüttelte, mit Beifall begrüßt wurde, daß er sein

Ansehen bestätigt fand, ebenso wie das des General de Gaulle, dem man Beifall spendete, indem man ihm Beifall bekundete, daß er die Zustimmung der französischen Bevölkerung zu einer Politik, die Deutschland und Frankreich enger aneinander schloß, erleben konnte. Mehr noch als die Menge begrüßten ihn die Notabeln in der Provinz mit Begeisterung. Mehrere Minister, vom Élysée Palast entsandt, fanden sich bei ihm ein, um ihn, jeder im Bereich seiner Kompetenzen, zu unterrichten. Adenauer hörte sich alles wohlwollend an.

In Wirklichkeit sehnte er sich danach, wieder mit de Gaulle zusammenzutreffen, dessen Persönlichkeit ihn umgab, ohne das Profil der Seinen in den Schatten zu stellen, und nach den Annehmlichkeiten, für die er unendlich empfänglich war. Am Abend des 7. Juli im Rathaus von Reims eilte es ihm, sich zurückzuziehen, um die Ansprache vorzubereiten, die er am nächsten Tag beim Schlußbankett halten wollte; denn er wünschte darin, alle Dankbarkeit zum Ausdruck zu bringen, die er den Franzosen schuldete, da sie ihn mit Freundlichkeiten überschüttet hatten! Es war für ihn eine gern geübte Pflicht.

Der Vorbeimarsch der französischen und deutschen Truppen im Lager von Mourmelon verlief gemessen und würdevoll. Ich kannte mehr als einen aus der Umgebung des Generals, dem diese Idee einen Schock versetzt hatte. Er aber hielt sie für vortrefflich. Die Aussöhnung würde nichts bedeuten und ohne echte Wirksamkeit sein, wenn man auf halbem Weg stehenbliebe. Die beiden Armeen sollten Seite an Seite aufmarschieren, nicht mehr eine gegen die andere, sondern bereit, sich zur Verteidigung der gemeinsamen Sache zusammenzuschließen. Nur der Gaulle konnte dies fertigbringen. Die Ungeheuerlichkeiten der Vergangenheit ersetzte er durch Bilder, die das Denken umwandelten und die Herzen erschütterten. Nach der Parade beglückwünschte er Franz Josef Strauß, der von seinen Generälen begleitet wurde, zu Haltung und Auftreten der deutschen Soldaten; ich stand nahe genug, um zu hören und auch zu vermerken, daß das betonte Lob seine Wirkung nicht verfehlte. Wie hätte die Anerkennung eines General de Gaulle dem Verteidigungsminister der Bundesrepublik nicht schmeicheln sollen! Sie übte auch auf Gerhard Schröder, den Nebenbuhler von Strauß, ihre verführerische Wirkung aus; während der letzten Mahlzeit, vor der Trennung, widmete der General sich ihm.

In der Kathedrale von Reims, die nicht zufällig ausgewählt worden ist, haben der Kanzler und der General Seite an Seite Platz genommen. Während der ganzen Reise hat de Gaulle, wohlüberlegt, seinem Gast die rechte Seite eingeräumt. An dem heiligen Ort, unter der hohen Wölbung, wirken sie bei aller Würde plötzlich zerbrechlich und klein. Adenauer, der sein Meßbuch ständig offen hält, ist in seine Gebete vertieft. De Gaulle gibt sich weniger der Andacht hin. Sein Blick erfaßt die Kirche und gleitet zuweilen über die Anwesenden hinweg. Für den einen wie den anderen ist die Zeremonie ein Weiheakt. Sie vertrauen Gott das Schicksal ihrer Völker an.

Obwohl dieser 8. Juli für die CDU nicht gerade ein Glückstag ist, da sie bei den Wahlen des Landes Nordrhein-Westfalen die absolute Mehrheit verloren hat, nachdem sie diese schon zehn Monate zuvor in der Bundesrepublik selbst eingebüßt hatte, kehrt Adenauer als Sieger nach Bonn zurück. Die Kritiken sind verstummt. Im Gegenteil, man ist voll des Lobes. Der alte Herr hat Deutschland gut gedient. Er war ausgezeichnet in Form; nicht einen Augenblick lang ist er schwach geworden. Sein Gang war schnell, sein Schritt sicher. Oft hat er das Wort ergriffen, nicht, um immer dasselbe zu sagen, sondern voller Lebhaftigkeit, guter Laune und Humor. Es machte ihm Spaß, daß er seine Tour de France bewältigt hatte, ohne zu ermüden, und wie die anderen wunderte er sich darüber – mit einer erfrischenden Bescheidenheit, was ihn selbst betraf. Obwohl er mir gegenüber niemals damit gegeizt hatte, war ich doch von seiner Liebenswürdigkeit und Aufnahmebereitschaft überrascht.

Die Deutschen waren uns dankbar. Keine andere Nation hätte so spontan wie die unsere den guten Willen gezeigt, eine neue Seite im Buch der Geschichte aufzuschlagen. Der Kanzler selbst hatte sich vor der Reise gefragt, wieviel Interesse die Franzosen für ihn aufbringen würden. Mit einer derartigen Achtung vor seiner Person hatte er nicht gerechnet. Die Kommunisten hatten sich bemerkbar gemacht, mehr nicht. Aufgrund dieser positiven und angenehmen Feststellung durfte man gewiß nicht schließen, daß unsere Landsleute alle den neuen Kurs ohne Bitterkeit und ohne Schmerz akzeptierten. Bei vielen waren die Wunden noch nicht vernarbt. Eine tiefgreifende, vollkommene Verwirklichung der Versöhnung würde täglich neu errungen werden müssen. Verschiedene meiner ausländischen Kollegen, Engländer, Belgier und Italiener, waren nicht wenig erstaunt über den unvermuteten Umschwung in den Beziehungen der beiden Völker und suchten nach einer Erklärung. Beiderseits des Rheins war die mißgünstige Feindseligkeit verschwunden, die so lange geherrscht hatte. Die Jugend beider Völker war sich erstaunlich nahegekommen, und die Sympathie, die die jungen Menschen füreinander empfanden, hatte sich der älteren Generation mitgeteilt. In einer veränderten Welt hielt man ein Fortbestehen der französisch-deutschen Streitigkeiten für eine anachronistische Dummheit. Aus dem Abgrund wieder und wieder erlittener Leiden erwuchs, bei den einen instinktiv, bei anderen rational die Sehnsucht nach dem Ende einer Epoche, nach dem Beginn einer neuen. Man mußte großzügig einen Strich ziehen. Seinem Vorgänger Robert Schuman folgend, hat General de Gaulle dank seinem Genie, seiner Kühnheit und seiner berechtigten Überzeugung, daß er allein fähig war, die Geschichte zu wenden, zu unserer Zeit und zum Wohl Frankreichs und Deutschlands in Paris wie in Bonn die französisch-deutsche Schlacht gewonnen.

Unter den Ministern und hohen Beamten, die den Kanzler begleiteten, hatten sich manche, ehe sie Frankreich kennenlernten, unter dem Eindruck der Berichte von Unruhen und Unordnung, deren Schauplatz es gewesen war, ein ziemlich mäßiges, entstelltes Bild von ihm gemacht. Sie waren überrascht – zumindest haben sie es mir nach ihrer Rückkehr versichert – und von unserem Land eingenommen. Die Schönheit Frankreichs, seine Einheit bei aller Verschiedenheit der Landschaften und Sitten, der wirtschaftliche Reichtum der überflogenen Gebiete, der allerorts sichtbare industrielle Aufschwung, die Traditionsverbundenheit, die sich besonders bei einigen Empfängen unserer lokalen Behörden zeigte, der Verlauf der Besuchsreise, teils in feierlich spektakulärem, teils in fast familiärem, bürgerlichem Rahmen – dies alles gab ihnen auf heilsame Weise zu denken. Einer von ihnen, preußischer Abstammung, gestand mir, es kränke ihn nicht im mindesten, vielmehr freue er sich, Frankreich glücklicher zu sehen als Deutschland, da es den Schmerz einer territorialen Teilung nicht kenne und über ein intaktes moralisches Kapital verfüge. Gehörten wir nicht der gleichen Kultur an? Sei es nicht eine günstige Fügung, daß in einem kontinentalen Europa noch ein Staat existiere, der eine Kraft darstelle, auf die sich die anderen stützen konnten und dessen Mission gegenüber dem Osten noch nie so wertvoll gewesen sei? Von General de Gaulle fasziniert, kehrten unsere Besucher nach Bonn zurück. Sobald er zugegen war, gab es keinen anderen mehr als ihn.

Am 11. Juli veröffentlichte das Bundeskabinett unter dem Vorsitz des Kanzlers am Ende seiner Sitzung ein Kommuniqué, das einen regelrechten Appell an die Deutschen enthielt, die Zusammenarbeit mit Frankreich zu intensivieren. Gerhard Schröder gab seinen Mitarbeitern im Auswärtigen Amt einen Bericht über Frankreich, das mit seiner Vitalität ein viel soliderer Partner sei, als man sich vorgestellt habe. Am 14. Juli pries Hermann Dufhues vor dem Bundesausschuß der CDU, dessen Vorsitzender er war, begeistert den Namen und das Werk General de Gaulles, des Baumeisters der französisch-deutschen Versöhnung. Am 18. Juli empfing mich Konrad Adenauer, um mir seine Befriedigung über einen Brief des Generals auszusprechen, den ich ihm am Vorabend hatte zustellen lassen. Am vorangegangenen Sonntag, erzählte er mir, habe er seine ganze Familie, sieben Kinder und alle Enkelkinder in seinem Haus in Rhöndorf zusammengebeten, damit seine älteste Tochter, Frau Reiners, und sein Sohn Max, die ihn auf der Reise begleitet hatten, ihnen die Reise in ihren einzelnen Etappen schildern konnten. Es stand für ihn außer Frage, daß de Gaulle im September in Deutschland Ovationen von bedeutendem Ausmaß erwarteten. Wir sahen, in wenigen Wochen, einem großen Ereignis entgegen. Er freute sich bereits im voraus darauf.

Ich sollte am nächsten Tag meinen Posten verlassen. Als ich Tanguy de Courson gegenüber mein Bedauern äußerte, vor der Apotheose fort zu müssen, versuchte er mich zu trösten. Ohne rechte Überzeugung zählte er alle Risiken auf, denen ein Botschafter ausgesetzt ist, dessen Staatschef das Land besucht, in dem er ihn vertritt. War ich nicht außerdem von der »Karriere« sehr verwöhnt worden? »Das ist wahr«, antwortete ich, »doch die Begeisterung der Bevölkerung wird all unsere Vorstellungen übersteigen. Es wird für de Gaulle ein einziger Triumph werden.«

Für eine kurze Periode war ich Zeuge bedeutender französisch-deutscher Manifestationen gewesen. Noch niemals hatte sich unser Land bisher an der Messe beteiligt, die alljährlich mit so großem Aufwand in Hannover abgehalten wird. Unsere Maschinenindustrie, unsere Elektro- und unsere Flugzeugindustrie ließen einen erstaunlichen Neubeginn erkennen. Deutschland freute sich, einen Konkurrenten zu entdecken, den es nicht für einen Rivalen hielt. In Saarbrücken erlebte die Französische Woche wiederum den gleichen Erfolg, den sie schon 1960 und 1961 erzielt hatte. In keiner anderen Stadt der Bundesrepublik Deutschland hätten die Franzosen innerhalb von drei aufeinanderfolgenden Jahren einen solchen Einsatz gewagt. Die Initiative war von den Saarländern, von ihrem Ministerpräsidenten Franz Josef Röder ausgegangen, einem Freund, der wußte, daß er 1962 erneut Erfolg haben würde. Welch ein Wandel in einem Gebiet, über das sich vor nicht allzulanger Zeit Deutschland und Frankreich noch uneins waren. In Hamburg riefen unsere Kriegsschiffe *Colbert* und *Clemenceau* eine Sensation hervor. Das schmeichelte unserem Stolz um so mehr, als wir uns hier, weit von Frankreich entfernt, in einem Gebiet befanden, wo unser Einfluß niemals vorherrschend war. In Stuttgart erreichte die Französische Woche – auch sie verlief glanzvoll –, ihren Höhepunkt mit der Gründung der Partnerschaft der Städte Stuttgart und Straßburg in Anwesenheit des Straßburger Bürgermeisters Pierre Pflimlin.

Deutschland wird einen großen Augenblick erleben –, einen Augenblick, den es erleben möchte, ohne daß irgend etwas ihm die Freude daran verdirbt. De Gaulle wird ihm als das personifizierte Frankreich erscheinen – ein Frankreich, das sich in Widerstand und Kampf wiederaufgerichtet hat. De Gaulle wird Deutschland die Arme entgegenstrecken und sich der deutschen Sprache bedienen, um die Vorzüge der Deutschen zu rühmen: »Ihr seid ein großes Volk!« Innere Bewegung wird Millionen von Männern und Frauen das Herz schwellen lassen. In der Begegnung mit dem ersten der Franzosen wird Deutschland seine Sicherheit und seinen Stolz wiedergewinnen. Erstaunt zunächst über das Ausmaß der Gefühle, die sein Nachbar ihm entgegenbringt, wird Frankreich dann seinerseits die Tragweite des Zusammentreffens zwischen dem General und dem früheren Feind ermessen.

Ich war nicht der Letzte, der sich darüber freute. Aus der Ferne nahm ich an der Reise des Generals teil, wobei ich vier außergewöhnliche Jahre, die mich bis auf den Grund meines Wesens bewegt hatten, noch einmal durchlebte. Zwei große Völker haben sich, dem Impuls zweier großer Männer folgend, einander mit einem Elan genähert, welche die grausamen Erinnerungen, die zwei Kriege und der Nationalismus hinterlassen hatten, verblassen ließ. Diese beiden Völker sind Frankreich und Deutschland. Ihre Zwietracht hat auf der Welt gelastet, die sie anklagte, für all ihr Unheil verantwortlich zu sein. Aber siehe da, jetzt fanden sich andere, die sich über ihre innige Verbindung beunruhigten! Welch ein Irrtum! Vielmehr erforderte die französisch-deutsche Versöhnung, um ihrer selbst willen und als ein Vorbild, daß jedermann sich auf menschlicher wie auf politischer Ebene bemühte, diese erstarkte, aber noch labile Pflanze zu hegen und zu pflegen. Doch nicht bei allen war das der Fall.

Selbst die Tatsache, daß Konrad Adenauer an der Spitze der Bundesregierung stand, hinderte den Bundestag nicht daran, den Wert des französisch-deutschen Freundschaftsvertrages, der am 22. Januar 1963 in Paris unterzeichnet wurde, vor seiner Ratifizierung durch die Einfügung einer Präambel herabzumindern, die den Geist des Abkommens veränderte. Bald darauf wurde Adenauer seiner Machtbefugnisse beraubt. Sein Abschied schloß eine Ära ab, in der sein Name mit dem des General de Gaulle so eng verbunden war, daß die Geschichte sie nicht mehr trennen kann. In dem Nachfolger, wer es auch immer war, konnte der General den Partner nicht wiederfinden, mit dem er seinerzeit beschlossen hatte, den doppelten Sieg Deutschlands und Frankreichs über sich selbst zu verherrlichen.

Mein Bedauern über meinen Fortgang aus Bonn verflog um so schneller, als ich sehr bald nach meiner Rückkehr nach Paris erfuhr, daß man mir außer der Leitung unserer Delegation beim Atlantikrat auch noch den Vorsitz der durch den Freundschaftsvertrag geschaffenen französischen Kommission anvertraute, die dessen Anwendung und Ausweitung überwachen sollte. Bald darauf teilte man mir mit, daß ich dank der Zuvorkommenheit aller, der Deutschen wie der Franzosen, für eine zweite Mission an die Ufer des Rheins zurückkehren würde.

Da die Rückkehr eines Botschafters auf einen Posten, den er schon einmal in dieser Eigenschaft innehatte, den diplomatischen Gepflogenheiten widerspricht, konnte ich, als ich die Bundesrepublik verließ, nicht darauf hoffen, noch einmal als Botschafter dort tätig zu sein. Voller Freude bereitete ich mich im Februar 1965, sechzig Jahre nach meiner Geburt in Berlin, auf diesen neuen Start vor.

Ich werde auf einem mir vertrauten Terrain das Deutschland der Kanzler Ludwig Erhard, Kurt G. Kiesinger und Willy Brandt kennenlernen. Ich werde diese Männer in Anwesenheit von Charles de Gaulle, Kiesinger und Brandt später in Anwesenheit von Georges Pompidou erleben. Ich werde auch Konrad Adenauer in seinem Abgeordnetenzimmer und in seinem Haus in Rhöndorf wiedersehen.

Doch wird es nicht mehr so sein wie früher!